中国宏观经济丛书
ZHONGGUO HONGGUAN JINGJI CONGSHU

U0673616

城市群

走协同共赢之路

CHENGSHIQUN ZOU XIETONG GONGYING ZHILU

汪阳红　贾若祥◎主编

人民出版社

目　录

总报告：我国城市群发展研究

引　言

城市群作为一种对城市空间集聚形态和现象描述的词汇，虽然在研究和实践中被广泛使用，但迄今为止尚没有一个规范的表述。在国外，自从1957年戈特曼提出"大都市带"概念以来，相应的研究和争论从来没有停止过，但总体上是属于学术研究范畴，更多地是从认识城市空间聚集现象的角度研究该问题，而我国除了学术研究外，还更多地掺杂了政府的意愿，从而使城市群这一客观形成的地域空间形态成为各级地方政府追逐的发展目标。虽然在理论上对城市群概念各有认识，但从实践上看，尽管各个国家的工业化和城镇化水平不同，城市群已经成为发达国家重要的经济核心区和参与全球竞争的重要地域单元，在参与全球化竞争中发挥着重要作用。因此如何认识城市群形成发展的客观规律，认识我国城市群发展的特点及其在我国城镇化进程中的地位和作用，正确处理政府和市场在城市群发展中的关系等等仍是需要进一步研究的问题。

城市群是由不同城市构成的典型的极化型经济区域，正确处理不同城市间的关系是保障城市群健康发展的关键，城市群发展涉及领域众多，而每个城市群都有其形成发育发展的特殊性，本报告重点从区域视角出发，以城市间功能关系、空间关系、政府间关系为基础（如图0-1），以城市群形成、演变的基本规律为依据，重点从功能、空间、治理三个维度对我国城市群发展的总体演变特征，存在的主要问题、未来发展的总体思路及对策建议进行了研究，以期为引导我国城市群健康发展提供参考。

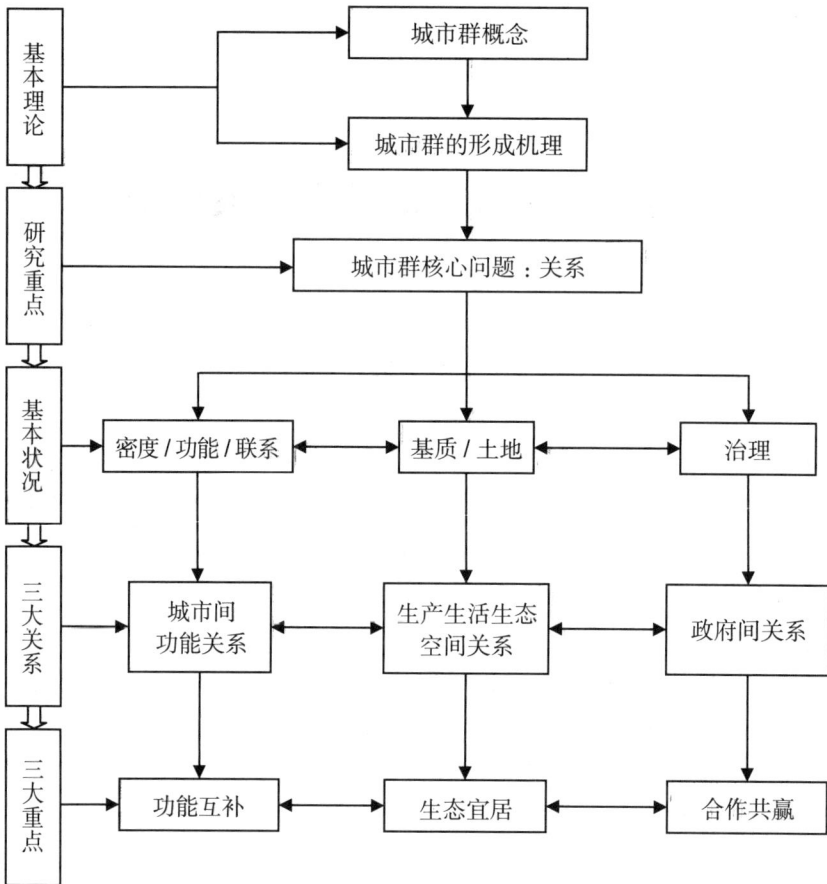

图 0-1　我国城市群发展研究框架

一、城市群的概念、特征及形成机理

城市群是 20 世纪末期在世界范围不断涌现的一种空间组织形式，理论界对该问题开展了大量研究，各国和各地区政府也开始逐渐关注，但学者们对这类区域的认识和理解不同，研究的结论也千差万别。

（一）城市群的概念及特征

1957 年，法国地理学家戈特曼（Jean Gottmann）在美国《经济地理》上发表了《大都市带：东北海岸的城镇化（Megalopolis : the Urbanization of the Northeastern Seaboard）》一文，揭开了"城市群"问题研究的序幕。其后世界各国的学者对该问题展开了丰富的研究，但由于各国国情不同，所用词语也非常之多，相应的翻译也不同，每种词语所表达的内涵也更不相同。除了 Megalopolis 一词外，国际上的其他学者还使用了一些近似概念，如 Town Cluster（E.Howard，1898）、Urban Agglomerations（P.Geddes，1915）、Urban Field（J.Friedmann，1965）、World City（P.Hall，1966）、Desakota（T.G.McGee，1985）等。英语中也存在一些 Megalopolis 的近义词，如 MetropolitanRegion、Megas（Megapolitan Areas）、Mega-City、Megacomplex、Mega-Urban Region、Megaregions 等。在 2009 年《美国 2050 展望》中，美国使用巨型区域（Megaregions）对城市密集地区进行表述。

我国自 1980 年代开始，随着改革开放的深入推进，城镇化进程加快，也兴起了城市群研究的热潮，相关的一些概念开始在学术研究中频频出现。1983 年，于洪俊、宁越敏在《城市地理概论》中首次用"巨大都市带"的译名向国内介绍了戈特曼的思想。其后国内学者提出了都市连绵区（周一星，1986）、城市群（姚士谋，1992）、城镇密集区（孙一飞，1995）、城市集聚区（顾朝林，1999）、都市圈（王建，1999）、城镇群体（张京祥，2000）等诸多概念来对这一城市群体现象进行描述。2005 年，国家"十一五"规划提出"要把城市群作为推进城镇化的主体形态，逐步形成以沿海及京广京哈线为纵轴，长江及陇海线为横轴，若干城市群为主体，其他城市和小城镇点状分布，永久耕地和生态功能区相间隔，高效协调可持续的城镇化空间格局。"其后，随着国家开始编制各种类似城市群的区域规划，使得对城市群问题的关注不断升温，但是，对于"城市群"这一概念并没有一个明确的界定，造成实践中使用泛化、词语表达混乱的情况十分普遍。

尽管学者对城市群概念的表述有所差异，但在基本认识上逐渐趋于一致，即城市群是城镇化过程中形成的一种地域空间组织的高级形态，由众多城镇组成，城市之间具有比较紧密的联系等。本报告认为：城市群是由众多城市在特定区域范围共同组成的具有紧密联系的城市集合体。其本质属性包括：含有一个或几个特大城市，以良好的自然环境和发达的交通通信网络条件为依托，由若干规模、功能不同的城市共同组成，城市之间具有较紧密的经济社会联系，对外具有较高的开放性，是城镇化进程中形成的一种地域空间组织的高级形态。

城市群具有以下特征：

——高密度性。城市群是一个国家或区域城镇化比较发达的地区，它聚集了大量不同规模的城市，拥有优质的人力资本和物质资本，单位面积集聚了众多的人口和较高的经济产出，人口和经济规模在一个国家或区域中占有较高比重，具有巨大的综合效益和市场潜力。

——网络性。城市群依托各种交通、通信等基础设施作为物质基础，加上文化、传统等非物质网络关系，将功能节点（中心城市）以及节点间的流（人流、物流、资金流、信息流）相互联系起来，实现城市之间、群内与群外之间各种"流"的交换，形成城市间经济社会联系相对紧密、功能有机整合的城市网络。

——枢纽性。城市群是汇集人口、物资、资金、技术、信息、文化等各种可见与不可见要素的中心，是参与和影响全球或区域经济、社会、文化、政治等各种活动的重要力量，承担着国家或区域对内对外联系的重要功能，具有较强的吸引力、辐射力和开放性。

——共生性。城市群是不同规模和功能城市相互依赖与发展的集合体，伴随城市人口规模扩大、经济增长，必然带来城市间空间结构、功能分工、产业协作、环境保护、公共服务、政府管理等一系列相互影响关系，城市间通过竞争与合作，形成共生多赢的发展格局。

（二）城市群的形成机理

影响城市群形成的因素。影响城市群形成的因素包括先天条件和后天的各类经济、社会、文化、政治因素。从先天因素看，城市群的发育、成长和发展无不需要有宜居、宜业的地域环境，包括具有良好的地形地貌条件、具有适宜人类生活的气候条件和具有丰富的各类自然资源。从后天条件看，在人类社会演进过程中，驱动城市群发育成长的一切经济、社会、文化、政治因素都是城市群成长的影响变量，本报告重点提炼出要素流动、产业分工、知识积累和城市增长四个主要因子是驱动人口和产业在特定空间集聚变动的关键驱动力。

城市群的形成机理。城市群的形成就是在具备先天条件的区域，在城镇化进程中受到要素流动、知识积累、产业分工和城市增长四个关键驱动力的持续作用，人口集聚的空间结构不断高级化演进的过程，在这一过程中，政府、企业、个人和社会组织对城市群的反应行为在不同程度上也影响城市群结构的变化。其中，要素流动的融合效应、产业分工的耦合效应、知识积累的柔性效应以及城市增长的共生效应共同作用是城市群形成的内在机理。由此，构建出由先天条件集（Natures）、驱动力集（Drivers）、机理作用集（Effects）、现状与趋势集（States and Situations）和反应集（Responses）构成的机理模型（见图 0-2）[①]。

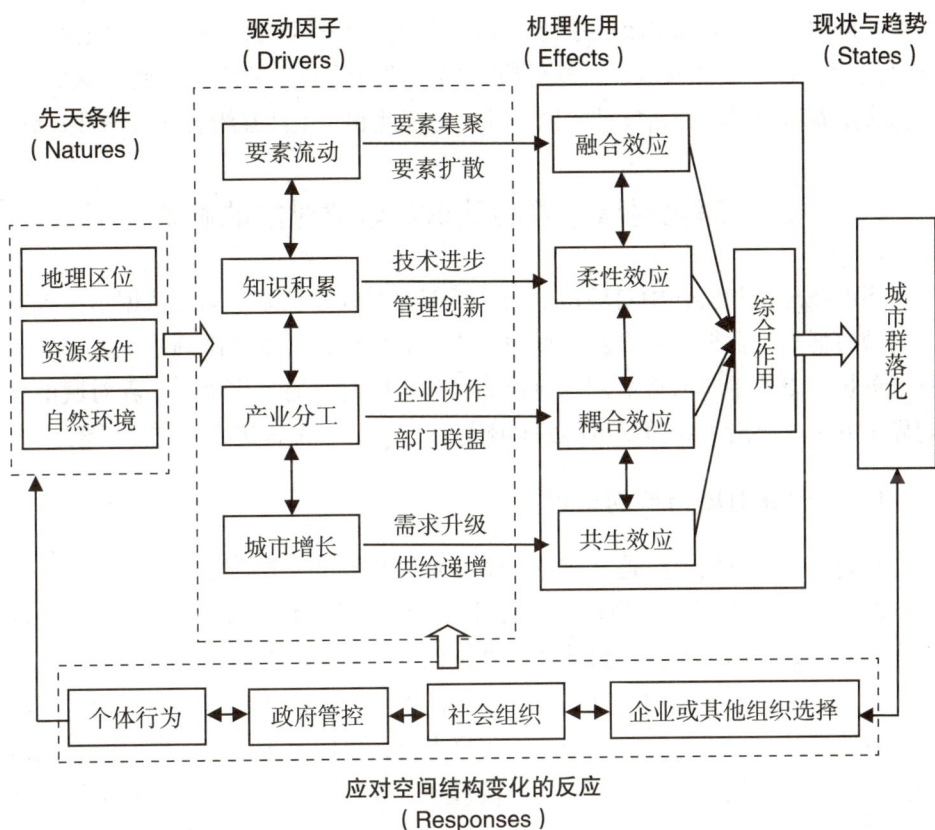

图 0-2　城市群形成的 NDESR 机理模型

根据 NDESR 机理模型，首先，城市群在先天与后天各类因素的共同作用下，承载了较大规模的人口和经济活动，在要素流动的融合效应作用下，各类要素的集聚使得城市群具有高密度性；其次，正是由于城市群内部存在城际产业分工，在耦合效应作用下，以要素流为表征，城市群内部联系趋于增强，使

───────────────

① 详见专题二。

得城市群的网络性特征显著;再者,在知识积累的柔性效应下,城市群作为一个区域整体,其对内的凝聚力和对外的开放程度持续加强,从超城市群的更大区域范围看,城市群的枢纽性明显;最后,随着城市群内部各城市规模的增长,其共生效应决定着城市群内部一个城市的发展应该不以牺牲其他城市发展为代价,这样城市群作为不同规模和功能城市相互依赖与发展的集合体,就具有共生性。同时,也应该认识到,由于城市群形成的各驱动力之间是相互强化、相互制约的关系,融合效应、柔性效应、耦合效应及共生效应也彼此交融作用,这就决定着城市群的高密度性、网络性、枢纽性和共生性互为表征且不可分割。

二、深化对城市群的认识及研究对象的确定

当前在理论和实践中对城市群的认识都存在许多偏差,为此依据本报告提出的城市群理论框架,结合我国城镇化进程的特点,对如何准确认识城市群进行了分析,以期重塑城市群问题讨论的视角;同时,通过借鉴学术界对城市群的界定方法,提出了我国城市群的判断标准,引出本报告集中研究的对象。

(一) 深化对城市群的认识

1. 健康的城镇化道路是城市群有序形成和发展的基本前提

改革开放以来,地方政府的政绩牵引和利益驱动,构成了我国城镇化特有的制度背景和体制条件,致使我国城镇化发展面临诸多问题。当前的政绩考核、城市财政、土地使用制度、城市建设监管等对城市政府行为的影响,造成城市发展更倾向于集聚经济,而忽视集聚人口,更倾向于空间扩展,而忽视功能提升。土地、就业和社会保障、户籍管理制度等改革滞后,经济政策与社会政策不协调,制约了要素在城市间的自由流动,影响了城镇化的健康有序发展,也影响了城市群综合效益的发挥。在发达市场经济国家,各类要素在空间的自由流动,提升了城市群的综合效益,使城市群成为国际上整体竞争力最强的区域。而我国城市群的形成发育受到我国城镇化特殊体制和背景的影响,主要表现为地理空间上的集聚现象比较明显,但真正的功能整合远没有形成,使得城市群应有的规模经济、集聚效应和节约集约利用资源的优势没有得到很好的发挥。未来我国城市群发展的质量如何关键取决于制约我国城镇化健康发展的一系列体制机制难题能否破解,包括城市间有序竞争的财税体制、以 GDP 为核心的政绩考核机制和干部任用制能否得到有效改进、城市政府能否从过多

参与产业决策和干预市场的经营性政府转变为真正为居民服务的服务型政府、制约各种生产要素在城市间自由流动的障碍能否得到有效的破除、城市间不公平竞争的等级关系能否改善等等。

2.准确认识城市群形成所必须的条件及其演化规律

尽管城市群概念在实践和研究中广泛使用，但由于对城市群形成条件和演化规律存在认识上的偏差或分歧，对实际工作造成不利影响。城镇化的过程，是生产要素集聚和高效配置的过程，市场发挥着资源配置的决定性作用，过度地以行政方式、长官意志拔苗助长、"人为造群"，只会适得其反，造成战略导向上的失误和不必要的资源浪费。目前许多地区纷纷提出要规划建设城市群，城市群范围一味扩大，一些城镇化水平很低，与核心城市联系很弱的城市也争相划入城市群范围，掀起又一轮争相纳入国家相关战略的热潮。一些地方政府把能纳入国家战略和规划，当成政绩的一部分，其中也包含了希望借助纳入国家战略，实现城市空间进一步扩容、获取相关政策利好的想法。

城市群是在一定驱动条件下各类相互关联的城市在特定地域空间集合的城镇化现象，一些城市或地区能否成为城市群，并不由人的意志为转移，也不是政府规划的结果，不是所有城市和地区都能发展成为城市群。除了前述城市群的概念、内涵及特征的阐述外，还需要强调以下几点，第一，城市群形成需要有先天发展条件，纵观国际上城市群的分布，可以发现城市群都是成长在区位、自然条件十分优越的地区。第二，城市群的形成是一个遵循从低级到高级演化的循序渐进过程。从承载人口的角度看，城市群形成过程实质是人口聚集区空间结构的高级化演变过程，人口在空间的集聚格局大体经历乡村、集镇、一般性城市（含大中小等级）、大都市区[①]和城市群五个发展阶段（见图0-3）。在城镇化过程中这五种空间形态都会同时存在，在发展条件好的地区，大城市发展到一定阶段随着辐射扩散能力不断增强，与周边地区包括卫星城市、郊区、新城连片发展，就形成了大都市区，大都市区进一步发展演变为城市群。大都市区与城市群的区别在于前者主要表现为中心城区对周边区域的单向辐射作用，后者则强调群内功能各异的城市之间的相互关联以及对外的整体开放性。大都市区是城市群形成的必要条件，但大都市区并不一定都能成为城

[①] 在许多国家，关于都市区的定义都有明确的界定和相应的统计数据，详见专题一。我国由于城市统计相关概念、标准十分混乱，为研究需要本报告使用的"大都市区"概念，与通常使用的"都市圈"类似，但都市圈的"圈"可大可小，为以示区别，本报告采用"大都市区"概念。

市群,诸如我国西部地区的一些城市,由于地理环境的先天不足等原因,有可能成为大都市区,但不会发展成为城市群。第三,从大都市区到城市群的演变过程中,什么时候就成为了城市群,在理论上确定一个准确的"阈值"非常困难,因此以一定标准划定的城市群只能说明这些区域具有成为城市群的基本条件,但每个城市群的成熟程度不同。随着城镇化进程的推进,可能会有一些区域也进入到具有城市群特征的系列中,但有些区域始终不会成为城市群,因为他们不具备城市群形成的基本条件①。

3. 城市群既具有巨大的综合效益也面临诸多挑战

根据城市群形成机理研究,在融合效应、耦合效应、共生效应和柔性效应共同作用下,城市群成长发育过程实质上就是要素资源高效化配置、产业精细分工和城市功能专业化、城镇规模等级体系完善以及区域经济、社会、人口、环境统筹协调发展的过程。一是通过发挥城市群要素流动的融合效应,打破行政壁垒,建立区域一体化的要素市场,促进城际要素有规律地、高效率地互为扩散和渗透,有利于提高区域资源配置效率。二是通过强化城市群产业分工的耦合效应,引导生产力布局优化和生产部门错位协同发展,有利于促进大中小城市以及镇之间实现全产业链式、水平和垂直分工融为一体的精细分工与合作,推动产业集群化发展,并形成一批专业化功能城市。三是通过发挥城市群成长过程中城市增长的共生效应,有利于优化生产生活生态空间结构,形成以核心城市为引领的城镇等级规模体系,实现城市群内部各城市共生共长共同繁荣。四是通过重视城市群高级化发展中知识积累的柔性效应作用,有利于加强城市间人才交流和知识积累,进一步加快技术进步和管理创新的进程,不断提升城市群综合竞争力,引导区域经济、社会、人口、资源、环境统筹协调发展。

目前,我国还处于市场经济不断完善的阶段,全国统一大市场尚未形成,地区间的行政壁垒依然存在,城市间产业恶性竞争严重,城市增长粗放,知识积累的步伐还比较缓慢,这些问题对实现城市群综合效益带来较大影响。同时城市群发展也面临一些挑战,表现在,一是伴随人口经济活动的高度集中,资源短缺、环境污染、各类灾害等威胁也会伴随发生;二是随着城市间各类要素流动性的增强,农业转移人口增多、物流活动加剧、商务活动频繁都对要素流

---

① 当我们艰难地探讨城市群判定标准时,似乎忽略了研究的目的,为什么要界定城市群?城市群作为一种区域经济现象,其发展是动态的,边界也是渐变的。目前许多为了一定目进行的区域规划,其边界都是人为划定的结果,更多地考虑了行政管理的需要,与城市群实际范围有较大的差距。

动的硬件条件、顺畅性、安全性和稳定性等提出了更高要求；三是城市群中核心城市与边缘城市、城市与农村间发展不均衡问题需要引起重视，本地人口与外来人口之间发展机会、公共服务待遇不均等问题仍需进一步改善；四是随着城际联系不断加深，一些市场失灵的区域性公共问题不断涌现，对于由不同行政主体构成的经济区域，由于缺乏明确的管理主体，会导致生态环境保护、基础设施统筹布局、空间冲突等问题难以解决，从而对城市群发展带来负面影响。

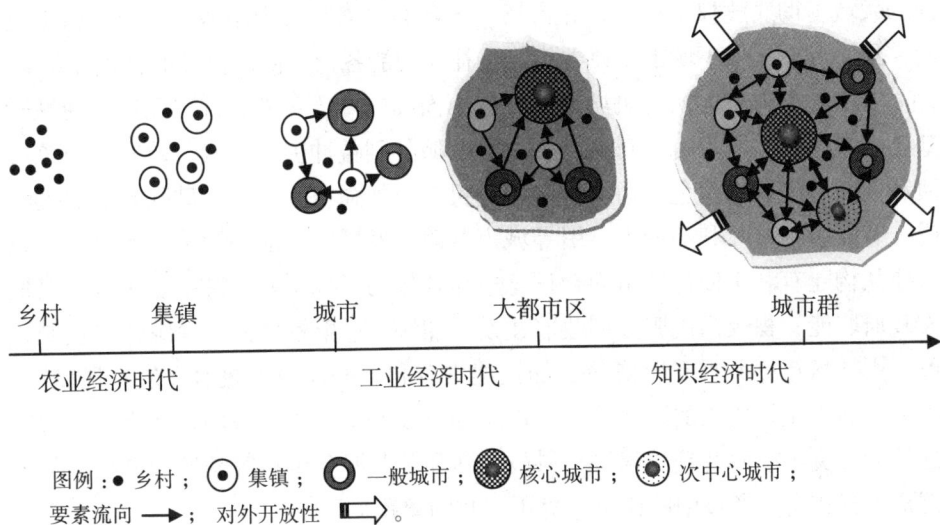

图例：● 乡村；◉ 集镇；◎ 一般城市；◉ 核心城市；◉ 次中心城市；
要素流向 ⟶；对外开放性 ⇨ 。

图 0-3　人口聚集区空间结构形态演变历程

4. 城市群是边界不断发展变化的开放系统

城市群是一个开放系统，其网络性质近似俱乐部的会员制，会员制的性质不属免费午餐，而是每个城市都应对城市群有积极的贡献，在合作的关系上，实现利益分享。与此同时，城市群网络效应的多少，决定于参与者如何利用城市群网络。城市群的边界不是固定的，如长三角城市群城市成员不断增加的现象正是城市网络效应的带来的结果。开放性的城市网络关系可以在更大空间尺度上促进城市间的合作发展，使城市群的影响力不断提升。随着城市群对外辐射力的不断增强，城市群主体与其周边地区的要素交流日益增多，当城市群周边的城市在产业及功能上逐渐与城市群交融，城市群的地理范围就会进一步扩大延伸到周边地区。从促进区域均衡发展的角度看，把城市群与周边地区发展割裂开来将会不利于区域协调发展。因此，即使在城市群规划中，也要充分考虑到城市群与周边区域发展的关系，不能因为规划范围就人为限制与周边区域的联系。

5.正确处理政府与市场的关系是城市群健康发展的根本保障

城镇化过程不仅是一个经济发展过程，而且是一个涉及自然资源、生态环境、公用事业、社会管理等一系列问题的综合发展过程，必须发挥政府与市场的双重作用，该由市场配置资源的就交由市场配置，该由政府干预的也不能缺位。城市群的形成主要依靠市场机制发挥作用，政府应当尊重要素流动的自然规律，顺应城镇化过程中人口产业空间集聚与扩散的规律，在不需要政府干预的领域，彻底放权于市场，让市场引导各类要素在大中小城市（镇）自由流动，最终形成大中小城市（镇）优势互补、功能各异、协调发展的城镇体系。

当市场的力量无法解决城市群发展中面临的环境负外部性，无法促使城际基础设施和公共服务有效对接，无法协调城际利益冲突的时候，政府就应该扮演和回归其本职的角色，通过健全协调机制、加强空间管制、破除要素流动障碍，有效协调城际利益冲突，引导城市群健康发展。当前最为关键的是中央政府要从构建有利于促进城市间合理竞争与合作的目标出发，进一步规范各级地方政府职能，积极推进服务型政府建设；加快推进财税体制和政绩考核机制改革，引导城市间开展正常竞争，加快建立有利于调动地方政府发展宜居城市、吸引人而不是排斥人的财税体制；加紧彻底改变单纯以经济增长速度评定政绩的偏向，突出政府在环境保护、科技创新和公共服务供给等领域的考核，加大群众评分在官员考核中的比重，克服"政绩急躁症"。

（二）本课题研究对象

关于城市群研究的争论主要表现在对城市群的具体判断标准上，而这一点在我国尤其突出，反映在不同学者依据不同的标准，提出的城市群空间尺度和所含城市的个数差异极大。鉴于本报告的研究重点不是对城市群空间范围进行界定，因此，在借鉴国内外有关城市群界定研究方法和结论的基础上[①]，提出了相对简明的判断标准，同时结合本报告对城市群概念和内涵的界定，总体原则是把当前十分泛化的城市群概念缩小，剔除某些不符合标准的城市群，以明确本报告研究的对象。

判断城市群的标准如下：一是至少拥有 1 个人口 200 万（市辖区城镇人口）以上的大城市，或拥有 2 个人口在 100 万人以上的城市；二是总人口规模达到 2500 万人以上；三是人口密度在 300 人 /km^2 以上；四是城镇化水平≥全

———————————

① 详见专题一。

国平均水平；五是具有发达的交通运输系统和通信网络，核心城市与外围区域的经济距离不超过三小时（或300公里左右）；六是核心城市与周边城市之间、群内各城市之间具有较强的经济联系；七是有共同的自然、历史、文化相似性和地域认同感。

通过定性和定量分析，综合判断目前我国共有12个城市群[①]（见表0-1，图0-4），分别是京津冀、长三角、珠三角、辽中南、山东半岛、海西、鄂东[②]、川渝、关中、中原、湘东和黑西南城市群。关于各城市群的具体范围主要借鉴已有各类规划和研究成果。其中，长三角、珠三角和京津冀中心城市人口规模超过1000万人，总人口规模达到5000万人以上，人口密度达700人/km²[③]，城镇水平高，属于国际上比较公认的城市群。关于有关数据的选取。鉴于我国人口普查资料对于城市相关指标的统计比较符合现实，本报告除特别说明外，均采用2000年和2010年中国人口普查资料相关数据作为分析的基础。在不涉及人口数据时，使用较新的统计资料。

表0-1　我国城市群基本状况（2010年）

城市群	面积（万平方公里）	常住人口（万人）	城镇化水平（%）	人口密度（人/km²）	人均GDP（元）	核心城市
京津冀	18.25	8379	60	459	47262	北京，天津
长三角	10.99	10763	70	979	65665	上海，南京，杭州
珠三角	5.56	5613	83	1010	67121	广州，深圳
辽中南	9.68	3313	68	342	54845	沈阳，大连
山东半岛	9.37	5430	56	580	54096	济南，青岛

---

① 本报告第三部分图0-7—图0-10，从某种程度上也印证了这一判断。
② 关于城市群的具体名称，本报告基本沿用《中国十大城市群》一书中关于城市群的名称。目前关于长江中游城市群的概念比较混乱，本文使用"鄂东城市群"一词，以示区别。
③ 京津冀的人口密度没有达到该标准，与城市群范围较大有关，如果去掉一部分山区面积，人口密度也在700人/平方公里以上。

续表

城市群	面积 （万平方公里）	常住人口 （万人）	城镇化 水平（%）	人口密度 （人/km²）	人均GDP （元）	核心城市
海西	5.61	2919	59	520	40321	福州，厦门
鄂东	5.81	3024	55	521	31861	武汉
川渝	16.53	7725	48	467	25923	重庆，成都
关中	7.47	2574	48	344	25605	西安
中原	5.88	4153	46	706	32203	郑州
湘东	9.69	4008	49	416	31188	长沙
黑西南	15.16	2433	51	160	33622	哈尔滨
合计/平均	120	60334	60	503	46015	

数据来源：《中国2010年人口普查资料》，2011年《中国城市统计年鉴》。

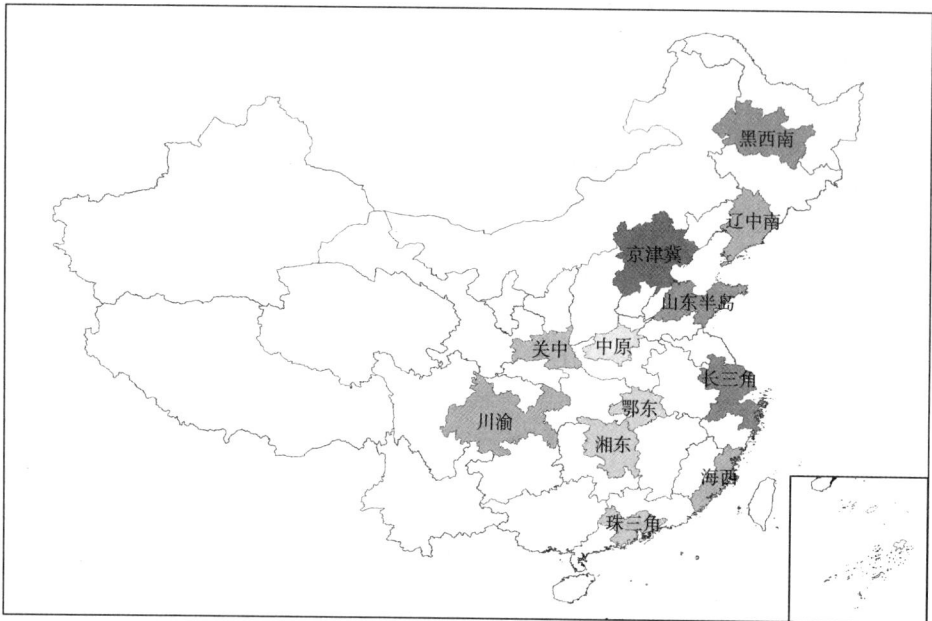

图0-4　我国城市群分布图

三、我国城市群发展特征

根据 NDESR 机理模型，密度是城市人口与经济活动在空间集聚程度的反映，能充分表征城市群的规模大小及其要素的集聚程度；随着要素流动融合效应的加强，在柔性效应作用下耦合效应、共生效应趋于强化，城市群内部不同城市发挥各自的功能分工，形成联系不断强化的网络化格局，在更大区域范围内发挥出枢纽功能；随着城市人口、经济活动在特定区域空间聚集及演化，在共生效应作用下形成不同的生产生活生态空间结构基质特征，直接影响城市群的承载能力；政府、企业及社会组织等各类主体是城市群发展的"反应"项，其相互配合形成的治理机制对城市群的健康发展有着直接的作用。类型划分则是认识和研究城市群的基础。为此，本部分分别从密度、功能、联系、基质[①]、治理和类型六个不同角度对现阶段我国城市群发展的总体特征展开分析。

（一）密度：人口和经济集聚程度不断提高

城市群已经成为承载我国人口和经济活动的核心区域，在我国城镇化中发挥着重要的作用。2010 年，我国 12 个城市群的总面积为 120 万平方公里，占全国的 12.50%，人口 6.03 亿人，占全国的 44.02%，地区生产总值 27.76 万亿，占全国的 69.2%，其中三大城市群总面积为 34.8 万平方公里，占全国的 3.62%，人口 2.48 亿人，占全国的 18.06%，地区生产总值 14.79 万亿，占全国的 36.88%。

单位面积集聚程度。2010 年，我国 12 个城市群人口和经济密度平均水平分别是全国平均水平的 3.6 倍和 5.5 倍。2000 年和 2010 年我国 12 个城市群人口和经济密度状况如图 0-5、图 0-6 所示，珠三角和长三角属于人口和经济密度都比较高的城市群，而黑西南城市群属于人口和经济密度都比较小的城市群。各城市群的人口和经济密度都有提高，经济密度提高迅速。图 0-7—图 0-10 采用 Kernel 密度方法，对 2000 年和 2010 年地级以上城市人口和经济密度数据进行绘制[②]，反映了我国城市人口和经济活动在空间密度分布的变化情况，可以看出 12 个城市群具有典型的人口和经济密度增长特征，亦可看出经济密

---

① 基质是由生产生活生态不同功能构成的景观生态系统或土地利用形式。

② Kernel密度方法根据输入的要素数据计算整个区域的数据集聚状况，从而产生一个连续的密度表面，该表面主要是基于点数据生成，以每个待计算格网点为中心，进行圆形区域搜寻，计算出每个格网点的密度值，本图按照150公里搜索半径绘制。

度变化的速度十分明显。

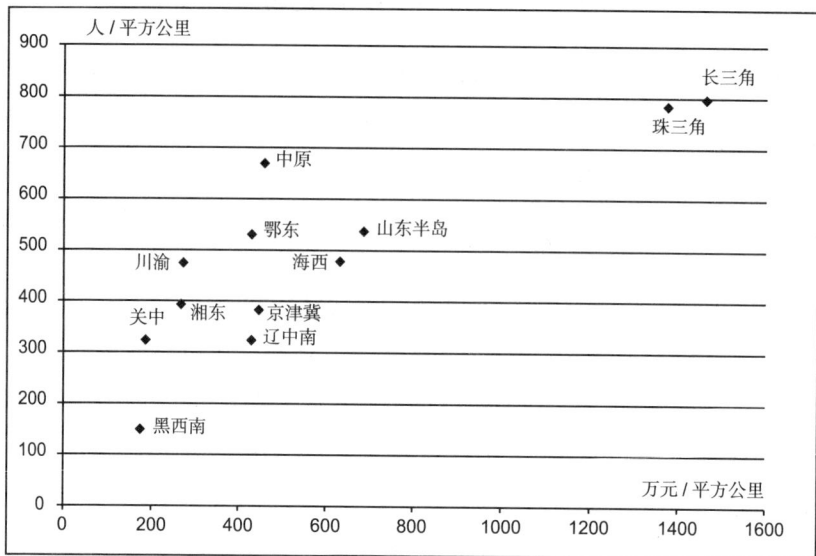

图 0-5 2000 年城市群人口密度和经济密度

注:根据《中国 2000 年人口普查资料》、2001 年《中国城市统计年鉴》相关数据计算结果绘制。

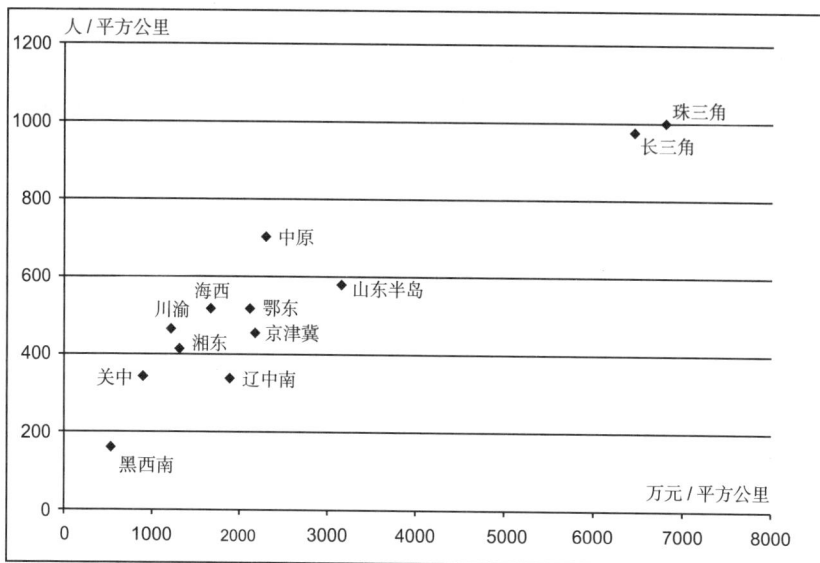

图 0-6 2010 年城市群人口密度和经济密度

注:根据《中国 2010 年人口普查资料》、2011 年《中国城市统计年鉴》相关数据计算结果绘制。

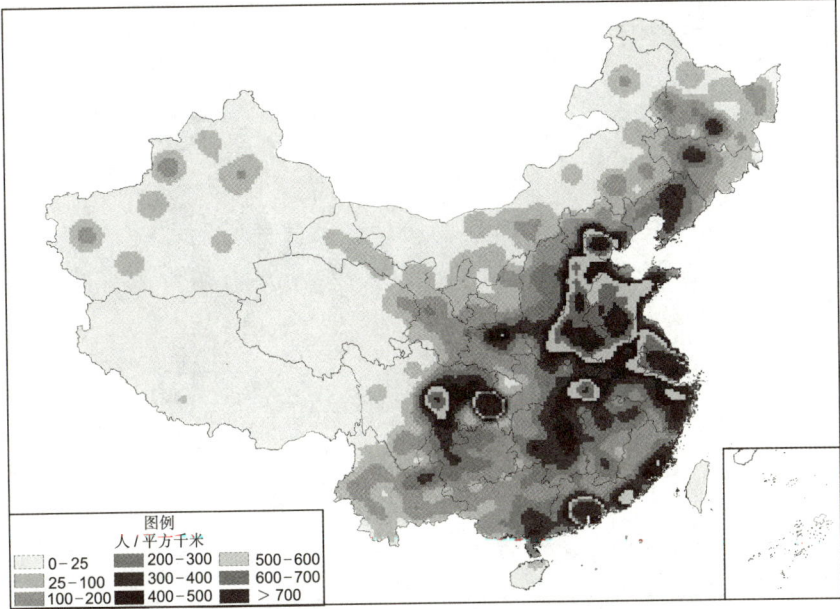

图 0-7　2000 年全国城市人口密度分布图

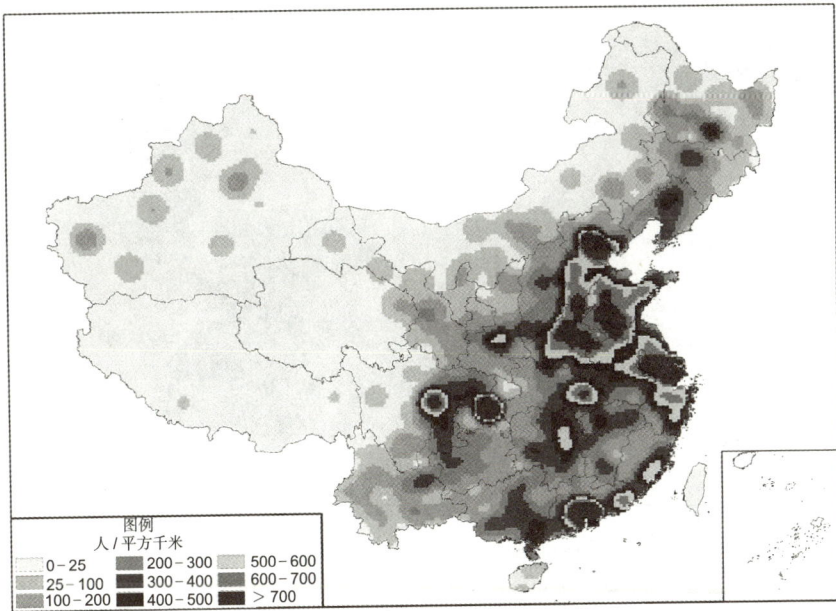

图 0-8　2010 年全国城市人口密度分布图

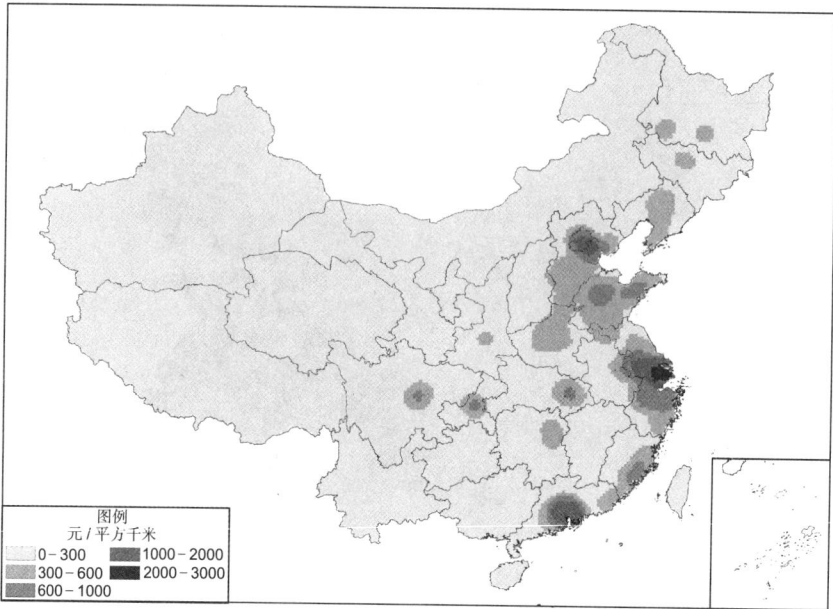

图 0-9　2000 年全国城市 GDP 密度分布图

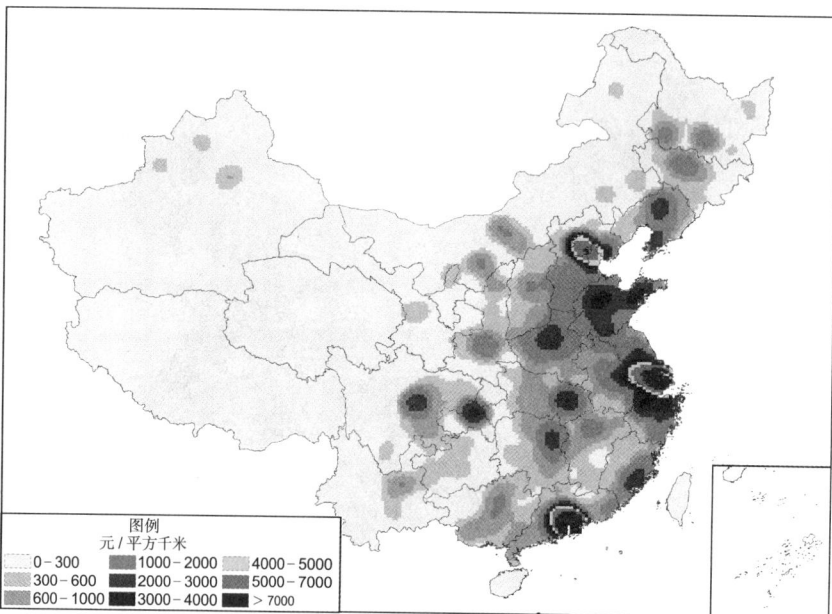

图 0-10　2010 年全国城市 GDP 密度分布图

人口经济分布变化情况。2010 年与 2000 年相比，我国城市群人口和 GDP 占全国比重变化的情况（表 0-2），12 个城市群人口占全国比重比 2000 年提高了 1.3 个百分点，GDP 占全国比重比 2000 年分别提高了 3.31 个百分点；三大城市群城市群人口占全国比重比 2000 年分别提高了 2.16 个百分点，GDP 占全国比重比 2000 年分别提高了 3.07 个百分点。总体上看，城市群的人口和经济集聚程度都在提高。每个城市群人口和 GDP 占全国比重的变化情况，有所差异（见表 0-2），其中三大城市群人口占全国的比重有较大提高，而鄂东、川渝和湘东城市群人口占全国比重下降；三大城市群和山东半岛、中原、湘东城市群 GDP 占全国的比重上升，而海西和黑西南 GDP 占全国比重下降。

从人口增长情况看，与 2000 年相比，2010 年 12 个城市群常住人口增长率为 11.61%，其中三大城市群常住人口增长率为 23.02%，远高于全国 3.43% 的水平。从表 0-3 看，2000 年至 2010 年城市群常住人口增长率除了鄂东和川渝城市群有所下降外，其他城市群均为增长趋势。从 2000 年至 2010 年城市群区域外来人口增长量看，沿海 6 个城市群和黑西南城市群的人口增长量均为正增长，而鄂东、川渝、关中、中原和湘东城市群均为负增长，说明人口向沿海地区聚集的趋势明显。

表 0-2　城市群人口、GDP 占全国比重变化

	2000 年			2010 年		
	人口占比	GDP 占比	GDP 占比 /人口占比	人口占比	GDP 占比	GDP 占比 /人口占比
京津冀	5.60	8.78	1.57	6.11	9.20	1.50
长三角	6.91	17.03	2.47	7.85	16.42	2.09
珠三角	3.39	7.99	2.36	4.10	8.75	2.14
辽中南	2.46	4.40	1.79	2.42	4.22	1.75
山东半岛	3.95	6.75	1.71	3.96	6.82	1.72
海西	2.06	3.66	1.78	2.13	2.73	1.28
鄂东	2.42	2.66	1.10	2.21	2.24	1.01
川渝	6.23	4.80	0.77	5.64	4.65	0.82
关中	1.91	1.47	0.77	1.88	1.53	0.82
中原	3.00	2.79	0.93	3.03	3.11	1.03
湘东	3.00	2.76	0.92	2.92	3.13	1.07

续表

	2000 年			2010 年		
	人口占比	GDP 占比	GDP 占比 / 人口占比	人口占比	GDP 占比	GDP 占比 / 人口占比
黑西南	1.77	2.79	1.57	1.77	2.04	1.15
三大城市群合计	15.90	33.81	2.13	18.06	36.88	2.04
十二个城市群合计	42.69	65.89	1.54	44.02	69.20	1.57

数据来源:根据中国 2000 年、2010 年人口普查资料、2001 年和 2011 年《中国城市统计年鉴》有关数据计算。

表 0-3　城市群人口增长情况

	2000—2010 年常住人口增长率（%）	2000—2010 年外来人口增长量（万人）
京津冀	18.15	658.00
长三角	23.10	1565.89
珠三角	30.90	867.59
辽中南	6.60	90.19
山东半岛	8.72	190.38
海西	12.15	91.10
鄂东	-1.48	-206.16
川渝	-2.09	-648.29
关中	6.44	-12.66
中原	9.34	-49.21
湘东	5.42	-114.20
黑西南	8.27	101.71

数据来源:根据中国 2000 年、2010 年人口普查资料有关数据计算。

　　人口和经济分布的匹配程度。人口和经济分布相匹配是指 GDP 占比与人口占比应该大体一致,反映了不同地区间人均 GDP 水平差距较小。2010 年与2000 年相比,三大城市群 GDP 占比与人口占比差距有所缩小（表 0-2）,说明人口与经济分布的协调程度有所提高,但两者之比仍高达 2.04:1,说明人口分布与经济分布严重背离。而国外城市群在经济总量占比高的同时，相应人口占比也高，如美国东北部巨型区域 GDP 占全美的 20%，人口占 18%，两者相比仅为 1.11：1。从各城市群看，京津冀、长三角、珠三角、海西、鄂东和黑西南城市群人口与经济分布的协调程度有所提高。2010 年城市群中只有川渝、关中城市群的 GDP 占比低于人口占比，说明这两个城市群的经济发展水平仍需提升。

（二）功能：城市功能分工有所变化

随着近十年来城市群区域经济的迅猛发展，各类城市产业结构均发生不同程度的变化，但不同核心城市和城市群具有较大差异，受资料所限，本报告仅以核心城市服务业和外围城市制造业分析为例。

核心城市服务功能有所提升。我国城市群核心城市的产业结构调整总体上进一步加快，但是每个核心城市的发展阶段不同，其三次产业结构调整表现出的特征也不同。从表 0-4 看出，在 22 个核心城市中，有 14 个核心城市的第三产业比重变化值为正，其中京津冀城市群的北京和石家庄，第三产业比重提高较快，均达 16 个百分点以上；长三角城市群的上海、南京和杭州第三产业的比重均不断提高，但是上海较快，达到 6 个百分点以上；珠三角的广州和深圳第三产业的比重均提高 7 个百分点以上；山东半岛城市群的济南和青岛，鄂东城市群的武汉，海峡西岸城市群的福州和厦门，关中城市群的西安第三产业的比重也均有所提高；而中原、湘东、黑西南和川渝城市群的核心城市第三产业比重均有所下降或变化不大，如成都第三产业比重变化很小。

部分外围城市制造业功能有所增强。城市群外围城市凭借相对低廉的要素成本优势，制造业分工地位有所提升。以三大城市群为例，根据城市群各城市全市和市区不同行业就业人数的区位商[①]变化（见表 0-5—表 0-7），可以看出城市群中不同城市制造业的分工变化情况。一些城市在城市群中的制造业地位变化明显，如京津冀城市群中的廊坊、保定比较突出。长三角城市群中的嘉兴、宁波比较突出，珠三角城市群中的江门、肇庆、中山比较突出。由于南方城市中许多镇的工业很发达，全市和市区制造业就业人数区位商显示的状况略有差异，如从全市看，长三角城市群中的苏州、无锡的变化也比较明显，珠三角城市群中惠州的变化也比较明显。

---

① 区位商＝（i城市某行业就业人数/i城市所有行业就业人数）/（i城市所在城市群某行业就业人数/所在城市群所有产业就业人数），区位商大于1时，该行业相对其他城市具有优势，反之亦然。由于统计口径变化，采用2003年数据与2011年数据对比。

表 0-4　主要核心城市（市区）三次产业增加值结构　（单位：%）

城市	2011 年			2000 年			三产比重变化值
	第一产业	第二产业	第三产业	第一产业	第二产业	第三产业	
北京市	0.7	22.8	76.5	2.7	37.7	59.6	16.9
天津市	0.9	52.5	46.6	2.6	50.1	47.3	-0.7
石家庄市	0.4	31.4	68.1	1.2	46.9	51.9	16.2
上海市	0.6	41.1	58.3	1.0	47.4	51.6	6.7
南京市	2.0	43.4	54.6	0.9	48.1	50.9	3.7
杭州市	1.9	44.7	53.4	2.1	46.3	51.6	1.8
宁波市	1.6	54.4	44.0	2.9	50.3	46.8	-2.8
广州市	1.2	35.6	63.2	3.0	41.7	55.2	8.0
深圳市	0.1	46.4	53.5	1.1	52.5	46.4	7.1
沈阳市	1.8	49.6	48.6	2.1	45.6	52.3	-3.8
大连市	2.2	47.5	50.4	5.1	43.5	51.4	-1.1
济南市	2.2	36.3	61.5	2.8	44	53.2	8.3
青岛市	0.6	47.4	52.0	3.3	51.7	45.0	7.0
福州市	0.7	37.4	62.0	2.1	45.7	52.2	9.8
厦门市	1.0	51.1	48.0	4.2	52.8	43.0	5.0
武汉市	0.6	46.1	53.3	6.7	44.2	49.1	4.2
重庆市	5.7	56.4	38.0	8.4	48.9	42.7	-4.8
成都市	1.6	44.6	53.8	3.2	43.1	53.7	0.1
西安市	2.9	43.4	53.8	3.0	49.4	47.6	6.2
郑州市	0.5	41.1	58.3	2.0	34.6	63.5	-5.2
长沙市	1.5	46.5	52.1	2.1	38.6	59.3	-7.2
哈尔滨市	2.2	43.4	54.4	5.7	36.8	57.5	-3.1

数据来源：2001 年和 2012 年《中国城市统计年鉴》。

表 0-5 京津冀城市群制造业就业人数区位商

城市	全市			市区		
	2011 年	2003 年	变化	2011 年	2003 年	变化
北京	0.66	0.79	-0.13	0.63	0.72	-0.09
天津	1.76	1.63	0.14	1.72	1.45	0.27
石家庄	1.10	1.36	-0.26	1.09	1.39	-0.31
唐山	1.25	1.19	0.06	1.30	1.17	0.14
秦皇岛	1.20	1.08	0.12	1.32	1.10	0.22
保定	1.03	0.91	0.13	1.71	1.46	0.25
张家口	0.78	1.16	-0.38	1.20	1.55	-0.35
承德	0.73	0.84	-0.11	1.02	1.15	-0.13
沧州	0.67	0.73	-0.06	0.81	1.11	-0.30
廊坊	1.50	0.78	0.72	1.89	0.92	0.97

数据来源：根据 2004、2012 年《中国城市统计年鉴》有关数据计算。

表 0-6 长三角城市群制造业就业人数区位商

城市	全市			市区		
	2011 年	2003 年	变化	2011 年	2003 年	变化
上海	0.90	0.99	-0.09	0.94	1.13	-0.19
南京	0.92	0.96	-0.04	0.95	1.09	-0.13
无锡	1.31	1.21	0.09	1.42	1.48	-0.06
常州	0.99	1.23	-0.25	1.00	1.53	-0.52
苏州	1.62	1.53	0.09	1.73	1.72	0.01
南通	1.14	1.14	0.01	1.15	1.59	-0.44
扬州	0.88	1.00	-0.12	0.90	1.24	-0.34
镇江	1.16	0.99	0.18	0.98	1.49	-0.51
泰州	0.97	0.95	0.02	1.13	1.32	-0.19

续表

城市	全市			市区		
	2011 年	2003 年	变化	2011 年	2003 年	变化
杭州	0.72	0.83	-0.11	0.71	0.43	0.28
宁波	1.16	0.84	0.32	1.36	0.74	0.63
嘉兴	1.54	1.04	0.50	1.40	0.93	0.47
湖州	1.03	0.49	0.54	0.86	0.35	0.50
绍兴	0.71	0.72	-0.02	0.62	0.63	-0.02
舟山	0.59	0.65	-0.06	0.68	0.80	-0.12
台州	0.87	0.51	0.36	1.00	0.42	0.58

资料来源：根据 2004、2012 年《中国城市统计年鉴》有关数据计算。

表 0-7 珠三角城市群制造业就业人数区位商

城市	全市			市区		
	2011 年	2003 年	变化	2011 年	2003 年	变化
广州	0.80	0.81	-0.02	0.76	0.78	-0.02
深圳	0.99	1.03	-0.05	0.98	1.00	-0.02
珠海	1.42	1.44	-0.02	1.41	1.40	0.01
佛山	0.95	1.00	-0.04	0.95	0.97	-0.02
肇庆	0.85	0.77	0.07	1.23	1.06	0.17
惠州	1.50	1.43	0.08	1.59	1.58	0.01
东莞	0.62	0.89	-0.27	0.62	0.87	-0.25
中山	1.25	1.21	0.04	1.25	1.18	0.07
江门	1.08	0.94	0.14	1.33	1.09	0.23

资料来源：根据 2004、2012 年《中国城市统计年鉴》有关数据计算。

（三）联系：城市间联系逐步加强

内部联系。城市群内部城市之间的联系首先取决于城市经济发展的水平，其次发达的交通网络是城市间联系加强的必要条件，尤其是随着我国高铁的开通，长三角、珠三角、京津冀城市群城市间的联系不断增强。从不同城市群的流强度对比看，联系强度呈现由东南沿海向西部内陆递减的趋势，三大城市群的城市流强度最大，与经济发达程度成正比[1]。总体来看，城市群的城市间联系主要围绕核心城市展开，呈现枢纽辐射状，其他成员城市与核心城市有比较密切的经济联系。城市群内部城市之间联系分异明显，受区位、产业结构、经济实力等因素影响，城市之间的联系存在层次性。从各类要素流动特征看，整体上以人流和物流为主，资金流与城市第三产业的发达程度直接相关，尤其是在成熟城市群表现突出，如长三角城市群中南京、无锡和苏州之间的金融流强度高速增长，从千亿元级别跨入万亿元级别[2]。

群间联系。城市群间的联系反映了城市群的对外联系程度，由于资料所限，主要以城市群的核心城市间的联系数据进行分析，并重点选择了9个城市群作为分析对象。从我国主要城市群核心城市间航空人流和货邮流联系强度的空间分布来看（如图0-11—图0-14），基本呈现出由京津冀、长三角、珠三角、川渝四大城市群组成的"菱形"分布格局，这四大城市群之间的经济联系在众多城市群中占据主导地位，与中国区域发展长期形成的"T"字型空间相吻合。从铁路客运量来看（如图0-15），京津冀城市群与长三角城市群、京津冀城市群与辽中南城市群、京津冀城市群与山东半岛城市群、山东半岛城市群与长三角城市群、鄂东城市群与珠三角城市群之间的联系呈现主导性地位，其他城市群之间的联系差距较大，表现为以近距离联系为主。[3]

---

① 卢万合、刘继生：《中国十大城市群城市流强度的比较分析》，《统计与信息论坛》2010年第2期。
② 朱杰：《中国城市群的阶段特征趋势及实证研究》，《规划师》2012年第6期。
③ 详见专题三。

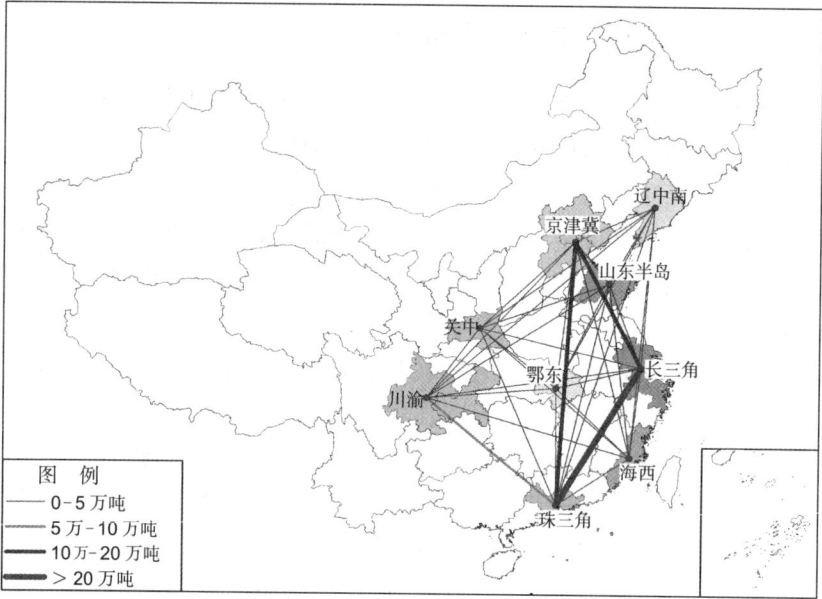

图 0-11　2000 年城市群核心城市间航空货邮量

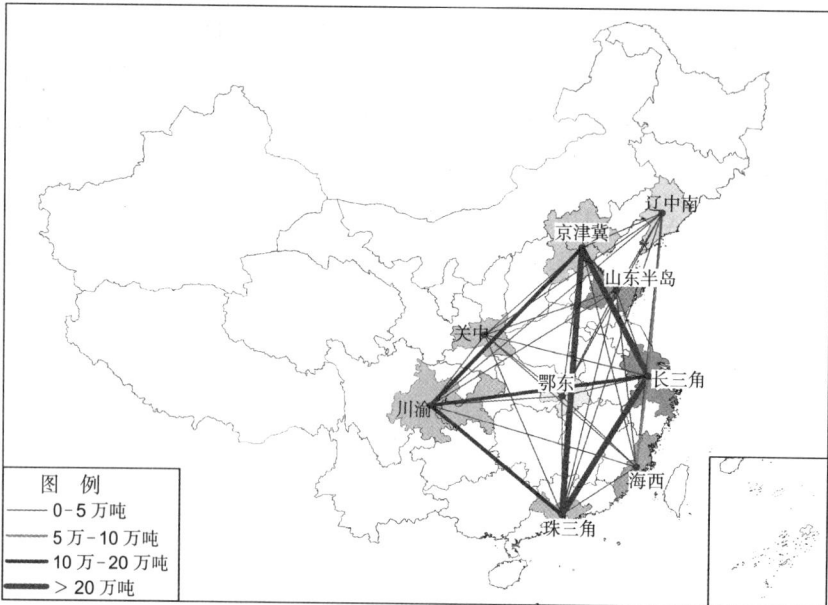

图 0-12　2011 年城市群核心城市间航空货邮量

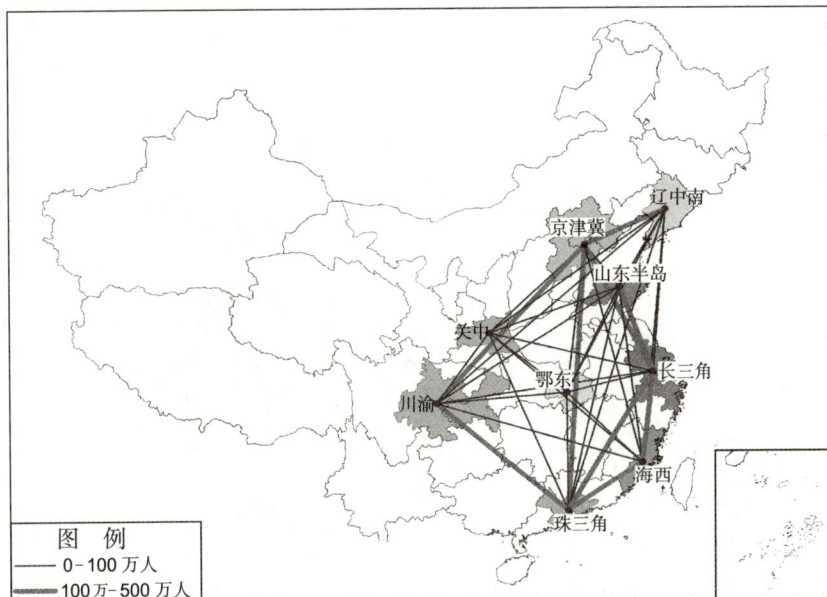

图 0-13 2000 年城市群核心城市间航空人流量

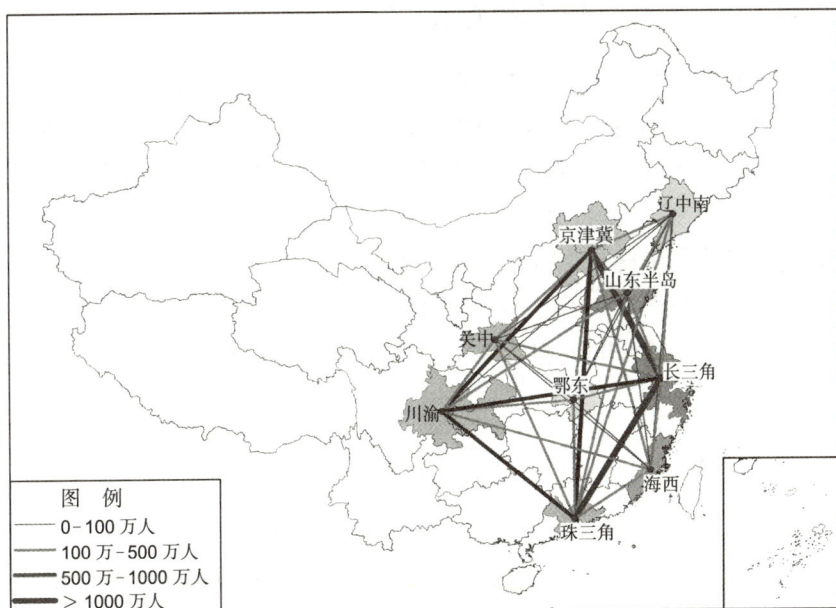

图 0-14 2011 年城市群核心城市间航空人流量

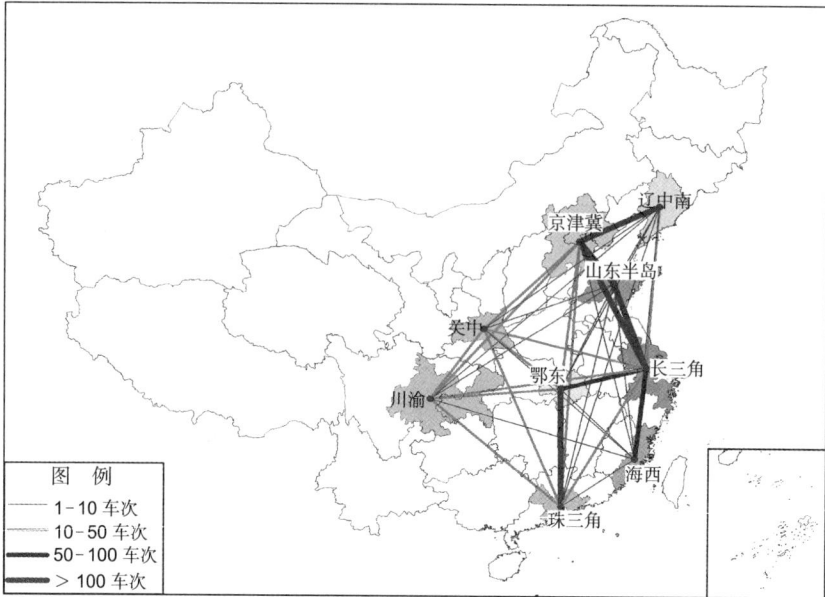

图 0-15　城市群核心城市间铁路人流量

（四）基质：空间利用结构变动剧烈

随着城镇化进程的快速推进，城市空间不断拓展，城市群生产生活生态空间利用结构发生剧烈变动。如图 0-16 所示，长江三角洲和珠江三角洲城市群城市用地空间扩张强度出现峰值的时期为 1992—1995 年，京津冀城市群城市用地空间扩张强度出现峰值的时期为 2005—2009 年。三大城市群的城市用地逐渐形成轴向或连片发展的形态。城市群基础设施建设用地需求迅猛增长，如长株潭城市群 1999—2007 年各类土地利用变化中，交通基础设施用地 1999—2007 年间共增加 5254.38 公顷，增幅达 38.98%，增长幅度位居各类用地的第一位。

生态空间保护有所重视。一些城市群已经开始注重生态空间的保护，如广东省实施了《珠三角绿道网总体规划纲要》，目前正在组织开展"基本生态控制线"的划定和管理工作。湖北省 2008 年出台了《武汉城市圈两型社会建设试验区生态环境规划》，提出了划定生态功能区，构建区域生态网络框架的构想。湖南省 2011 年 5 月出台了《长株潭城市群生态绿心地区总体规划》，提出按照生态服务优先、有机疏散、功能分区、建设保护的思路，以保持性开发为主线，采用圈层式、组团网络化、生态耦合方式，优化重组绿心地区生态功能区空间结构；2013 年 3 月又出台了《湖南省长株潭城市群生态绿心地区保护条例》，建立了生态绿心地区的空间管制制度。以上这些表明对生态空间保护已经成为城市群区域空间管制的重要内容。

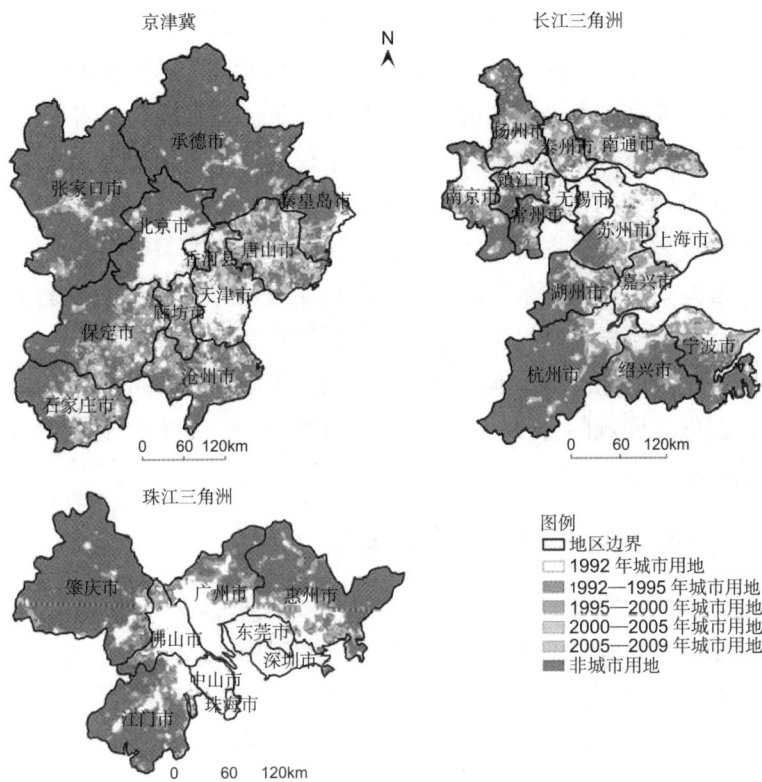

图 0-16　长三角、珠三角、京津冀城市群城市用地变化情况

资料来源：王翠平、王豪伟、李春明、董仁才：《基于 DMSP/OLS 影像的我国主要城市群空间扩张特征分析》，《生态学报》2012 年第 2 期。

（五）治理：城市间合作不断推进

随着区域性公共问题的不断凸显，城市间通过合作提升整体竞争力的愿望日益增强，各种类型的合作不断开展，在促进区域一体化方面取得了一些成效，尤其在珠三角、长三角等城市群比较突出。城际合作领域不断拓展，交通、能源基础设施、环境保护与生态建设、公共服务、社会管理等方面的合作有所推进。如珠三角城市群围绕实施《珠三角城市群发展规划纲要》编制了基础设施、产业布局、基本公共服务、城乡规划和环境保护五个一体化规划,长株潭城市群提出了"交通同环,电力同网,金融同城,信息同享,环境同治"的设想等等。

政府在合作中发挥主导作用。我国城市群的治理方式主要以政府为主导,包含两种主要模式,一是上级政府主导下的治理模式。包括中央政府和省级政府两个层面,主要以区域规划形式,指导城市群发展。近年来由中央政府和省级政府出台了很多各类近似城市群的规划或意见。在保障规划实施方面,省级层面做了大量工作,如湖南省人大常委会审议通过了《湖南省长株潭城市群区域规划条例》,广东省出台了《广东省实施〈珠江三角洲地区改革发展规划纲要〉督查办法》、《珠江三角洲区域一体化评价工作方案》等制度,长三角城市群三省一市设立了"长三角合作与发展共同促进基金"等。二是城市政府间的治理模式。城市地方政府间通过建立"高层领导联席会"、"城市地方政府联合会"、"城市联盟"等机制,推进制定政府间合作协议、共同编制各类规划和实施计划,促进开展城际合作,如长三角城市协调会、长株潭党政领导联席会、厦漳泉城市联盟等等。

(六)类型:我国城市群的组成类型

受区位、自然条件、经济发展历史等众多因素影响,我国城市群具有不同的发展特征,根据地域类型、空间结构、开发强度、功能等级、行政关系、发育程度等对 12 个城市群进行了划分(表 0-8),本报告所述发展思路乃我国城市群发展的总体方向,具体到每个城市群,还要结合其自身实际,进一步分析论证。

表 0-8　我国城市群的组成类型

组别	类别	特征	城市群
地域类型	东部沿海平原	区位、自然条件优越,对外开放条件好	京津冀、长三角、珠三角、辽中南、山东半岛、海西
	中部平原	区位承东启西,自然条件优越	鄂东、中原、湘东、黑西南
	西部平原盆地	居于内陆,自然条件较好	川渝、关中
空间结构	单中心	一个核心城市	鄂东、关中、中原、湘东、黑西南

续表

组别	类别	特征	城市群
空间结构	双中心	二个核心城市	京津冀、珠三角、辽中南、山东半岛、海西、川渝
	多中心	三个以上核心城市	长三角
开发强度	优化开发区	开发强度较高，资源环境问题突出	京津冀、长三角、珠三角、辽中南、山东半岛
	重点开发区	资源环境承载能力较强，发展潜力较大、集聚人口和经济的条件较好	海西、鄂东、川渝、关中、中原、湘东、黑西南
功能等级	一级	在国家或全球层面具有重要影响力	京津冀、长三角、珠三角
	二级	在大区或国家层面具有重要影响力	辽中南、山东半岛、海西、鄂东、川渝、关中
	三级	在省级或大区层面具有重要影响力	中原、湘东、黑西南
行政关系	跨省	跨越省级行政单元	京津冀、长三角、川渝
	省内	跨越市级行政单元	珠三角、辽中南、山东半岛、海西、鄂东、关中、中原、湘东、黑西南
发育程度	成熟	核心城市功能强、人口密度大、城市间联系紧密、城镇化水平最高	京津冀、长三角、珠三角
	成长	城镇化水平、经济发展水平较高，城市间联系较紧密	辽中南、山东半岛、海西
	发育	核心城市功能、城镇化水平、经济发展水平、城市间联系中等	鄂东、川渝、关中、中原、湘东、黑西南

四、我国城市群发展存在的主要问题

　　我国城市群的发展总体上表现为地理空间上的集聚特征突出，但城市间合理的功能关系尚未形成，空间开发利用粗放、生态空间锐减，区域生态环境问题严峻, 资源保障压力加大, 治理机制有待健全。

(一)核心城市发展质量有待提升, 城市间功能关系不协调

整体上看, 在现行财税体制和政绩考核制度下, 每个城市仍以自身经济利益最大化为目标, 争相发展利大税高产业, 导致城市间恶性、同质竞争愈演愈烈, 城市间应有的产业链分工和合作关系尚未形成。核心城市与中小城市间的专业化分工不明显, 城市功能缺乏特色。部分城市在各自行政区范围内构筑自我封闭、自我配套的经济结构体系, 限制生产要素的跨行政区自由流动, 制约了城市群的自然成长发育。如京津冀城市群中, 河北省的每个城市都有钢铁工业, 就连以度假旅游为核心优势的秦皇岛市, 规模以上金属冶炼及压延加工企业也有 35 家, 钢铁工业的分散布局对京津冀生态环境保护和水资源供给都带来严重影响。

核心城市服务业发展相对缓慢, 与发达国家核心城市相比仍有较大差距, 制造业发展与周边城市的同质竞争依然存在, 核心城市对周边城市的辐射带动效应尚未形成。特大城市凭借各种要素资源绝对优势, 人口集聚速度迅猛, 随之而来的交通拥挤、环境污染、资源短缺、住房紧张、房价高企、事故频发、规划滞后等问题越来越严重, 城市管理跟不上城市人口迅速增长的需要。一些外围城镇由于缺乏产业支撑, 城镇功能单一, 出现"睡城"、"空城", 又进一步加剧了交通拥堵问题。随着核心城市功能的不断强大, 一些处于城市群边缘地区的城市与核心城市的发展差距问题也更加突出, 如珠三角城市群的肇庆市, 2012 年人均 GDP 水平仅为 36508 元, 不仅远低于珠三角城市群 84563 元的平均水平, 也低于全国 38420 元的平均水平。

(二)生产生活空间利用粗放, 三生空间冲突加剧

生产生活空间利用粗放, 生态空间不断被城市建设挤占, 农业用地空间迅速减少。经过近几十年的高速发展, 我国一些城市群的国土空间开发强度已经非常高, 如珠三角、长三角和京津冀城市群的开发强度已经超过或接近 25%, 远高于世界上的一些城市密集区域, 如日本三大都市圈的开发强度仅为 15.6%, 德国斯图加特地区为 20%, 法国巴黎地区为 21%, 而相应的产出却比这些区域低得多。再如珠三角近 20 年来建设用地年均增长 11%, 耕地和林地呈快速减少态势, 按目前各市城市规划建设总规模汇总, 至 2020 年珠三角城市群建设用地面积将超过土地总面积的 30%, 工业用地占总建设用地面积比例将可能超

过合理上限的警戒线。一方面，将造成城市可开发利用空间锐减，另一方面，由于城市土地利用成本快速上升，城市更新改造面临较大困难。同时，城市边缘区无序蔓延，城乡景观混杂等问题突出。

生产生活生态空间冲突加剧。核心城市生态空间扩展制约了外围城市生产空间的扩展，以京津冀城市群为例，张家口和承德作为京津两大直辖市的重要生态屏障和主要水源地，生产空间扩展受到抑制，而生态空间范围要求提高，但在生态补偿机制不健全的情况下，两市经济发展受到较大影响，2012 年两市人均 GDP 水平分别为 31330 元和 26323 元，均低于全国平均水平。外围城市生产空间扩张无序导致工业围城问题突出，在缺乏统筹布局和有效管控措施的情况下，外围城市从各自利益出发，分散布局各类工业园区，使得中心城市被大量工业用地包围，对核心城市及区域的生态环境造成严重影响。

（三）城市间合作深度不够，治理机制有待健全

尽管近年来城市群在推进区域一体化和协同发展上不断取得共识，相关制度和政策措施不断推出，在一些领域也取得了明显的成效，但多数合作的层次仍比较低，很多事项雷声大，雨点小，重开会，轻实施，协议多，推进少，尤其是对于跨省城市群，城市间的实质性合作推进步伐仍比较缓慢。

目前城市间合作主要以政府为主导，多元主体参与的治理模式发展缓慢，各类企业、居民以及社会组织主体还远远没有参与到城市以及城市群的治理当中来。跨省城市群缺乏明确的治理主体，城市间组织机制松散。城市间自发形成的合作组织，多靠地方领导人推动，一旦地方领导调动便容易使合作机制架空。治理方式主要停留在各种会议制度与单项合作机制上，一般采取集体磋商的形式，关系城市间利益冲突、激励和约束、财政分担和资金管理、监督检查等制度化机制欠缺。针对城市间开展合作的专门性法律法规缺失，我国宪法和地方组织法中关于如何处理政府间关系，地方政府在府际合作中的权利、责任等方面的内容都没有涉及。城市群规划众多，但缺乏法律效力，约束性不强，难以发挥应有的作用。

（四）区域资源环境问题加剧，基础设施建设缺乏统筹

目前我国部分城市群，特别是发达地区的城市群面临的资源环境问题已经十分严重，表现在大气污染加剧，酸雨频繁，水质普遍污染，水资源短缺，土壤污染严重，生态恶化，生物多样性减少等等。以京津冀城市群为例，众

所周知的越来越频发的大范围强雾霾天气还只是居民可以感受到的污染，而由于盲目发展高耗水工业，地下水位下降严重，地面沉降面积越来越大，已经严重威胁到大城市的安全。长三角城市群只有钱塘江和太湖水域的部分水质达到饮用水标准，其他河流湖泊的水质均出现严重问题，本是水资源十分丰富的区域，却因为环境污染造成水质性缺水。城市群中跨界资源利用和生态环境保护的矛盾和冲突不断加剧，已经严重影响到居民的日常生活和生产发展的正常秩序。

在区域基础设施建设方面，短缺与重复建设并存。一方面，区域性重大交通基础设施建设尚不能满足人口和产业高度集聚的需要，区域路网布局不完善，结构不合理，城际铁路发展滞后；各种交通运输方式间发展不平衡且缺乏有效衔接，导致旅客和货物换乘、换装不便，综合运输效率不高；主要交通走廊运输能力不足，城市间交通和市内交通干线接线不畅；综合运输服务一体化滞后，各种运输方式之间存在政策规范不一致、技术标准不一致、信息平台不共享等问题。一些城市群虽然编制了区域性的基础设施规划，但在实施过程中，由于地方利益诉求、市场运作机制、土地指标等原因，往往导致规划难以落实。另一方面，重大交通设施项目重复建设问题依然严重，如各城市争相建设机场，区域港口布局重复配置。

五、我国城市群发展的总体思路

针对我国城市群发展中存在的问题，既要充分发挥市场机制的作用，积极构建有利于促进要素自由流动的市场体系，以公平的市场竞争环境，促进城市间合理分工与优势互补，也要有效发挥政府在弥补市场失灵领域中的作用，健全城市群治理机制，加强空间管制，共同应对城市群人口经济活动密集带来的资源环境挑战和公共服务需求，有效解决跨界冲突，引导城市群差异化、健康持续发展。

(一)提升核心城市功能，促进城市合理分工

城市群中的不同城市在竞合发展过程中，应充分发挥各自的比较优势和竞争优势，强化产业分工的耦合效应，逐步形成城市功能有机整合、产业分工合理、经济联系紧密的相互依赖的网络关系，使城市群具有更丰富的多样性、更大的创造性和更持久的发展潜力，以支撑国家和区域经济社会的不断发展。

1. 增强核心城市流量集聚与扩散能力

核心城市是构成城市群的节点，其功能的强弱直接决定了城市群在全球竞争中的地位。根据泰勒（Taylor）[①] 的研究，世界城市网络排名中，我国城市中排名最前的 20 个城市如表 0-9 所示。此表不仅说明了我国不同的核心城市在世界城市体系中的地位，也印证了核心城市与城市群发展的关系，我国三大城市群的核心城市的全球网络联系度位居世界排名前 100 名，其他城市则是前述 12 个城市群中的第四个至第九个，正好是我国大经济区域的主要核心城市。核心城市在城市群网络中的作用，取决于其与其他城市之间的关联程度，取决于"他们之间交流什么，而不是他们那里有什么"[②]。核心城市与周边城市之间的流动水平、频繁程度和密集程度，决定了城市群在全球经济中的地位，其发展的质量不在于其自身拥有多少物质属性（规模、设施、物质财富），而在于其在城市网络中的功能，即其所拥有的流动资源的质量。随着城市群网络关系的不断加强，核心城市职能要从资源控制向资源流通转变，重点提升跨区域性的交通枢纽及物流、人流集散功能，专业化商贸服务功能，以及科技、教育、金融、信息、咨询等服务功能和创新功能。

对于成熟型城市群中的北京、上海、广州、深圳等为代表的城市，重点应以增强流量集聚与扩散能力为主，进一步提升现代服务业水平，发展具有影响力的高端产业，承担起有序分工组织者的角色，增强参与全球城市网络联系的能力，提升在世界城市网络中的地位。在稳步发展货物流动能力的基础上，壮大以资金为主导流的能力，推动知识与人才主导流的作用，引领全国创新发展，并进一步扩大这些城市的对外开放性，促进各种资源要素在更大的时间和空间范围内流动，不断向世界城市迈进。对于处于成长发育型城市群中的核心城市，其未来一定时期内仍处于存量积累阶段，要处理好存量积累与流量扩展的关系，进一步做强做大核心城市，完善核心城市基础设施网络建设，加强核心城市与周边城市在物资、人才、资金及信息的交流，发挥核心城市在城市群中的集聚效应和溢出效应，带动城市群快速发展。

[①] P.J. Taylor, B. Derudder, M. Hoyler, P. Niand F. Witlox, "City-dyad Analyses of China's Integration into the World City Network", http://www.lboro.ac.uk/gawc/rb/rb407.html, 2010.

[②] Beaverstock, J.V., R.G.Smith, P.J. Taylor, D.R.F. WalkerandH.Lorimer, "Globalization and world cities:some measurement methodologies", *Applied Geography*, 20(2000),pp.43-63.

表0-9 我国在世界城市网络中排名最前的20个城市

中国排名	世界排名	城市	全球网络联系度（%）	中国排名	世界排名	城市	全球网络联系度（%）
1	3	香港	73	11	262	杭州	12.5
2	7	上海	62.7	12	267	青岛	12.3
3	12	北京	58.4	13	275	大连	12
4	43	台北	41.7	14	291	澳门	10.9
5	67	广州	34.1	15	319	重庆	8.9
6	106	深圳	25.8	16	323	西安	8.7
7	188	天津	16.8	17	325	苏州	8.6
8	223	高雄	14.3	18	337	武汉	8
9	245	南京	13.5	19	346	厦门	7.5
10	252	成都	13.1	20	348	宁波	7.5

资料来源：P.J.Taylor, "City-dyad Analyses of China's Integration into the World City Network", http://www.lboro.ac.uk/gawc/rb/rb407.html, 2010.

注："全球网络联系度"是P.J.Taylor等通过收集服务性企业网络数据，根据连锁网络模型测算获得。全球网络联系度的指标是相对于最高值（如伦敦）的比例。

　　服务功能多样化与专业化结合。国际上知名的全球城市，在以服务经济为主的城市经济中，其服务业的专业化功能越来越突出，在世界体系中发挥着不同的作用，如纽约的银行、会计和广告等服务业，华盛顿的法律服务、研发和协会组织等服务业，波士顿、达拉斯和旧金山的高科技服务业等。我国成熟型城市群中的北京、上海等城市，应在多样性服务业的基础上增强专业化功能，一方面，这些城市的服务业与发展需要相比还存在很大差距，仍有较大的提升空间，这主要是指城市的非基本职能部分①；另一方面，从城市本质和提升城市竞争力的角度看，要进一步突出专业化功能，这些专业化功能是服务于城市群、全国乃至世界的基本职能，是决定未来在世界城市网络体系中地位的部门。这些城市中的制造业作为城市的传统基本活动部分，凭借其强大的循环积

―――――――――――

① 在城市职能定义中，通常把为城市以外地区提供货物和服务的经济活动称为基本职能，而为城市本身提供货物和服务的经济活动称为非基本职能。

累效应，仍然是城市中心性的重要组成部分，但具体的行业重点将发生变化，其区域中心地位的体现由产品供给为主转变为相关产业的催化和带动为主，其布局将向这些城市的郊区或其他大中城市转移。对于成长发育型城市群中的核心城市，在提升服务功能的同时，必须兼顾制造业功能，重点要在城市空间布局中协调好制造业与服务业的布局关系。

积极应对大城市病的挑战。为应对人口与经济活动向大城市聚集的趋势，必须充分吸取长期以来城市建设和管理中的教训，借鉴国外经验的同时结合我国城市发展的实际情况，采取切实有效的措施应对大城市病的挑战。首先要加强科学规划，合理划定"城市增长边界"，阻止城市无序蔓延，对城市开发规模和节奏进行弹性管制，切实保障生态用地，增加城市开放空间，采取混合布局等新理念，利用公交引导城市发展（TOD）；第二，提高城市建设和综合管理水平，加强交通、生活、安全等公共服务设施建设，建立统一、协调、高效、合理的城市管理体制，提高城市的容纳能力；第三，实施多中心发展，疏解中心城区功能，鼓励发展卫星城，促进产业与城市融合、就业与居住平衡，完善公共服务设施；第四，促进社会融合，外来流动人口是特大城市必要的组成部分，是生活性服务业的主要提供者，因此要更多地关注弱势群体，逐步减少直至取消对外来人口的直接或间接歧视政策，建立有效促进城市所有居民融合发展的社会政策。

2. 发展各具特色的功能城市

促进产业链分工与协作。城市间合理的分工能够有效强化城际经济联系，整合区域资源，构筑产业群体优势，促进城市群协调发展。随着经济全球化的推进和科学技术的迅猛发展，区域分工发生了较大的变化，出现了由传统分工向新型分工转变的趋势。区域产业分工一般分为三个阶段：第一阶段是部门间或产业间分工，不同区域发展不同的产业部门，进行专业化生产，即部门专业化；第二阶段为部门内或产业内分工，不同区域都在发展同一产业部门，但产品类型不一样，即产品专业化；第三阶段为产业链分工，很多地区都在生产同一产品，但是各区域按照产业链的不同环节、工序进行专业化分工，即功能专业化。我国一些城市群如珠三角、长三角和京津冀出现了由传统的部门分工到部门内分工，再到产业链分工的转变趋势[1]。新型分工使得越来越多的工序可以在不同的地点完成，专业化分工和经济活动地理集聚之间的关系被弱化，各个地区

---

[1] 魏后凯：《大都市区新兴产业分工与冲突管理》，《中国工业经济》2007年第2期。

之间的功能分工成为可能，但一些需"面对面"交流，尤其是需要创造性思考和专业性服务的工作则仍需要在核心城市聚集。核心城市在强化高端生产性服务业功能的同时，要促进高新技术产业和先进制造业将向城市郊区（工业园区）和其他大中城市转移，一般制造业和零部件生产将向周边其他城市或小城镇转移。中小城市在产业功能提升的同时，也相应带来人口的聚集，使得城市群内不同规模和职能结构的城镇体系更加合理，城市群的分工协作效应实现最大化。

支持发展功能各异的中小城市。在传统的中心地体系里，城市的职能与城市的等级规模呈正相关分布，同等级规模城市之间很少交流，城市体系主要表现为纵向的等级联系。而在流动空间的城市体系中，城市职能的空间分布以及城市之间的联系发生了变化。小城市也可以拥有中级，甚至是高级职能，如商贸、会展、教育等职能。城市的区位、规模以及固有的城市等级已不能完全决定城市职能的空间分布以及城市之间的相互联系（图 0-17）[1]。大城市能为某些企业提供合适的人才、信息等生存发展环境，但仍有许多行业和企业更适宜于在中小城市成长发育，所有规模等级的城市都能得到不同类型企业的青睐和不同类型经济组织的支撑。同时中小城市在生态环境、生活成本等方面比大城市具有优势，也具有吸引一些人才、资本和产业聚集的优势。随着人民生活水平的提高、交通条件的改善和新技术的迅速发展，各种不同功能特色的城市将不断涌现。

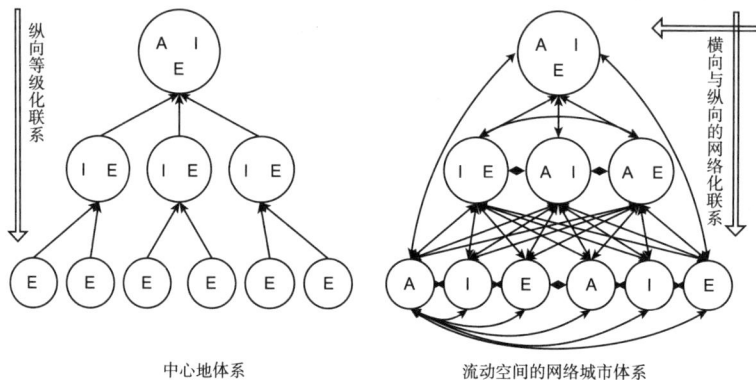

图 0-17　中心地体系与网络体系的城市职能分配和交互模式

资料来源：沈丽珍、顾朝林：《区域流动空间整合与全球城市网络构建》，《地理科学》2009 年第 12 期。

---

① 沈丽珍、顾朝林：《区域流动空间整合与全球城市网络构建》，《地理科学》2009年第 12期。

走多途径城市化道路。在传统发展方式引导下，所有城市都围绕发展工业追求城市增长，但是传统的城镇化路径已经对城市自身以及城市群区域发展带来严峻挑战，未来城市群中各类不同规模的中小城市（镇）应充分发挥城镇独特的历史文化、自然环境等优势，依托城市群整体优势，形成与核心城市优势互补、分工协作、功能特色突出的职能体系，走出一条与传统工业化、城镇化不同的多途径城镇化道路，以减轻传统工业型城市增长路径对城市群区域资源、环境带来的影响，使城市真正为居民服务。要坚持分类指导，突出特色，发展一批交通节点型、旅游休闲型、加工制造型、资源开发型、商贸流通型等小城镇。积极围绕特大城市发展需要，突出发展以生活性服务业为主要功能的休闲型、创意型文化旅游城市，生产性服务业为主要功能的商务型、商贸型、物流型城市等等。

3. 促进核心城市与外围城市协调发展

在核心城市不断融入全球化网络，国际竞争力不断提高的过程中，对于处于不同发展阶段的城市群都可能存在中心与边缘区域发展差距扩大的问题，如果处理不好中心与边缘的关系，将对城市群的整体发展带来制约。城市群整体竞争力的提升，不仅是核心城市的单极增长，倘若城市所在区域存在"塌陷"，则城市群在全球范围内的竞争力将受到挑战。在大城市纷纷迈入流动空间的同时，要避免新的二元结构的形成。核心城市要在协调城际关系中发挥主导功能，充分发挥人才、技术、信息、资本等方面的优势，支持与外围城市建立良好的合作互动关系，促进它们形成特色城市功能。

建立扶持互助机制。城市群中外围城市在一定的发展阶段，仍面临着要素向核心城市聚集、生态环境保护与经济发展的矛盾，为此，核心城市必须承担起更多的责任和义务，通过多种途径支持外围城市发展，这是一个多赢的过程。如英国伦敦在大伦敦治理联盟中就主动承担了较多提供财源的任务，使中心城市与周边地方政府的合作契约得到了有效的实施。要加快建立区域生态补偿机制，支持上游城市切实保护生态环境，同时上游城市也要严格履行生态环境保护的义务，达不到环保标准的也要承担相应的责任。核心城市要积极支持外围落后地区提升公共服务水平；积极开展智力支援，如通过教育培训，为核心城市发展一般服务业提供必需的劳动力；建立产业合作机制，向外围城市转移有利于促进当地就业的一般制造业，支持外围城市发展休闲旅游业、商贸物流等专业化功能；加快推进与外围城市便捷的交通干线联系，促进人员物资顺畅流动。

（二）优化空间结构，实现持续发展

强化共生效应，进一步优化城市群生产生活生态空间结构，有效协调城市间空间拓展冲突，促进以生产空间为主导的国土开发方式向生产—生活—生态空间协调的国土开发方式转变，提高城市群的综合承载力，实现生产空间集约高效、生活空间宜居适度、生态空间山清水秀。

1. 统筹"三生"空间结构

我国人多地少的国情决定了我们不能粗放占用土地，只能走资源集约节约发展的城镇化道路。城市群不仅当前，而且未来仍将是承载高强度人口和经济活动的区域，其生产生活生态空间利用矛盾将十分突出，必须高度重视城市群国土空间的合理开发和利用，保障区域经济发展与人口资源环境相协调。优化城市群"三生"空间结构，要从区域整体角度出发，制定城市群空间管制规划。根据不同国土空间的自然属性、资源环境承载力明确划定三类用地空间的管制界限，严格保护生态用地、农业用地，严格限制生产生活用地空间盲目扩张，同时也要考虑未来承载人口和经济发展的需要，规划好后备开发区域。树立"精明增长"、"紧凑城市"理念，建设集约型城市群。发挥土地多样性功能特征，促进各类土地复合利用，提高综合利用效率，如大型区域基础设施建设推行多设施共用通道，充分考虑耕地的生态功能，促进耕地生态系统与城市开放空间有机结合。

优化"三生"空间结构，推进区域绿色开敞空间系统建设，大力保护生态敏感区，以各城市生态空间的连接为着力点，统筹规划生态廊道。以各城市交通基础设施的互联互通为基础，注重将区域的生产空间和生活空间规划培育成为"极核—串珠模式"，避免城市边缘区的无序蔓延，严格控制城镇沿道路发展形成"马路城镇"的空间形态。对核心城市和外围城市的生产和生活空间进行合理规划，切实保护各城市间必要的绿色间隔，将外围城市生产空间对核心城市生活空间的影响程度降至最低，同时引导外围城市形成生产空间和生活空间有序协调发展的格局。

2. 划定生态保护红线

流域、湖泊、湿地、山脉等生态系统往往跨越城市行政区范围，成为单一城市国土开发和城市治理的盲区。划定生态保护红线是城市群空间管制规划的重要内容，要构建点线面结合、点状开发、面线保护的基本生态格局，维护区域生态系统的稳定性和完整性，为各城市共同开展生态空间保护提出要求。要通过开展城市群生态资源调查，制订区域生态用地分类体系，根据管制需要，将生态用地归结到能与规划管理相融的管制区域类型上，即保护区及重要生态功能单元、区域生态廊道、生态保育区和城镇建成区绿地等，并进一步从区域、景观尺度，划分这些类型，确定城市群生态网络格局。实施生态系统分类管制、生态需求分片管制、生态功能分区管制、生态用地分级管制。在生态空间保护中，要注意将耕地尤其水田，列为一种重要的生态功能类型予以保护，使农业的生产功能与生态功能结合起来。

出台并实施城市群层面的综合性生态环境保护和建设规划，参照珠三角城市群的绿道规划和长株潭城市群的绿心规划对城市群特别是跨界地区的生态屏障、廊道、斑块进行统一规划并与现有不同城市的生态功能区划进行衔接，出台相应指导条例和标准规范，指导城市群层面生态保护界限设置和生态空间管制。在城市群区县操作层面，深化细化各类用地分区，明确生态控制单元性质和管理边界，并进行分区分类编码管理。

3. 优化人口产业空间布局

合理评估城市群核心城市和外围城市资源环境承载能力和当前承载的产业和人口水平，顺应核心城市去工业化和外围城市产业结构演进的方向，综合考虑核心城市对城市群腹地的辐射带动效应，推动产业和人口向资源环境承载能力较强的城市和地区集聚和转移，置换出核心城市的生活空间和生态空间。优化调整城市群内各城市老旧城区，城市内部和跨城市工矿区、传统产业集聚区的生产和生活空间布局，减缓生产和生活空间混杂布局对生活居住的影响程度。调整生态脆弱地区的生产和生活空间布局，减缓生产空间和生态空间叠加布局、生活空间和生态空间叠加布局对生态空间的破坏和侵占程度。

4. 不同发展阶段城市群空间结构优化重点

对于发展相对成熟的长三角、珠三角、京津冀等城市群，要从更适宜生产的国土空间地域单元，向既有利于高级生产的国土空间、同时也是最适宜生活居住的国土空间提升。约束城市群核心城市生产空间和生活空间的无序蔓延，提升外围城市生活空间承接核心城市人口外溢的能力，避免核心城市生产空间对外围城市生态空间的过度侵占，盘活和高效利用存量生产和生活空间，逐步恢复林地、水系等生态系统，率先打造"区域—城市—社区"一体化的面向居民生活服务的生态网络系统，一体化建设连通的全域生态廊道和斑块。控制外围城市生产空间扩张对城市群跨界生态空间的侵占，争取在外围城市生产空间比重提升的同时，区域生态环境质量有所改善。着力协调农业建设布局与绿色开畅空间的合理配置，提高农业生产基地功能同绿色生态空间功能的复合水平。

对于处于快速成长过程中的山东半岛、辽中南等城市群，在生产空间小幅增加的前提下推动核心城市国土空间向更有利于高级生产的方向升级，逐步提升核心城市生活空间人口集聚能力和水平，增加外围城市生活与生产空间比重，率先推动核心城市和外围城市生产空间的对接融合，增强外围城市对核心城市生产空间的置换能力，避免核心城市对外围城市生产空间的单向转移。引导城市与城市之间按照轴向带状扩展模式扩展，避免圈层式空间扩展模式，引导产业和城市空间发展过程中采用"极核—串珠模式"，尽量避免"连绵模式"，防止人工建设切断完整的海陆生态系统。规划城市群各城市生态空间与建设空间相互穿插，依托河流、大型工程、交通道路沿线以及城市内部街道构建以楔形、带形、片状为主要形态的生态空间，为实现一体化建设廊道组团网络化城市群生态空间结构奠定基础。

对于处于发育过程中的川渝、鄂东等城市群，要稳步增加核心城市和外围城市生活与生产空间的比重，适度降低城市群重点发展地区生态空间比重，提升国土空间的开发利用强度，适度增加生产空间的比重。对于城市群内部的农业生产区域着力协调农业建设布局与绿色开畅空间的合理配置，提高农业生产基地功能同绿色生态空间功能的复合水平，适度增加农业生产和生态复合空间比重。

（三）构建府际合作治理机制，实现共赢发展

加强中央政府对城际关系的指导和协调，充分发挥多元主体的作用，改变传统的自上而下的治理模式，向自上而下与自下而上相结合转变，建立起城市间紧密联系的合作网络，共同解决城市群面临的区域性公共问题，保障城市群高效、协调、公平、和谐发展。

1. 构建横纵协调的府际合作治理机制

府际合作治理是一定区域范围内的治理主体为应对区域经济一体化所导致的日益凸显的区域性公共问题而做出的必然选择，是各治理主体通过跨域合作来共同处理各种区域公共问题，提升区域整体实力和核心竞争力，共享整体效益，突破行政限制而形成的一种新的治理模式。府际合作可以为区域内因资源的稀缺性而引发的各种矛盾寻求公共管理的解决方案，进一步密切政府、社会组织、居民之间的互赖关系，减少资源浪费，促进存量资源的有效运用[1]。府际

---

[1] 何精华：《府际合作治理：生成逻辑、理论涵义与政策工具》，《上海师范大学学报（哲学社会科学版）》2011年第11期。

合作治理既包括横向政府间、纵向政府间的合作关系，也包括发挥企业、社会组织的作用。

发挥上层政府的有效指导和协调。在城市群治理中，加强政府，尤其是中央或省级政府对城市群发展的指导和协调必不可少，中央政府的作用主要包括：一是要加快推进全国或区域统一大市场的建设，消除制约区域间要素自由流动的障碍，促进各类要素在城市间顺畅流动；二是加强中央或省级层面协调机构建设，对于一些跨省区、跨地市的城市群，由于所涉及的城市行政级别不同、各城市制定相关政策和法律的权限不同，在一些重大问题上无法取得一致的情况下，必须要有上层机构予以协调；三是对城市间合作治理行为出台有关指导原则或实施办法，完善城市间合作治理评价、监督、协调等机制；四是鼓励社会组织和企业积极参与城市群治理活动。

加强横向政府间合作。我国各区域内地方政府间在经历了一段时间恶性竞争的"两败俱伤"后，越来越认识到相互之间合作的重要性，通过竞合博弈走向"双赢"与"多赢"的思想具有了一定的社会基础。通过建立横向地方政府间合作框架，落实跨区域、跨部门政务合作方案，可以有效解决城市群内有关重大基础设施建设、生态环境共保以及公共服务共享等议题。根据地方政府间合作事宜需要，可以通过建立完善各类合作机制，促进城市群协调发展，如组织保障、规划衔接、利益协调、信息共享、政策协调和争议解决等机制。

促进政府与社会组织和企业广泛合作。要发挥多元主体的积极性，构建政府与社会组织、企业之间以协作为目的的治理结构，共同参与城市群区域性公共产品生产和服务的供给，解决日益复杂的区域性公共产品需求。现代经济学理论表明，集体行动困境的存在使得区域内公共产品一般由政府来提供，但城市群区域包含多个行政辖区，不存在一个超地区的"政府"，其公共产品的提供一般有以下几种形式，一是由一个代表各地方政府的区域性组织，二是由上级政府提供，三是由区域内各城市或企业、居民分散提供，不管是哪种形式的提供方式，都存在着自身难以克服的局限性。因此，从未来发展趋势看，除了继续发挥政府的作用外，还要积极发挥各类社会组织和企业的优势和特点，为城市群治理提供多种可能方案。政府要进一步打破条块分割体制，鼓励成立各类区域性社会组织，同时还要为私人部门提供激励制度，在产权界定、准入政策、融资政策等方面为私人部门提供良好、稳定的政策环境，鼓励私人部门参与城市群的治理。

2.促进多种治理模式共同发挥作用

根据政府间的横纵关系,可以将政府主导的治理模式分为纵向和横向治理模式。纵向治理模式主要指由上级政府包括中央和省级政府成立的协调管理组织,可以称之为"区域协调管理委员会",它可以单独成立,也可以依托现有负责国家和省区域发展的有关部门承担其具体职能,包括全国和省级两类。区域协调管理委员会可由中央代表、城市群所在的省级利益代表和各城市地方利益代表共同组成。委员会下设负责日常联络和组织整体性工作的办公室或秘书处,具体负责城市群日常管理事务。区域协调管理委员会可以具有一定的行政管理权限,如规划权、审核权、监督权、资金筹集和分配权等等。纵向治理模式主要适用于跨省区以及省内规模较大的城市群,如京津冀、长三角、珠三角城市群等。

横向治理模式主要指由城市群内不同地方政府之间成立的各类合作组织,可称之为"城市地方政府联合会",它的建立充分体现了自下而上的原则,同时为保证组织实施的有效性,联合会通过城市间的协商,建立和完善相应的行政管理职能,形成制度化的治理机制和措施。联合会的组成成员主要由城市群内部的有关城市组成,根据城市群的不断发展,其吸纳的成员数量会有所调整,这完全是一种市场行为,每个城市在联合会具有平等地位,在决策表决中都具有一票。联合会的成员除了地方政府代表外,也可采取多种灵活方式,吸纳多元主体参与,包括上级政府部门的代表、各类社会组织、企业和居民的代表。横向治理模式适合于那些具有强烈合作意愿,愿意通过实质性的组织机制来实现合作共同发展的地区。纵向和横向治理模式的优缺点,如表0-10所示。除了政府为主导的城市群治理模式外,未来大量区域性社会组织将在城市群治理中承担起更多的协调职能,与政府主导型的治理模式互为补充,共同发挥作用。

对于具体的城市群而言,应该遵循"区别性组合"逻辑,现实生活中不存在一种完美的模式,能够解决区域发展中的所有问题。在需要上层政府指导的城市群,上层政府要充分发挥协调作用,有效协调城市间发展的利益和矛盾冲突;在城市间合作愿望强烈、自组织性强、不需要上层政府更多干预的城市群,应鼓励积极发挥地方政府的积极性。同时,由上而下、由下而上以及多元主体、不同空间尺度的城市群治理模式可以相互配合和协调。城市群所选择的治理方式可以是正式制度,也可以是非正式制度,其到底选择什么模式,取决于每个城市群发展的需要和可能,尤其是城市群内部经济联系的强度,政府、企业和居民的治理能力和水平,法律法规完善的程度及地方政府的创新精神等等。

表 0-10　两种政府主导型治理模式优缺点对比

模式	纵向治理模式	横向治理模式
代表	区域协调管理委员会	城市地方政府联合会
优点	1. 有利于在政治层面上协调城市群内不同地方政府之间存在的利益矛盾。 2. 有利于从全国或全省的宏观层面对城市群的相关问题进行统筹考虑。 3. 有利于利用各种政治、经济、政策资源，在重大项目布局、财政投资、政绩考核等方面直接发挥作用。	1. 能够充分发挥地方政府在管理区域公共事务中的积极性和责任意识。 2. 通过自组织的协调机制，在充分磋商与讨价还价基础上，形成的合作框架和协议便于实施。 3. 由于对自身发展实际十分了解，形成的各类合作事项符合城市间发展的实际需要。
缺点	1. 目前国家对区域协调发展方面的总体体制设计尚不明确，体制交叉、多头管理等问题突出。 2. 缺乏调控手段，无法有效协调城市群内部不同城市间的利益关系。 3. 中央政府或省级政府在协调城市间利益矛盾时，由于信息不对称性，会产生效率缺失和判断错误。	1. 由于机制相对松散，对于合作事项的推进缺乏执行力和监督力。 2. 在没有上级政府的参与下，城市间的博弈成本较高，一些重大问题长期难以形成一致意见。

3. 不断丰富类型多样的治理方式

编制空间管制规划。空间规划的核心任务是综合协调经济发展与人口、资源、环境在地域空间上的关系，其本质上应是一种约束性的规划，而不是发展性的规划。城市群空间规划是政府克服市场短期行为的重要手段，其规划内容也应该是需要政府管制的内容，实践中比较多的城市群规划更多地规划了许多该由市场决定的内容，而真正需要政府管制的内容，受规划编制方法、手段、体制等众多因素影响，并没有很好地进行规划和实施。城市群空间规划的内容应该向管制性规划转变，重点包括划定生态和农业保护区域界限，规划重大交通、通信、水利、电力基础设施以及城镇空间布局。相应地要对城市群规划的方法、手段，与土地利用、城乡规划和生态功能区等规划的关系，上位规划与下位规划的关系，规划后续监督与实施等方面的问题进行进一步规定。对于市县空间规划，要加强实施"多规合一"，将经济社会发展规划、城乡规划、土地利用规划与生态功能区规划等合并，明确划定城市发展边界、农业保护区和生态保护区，有效实施空间管制。

搭建各类合作平台。一是设立协商论坛。政府与企业、社会组织等通过设立协商论坛，针对具有多元利害关系的议题与事务进行意见交流与讨论协商。一方面，政府公共部门可以利用这一平台，说明其政策理念与目标，或作为居民提出政策建议的平台；另一方面，在共同遵循的游戏规则下，将彼此间的利害得失，通过协商相互妥协，降低争端产生的几率，并使公共决策公开化与透明化，提高政策实施的有效性，以及居民对于公共部门的信任感。二是稳定联席会议制度、部门间交流等制度，扩展各类正式或非正式组织形式，开展城市间人员、信息交流，增进区域内公共部门间行政人员的直接联系，促进提升合作共识。三是搭建区域基础设施、产业发展、环境保护、创新工程、人才交流、公共服务、信息共享、安全应急等多领域合作平台，分部门与行业逐步推进城际合作。

开展多种咨询和服务购买。针对城市群发展中的重大问题，采取常设或临时设立的灵活方式，聘请专业人员或管理团队，协助开展政策咨询、行动策划、提升公共部门服务能力、解决特定问题，待特定问题解决之后，相应的管理团队可以解散。成立以专家学者为主体的咨询委员会，对重大规划及有关事项提供咨询。丰富区域性公共产品的供给方式，通过公共部门与私人部门或社会组织签订公共服务协议，提供多元化的服务。

（四）加强交通环境等领域合作，促进融合发展

伴随人口和经济活动向城市群进一步集聚，巨大的人口和经济活动对城市群基础设施需求、公共产品供给、生态环境保护、资源供给、要素流动的自由性、安全性和稳定性都提出了更高的要求，必须在城市群治理机制作用下，通过开展多领域合作，促进区域融合有机发展。

1.加强内部交通设施建设

合理布局综合交通网络。城际交通设施的通行状况直接决定了城市间联系的强度，尤其是城际高铁的开通，使得城市间形成了更强的高铁通勤流，对增强城际经济社会联系创造了条件。要根据不同城市群交通设施需求强度和结构的变化，加快推进群内交通基础设施的建设，统筹区域交通基础设施布局，加强不同运输方式之间的衔接，推进区域交通运输服务一体化，加强规划、建设、运营管理等方面的协调，统筹协调城市交界地区交通基础设施的建设。逐步推进城市群之间的区际通道，城市群内部的城际网络以及城市内部、城乡一体的交通设施建设。未来城市群各城市间要以城际铁路和高速公路为骨干，大都市区（圈）中心城区与各卫星城间要以市域铁路（市郊铁路）和快速公路

（道路）为重点。

提高综合交通网络运行效率。要注重对产业布局、城镇分布形成的客货运输需求进行分析，注重科学确定基础设施的合理规模、技术标准和建设时序，注重各种运输方式的综合衔接配套，做到各城市间通道"快速、畅通"、中心城区与各卫星城间通道要"便捷、高效"、城市与小城镇间通道要"广覆盖、全通达"，交通网络节点衔接要"顺畅、无缝化"。同时，有效推进科技创新，集成、整合现有信息资源（系统），推进公共信息平台建设，建立不同运输方式的信息采集、交换和共享机制。

建设绿色低碳的综合交通网络。一是节约集约利用资源，在规划、建设、运营、养护等各个环节提高土地、线位、岸线、空域等资源的综合利用水平；二是着力优化运输结构，发挥各种运输方式的技术经济特性，区别对待城市群、城市交通需求特点，宜陆则陆、宜水则水、宜空则空；三是大力发展循环经济，切实推进绿色交通系统建设，鼓励发展新能源、低排放的私人交通工具，例如电动汽车等。[①]

2. 加强资源环境保护合作

城市群是工业化、城市化快速发展的产物。在一定的空间范围内，城市群集中了大量的人口、企业，资源消耗巨大，污染排放集中，因而对生态环境产生了深刻的影响，较易引发各种各样的生态环境问题。并且，城市群各城市的资源禀赋与生态状况相似，生态环境问题往往具有一定的相似性。随着城市间人流、物流与信息流的加强，城市群的人口、资源、环境矛盾十分突出，如果处理不好，就会使区域资源环境问题不断叠加放大而变得更为严重。从根本上解决城市群面临的环境问题，除了各个城市要严格按照国家相关标准加强环境保护治理和监督外，还要树立区域合作共赢的环境保护理念，积极开展区域生态环境合作行动，通过制定统一规划，开展联防联控联治。积极推进建立区域环境质量监测网络；联合开展环境监督执法、信息共享、预警应急，组织环评会商；联合制定区域统一的污染物排放标准和产业准入政策；建立区域排污权交易市场，推进环保市场一体化；广泛动员社会公众参与，监督有关规划和项目的实施情况。切实加强区域水资源统筹开发利用，尤其是涉及到跨界河流和水源地保护的区域。完善上下游协调机制，促进水资源统一调度配置、水量水

---

① 赵沛楠：《城市群交通：系统研究　超前谋划——专访国家发改委基础产业司司长黄民》，《中国投资》2013年第12期。

质统一监控、水土保持统一监管等。

3. 加强公共服务领域合作

首先要构建区域信息平台。加快区域空间信息基础设施建设，在完善信息资源共建共享机制和统一数据标准的基础上，建立完整的地理空间信息库，逐步提高地理空间信息社会化应用与共享程度，促进信息资源共享与应用。推进综合性信息共享基础平台建设，为政府、企业和公众提供公共信息服务。推进数据信息集成与共享，实现城市间政务、地理、经济、社会等方面的公共信息数据集成共享、互联互通。以政务、民生、行业信息为重点，搭建区域交通、医疗、社保等一体化系统，形成面向多领域的智慧城市应用体系。

其次，推动区域创新与知识共享。对于城市间联系而言，运输成本的节约只会产生局部影响，而不具备普遍的城市网络化力量。随着现代信息技术的快速发展和基础设施的日渐密集化，他们对城市的影响力也会逐步减弱。城市除了具备人员、物质与信息、资金、技术的交流枢纽功能以外，还承担着创造与共享知识财富、促进社会文化交流和增强区域认同等多项职能。目前我国的大部分城市群还处于由交通联系推动的人与物联系为主的阶段，部分城市群正在向信息、资金、技术联系阶段递进，但区域创新与知识共享在城市群中的作用还远未发挥出来。要提升城市群的整体竞争力，必须以核心城市为引领，加强城市群创新与知识共享，创新产学研合作模式，建立产学研主体之间成果共创、信息互通、利益共享的机制。提升人力资本供给总量，吸引和集聚国外先进技术和人才等创新要素。加强以企业为主体的自主创新平台与制度环境建设，构建区域创新资源共享网络。

第三，加强区域教育、医疗卫生、就业和社会保障、文化体育和社会管理等方面的合作。公共服务领域是地方政府的职责，但不同地区、城乡和人群之间不均等的基本公共服务水平需要国家、省级和地方政府共同努力，尤其要促进外来人口与本地居民平等享有基本公共服务，健全流转衔接制度，为人口在城市间自由流动消除障碍。在社会管理方面，要建立应急响应机制，共同应对区域公共安全、公共卫生、组织犯罪、自然灾害等突发性事件。

4. 推进区域市场一体化建设

在全国统一大市场尚未形成的情况下，加快推进城市群统一市场建设，可以为建设全国统一大市场提供经验。要进一步消除行政壁垒，积极推进区域资本、技术、人力资源和土地要素市场建设，建设区域性产权交易平台、技术和人力资源市场，积极推进土地资产市场一体化，促进土地使用权有效流转和优化配置，探索实行区域内城乡建设用地占补平衡和人地挂钩新机制，协调建设用地指标跨市调剂。推进区域市场信用体系建设，制订和完善信用法规和标准，共同打造信用信息大平台，推进信用服务市场建设，共建市场信用监管体系。积极破除地区间、城市间、城乡间不平等的制度和政策，整合各类产业、环保、公共服务、土地、招商等政策和法规，建立有利于企业和城市开展公平竞争的环境。

（五）把握未来演化趋势，引导城市群差异化发展

未来城市群仍将是我国承载城镇人口的主要区域，必须加快转变经济发展方式，提升城市群发展质量，增强城市群的整体竞争力，发挥对全国经济发展的支撑引领作用，在更高层次上参与国际竞争。

1. 城市群仍将是我国未来承载城镇人口的主要区域

从未来发展趋势看，随着我国城镇化水平的提高，城市群的主导作用会更加明显，城市群仍将是我国承载城镇人口的主要区域。参考各方研究，如果按照到2030年我国总人口达到15亿人，城镇化水平达到65%，到2030年新增的3亿城镇人口中约有2亿左右集中在这12个城市群^①。受资源环境和城市综合承载能力制约，沿海地区城市群的城镇化增速将会放慢，城市群内人口分布将会发生变化，核心城市中心区的人口增速将降低，与核心城市联系紧密的郊区和大中城市的人口将会得到进一步增长。中西部城市群在内需型经济、向西开放、区域协调发展等战略主导下，城镇化步伐加快，人口承载能力将稳步提高。同时城市群人口集中的程度应该高于经济集中的程度，即人口与经济分布的协调程度有所提高。

从世界发展规律看，沿海岸线具有成为城市群的巨大优势，如美国67%的国内生产总值集中在大纽约区、大洛杉矶区和五大湖区三大城市群地区，日本65%的人口和70%的国内生产总值集中在东京、阪神和名古屋三大城市群。我国的总体趋势与这些国家有所类似，但也要认识到我国的特殊国情，在一定时间内我国人口和经济活动还会向沿海地区集聚，但也不可能达到像美国、日本那样的集聚水平。未来的发展趋势是在沿海城市群不断发展的同时，内陆城市群也会随着发展条件的改变伴随成长，这将更有力地推进实施我国区域协调发展战略，均衡国土空间布局，减少资源的大跨度调运和人口的大规模迁移，降低经济社会运行和发展的成本。内陆城市群的发育状况取决于这些区域自身产业

---

① 详见专题三。

发展能力的提高，从区域协调发展角度出发，要为中西部地区城市群成长创造条件，提高各类要素资源流动的能力，但不是人为地、拉郎配式地建设城市群。

2. 提升沿海城市群发展质量

沿海三大城市群，以及山东半岛和辽中南城市群将是我国未来参与国际竞争的主导力量，是我国跻身世界经济强国的重要支撑，要进一步提升区域的整体竞争力，通过整合区域资源，提升发展质量和水平，辐射带动全国其他区域发展，在更高层次参与国际合作和竞争，在制度创新、科技创新、绿色发展和经济社会转型方面走在全国前列。提升北京、上海、广州、深圳等城市功能，建设具有国际竞争力的世界城市，提升在世界城市网络中的地位。进一步优化城市功能分工，疏解核心城市功能，推进城市形成产业链式合作与分工，培育形成一批与核心城市功能互补的专业化、多样化城市。

继续加快推进以轨道交通为主的城市群交通系统建设，在加快建设基本骨架的前提下，逐步推进部分路网加密线、外围延长线及内部联络线的建设，基本形成城际轨道交通网络；进一步发展高速公路和高等级公路，满足城市群快速化和多样化的客货运输需求。在推进核心城市与外围城市间交通设施建设的同时，加强次级中心城市间的交通设施建设，推进多中心网络化空间结构的形成。加强空间利用结构优化，促进由适宜生产的国土空间向既有利于高级生产，又有利于适宜生活的国土空间提升。高度重视经济发展与资源环境保护的关系，积极合作应对资源保障、环境保护等影响区域可持续发展的重大问题。进一步完善城市群治理机制，鼓励社会组织、企业等多元主体发挥作用，在区域一体化发展方面率先推进。加强沿海城市群与内陆城市群及城市地区之间的沟通和联系，带动中西部城市群及其他区域加快发展，尤其是通过创新引领、人才知识的交流与合作，提升中西部城市群的发展水平。要继续推进城市群间重大交通干线的建设，加强京津冀城市群与冀中南、晋中地区、呼包鄂地区，长三角城市群与皖江地区乃至鄂东、湘东和川渝城市群，珠三角城市群与北部湾地区，辽中南城市群与黑西南城市群、哈长地区，山东半岛与中原和关中城市群的联系，发挥对全国经济的辐射带动作用。

3. 增强内陆城市群的集聚与辐射能力

鄂东、川渝、关中城市群要进一步发挥在区域或国家发展中的带动作用，带动华中、西南、西北等大区域经济的发展。提升武汉、重庆、成都、西安等核心城市综合服务功能和辐射带动能力，增强参与全球竞争的能力，扩大对外开放度，提升在亚太区域城市网络中的地位。围绕增强城市群整体竞争力，加强城市间产业分工协作与功能互补，促进产业转型和空间重组，提升产业的整体竞争力。加快提升交通基础设施对整个城市群发展的支撑，推进综合交通运输网络建设，支持发展城际铁路，进一步完善高速公路网络，加密区内中小城市之间的高等级公路网络。优化调整空间结构，适度提高生产生活空间比重，切实保护生态空间。加强这些城市群与三大城市群的互动，推动鄂东城市群与湘东城市群、鄱阳湖、豫南地区，川渝城市群与鄂东、长三角、珠三角城市群等加强联系与合作，增强对大经济区域的辐射带动作用。

中原、湘东、黑西南城市群要进一步做强做大核心城市，在提升服务功能的同时，兼顾先进制造业发展，提高经济总量与增强辐射带动能力并重，完善城市基础设施建设，加强核心城市与周边城市人流、物流、资金及信息流的联系，壮大其他城市的经济实力和人口规模，促进城市功能互补和联动发展，形成合理的等级规模结构。加强城市群基础设施网络建设，推进核心城市与周边城市交通通道建设，推进非核心城市间交通网络建设，适度发展城际轨道交通。增强人口吸纳能力，加快推进城镇化进程，提高城镇化水平。优化调整空间结构，增加生产生活空间比重，提高农业生产基地功能同绿色生态空间功能的复合水平。完善城市群治理机制，探索各具特色的治理模式，稳步促进区域一体化发展。加强中原城市群与山东半岛和关中城市群，湘东城市群与鄂东城市群，黑西南城市群与哈长地区、辽中南城市群的联系，促进优势互补，联动发展。

六、引导城市群健康发展的对策建议

针对我国城市群形成发展中存在的问题，各级政府应根据城市群区域形成的客观规律，科学发挥政府的协调、引导和监督作用，结合不同城市群经济社会发展的需要和阶段性特征，建立和完善有利于促进城市间协调发展的相关政策和体制机制，更好地引导城市群健康发展。

(一) 支持中小城市发展

中小城市（镇）依托城市群能够得到较好的发展，但由于我国城市特有的等级制以及相关政策制约，造成许多中小城市（镇）在获取要素资源、促进城镇发展方面处于不利地位。以土地供给管理为例，通过省市层层划拨，最后分到县级市和镇的已经很少，很多地方一年的土地使用指标只有几百亩，很难引进大型产业项目，也极不利于产业集中布局。要全面放开中小城市（镇）落户条件，取消本辖区农村户口和城镇户口的差别，允许农民自由落户。在财政、投资、金融、进出口、土地、行政许可等配套政策上进一步鼓励中小城市（镇）的发展。完善设市标准，改革"大市"管"小市"的体制，县城或建制镇建成区人口规模达到一定标准后应经一定法定程序将其改为建制市，实行"镇"改"市"。要逐步改变按照行政等级配置公共资源的管理体制，将更多的公共资源用于支持中小城市（镇）加强基础设施和公共服务体系建设。把适宜在中小城市布局的项目或一些特殊经济社会活动向中小城市布局，如大型物流、商贸项目、重大国际活动、重大仪式、大型体育赛事、展览等等，为中小城市创造更多的发展机会。

（二）理顺空间规划管理体制

加强城市群空间管制，是应对城镇化过程中人口经济活动在空间急剧变化，协调人口与资源环境矛盾的有效手段，但长期以来，我国涉及国土空间规划内容的相关部门较多，由于"部门权力规划化"，造成由不同部门负责的空间规划谁也不愿意成为其他规划的附属，争着在空间规划中充当主导和统领地位，结果没有一个规划能够真正成为约束空间开发的纲领。对于跨省城市群，应以国家发改部门牵头，联合建设、土地、环境、交通等部门，编制城市群空间管制规划，理顺与土地利用总体规划、城乡规划、生态功能区划等的关系，生态、土地、建设等部门应进一步明确在空间规划实施中的具体保护和建设任务；各省、各城市空间规划必须遵循城市群空间管制规划提出的红线要求。省内城市群原则上由各省发改部门牵头编制，也可结合省市已有经验和做法，鼓励地方创新空间管制方式。要使空间管制规划有效实施，必须加快推进空间规划的立法工作，同时还要加强对空间规划实施的监督和管理。

（三）完善城市群治理的法律法规

由于政府间签订的协议及其执行细则没有相关的法律加以约束与保护，导致政府间协议缺乏约束力，使得其在促进府际合作、约束政府机会主义方面的作用有限，签订的一系列合作协议难以得到有效的贯彻与执行，府际合作有些流于形式。完善的法律法规是实现政府间有序竞争与良好合作的重要保障，加强府际关系调整的法律制度建设，要以国家相关区域协调发展法律法规为基础，明确政府间竞争和合作的主要内容、权利与责任、解决冲突的方式与利益补偿机制。为保证区域合作的权威性与连续性，对已经成形的或正在形成中的区域法规给予法律上的确认，对区域公共事务合作治理机构的产生、职责、权限、运行机制等予以规范。加快对政府组织法的修订，增加对区域经济发展中府际关系制度安排的相关规定。

（四）设立城市群共同发展基金

由于城市群内部存在发展不平衡，而且市场力量不足以消弭甚至会强化这种不平衡。因此城市群不同城市之间能否达成一个具有约束力的、自动实施的协议，保证"合作博弈"能够重复，关键在于能否调动不同主体的积极性。设立城市群共同发展基金有利于解决城市群面临的生态环境保护、水资源利用、跨区域公共设施建设和区域发展不平衡等问题。不同层级的城市群治理机构其共同发展基金的来源不同，纵向治理模式中，中央或省级层面要承担部分费用，横向治理模式中，则需要由成员城市按照一定的规则进行缴纳，如按照各城市人口、GDP、财政收入、财政支出等指标测算确定。为保障"区域共同发展基金"合理使用，可制订《区域共同发展基金使用管理办法》和《区域共同发展基金支持规划》，后者要提出一定时期内优先支持的领域和具体的项目安排。

（五）鼓励发展区域性社会组织

与发达国家相比，我国的社会组织发展非常缓慢，区域性社会组织就更加缺乏。国外城市群治理过程中，区域性的社会组织发挥了重要的作用，我国还处于萌芽状态，个别城市群出现了行业协会的跨市运作，但大部分还是受到政府干预和管治较多，远没有形成多元化主体参与的城市群治理格局。在破除社会组织发展障碍的过程中，要积极鼓励成立区域性的社会组织，明确区域性社会组织的法律地位，不同类型区域性组织的职能和作用，设立条件、权利和义务、审批程序等。要向区域性社会组织开放更多的公共资源和领域，采取灵活多样的模式，促进区域性社会组织承接政府转移职能，建立对社会组织的资助机制，包括由上层政府给予相应的财政支持。支持区域内具有产业、产品和市场优势的企业和地方性行业协会组成区域性的行业协会，共同规范区域市场秩序和市场行为准则，推进行业内和企业间的各项交流与合作，制订行业生产标准，开展资格认证和质量检测等；政府主管部门要主动沟通，发挥区域行业协会的作用，并赋予行业协会一定的管理职权。在涉及城市群重大环境保护、资源利用、公共服务供给、产业布局等问题方面，鼓励各类区域性社会组织广泛参与论证、宣传、协调等工作，促进多方合作事项顺利实施。

参考文献

陈瑞莲主编：《区域公共管理导论》，中国社会科学出版社 2006 年版。

陈文鸿：《全球化进程中的世界城市网络——"珠三角"都会区的概念与发展》，《经济前言》2009 年第 1 期。

方创琳等：《2010 中国城市群发展报告》，科学出版社 2011 年版。

顾朝林：《经济全球化与全国城市发展》，商务印书馆 1999 年版。

顾朝林：《城市群研究进展与展望》，《地理研究》2011 年第 5 期。

何精华：《府际合作治理：生成逻辑、理论涵义与政策工具》，《上海师范大学学报（哲学社会科学版）》2011 年第 11 期。

洪世键：《大都市区治理：理论演进与运作模式》，东南大学出版社 2009 年版。

侯赟慧、刘志彪、岳中刚：《长三角区域经济一体化进程的社会网络分析》，《中国软科学》2009 年第 12 期。

刘祖云：《政府间关系：合作博弈与府际治理》，《学海》2007 年第 1 期。

陆玭、汤茂林、唐丽芳、刘茂松：《世界城市区域网络中的我国巨型城市区域》，《现代城市研究》2010 年第 9 期。

卢万合、刘继生：《中国十大城市群城市流强度的比较分析》，《统计与信息论坛》2010 年第 2 期。

罗震东、何鹤鸣、耿磊：《基于客运交通流的长江三角洲功能多中心结构研究》，《城市规划学刊》2011 年第 2 期。

罗震东：《中国都市区发展：从分权化到多中心治理》，中国建筑工业出版社 2007 年版。

宁越敏：《关于城市群研究的几个问题》，《城市规划学刊》2012 年第 1 期。

年福华，姚士谋，陈振光：《试论城市群区域内的网络化组织》，《地理科学》2002 年第 5 期。

沈丽珍、顾朝林：《区域流动空间整合与全球城市网络构建》，《地理科学》2009 年第 12 期。

史育龙，周一星：《戈特曼关于大都市带的学术思想评介》，《经济地理》1996 年第 9 期。

孙一飞：《城镇密集区的界定——以江苏省为例》，《经济地理》1995 年第 9 期。

王翠平、王豪伟、李春明、董仁才：《基于 DMSP/OLS 影像的我国主要城市群空间扩张特征分析》，《生态学报》2012 年第 2 期。

王建：《美日区域经济模式的启示与中国"都市圈"发展战略的构想》，《战略与管理》1992 年第 2 期。

汪阳红：《城市群治理与模式选择》，《中国城市经济》2009 第 2 期。

汪阳红：《优化国土空间开发格局的体制机制研究》，《经济研究参考》2012 年第 49 期。

魏后凯：《大都市区新兴产业分工与冲突管理》，《中国工业经济》2007 年第 2 期。

肖金成、袁朱：《中国十大城市群》，经济科学出版社 2009 年版。

姚士谋等：《中国城市群》，中国科学技术出版社 2001 版。

于洪俊、宁越敏：《城市地理概论》，安徽科学技术出版社 1983 年版。

张京祥：《城市群体空间组合》，东南大学出版社 2000 年版。

张学良主编：《2013 中国区域经济发展报告——中国城市群的崛起与协调发展》，人民出版社 2013 年版。

赵沛楠：《城市群交通：系统研究 超前谋划——专访国家发改委基础产业司司长黄民》，《中国投资》2013 年第 12 期。

朱杰：《中国城市群的阶段特征趋势及实证研究》，《规划师》2012 年第 6 期。

朱英明：《国外大都市区管理的实践及其借鉴》，《世界地理研究》2001 年第 3 期。

周一星：《城市地理学》，商务出版社 1995 年版。

周振华：《崛起中的全球城市——理论框架及中国模式研究》，上海人民出版社，格致出版社 2008 年版。

北京大学"多途径城市化"研究小组：《多途径城市化》，中国建筑工业出版社 2013 年版。

国家行政学院进修部：《中国城镇化建设读本》，国家行政学院出版社 2012 年版。

李廉水、RogerR，Stough 等：《都市圈发展——理论演化·国际经验·中国特色》，科学出版社 2006 年版。

倪鹏飞、彼得·卡尔·克拉索（美）：《全球城市竞争力报告（2011—2012）》，社会科学文献出版社 2012 年版。

迈克尔·麦金尼斯：《多中心体制与地方公共经济》，上海三联书店 2000 年版。

曼纽尔·卡斯特：《网络社会的崛起》，社会科学文献出版社 2001 年版。

藤田昌久、保罗·克鲁格曼、安东尼·J·维纳布尔斯：《空间经济学：城市、区域与国际贸易》，中国人民大学出版社 2005 年版。

Batten D F, "*Network Cities: Creative Urban Agglomerations for the 21stCentury*", *Urban Studies*, 1995, 32(2), pp.313—327.

Beaverstock, J.V.,R.G.Smith,P.J. Taylor,D.R.F. WalkerandH.Lorimer, "*Globalization and world cities: some measurement methodologies*", *Applied Geography*, 20（2000）, pp.43—63.

P.J.Taylor, "*City-dyad Analyses of China's Integration into the World City Network*", http://www.lboro.ac.uk/gawc/rb/rb407.html, 2010.

P.J. Taylor, B. Derudder, M. Hoyler, P. Niand F. Witlox, "*City-dyad Analyses of China's Integration into the World City Network*", http://www.lboro.ac.uk/gawc/rb/rb407.html, 2010.

Richard Florida et al, "The Rise of the Megaregions, Cambridge journal of regions", *economy and society*, 2008, 1(3), pp.459—476.

Yoav Hagler, "*Defining U.S. Mcgaregions*", *America 2050*, 2009—9, 2050.org/.

城市群的概念及判定标准研究

城市群是 20 世纪末开始大量涌现的一种空间组织形式，理论界对该问题开展了大量研究，各国和各地区政府也开始逐渐关注这种特殊的空间组织形式。但由于学者们对这类区域的概念及内涵界定不同，研究的结论也千差万别。本研究将在借鉴现有研究成果的基础上，对城市群的概念、内涵、特征、界定标准、效应等基本理论问题开展研究。

一、城市群的概念、内涵及特征

自 1957 年法国地理学家戈特曼在美国《经济地理》杂志（Economic Geography，Vol.33，No.3，1957）发表《城市群：美国东北海岸的城镇化》（Megalopolis：the Urbanization of the Northeastern Seaboard）以来，国内外学者对城市群开展了大量的研究。但对于人口在特定区域聚集的名称、概念、内涵等都还有较大差异。本部分将从其概念着手，分析城市群的内涵及特征。

（一）城市群名称的种种纷争

自从戈特曼用"Megalopolis"来定义他所长期研究的美国东北部城市群以后，这个古老的希腊词汇也就慢慢脱离了之前种种繁杂的用法，而成为一个专有名词。这个"Megalopolis"被用来专指美国东北部从新罕布什尔州（New Hampshire）到维吉尼亚州（Virginia）的广大地区。这种新的空间结构被戈特曼称为"人类文明新阶段的开端"，并且预言它是 20 世纪末期美国其他地区发展的蓝本。最近十年来，美国学者开始系统化研究美国东北部以外其他地区正在出现的类似区域，并将其称为"巨型区域"（megaregions）。受《欧洲空间发展展望》（European Spatial Development Perspective，简称 ESDP）的影响，美国学者希望增加巨型区域研究的个数，并且试图让该概念为国家所接受。他们认为欧洲和亚洲网络化的（networked cities）超级城市^①（SuperCities）是全球经济中新竞争力的来源。同时，他们提出美国已有皮埃蒙特大西洋巨型区（Piedmont Atlantic Megaregion）、东北部巨型区（Northeastern Megaregion）、佛兰特山脉巨型区（Front Range Megaregion）、南加利福利亚巨型区（Southern California Megaregion）、北加利福利亚巨型区（Northern California Megaregion）、五大湖巨型区（Great Lakes Megaregion）、德克萨斯三角巨型区（Texas Triangle Megaregion）、南佛罗里达巨型区（Southern Florida Megaregion）、墨西哥湾巨型区（Gulf Coast Megaregion）、卡斯凯迪亚巨型区（Cascadia Megaregion）、亚利桑那州太阳走廊巨型区（Arizona Sun Corridor Megaregion）等 11 个巨型区域。当然，多数美国研究者也承认，巨型区域与戈特曼所说的"城市群"（Megalopolis）并不是一回事。巨型区域可能是城市群，也可能是潜在的城市群。

表 1-1　2010 年美国巨型区域基本情况

名称	县的数量（个）	面积（平方英里）	人口（人）
皮埃蒙特大西洋巨型区	121	59525	17611162
东北部巨型区	142	61942	52332123
佛兰特山脉巨型区	30	56810	5467633
南加利福利亚巨型区	10	61986	24361642
北加利福利亚巨型区	31	47928	14037605
五大湖巨型区	388	205452	55525296
德克萨斯三角巨型区	101	85312	19728244
南佛罗里达巨型区	42	38356	17272595
墨西哥湾巨型区	75	59519	13414934
卡斯凯迪亚巨型区	34	47226	8367519
亚利桑那州太阳走廊	8	48803	5653766

---

① 此即彼得·霍尔（Peter HALL）所说的"巨型城市区"（Megacity Regions）。在欧洲，划定了英格兰东南部、比利时中部、兰斯塔德、莱茵—鲁尔地区、莱茵—美因地区、瑞士北部地区、巴黎地区和大都柏林等8个巨型区域。其中6个巨型城市区的单个功能性城市区域人口超过100万：英格兰东部（950万人）、布鲁塞尔（310万人）、法兰克福（240万人）、瑞士北部（110万人）、巴黎地区（1070万人）和大都柏林（100万人）；而兰斯塔德、莱茵—鲁尔地区没有绝对的主导城市。

续表

名称	县的数量（个）	面积（平方英里）	人口（人）
巨型区总计	962	772860	206780494
剩余县总计	2115	2245370	73508817
总计	3077	3018230	280289311
巨型区域占比	31%	26%	74%

资料来源：RPA Analysis of Census and Woods & Poole Data.

除了成为"城市群"和"巨型区域"外，国外也有学者也将这种类型的区域称为"超级都市区"（MR）、"大都市伸展区"（EMR）和"巨型城市区"（MCR）等。尽管它们都是指城市密集的特定区域，但内涵并不相同。

表 1-2　国外城市群相关概念的比较

概念	年代	代表学者	主要观点
城市群（Megalopolis）	1957	J.Gottman	具有一定的规模、密度；一定数量的大城市形成自身的都市区；都市区之间通过便捷的交通走廊产生紧密的社会经济联系。
超级都市区（MR）	1989	T.G.McGee	自上而下与自下而上相结合的城镇化模式，导致农业活动和非农业活动并存且进一步融合和灰色（Desa-kota）区域的出现。
大都市伸展区（EMR）	1991	N.Ginsburg	大城市周边地域产业化进程和城乡相互作用的加剧，使城乡交错区不断延伸，与周边的城镇组合成为一个高度连接的区域。
巨型城市区（MCR）	1999	P.Hall	对全球城市功能具有重要作用的高级生产性服务业的扩散导致巨型城市区的出现；区域层面的城市生产性服务业间的相互联系使区域形成多中心网络状结构。它由20—50个不等的功能性城市区域，每个功能性城市区域围绕一个城市或城镇，在实体空间上彼此分离但在功能上形成网络，且围绕一个或多个更大的中心城市集聚，通过一种新的功能性劳动分工拉动经济增长。
巨型区域（MR）	2004	ARPA	经济、生态环境、基础设施建设的一体性；生产性服务业在中心城市集聚和分工，外围地区从事制造业分工，并为中心城市提供市场；区域稳定、共同繁荣、可持续发展。

资料来源：根据文献综述整理，详见"综述报告"。

在中国，1983 年，于洪俊、宁越敏在《城市地理概论》中首次用"巨大都市带"的译名向国内介绍了戈特曼的思想。此后随着中国城镇化自身发展与外部环境的变化，国内学者提出了都市连绵区（周一星，1986）、城市群（姚士谋，1992）、城镇密集区（孙一飞，1995）、城市集聚区（顾朝林，1999）、都市圈（王建，1999）、城镇群体（张京祥，2000）、城市联盟（王家祥，2008）等诸多概念来对这一群体化发展现象进行描述与界定。尽管它们的特点和定义有所差别，但所有这些词汇几乎都是限定在城镇密集发展的群体空间。国家"十二五"规划也明确提出"构建以陆桥通道，沿长江通道为两条横轴，以沿海、京哈京广、包昆通道为三条纵轴，以轴线上若干城市群为依托，其他城镇化地区和城市为重要组成部分的城镇化战略格局。

表 1-3　国内城市群相关概念的比较

概念	年代	代表学者	主要观点
大都市连绵区	1986	周一星	以都市区为基本组成单元，以若干大城市为核心并与周围地区保持强烈交互作用和密切的社会经济联系，一条或多条交通走廊分布的巨型城乡一体化区域。
城市群	1992	姚士谋	城市群（Urban agglomeration）指在特定的地域范围内具有相当数量的不同性质、类型和等级规模城市，依托一定的自然环境条件，以一个或两个超大或特大城市作为地区经济的核心，借助于现代化的交通工具和综合运输网的通达性，以及高度发达的信息网络，发生与发展着城市个体之间的内在联系，共同构成的一个相对完整的城市集合体。
城镇密集区	1995	孙一飞	城镇密集区指两个或两个以上30万人口以上的中心城市以及与中心城市相联的连片城镇化地区。
都市圈	1997	王　建	都市圈的地理含义是指在现代交通技术条件下，直径在 200—300km，面积在 4 万—6 万、人们可以在一天内乘汽车进行面对面交流的特定区域。
城市经济区	1999	顾朝林	从其结构形态看，它是以大、中城市为核心，与其紧密相连的广大地区共同组成的经济上紧密联系、生产上互相协作，在社会分工中形成的城市地域综合体。中心城市和周围腹地是构成城市经济区不可缺少的两大要素。

续表

概念	年代	代表学者	主要观点
城镇集群	2000	张京祥	城镇群体是指一定空间范围内具有密切社会、经济、生态等联系,而呈现出群体亲和力及发展整体关联性的一组地域毗邻的城镇。其区别于一般区域内多城镇分布的表象是其内部空间要素较为紧密的联系,这种联系的紧密程度又直接导致了城乡混合区、都市区、都市连绵区等多种城镇群体空间亚形态的出现。

资料来源:根据文献综述整理,详见"综述报告"。

(二)城市群的概念

从前面国内外学者对城市群名称的各种纷争可以看出,对城市群及类似地区的理解主要有四种角度:一是描述空间组织形态的结果。如认为城市群就是具有一定人口规模、人口密度和城市数量的特定区域。二是强调空间组织形态的过程。如认为城市群是城镇化自上而下、自下而上的互动过程中逐步形成的,或者是城市群是城乡相互作用形成的区域。三是突出内部的经济社会联系。如认为城市群就是以若干大城市为核心并与周围地区保持强烈交互作用和密切的社会经济联系。四是强调城市群内部的一体化发展。如认为城市群的目标就是要共享资源、共建基础设施、共保生态环境等。但不论是哪种观点,对城市群的定义中又都有以下共同点:一是城市群是城镇化高度发达的地区,人口和城镇数量密集;二是城市群中大城市的地位突出;三是城市和城市之间相互依赖,内部的经济社会联系比较紧密。这些都为理解城市群奠定了坚实的基础。

但在经济全球化背景下,城市群的概念和内涵都与以前有所不同。它已不仅仅是一种地理现象,而是一个国家参与全球竞争的非常重要的空间组织形式,其与产业集群共同影响着国家的国际竞争力。特别是随着专业化程度越来越高以及市场分工越来越细,已没有单个城市能够容纳所有的功能,而必须与其他城市相互合作,共同参与全球竞争。城市群中的首位城市则需要具有强有力的竞争力。

基于对城市群的这种认识,以及理论界的研究成果,本研究认为,城市群就是以一个或几个有竞争力的大城市为中心,依托交通、通讯等基础设施条件,形成经济社会联系紧密,且空间结构、职能结构和规模结构合理的城市"综合体"。

（三）城市群的内涵

内涵是反映事物本质属性的总和。根据前面城市群的定义，其内涵应该包括以下几个主要方面：

1. 以一个或几个有竞争力的大城市为中心

城市群是一个国家或地区参与国际竞争非常重要的一种空间形态。特别是随着全球经济竞争越来越激烈，城市的功能也在逐步细分，城市与城市之间只有加强合作，整合功能，才能保持强有力的竞争力。核心城市作为区域经济发展的引擎，将在引领城市群参与竞争中扮演越来越重要的角色。从某种程度上可以说，核心城市的竞争力甚至决定了城市群的整体竞争力。不论是美国学者提出的 11 个"巨型区域"①，还是《欧洲空间发展展望》中提到的 8 个"巨型城市区"，其中包含的主要城市都是全球城市网络体系中非常重要的组成部分，也是在全球具有一定影响力和竞争力的城市。如，如美国的纽约、芝加哥等世界城市控制着全球金融命脉，洛杉矶、西雅图、亚特兰大、底特律等工商业中心城市掌握着全球若干行业的话语权；德国的法兰克福是金融与交通中心，科隆是铁路交通枢纽和莱茵地区经济文化和历史中心；日本的东京、大阪、名古屋等分别是其东京地区、大阪地区和中京地区的核心城市，共同组成了日本东海道城市群。

表 1-4 美国"巨型区域"和欧洲"巨型城市区"中的主要城市

美国"巨型区域"		欧洲"巨型城市区"	
名称	主要城市	名称	主要城市
皮埃蒙特大西洋巨型区	亚特兰大、夏洛特	英格兰东南部	伦敦、利物浦、伯明翰
东北部巨型区	华盛顿、纽约、波士顿	比利时中部	布鲁塞尔、安特卫普
落基山脉巨型区	丹佛、阿尔布开克、科罗拉多斯普林斯市	兰斯塔德	海牙、鹿特丹
南加利福利亚巨型区	洛杉矶、圣迭哥	莱茵—鲁尔地区	科隆、波恩、多特蒙德

---

① 为了忠实于原文，这里没有使用"城市群"的概念。此外，本研究认为，美国的"巨型区域"和欧洲的"巨型城市区"与"城市群"也是有差异的。

续表

美国"巨型区域"		欧洲"巨型城市区"	
名称	主要城市	名称	主要城市
北加利福利亚巨型区	奥克兰、里诺、萨克拉曼多、旧金山	莱茵—美因地区	法兰克福、美因兹
五大湖巨型区	芝加哥、底特律、匹兹堡、克利夫兰市、圣路易	瑞士北部地区	苏黎世、巴塞尔
德克萨斯三角巨型区	奥斯汀、达拉斯、圣安东尼奥	巴黎地区	巴黎
南佛罗里达巨型区	迈阿密、奥兰多、坦帕、杰克逊维尔	大都柏林	柏林
墨西哥湾巨型区	休斯顿、新奥尔良、巴吞鲁日	——	——
卡斯凯迪亚巨型区	波特兰、西雅图、温哥华	——	——
亚利桑那阳光走廊	菲尼克斯、图森	——	——

资料来源：作者根据收集材料整理。

2. 经济社会联系紧密

为了研究方便，实践中常常用行政单元定义城市群，但它们实际上是"功能性城市区域"（functional urban region，FUR），在本质上属于卡斯特（Castells，1989）提出的"流动空间"（space of flows），即，人流、物流、资金流、信息流等在城市之间顺畅、高效的移动。因此，城市群不仅仅是传统理论上的空间的连续性，而且是建构在功能节点（中心城市）以及节点间的轴（人流、物流、资金流、信息流）相互联系之上[1]。只有城市之间各种"流"量大，经济社会联系紧密，在功能上形成网络，城市群才能成为有机的整体。

3. 城市群结构相对合理

除一个或多个规模较大、经济发达和辐射带动能力较强的大城市外，在这些城市周边还分布了大小不等的二级城市和三级城市，以及众多的小镇。这些

---

[1] 年福华、姚士谋、陈振光：《试论城市群区域内的网络化组织》，《地理科学》2002年第5期。

城镇的功能结构、规模结构总体上比较合理，便于城镇之间的协作和合作。如美国波士华城市群中的波士顿是城市群智力、技术与思想政治中心，纽约是商业和金融中心，费城是制造业中心，巴尔的摩是重要的海港城市，功能结构非常明确。同时，城市群内部的城市之间在实体空间上彼此分离，生产、生活、生态空间格局相对合理。

4. 城市群功能比较完善

城市群多集外贸门户职能、现代化工业职能、商业金融职能、文化先导职能于一身，空间密集程度较高，成为区域政治、文化、经济的核心区，对国家、区域乃至世界政治经济都具有不可替代的中枢支配作用。如，美国波士华城市群、日本东海道城市群、英国中南部城市群等都是本国政治、经济、文化等多种功能的中心。

（四）城市群的特征

城市群是由于生产要素和产业在空间集聚，形成产业和人口在特定区域双重极化的一种新的空间组织形态。其有如下主要特征：

1. 人口规模和密度比较大

城市群地区基本都是一个国家或地区城镇化高度发达的地区，人口密度高、人口规模大。从城市群发展演变的历程看，它既不是组合城市，也不是大都市区，而是超越二者的一种特殊的空间组织形态。它是由于人口密集流动、信息高速公路发展以及高速铁路、通信电缆的遍布带来的相互联系，产生的一种在更大范围功能性城市区域的一部分。但在不同的国家，由于文化和规划体制不同，它的具体空间形式有差异。在美国，针对私人小汽车的普及，大城市的绿地区建设低密度、低调控性的"边缘城市"（edge cities）或"新中心城区"（new downtowns）；在欧洲，是在通过绿带和其他形式进行约束的地区建设中等规模的农村市场城镇或规划新城①。但它们的共同点是人口规模都比较大。因为只有在特定地域范围内的人口规模超过一定的数量，才有可能形成集聚经济效应，也才能形成专业化的分工。如，美国东北部地区 2010 年的人口规模超过 5200 万人、五大湖地区人口超过 5500 万人、日本东海道城市群人口超过 7000 万人、英国中南部地区人口超过 3600 万人。

---

① 彼得·霍尔：《多中心大都市：西欧巨型城市区透视》，《城市与区域规划研究》2009年第3期。

2.区域交通网络体系发达

交通网络体系发达是城市群非常重要的特征。它不仅促进了城市群内部的联系，对强化城市群"流动的空间"发挥了重要作用，而且改善了城市群的区域条件，产生了新的交通区位优势、新城市或城市功能区，从而影响了城市群产业空间结构。国外城市群大多拥有由高速公路、高速铁路、航道、通讯干线、运输管道、电力输送网和给、排水管网体系所构成的区域性基础设施网络，其中发达的铁路、公路设施构成了城市群空间结构的骨架。但初始条件不同，城市群内部选择的交通联系方式也有差异。如，美国东北部地区城际交通体系主要以高速公路为主，以轨道交通为辅；而日本东海道城市群建设了以新干线为主的快速轨道交通网，它可在4小时之内将京滨、中京、阪神工商业地带及中间城市有机地连接起来，使人员和物资流通环境大幅度改善[①]。

3.产业集群化发展特征明显

城市群内部的城市在竞合发展过程中，逐步形成城市功能明晰、产业垂直和水平分工合理，而且彼此间紧密联系的若干个产业聚集带和聚集区，共同参与全球产业竞争和经济竞争。如，美国东北部地区的纽约是全美的金融和商贸中心，有着最为发达的商业和生产服务业；波士顿集中高科技产业、金融、教育、医疗服务、建筑和运输服务业，其中高科技产业和教育是波士顿最具特色和优势的产业；费城港是美国最繁忙的港口之一，集装箱容量在北美各大港口中位居第二，港口发展带动了费城整个交通运输业的扩展，使费城成为美国东北部地区的交通枢纽；华盛顿市作为全美政治中心和世界大国首都，在国际经济中有着重要影响，全球性金融机构，如世界银行、国际货币银行和美洲发展银行的总部均位于华盛顿；巴尔的摩市区与华盛顿特区的接近使得它分享了很多联邦开支和政府采购合同，同时国防工业在巴尔的摩有了很大发展[②]。

4.经济体系较为开放

城市群经济是一种高集聚、高能级、开放型的经济。中外的城市群大都濒临海洋或交通运输枢纽，具有发展国际间联系的最佳区位、优越的生产生活条件和巨大的消费市场，是连接海内外市场、利用国内外先进技术、参与国际分工的桥头堡。其拥有强大的内聚力和外张力，使城市群与其他单独的区域性中

---

① 陈秀山、张若:《国外沿海城市群发展模式的启示与借鉴》，2011年3月13日，http://www.zgghw.org/html/guihualuntan/lilunyanjiu/2011/0313/10780.html。

② 陈秀山、张若:《国外沿海城市群发展模式的启示与借鉴》，2011年3月13日，http://www.zgghw.org/html/guihualuntan/lilunyanjiu/2011/0313/10780.html。

心城市相比，具有更强的经济吸引辐射能力和更高的经济外向度。如，美国的11个"巨型区"中，除五大湖区巨型区、皮埃蒙特大西洋巨型区和佛兰特山脉巨型区①等三个不在沿海外，其余8个巨型区都在沿海地区，它们都通过沿海的港口城市，与世界经济体系融合紧密。尽管有3个巨型区不在沿海，但也都是美国外向型经济高度发达的地区。欧洲的8个巨型城市区也与世界各地经济联系非常紧密，经济体系也是高度开放。如，伦敦是全球金融中心之一，阿姆斯特丹是全球航运中心，法兰克福是全球重要的航空枢纽等。

5. 城市之间的相互依赖较强

城市群是不同规模结构和功能结构的城市相互作用而形成的共同体，在城市发展成熟的过程中，城市间的空间结构、产业布局、信息服务、基础设施、公共服务、政府管理与环境保护等都将通过外部效应产生相互影响，需要建立多元化的治理机制，促进城市群实现竞合共赢发展。特别是随着生态环境越来越突出，以及功能性城市区域基础设施共享的问题越来越迫切，城市之间的相互依赖显著增强。如美国11个巨型区域非常重要的合作事项就是生态环境的共同治理。我国城市群在发展中面临的生态环境也越来越突出，依靠单个城市治理的效果越来越不明显，需要城市群内城市之间联防、联控、联治才可能发挥最大的效应。

二、城市群的界定标准

城市以及由城市向外拓展形成的大都市区都是城市群发展的重要依托。为了弄清楚城市群的界定标准，首先需要分析国内外城市以及大都市区的界定标准。

（一）城市的界定

城市的产生和发展是一个历史过程。早期"城"与"市"是紧密结合在一起的。"城"的起源多数与军事防御功能有关，而"市"的起源主要与生产力的发展和交换扩大有关。从某种意义上说，早期"城"和"市"的边界相对都是比较清晰的。随着经济社会的发展，以及"城"的军事防御功能弱化，城市的边界逐渐模糊。对城市标准的界定就成为需要研究的问题。在实践中，各国对城市的界定大致有五种方式。

---

① 前面已经说过，美国的巨型区和本文所说的城市群并不是一回事，这里只是作为一个类比。

1. 根据人口规模确定:

联合国人居中心规定,市(City)的人口数量最低标准为 20000 人,镇(Town)的人口规模最低标准为 2000 人。

2. 根据人口规模和人口密度来确定:

如,加拿大规定人口规模要 1000 人以上,人口密度超过 400 人 / 平方英里;美国将人口超过 1000 人,密度超过 500 人 / 平方英里的地区称为城镇化地区。

3. 根据人口规模和产业人员结构确定:

荷兰规定人口规模超过 2000 人,农业从业人员比重小于 20% 的地区为城镇。

4. 根据行政级别确定:

如,埃及规定省和地区的首府为城镇。

5. 根据城镇的特征来确定:

如,马耳他规定没有农业用地的建成区为城镇。

表 1-5 世界主要国家和地区城镇人口下限标准

下限标准（人）	国家和地区
100	乌干达
200	丹麦、瑞典、挪威、冰岛等
400	阿尔巴尼亚等
500	南非、巴布亚—新几内亚等
1000	美国、加拿大、委内瑞拉、澳大利亚、新西兰等
1400	汤加等
1500	巴拿马、哥伦比亚、爱尔兰等
2000	法国、德国、荷兰、阿富汗、阿根廷、古巴、埃塞俄比亚、希腊、以色列、捷克斯洛伐克、加蓬等
2500	墨西哥、泰国等
3000	英国等
5000	印度、巴基斯坦、伊朗、孟加拉国、韩国、沙特阿拉伯、土耳其、比利时、奥地利、加纳、马里等
10000	马来西亚、科威特、西班牙、葡萄牙、意大利、瑞士等
20000	尼日利亚、毛里求斯
50000	日本

资料来源：城镇化的基本理论,www.doc88.com/p-7025996934140.html。

而对城市边界的划定，从总体上看，有两种基本的方式：一是按照行政管辖的范围，以行政边界确定城市的边界。二是按照经济功能，主要聚焦在经济实体之间的联系。地理学家和统计学家主要应用人口密度（或建筑密度）和城镇化地区的通勤流量（或电话流量等）两种基本的标准界定城市经济功能的边界。在以经济功能为标准界定城市边界的多数国家中，主要以人口规模和人口密度为依据。如，加拿大将1000人以上聚集区和每平方英里人口密度超过400人地区定义为"城市地区"[①]；日本的人口集中区（Densely Inhabited District，简称DID）以人口普查区为单位，人口规模5000人以上，密度在4000人/平方公里以上的基本单位区所构成的相互连接的区域[②]，但是像机场、港口、工业区、公园等城市形态较强，但人口密度较低的基本单位区也算入人口集中地区（DID）；大多数发展中国家规定的"城市"人口为2000人至7500人之间，有些达到1万人以上。因为在这些国家缓慢的历史进程中，只是在人口聚集达到相当规模时，才出现专门化土地利用和明显职业群体分化[③]。

与欧洲国家和大多数发展中国家不同，美国的城镇化地区界定非常繁琐。美国统计局界定的城镇化地区首先设定了一个密集的"初始核心"（Initial Core），其主要内容包括以下几方面：（1）拥有至少2平方公里的土地和每平方英里人口密度[④]不低于1000人的街区群（Block Group）；（2）如果没有符合统计标准的街区群，一个或多个连续的街区的人口密度应不低于1000人/平方公里；（3）如果一个街区或街区群的面积低于2平方英里，人口密度超过500人/平方英里，并且与前面界定（1和2）的街区群邻近，被称为II.A.1.类地区；（4）一个或多个邻近的街区，如果每一个的人口密度都在500人/平方公里以上，至少一个邻近前面界定（1和2）的街区群或者街区，称为II.A.1.、II.A.2.或II.A.3类地区；（5）被街区和街区群包围，又不符合前面4条标准，只要面积不超过5平方英里，也可被认为是初始核心的组成部分。其次，美国统计局还通过增加人口规模或距离等因素定义潜在的城镇化地区。（1）城镇化地区的人口规模至少要超过1000人，人口密度不低于500人/平方英里；（2）与先前选定的初始核心的最短距离不超过0.5英里；（3）通过跳联结（a hop

---

① 高鉴国：《加拿大城市化的历史进程与特点》，《文史哲》2000年第6期。
② 王德、彭雪辉：《走出高城市化的误区——日本地区城市化发展过程的启示》，《城市规划》2004年第11期。
③ 高鉴国：《加拿大城市化的历史进程与特点》，《文史哲》2000年第6期。
④ 计算人口密度时，只是计算土地的面积，其它面积，如水面面积，应该从总面积中扣除。

connection），新的符合条件的地区成为初始核心的组成部分。第三，在完成经由跳联结（a hop connection）形成的新的初始核心后，新核心（或称为暂时的核心）的人口至少要达到 1500 人，随后通过跨联结（a jump connection），暂时核心（interim cores）再继续向外延伸。美国统计局定义离暂时核心（interim cores）距离超过 0.5 英里，但低于 2.5 英里的地区在符合下列条件之一的，可以成为城镇化地区：（1）全部人口密度要超过 500 人 / 平方英里，或者统计街区的人口要超过 1000 人；（2）被选择的沿路的街区，人口密度在 2.5 英里范围内最高。第四，在经过跳联结和跨联结形成城镇化地区后，将临近主要机场的、不符合前面条件的街区划入最近的暂时核心 interim cores）区域范围内。第五，统计局将下列被包围在城镇化地区内部，但不符合上述条件的也计入城镇化地区：（1）土地面积不超过 5 平方英里；（2）土地是连续的，具有较强城市形态的地区。第六，任何不在美国统计局界定的城镇化地区的边缘地区都可看作是拓展区域。

表 1-6　中国设立县级市的标准

	人口密度（人 / 平方公里）	>400	100—400	<100
县政府驻地	非农业人口（万人）	12	10	8
	其中具有非农业户口人口（万人）	8	7	6
	自来水普及率（%）	65	60	55
	道路铺装率（%）	60	55	50
	城区基础设施较完善、排水系统较好			
全县	非农业人口（万人）	15	12	8
	非农业人口占总人口比重（%）	30	25	20
	乡镇以上工业产值（亿元）	15	12	8
	乡镇以上工业产值占工农业总产值比重（%）	80	70	60
	国内生产总值（亿元）	10	8	6
	第三产业占 GDP 的比重（%）	20	20	20
	地方本级人均预算内财政收入（元）	100	80	60
		承担一定的上缴任务		

资料来源：参见《国务院批转民政部关于调整设市标准报告的通知》（国发 [1993]38 号）。

在我国，城市地区更多的是行政区域的概念。根据我国设立县级市和地级市的标准，人口密度、非农业人口比重、工业和第三产业比重等都是重要的参考指标。这种城市的界定，不仅造成相关统计数据不可比，而且也容易导致决策失误。周一星教授指出（周一星，2006）"在我国既没有城市实体地域概念的科学界定标准、相应的统计标准和相应的统计资料，只有每个城市自己知道建成区大概有多大，也没有城市功能地域概念的科学界定标准和相应的统计。"这给我们的研究带来了很大困扰。

前面的分析表明，不同国家尽管对城市的界定各不相同，但人口密度、人口规模等都是核心指标。中国对城市的界定则更多涉及到经济类指标，如GDP、工业和服务业的占比等。

表1-7 中国设立地级市的标准

指标	标准
市区非农业人口（万人）	25
市政府驻地其有非农业户口人口（万人）	20
工农业总产值（亿元）	30
工业产值占工农业总产值比重（%）	80
国内生产总值（亿元）	25
第三产业产值占 GDP 的比重	35% 以上并大于第一产业产值
地方本级预算内财政收入（亿元）	2

资料来源：参见《国务院批转民政部关于调整设市标准报告的通知》（国发 [1993]38 号）。

（二）都市区的界定

城市由集聚阶段发展到扩散阶段，将与周边地区形成紧密的经济联系，从而会产生都市区[①]。但对都市区的界定在不同发展阶段以及不同国家都有不同的理解。如，加拿大 1951 年正式引入普查都市区（CMA）概念，它主要指人口超过 5 万人的城市以及周边有紧密地理、经济和社会联系的地区，整个

[①] 目前，关于都市区的概念在国际上并无统一的界定。根据国情不同，不同国家对都市区的叫法也有所区别。例如，在加拿大叫"国情普查大都市区（CMA）"；在英国叫"标准大都市劳动市场区（SMLA）"；在澳大利亚叫"国情调查扩展城市区（CEUD）"，等等。

普查都市区的人口应超过 10 万人。1976 年开始引入通勤指标界定都市区的范围。1981 年明确都市区内外围区域到核心区域的通勤率门槛为 40%，逆通勤率门槛为 25%。1986 年普查都市区的通勤门槛的通勤率从 40% 提高到 50%。目前，加拿大又将都市区界定为人口 10 万人以上，且人口密度大于 400 人 / 平方英里的城镇化地区，并且借鉴美国界定核心城市的经验，提出普查集聚区（CA）是都市区的核心，并且明确普查集聚区为人口规模在 1 万人以上、10 万人以下，且人口密度大于 400 人 / 平方英里的城市地区（Urban Area）。日本总理府统计局在 1975 年也提出都市区的界定标准，明确中心城市的人口规模超过 100 万人，外围地区到中心城市的通勤率不低于 15%。英国"标准大都市劳动市场区"提出每英亩的就业岗位要大于 4 人，外围地区到中心城市的通勤率要大于 15%。

在全球大都市区标准的界定中，美国的指标体系相对比较完善。其划分方法对世界各国产生了很大的影响。加拿大、英国、澳大利亚、日本等国家的大都市区均与其一脉相承（胡序威，2000）。纵观美国大都市区划分指标的演变，虽然具体的指标值变化较大，但其总体思路始终围绕中央核（Central Core）、流测度（Data of Flow）、大都市区特征（Metropolitan Character）和基本地理单元（Geographic Unit）四个方面进行（美国人口普查局，1998）。如，美国大都市统计区中心城市或核心区的基本要求是人口规模不能低于 5 万人，虽然该标准在演进过程中不断增加新的内容，但最低门槛一直没有改变；流测度的指标和阈值在不同发展阶段也有所不同，早期流测度主要有两个指标，一个是通勤率，另一个是通话记录，但随着信息技术发展，通话记录作为流测度的指标遇到越来越多的挑战，1960 年代后流测度的指标主要用通勤率，并且在不同的发展阶段，对通勤率的标准也有差异，但整体上是在逐步提高；外围地区最低都市特征的界定标准变化最大，表明要确定大都市区的边缘确实是非常困难，早期的指标体系中对非农就业比重、人口密度等要求比较明确，后期则更关注城市人口的比重和规模。

德国 20 世纪 50 年由奥拉夫·博斯泰特（Olaf Boustedt）提出类似于美国大都市区的概念，称之为"城市区域"（Stadtregion），并且得到当时联邦德国政府的肯定。和美国大都市区一样，德国的城市区域同样也包含一个位于大城市之中的城镇化经济单位。但与美国不同的是，德国城市区域的基本地域单元为自治市（municipality）或自治区（gemeinde），而非美国的县。并且在城市区域内划分不同的分区，每种分区具有各自特有的标准。在最初的划分方案中，博斯泰特提出连续自治区聚集区的人口必须超过8万人，并且满足特定的标准。从表中可以看出，德国城市区域又被划分和细分为不同的分区。中心城市的外围区域，如果人口密度和劳动力标准达到相关的标准，就被称为辅助地区，并且和中心城市共同组成核心地区。核心地区之外，是两种更低城镇化水平的分区，称为城镇化分区和边界地区，并且边界地区再细分为较近和较远两类。与美国大都市区划分相比，中心城市二者在概念上差别不大，只是德国将美国中心城市之外的区域再细分为辅助地区、城镇化分区和边界分区。

表1-8 日本都市区界定标准

责任者（年份）	中心城市的标准		外围地区的标准	
	人口规模	其他	城镇化标准	到中心城市的通勤率
总理府统计局（1975）	>100万	——	——	15%
福田和晓（1975）	>30万	白天人口＞夜间人口	——	10%
格利克曼，川岛（1978）	>10万	白天人口＞夜间人口	非农户住户>75%	5%
山田浩之，山岗一幸（1983）	>5万	白天人口＞夜间人口	非第一产业人口>75%	10%

资料来源：李国平：《首都圈——结构、分工与营建战略》，中国城市出版社2004年版，第32页。

表1-9 美国大都市统计区的演进历程

年份	名称	中心城市或核心区标准	外围地区满足的最低要求	外围地区最低都市特征
1950s	标准都市区	≥50000人	到中心县域通勤率≥15%；或≥25%的就业人口要到中心县域就业；平均每个用户每月至少与中心城区有四次通话记录	非农业就业≥10000人；或都市区非农业就业人相当于中心县就业人数的10%；或50%以上的人口居住在相互连接且密度大于150人/平方英里的次级行政区域（MCD）中；或非农业人口超过2/3。

年份	名称	中心城市或核心区标准	外围地区满足的最低要求	外围地区最低都市特征
1960s	标准都市统计区	≥50000人；或两个连接在一起的城市≥50000人	到中心县域通勤率≥15%；或≥25%的就业人口要到中心县域就业	非农业劳动力比重≥75%，并且50%以上的人口居住在相互连接且密度大于150人/平方英里的次级行政区域（MCD）中；或者非农就业≥10000人或都市区非农业就业人居相当于中心县就业人数的10%；或者居住在县域内的非农工人的数量≥10000人或占中心县非农就业人数总量超过10%。
1970s	标准都市统计区	≥50000人；或者至少有一个人口超过25000人城市再加上人口密度≥1000人/平方英里的连接县域，共同的城市人口超过50000人；或者县域人口超过75000人	到中心县域（county）的通勤率≥30%	非农业劳动力比重≥75%；如果到中心县的通勤率<30%，则必须满足下面条件中的两个：(1) 城镇人口比重≥25%；(2) 人口增长率达到15%；(3) 人口密度≥50人时还需要满足下列条件之一：① 到中心县的通勤率≥15%；② 从中心县来的通勤率≥15%；③和中心县相互的通勤率≥20%。
1980s	都市统计区（MSA）；联合都市统计区（CMSA）；基本都市统计区（PMSA）	≥50000人；如果最大城市人口超过50000人，则MSA/CMSA的人口至少超过100000人；中心城市是MSA中最大的城市	MSA的通勤率≥50%；CMSA的通勤率≥40%；PMSA的通勤率≥25%	人口密度≥35人/平方英里；或者人口密度≥25人/平方英里，并且满足下列条件之一：城市人口≥35%；(2) 城市地区人口≥5000人

续表

年份	名称	中心城市或核心区标准	外围地区满足的最低要求	外围地区最低都市特征
1990s	都市统计区（MSA）；联合都市统计区（CMSA）；基本都市统计区（PMSA）	≥ 50000 人；都市区域人口≥ 100000 的都市区城市人口≥ 50000人；中心城市是MSA/CMSA 中最大的城市	MSA 的通勤率≥ 50%；50% ≥ CMSA 的通勤率≥ 40%；15 ≥ PMSA 的通勤率≥ 25%	人口密度≥ 25 人 / 平方英里；或者居住在城市人口≥ 10%，或人口规模达到5000 人。
2000s	中央核的统计区域（CBSA）	城镇化地区人口≥ 50000 人；城市簇人口 (urban cluster) ≥ 10000 人	外围县到中心县的通勤率≥ 30%；外围县的就业人口居住在中心县的比重≥ 25%。	——

资料来源：Alan Freeman,*Towards a common standard-Comparing European and American cities*, Working Paper13, July 2005, pp.37—39.

罗海明、张媛明：《美国大都市区划分指标体系的百年演变》,《国际城市规划》2007 年第 5 期。

表 1-10 德国城市区域界定标准

分区名称	每平方公里人口	农业劳动力人口比例（%）	不同人口与核心地区的通勤率	
			劳动居民	所有通勤者
核心地区				
中心城市	> 500	< 10		
辅助区域	> 500	< 10		
环绕地区	> 200		> 30	> 60
城镇化分区		< 30	> 20	> 60
边界分区				
较近		< 50	> 20	> 60
较远		在 50%—65% 之间	> 20	> 60

资料来源：Olaf Boustedt, *Stadtregionen* 1961, Statistisches Jahbuch Deustscher Gemeinden, LⅡ, 1964, p.35.

（三）城市群（或类似区域）界定标准研究

自城市群的概念被提出以来，理论界对城市群界定的标准开展了深入的研究，但到目前为止，明确提出城市群（或类似区域）界定标准的国家或地区非常少。如，美国"巨型区域"的标准还处于理论探讨阶段，欧洲的"巨型城市区域"也没有确切的解释。理论界主要是借鉴城市及大都市区的界定方法，提出城市群的界定标准。

1.戈特曼（J·Gottman）提出界定"Megalopolis"的五个标准

戈特曼认为城市群是按照"城市→都市区→城市群"顺序发展而来的。因

表 1-11　国外关于城市群标准的研究

时间	研究者（国）	研究对象	定性指标	定量指标
1957 年	戈特曼法国	Megalopolis	（1）有密集城市；（2）有密切联系；（3）交通方便	（1）不少于 2500 万人；（2）不少于 250 人 /km²
1950—1960年代	日本	大都市区	有一个或几个大城市为中心城市	（1）直线距离 200 —300 公里；（2）人口 ≥ 3000 万；（3）中心城市 GDP 占圈内的 1/3 以上；（4）中心城市人口在 200 万左右；（5）通勤率 ≥ 15%；（6）都市圈之间物质运输量 ≤ 总运输量的 25%。
1970 年代	前苏联	城市集聚区	（1）中心城市至少有相邻两个城镇；（2）与中心城市同一行政区均包括	（1）中心城市 10 万人以上；（2）城镇距离中心城市 ≤ 2 小时交通
1970 年代	帕佩约阿鲁、勒曼	大都市带	至少有两个基本单元和一个二级单元聚集体	（1）不少于 193 人 /km²；（2）二级聚集体人口 10 —100 万；（3）三级聚集体人口 1—10 万
1985 年	麦吉	Desa-Kota 区	（1）有两个或以上在一起的核心城市；（2）城市外围当天可通勤；（3）非农产业增长迅速；（4）人口流动性较强；（5）妇女对非农产业的参与增多；（6）传统产业的密集人口与周围地区交通方便	

续表

时间	研究者（国）	研究对象	定性指标	定量指标
2009 年	美国区域规划协会	Megaregion		（1）该区域必须属于美国的核心统计区域；（2）人口密度大于 200 人 /mile^2，且 2000—2050 年，人口密度需增加 50 人 /mile^2；（3）人口增长率 >15%，2020 年总人口增加 1000 人；（4）就业率增加 15%，2025 年总就业岗位大于 2 万个。

资料来源：根据文献综述整理，详见"综述报告"。

此，其提出的界定城市群的标准充分考虑了城市、都市区等因素，并且借鉴城市和大都市区的界定方法，明确了最低人口规模及核心城市（或中心城市）的基本要求，提出了界定城市群的五个标准。

2. 法国界定"Megalopolis"的标准

法国在界定"Megalopolis"的标准时，充分借鉴了戈特曼的方法，但对人口密度提出了具体的要求。

3. 日本界定大都市区的标准

日本大都市区标准的界定借用了都市区界定的指标体系，但更加突出了中心城市的地位以及人口总规模的要求，提出了七个标准。

4. 前苏联对城市集聚区界定的标准

前苏联根据城市数量、城市之间的距离和中心城市人口提出了城市集聚区界定的 4 个标准。

5. 帕佩约阿鲁关于大都市带界定的标准

帕佩约阿鲁借鉴城市和大都市区的方法，对大都是带的人口密度，及具体的数量及不同层级聚集体的人口规模等都提出了明确的要求。

6. 麦吉对城市群界定标准

加拿大地理学家麦吉经过多年对亚洲某些发展中国家和地区进行实地研究，提出了与以往西方发达国家不同空间结构特征。

7. 美国区域规划协会界定"Megaregions"的标准

美国规划协会根据都市区的发展趋势，提出界定"Megaregions"的四个标准及预期性增长指标。这个标准的突出特点是，通过构建预期性增长指标，强调这类区域即便是城镇化基本完成后，仍是人口持续集中的区域，暗含这类区域具有持续性的竞争力。但如果真正用该指标去衡量研究目标区域时，该标准的缺陷就会暴露出来，因为许多标准在当期是不可衡量的。

纵观国外学者对城市群（或类似区域）界定标准的确定，有以下几个共同点：一是城市群界定的指标体系中都对人口密度和人口规模提出明确要求；二是核心城市与外围地区的空间距离在300公里以内（或通勤时间不能超过一定限度）；三是城市群内部的城市数量在3个以上，且交通联系便捷；四是对中心城市或核心城市都提出了最低门槛要求。

8.周一星、史育龙关于都市连绵区空间范围的界定标准

周一星、史育龙在对都市区空间范围和都市连绵区形成条件分析的基础上，提出都市连绵区空间范围识别的五大指标。这个标准突出了海港和空港的重要性，对核心城市（或中心城市）、人口规模、人口密度等都提出了具体的参考指标，与戈特曼的界定标准具有一致性。

9.姚士谋关于城市群空间范围的界定标准

姚士谋教授在《中国城市群》论著中，提出界定中国城市群空间范围的十大标准。该界定方法沿袭了中国界定城市标准的传统，将工业总产值、社会消费品零售总额占全省区的比重及城镇化率等指标体系纳入标准，具有一定的参考意义。同时，用交通路网密度和流动人口比重作为测度"流"的替代指标，也符合中国目前的统计实际。但标准过于繁琐，也没有完全反映城市群的本质特征。

10.顾朝林关于城市群空间范围界定的标准

顾朝林在借鉴国内外界定城市群空间范围标准的基础上，结合中国的实际情况，提出了五个标准。该标准借鉴美国界定标准统计区的方法，对城市群中心地区和外围地区的人口提出了最低门槛标准，但与其它标准相比，该标准突出了城市群内部的城镇化水平和人员及信息交流规模。在实际应用中，由于多数定量指标在中国目前的统计制度下，数据获取难度非常大，挑战性也非常强。

11.肖金成、袁朱等关于城市群范围的界定标准

肖金成、袁朱等在《中国城市群》论著中，提出界定中国城市群空间范围的五大标准。该标准的特点是定性指标偏多，不容易衡量。此外，定量指标也没有完全反映城市群的本质。

12.方创琳关于城市群范围的界定标准

方创琳（2010）在"中国城市群形成发育的新问题与对策建议"一文中提出了界定城市群的9项具体指标。该标准的特点是定量指标多，衡量容易。但门槛比较低，中央核的标准低，"流"测度和外围区域的指标比较欠缺。

表 1-12 国内关于城市群标准的研究

时间	研究者（国）	研究对象	定性指标	定量指标
1995年	周一星、史育龙	都市连绵区	(1) 有相当规模和技术水平领先的大型海港（年货运吞吐量大于1亿吨）和空港，并有多条定期国际航线运营； (2) 有多种现代运输方式叠加而成的综合交通走廊，区内各级发展极与走廊之间有便捷的陆上手段； (3) 组成都市连绵区的各个城市之间、都市区内部中心市和外围县之间存在紧密的经济社会联系。	(1) 有2个以上人口超过100万人的特大城市作为发展极，其中至少1个城市有相对较高的对外开放度，具有国际性城市的主要特征； (2) 有数量较多的中小城市，且多个都市区沿交通走廊相连，总人口规模达到2500万人以上，人口密度达到700人/km²；
1992年	姚士谋	城市群	(1) 城市群区域总人口超过1500万—3000万人； (2) 城市群内特大超级城市不少于2座； (3) 区域内城市人口比重大于35%； (4) 区域内城镇人口比重大于40%； (5) 区域内城镇人口占省区比重大于55%； (6) 城市群等级规模结构完整，形成5个等级； (7) 交通网络密度：铁路网密度大于250—350km/万km²，公路网密度大于2000—2500km/万km²； (8) 社会消费品零售总额占全省比重大于45%； (9) 流动人口占全省、区比重大于65%； (10) 工业总产值占全省、区比重大于70%。	
1999年	顾朝林	城市群	(1) 中心城市的数量与规模； (2) 人口城镇化水平，总体上要高于全国平均水平； (3) 城市密度与城镇用地比率，如美国东北沿海大都市圈内城镇用地已占到整个地区土地总面积的20%以上，许多城市沿交通线连成一片。	(1) 区域社会经济特点以及城市之间的社会经济联系程度，以城市之间的社会经济联系常用人员和信息交流规模来衡量，带内交流规模一般应占总规模的50%以上； (2) 人口密度，城市群中心地区人口密度以不低于500人/km²，外围地区人口密度不低于250人/km²。

续表

时间	研究者（国）	研究对象	定性指标	定量指标
2009年	肖金成 袁朱	城市群	（1）有一到几个较强经济实力的中心城市 （2）完善的城镇体系 （3）较高的产业发展与分工协作水平。 （4）完善的基础设施网络。	一定规模的人口与空间。面积5万km²左右，区域人口2000万人以上，人口密度400人/km²，中等以上城市10个左右，城市密度2个/万平方公里。
2010年	方创琳	城市群	（1）城市数量（≥3个）； （2）100万人口以上特大城市个数（≥1个）； （3）人口规模（≥2000万人）； （4）城镇化水平（≥50%）； （5）人均GDP（≥3000美元）； （6）非农产业产值比率（≥70%）； （7）核心城市GDP中心度（≥45%）； （8）经济密度（≥500万元/km²）； （9）经济外向度（≥30%）。	

资料来源：作者根据收集材料整理。

（四）本研究对城市群界定的标准

城市群是由城市、大都市区逐步发展而来的，其界定标准必然会受到城市、大都市区等界定标准的影响，只不过是随着空间范围的扩大，有些指标可能不再适用，需要增添新的指标体现新的空间组织形式的特点。如，大都市区是经济社会联系非常紧密的区域，通勤率的指标是有实质性意义的，但在空间范围扩大后，通勤率在衡量城市与城市之间经济社会联系方面已不再具有优势，需要选择能够代表城市群区域特征的新指标来体现"流"的存在。鉴于货物流、资金流、信息流等数据目前获取的难度大，本研究将借用中心城市与外围地区的经济距离或路网密度来测度流。借鉴理论界的研究成果和社会普遍认同的"三小时经济圈"的理念，中心城市（或核心城市）与外围区域的经济距离不能超过三小时的路程（约为300公里左右）；或者，基本形成高度发达的综合运输通道。

在城市和大都市的界定中初始核（Initial Core）和中央核（Central Core）的确定非常重要，同样，在城市群标准的确定中中心城市（或核心城市）的确定也异常重要。正如美国学者研究指出的，城市群正成为全球经济中新竞争力的来源，因此，具有较强的竞争力是中心城市（或核心城市）引领城市群参与全球经济竞争最基本的要求。一定规模的城市人口可以反映该城市在城市群中的功能和影响力，同时也要考虑其在全球或全国城市网络中的功能。城市经济学的理论认为，城市人口超过 20 万—25 万人时效率将逐步提高，但当中心城市人口达到 350 万人以后，城市效率增加的速度将减缓。有专家预测，当人口达到 500 万或 600 万时，城市的效率将会下降。而欧洲经济统计调查表明 50 万—150 万人口的城市相对比较合适，也具有一定竞争力。借鉴国内外学者的研究成果，结合城市等级标准的划分和我国城市发展的特点，本研究认为，城市群中至少 1 个 200 万或 2 个 100 万的中心城市。

在城市和大都市的界定中人口规模和人口密度都是重要的指标。国内学者在界定城市群的标准时，也都包含有这两个指标，只是阈值有差异。因该指标值的确定具有某种主观性，争议也比较大。如，有学者认为城市群的最低人口规模为 1000 万人，也有学者认为应为 2000 万，还有学者认为应为 2500 万等等。根据全国第六次人口普查的数据，上海市的常住人口 2010 年已超过 2300 万人，将城市群人口最低规模确定为 2000 万人及以下，还不及一个城市的人口多，有些偏低，但最低人口规模又不能太高，太高可能不能识别具备城市群特征的区域，如，国际上五大城市群中英国中南部城市群的人口也只有 3600 万人左右。鉴于中国城市群正处于快速成长阶段，本研究认为多数学者提出的城市群最低人口规模超过 2500 万人的标准是合适的。

人口密度是单位土地面积上居住的人口数，是特定区域潜在城镇化发展的重要参考指标。美国界定城市化地区的人口密度不能低于 500 人 / 平方英里[①]（193 人 / 平方公里），为美国全国平均 34 人 / 平方公里人口密度的 5.68 倍。中国人口密度约为 141 人 / 平方公里，如果按美国界定城市化地区的标准显然偏低，如果按照美国城市化地区人口密度与平均人口密度的比值作为标准，又相对偏高。考虑到我国的实际情况，城市群地区的人口密度与全国平均人口密度的比值在 2—3 之间比较合适，结合前面学者研究的成果，本研究认为城市群地区的人口密度要超过 300 人 / 平方公里。

外围区域的特征在城市群范围界定中也非常重要。借鉴美国确定大都市区外围区域最低标准的相关指标，结合国内设立县级市和地级市相关的指标，本

---

① 美国的"巨型区域"还包括部分农村地区，区域内人口密度标准显然比城市化地区要低。我们城市群里的农村地区并不比美国少，人口密度也不会太高。

研究认为外围城市城镇化水平≥全国平均水平，并且要有共同的自然、历史、文化相似性和地域认同感。

通过定性和定量分析，综合判断目前我国具有城市群特征的区域共有 12 个，它们是京津冀、长三角、珠三角、辽中南、山东半岛、海西、鄂东、川渝、关中、中原、湘东和黑西南城市群。

表 1-13 我国城市群划分标准的指标体系

指标类别	指标标准
核心城市	有一个 200 万人人口的中心城市，或 2 个 100 万人口的城市，并且中心城市具有一定竞争力。
流测度	中心城市（或核心城市）与外围区域的经济距离不能超过三小时的路程（约为 300 公里左右）；或者，基本形成高度发达的综合运输通道。
区域特征	人口规模≥ 2500 万人；人口密度≥ 300 人 / 平方公里；城镇化水平≥全国平均水平；有共同的自然、历史、文化相似性和地域认同感。

资料来源：作者根据收集材料整理。

借鉴已有研究成果和相关规划，这 12 个城市群的范围界定如下。

表 1-14 我国 12 个城市群范围

京津冀	北京、天津、石家庄、唐山、秦皇岛、保定、张家口、承德、沧州、廊坊。
长三角	上海、南京、无锡、常州、苏州、南通、扬州、镇江、泰州、杭州、宁波、嘉兴、湖州、绍兴、舟山、台州。
珠三角	广州、深圳、珠海、佛山、肇庆、惠州、东莞、中山、江门。
辽中南	沈阳、大连、鞍山、抚顺、本溪、丹东、营口、辽阳、盘锦、铁岭。
山东半岛	济南、青岛、淄博、东营、烟台、潍坊、泰安、威海、日照、莱芜、滨州。
海西	福州、厦门、莆田、泉州、漳州、宁德。
鄂东	武汉、黄石、鄂州、孝感、黄冈、咸宁、仙桃、天门、潜江。
川渝	重庆市 15 个区（渝中区、大渡口区、江北区、沙坪坝区、九龙坡区、南岸区、北碚区、渝北区、巴南区、大足区、綦江区、江津区、永川区、合川区和南川区）及 4 县（荣昌县、潼南县、璧山县、铜梁县），四川的 14 个市，即成都、德阳、绵阳、眉山、资阳、遂宁、乐山、自贡、泸州、内江、南充、宜宾、广安、雅安市。

关中	西安、铜川、宝鸡、咸阳、渭南、商洛。
中原	郑州、开封、洛阳、平顶山、新乡、焦作、许昌、漯河、济源。
湘东	长沙、株洲、湘潭、衡阳、岳阳、常德、益阳、娄底。
黑西南	哈尔滨、齐齐哈尔、大庆、绥化。

资料来源：作者根据收集材料整理。

表 1-15　我国城市群基本状况（2010 年）

城市群	面积 （万平方公里）	常住人口 （万人）	城镇化 水平（%）	人口密度 （人/km²）	人均 GDP （元）	核心城市
京津冀	18.25	8379	60	459	47262	北京，天津
长三角	10.99	10763	70	979	65665	上海，南京，杭州
珠三角	5.56	5613	83	1010	67121	广州，深圳
辽中南	9.68	3313	68	342	54845	沈阳，大连
山东半岛	9.37	5430	56	580	54096	济南，青岛
海西	5.61	2919	59	520	40321	福州，厦门
鄂东	5.81	3024	55	521	31861	武汉
川渝	16.53	7725	48	467	25923	重庆，成都
关中	7.47	2574	48	344	25605	西安
中原	5.88	4153	46	706	32203	郑州
湘东	9.69	4008	49	416	31188	长沙
黑西南	15.16	2433	51	160	33622	哈尔滨
合计/平均	120	60334	49	503	46015	

数据来源：2010 年《第六次全国人口普查报告》，《2011 年中国城市统计年鉴》。

（五）我国城市群研究的难点

虽然根据研究需要以及前面提到的方法界定了城市群的范围，但由于没有相关"流"的统计资料，城市群划分的确定非常难更为关键的是，国内城市界定的标准不尽合理，城市建成区和城市功能地域统计资料缺乏，也对城市群的统计分析和比较研究带来很多困扰。总体上而言，我国城市群研究面临如下难点：

1. 统计资料不全

根据周一星（2006）的研究，城市主要有三种地域概念：一是城市的实体地域，即城市建成区；二是城市行政地域，即城市政府行政管辖的地域；三是城市的功能地域，即城市人口日常的社会经济活动地域，国际上统称都市区。我国城市主要是行政地域的概念，基本没有一个能与世界接轨的城市概念和城市统计口径，导致我国城市许多问题与国外不可比。如，美国统计资料主要以标准都市统计区为基本单元，而我国市辖区和市域都与美国标准都市统计区的概念不一致。城市建成区的统计资料更能反映城市的基本特征，但我国目前还没有建立这方面的统计，市区统计资料中包含许多农村地区，这对城市群的研究带来很多不便。

2. 城市空间范围变化大

近些年，随着城市规模不断扩大，各地方县（或县级市）改区的比较多，城市范围多变，城市统计数据变化不连续，也造成了许多困难。如广东省佛山市原2001年以前仅辖禅城区，市区户籍人口为50万人，2002年将顺德、南海、高明、山水改为区之后，城市户籍统计人口当年就变为332万人。由于统计资料以市辖区或市域为基本单位，城市空间范围变化后，统计数据也发生很大变化，对城市群研究结果带来了不可预期的影响。

3. 城市群边界确定复杂

从理论上分析，城市和城市之间都或多或少有一些经济联系，以经济联系强度某一阀值确定城市群的边界本身就带有某种主观性。特别是缺乏"流"的数据，而仅以距离为基础确定城市群范围时，主观性更强，可能导致城市群边界变化的不确定性，引起城市群统计指标的变化，出现"伪城市群"（即不具备城市群发展条件的被界定为城市群或具备城市群发展条件的被剔除出去）的情况。而如果将某一个或某几个城市调整出去或调整进来，就能符合前面界定的指标体系。

参考文献

安树伟：《中国大都市区管治研究》，中国经济出版社 2007 年版。

陈丙欣、叶裕民：《京津冀都市区空间演化轨迹及影响因素分析》，《城市发展研究》2008 年第 2 期。

陈美玲：《城市群相关概念的研究探讨》，《城市发展研究》2011 年第 3 期。

陈秀山、张若：《国外沿海城市群发展模式的启示与借鉴》，2011 年 3 月 13 日，http:// www.zgghw.org/html/guihualuntan/lilunyanjiu/2011/0313/10780.html。

高鉴国：《加拿大城市化的历史进程与特点》，《文史哲》2000 年第 6 期。

顾朝林等：《中国城市地理》，商务印书馆 1999 年版。

洪世键、黄晓芬：《大都市区概念及其界定问题探讨》，《国际城市规划》2007 年第 5 期。

胡序威、周一星、顾超林：《中国沿海城镇密集地区空间集聚与扩散研究》，科学出版社 2000 年版。

靳美娟、张志斌：《大都市圈功能特征及对中国城市化的启示》，《西北师范大学学报（自然科学版）》2005 年第 1 期。

李国平：《首都圈——结构、分工与营建战略》，中国城市出版社 2004 年版。

罗海明、张媛明：《美国大都市区划分指标体系的百年演变》，《国际城市规划》2007 年第 5 期。

年福华、姚士谋、陈振光：《试论城市群区域内的网络化组织》，《地理科学》2002 年第 5 期。

乔彬、李国平：《城市群形成的产业机理》，《经济管理》2006 年第 22 期。

饶会人、黄立敏：《美国波士华城市群发展对中国的启示》，2009 年 4 月 27 日，http:// www.chinacity.org.cn/csfz/fzzl/48921.html。

唐燕：《德国大都市区结构的特征与发展趋势》，《城市问题》2009 年第 2 期。

王德、彭雪辉：《走出高城市化的误区——日本地区城市化发展过程的启示》，《城市规划》2004 年第 11 期。

王丽：《中国城市群的理论模型与实证》（中国科学院政策研究所博士学位论文），2012 年。

肖金成、袁朱等：《中国十大城市群》，经济科学出版社 2009 年版。

许学强、周春山：《论珠江三角洲大都会区的形成》，《城市问题》1994 年第 3 期。

张晓明：《长江三角洲巨型城市区特征分析》，《地理学报》2006 年第 10 期。

周一星：《城市研究的第一科学问题是基本概念的正确性》，《城市规划学刊》2006 年第 1 期。

周一星、史育龙：《建立中国城市的实体地域概念》，《地理学报》1995 年第 5 期。

李廉水、Roger R.Stough（美）等：《都市圈发展——理论演化·国际经验·中国特色》，科学出版社 2006 年版。

戈特曼:《大都市连绵区:美国东北海岸的城市化》,《国际城市规划》2007 年第 5 期。

保罗·克鲁格曼:《地理和贸易》,北京大学出版社 2000 年版。

彼得·霍尔:《多中心大都市:西欧巨型城市区透视》,《城市与区域规划研究》2009 年第 3 期。

中国社会科学研究生院城乡建设经济系主编:《城市经济学》,经济科学出版社 1999 年版。

专题二

城市群的形成机理研究

与城市群有关的理论研究已有 100 多年历史，特别是二战后世界经济的全面复苏以及城市经济的加快发展，国际学术界不断关注城市空间形态的演变，对城市地区（city region）、集合城市（conurbation）、大都市（megalopolis）、城市聚集区（urban agglomeration）等相关研究由浅入深，为城市群（urban cluster）理论的深化研究奠定了坚实的学术基础。其中，城市群的形成机理研究是城市群理论研究的核心和关键，目前国内外学者试图基于"核心—外围理论"、"增长极理论"、"聚集经济理论"等基本思想从宏观、中观、微观等不同层面解析城市形成到城市群成长的一般过程，对城市空间结构演变的理论探讨做出了诸多有益的探索。然而，现有研究大多止步于"从理论到理论"、"从现象到现象"，尚不能系统地揭示城市群形成的内在驱动力及其作用机理，为此，本文在前人研究的基础上，借鉴管理学和系统动力学相关理论方法，通过构建城市群的形成机理模型，力图为城市群形成过程提供一个完整的理论解释框架。

一、引言

在经济全球化、区域一体化背景下，城市群已成为国际生产力分布体系和劳动地域分工中重要的空间组织形式，其发展日益关系到一个区域和国家甚至国际经济、社会、文化的全面进步。然而，目前对城市群形成机理尚未形成系统的理论解释框架，新兴市场国家城市群发展实践缺乏充分的理论指导。

（一）研究背景

随着城镇化的深化推进，城市群日益成为人口和产业集聚的重要载体，城市群对一个地区或国家发展起到重要的支撑作用。从国际城市群发展实践看，由于国情有别，世界上城市群的发展总体表现较大的地域差异；与此同时，从发展阶段上看，发达国家城市群发展相对较为成熟，新兴市场国家城市群发展则处于雏形和培育成长阶段。这样，发达国家城市群的发展经验虽然对新兴市场国家城市群发展有一定的借鉴作用，但却不能完全照搬其发展模式。从国内看，当前我国城市群发展的空间总体格局基本形成，但是由于处于不同发展阶段，位于东部沿海地区的"长三角"、"珠三角"、"京津冀"城市群发展相比内陆地区新兴的城市群较为成熟，在内陆地区有一大批以省会城市为核心的大都市区发展不断高级化，部分已经具有城市群的基本雏形。城市群作为我国推进城镇化的主体形态，正成为大量新增城镇人口及产业集群发展的重要载体，深入开展城市群形成机理[①]及相关理论研究，揭示城市空间结构演变的一般规律，对指导我国城镇化的健康发展有着重要的现实意义和战略价值。

（二）文献综述

1. 城市群基础理论溯源

城市体系理论是城市群理论研究的起点，该理论以经济联系或经济模型为基础对城市规模分布予以解释，包括中心地理论及其派生出来的模型和依据于规模经济、聚集经济和运输成本差异的模型（安虎森，2004）。其中，根据中心地理论，城市一般在不同程度上都具有商品商贸和服务的功能，即所谓的中心地职能（克里斯塔勒，1998）。中心地理论指出了不同规模城市的存在，产生了城市的等级系统——高级、中级、低级三种不同的城市类型（安虎森，2004）。城市越大，所提供的产品和服务类别越多，每个城市从等级较高的城市进口产品，向等级较低的城市出口产品（O'Sullivan，2002）。由于企业区位在城市地区的点（块）状集聚，大量生产和联合生产的种种利益会促使某些区位上建立起较大的生产集合体从而形成城市，并且会产生内部集约和外部节约的利益（勒施，1995）。

区域开发模式理论是城市群空间结构分析的基础。一是增长极开发模式。根据增长极理论（曾坤生，1994），形成增长极的一组产业可能在地理上集聚于同一个都市区域（王缉慈，1989），这样一个城市地区就成为一个区域发展

[①] "机理"：指事物变化的理由与道理，也即为实现某一特定功能、一定的系统结构中各要素的内在工作方式以及各要素在一定环境条件下相互联系、相互作用的运行规则和原理。

的增长极。不过，区域增长极的大小、层级和水平的确定必须放到区域现有的城镇体系中统一考虑，在初期阶段，其大小、层级和水平受区域开发政策及该政策所能提供的开发资金规模的限制（John，1999）。二是点轴开发模式，即两个及两个以上增长极开发在空间上的轴向组合，城市沿轴向发展，可以看出是最简单的点轴开发形式（魏后凯，2011）。一般地，"轴"多为增长极之间相互连接的交通线，"轴"同样存在集聚和扩散效应（孙久文、叶裕民，2003）。三是网络开发模式，它是区域空间开发的高级形式，是区域城镇体系形成过程中的必经开发阶段，同时也是区域城镇体系高度发展的产物，它能解决开发过分集中所引起的拥挤效应，能解决网络体系中城市之间互损型竞争问题（魏后凯，1988；魏后凯，2011）。区别于单中心、双中心型城市体系，多中心网络型城市体系将成为 21 世纪创新型城市群的主要形态（David，1995）。

　　2. 城市群形成机理研究

　　从微观层面看，劳动地域分工、企业组织和企业区位选择促进城市空间结构的演变（庞晶，2009）。当分工发展到专业化程度时，交易集中在同一地点要比在多个地点进行多个双边交易有效率；随着经济要素越聚越多，不可移动要素价格上升（如土地价格、拥挤成本），抵消了专业化和市场专业化分工带来的好处，经济要素开始向周边转移，逐步促进城市群发育形成（李国平、杨洋，2009）。从中观层面看，集聚和扩散促进城市群的形成。产业组织理论把城市群看作是产业组织垂直解体及网络化导致的城市功能转化（克拉克森·米勒，1989）。聚集效应决定着土地利用的空间结构，是城市空间结构演变的重要机制，城市空间结构本质上是由集聚效应的吸引力和聚集不经济所引起的排斥力综合作用的结果（江曼琦，2011）。从宏观层面看，城镇化和工业化进程中，市场机制和政府调控的双重作用促进城市群的成长（陈玉光，2009）。显然，过去研究往往聚焦某一个角度，没有对城市群发展规律做一个全面的分析和判定，尚缺乏指导我国的城镇化战略的理论解释框架，不能满足我国城镇化的理论需求。

二、城市群形成的先天条件和因子归类

　　作为特定地域空间的城镇化主要载体，城市群的形成首先依赖于一定的自然条件，把这种自然条件可以看作是城市群形成的先天充分条件。在人类社会演进过程中，驱动城市群发育成长的一切经济、社会、文化、政治因素都是城

市群的影响变量，考虑变量体系的复杂性，有必要对城市群的关键驱动因子进行提炼归类。

（一）先天条件

世界各国不同城市群形成发展的具体条件和历史过程是千差万别的，但城市群的形成发展离不开某些基本条件，例如具有良好的地理位置和自然条件，国外城市群都位于适宜人类居住的中纬度地带，并且都处于平原地带，而且大多城市群地区具有丰富的矿产资源和海上运输条件（陈玉光，2009）。显然，作为人口在空间上高度集中的载体，城市群的发育、成长和发展无不需要有宜居、宜业的地域环境。一是在地形地貌上，多以平原地带为主，便于农业耕种、居住和交通联络，便于生产和生活活动的集中。二是自然环境上，需要满足人类赖以生存的物质基础，包括较好的大气、水、植物、动物、土壤、岩石矿物、太阳辐射等条件。三是资源条件上，有多样性、丰富的各类自然资源，有利于人类就地开采开发，满足城镇化和工业化的物质需求。在农业社会，先天条件较好的地区，有利于农业生产的大规模集聚，当出现农业剩余后，开始有交易出现和集镇的发展，逐渐地进入工业化社会，继而推动城镇化进程。城市群作为城镇化中后期城市空间演变的高级形态，显然对先天条件的要求是与生俱来的。

（二）因子归类

由于驱动城市群的因子具有层级和多样复杂性的特点，在有限的条件下很难也没有必要对所有影响城市群的因子及其机理效应进行理论剖析。这里，借鉴日本管理学家石川馨（Kaoru Ishikawa）提出的鱼骨因果解析图方法(Fishbone-Cause & EffectDiagram)（李雪松，2007），基于城市体系和区域开发模式等基础理论，对城市群形成的各类相互关联和影响的驱动因子进行梳理，重点提炼出影响城市群变化的关键因子，其中要素流动、产业分工、知识积累和城市增长被认为是驱动人口集聚空间结构变化的关键驱动力（见图2-1）。

1. 要素流动

城市是各种要素的集聚体。在城镇化进程中，不同城市区域的要素流动呈现"先集聚、随后扩散、再到双向流动"的基本过程（见图2-2）。由于农业的剩余以及第三产业的发展，促进基础设施建设、企业生产、交通运输、商品交换、资源分配和消费等人类活动在特定空间上的集聚形成城市。这样，要素集聚促进城市的形成，特别是人口向城市地区集聚，伴随其他经济要素如资金、原材料等向城市地区集中，要素集聚促进城市规模增长，城市发展进一步扩大对要素的集聚作用。实质上，中心地理论和增长极理论为城市形成和城市集聚效应提供了理论支撑。近年来，城市集聚理论得到不断发展，特别是保罗·克鲁格曼在20世纪90年初提出的"中心—外围"模型，其研究的出发点就是城市集聚问题（李金滟、宋德勇，2008）。由于集聚成本的存在，单个城市内部的要素集聚存在集聚不经济（李金滟，2008）。为此，除了研究单个城市要素的集聚效应之外，基于拥挤成本、专业化分工和城市产业梯度等角度对城市系统和城市群这一现代城市要素集聚的重要形态研究也尤为重要（李金滟、宋德勇，2008）。实质上，从微观视角看，城市群的形成和演化正是市场经济条件下微观经济主体的自组织过程，也即企业和居民的聚集与扩散过程（赵勇、白永秀，2008），市场机制作用下推动要素流动、聚集扩散以及产业演化，以利润最大化为目标的企业和以效用最大化为目标的居民作为经济主体，通过市场交易行为发生交互作用，通过区位选择共同决定着人口和经济活动的空间聚集与扩散。

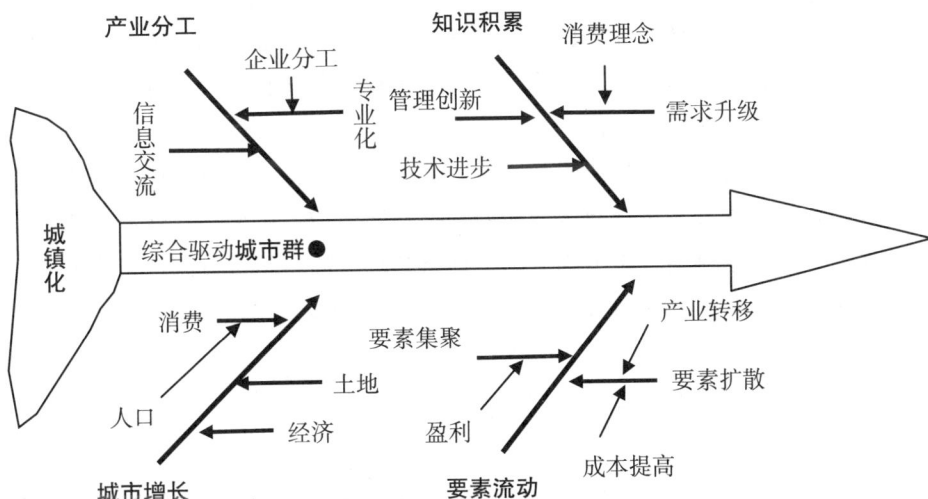

图 2-1　城市群发展的鱼骨因果解析概要图

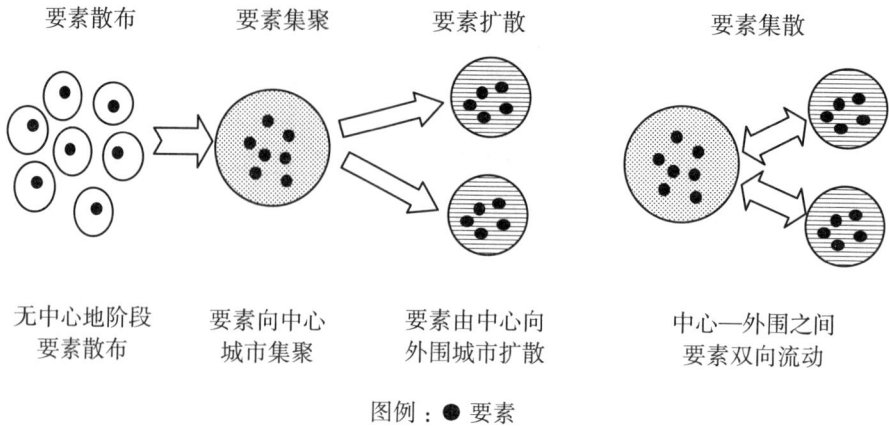

要素散布　要素集聚　要素扩散　要素集散

无中心地阶段　要素向中心　要素由中心向　中心—外围之间
要素散布　城市集聚　外围城市扩散　要素双向流动

图例：● 要素

图 2-2　城市要素流动的演化过程

2. 产业分工

随着城镇化和工业化的深化推进，产业发展出现从一个城市区域集聚逐渐转向外围其他城市或地区扩散，这主要是由于产业在中心城市集聚会产生三种市场效应，即本地市场效应、价格指数效应和价格竞争效应。本地市场效应，即地区产业集聚水平越高，销往本地区的产品运输成本越少，该地区的名义工资率就越高；价格指数效应，即由于产业集聚区内不需要运输成本可获得的中间和最终产品种类就越多，从而降低了整体价格指数，提高了实际工资率；价格竞争效应，即随着中心地区制造业份额的进一步增加，传统理论描述的不可移动要素如土地价格、拥挤成本将上升，价格竞争就构成了城市的离心力，也即当价格竞争效应大于本地市场效应和价格指数效应，即由于产业和人口的聚集引起了土地及原材料价格上涨、交通拥挤和环境质量下降等问题带来的聚集不经济大于产业聚集给企业带来的正外部性时，就会出现产业扩散（李国平、杨洋，2009）。

在产业集聚生产到扩散发展过程中产业分工就会不断演化升级。一般地，区域产业分工分为三个阶段：第一阶段是部门间或产业间分工，不同区域发展不同的产业部门，进行专业化生产，即部门专业化；第二阶段为部门内或产业内分工，不同区域都在发展同一产业部门，但产品类型不一样，即产品专业化；第三阶段为产业链分工，很多地区都在生产同一产品，但是各区域按照产业链的不同环节、工序或者模块进行专业化分工，即功能专业化，我国一些城市群地区例如珠三角、长三角和京津冀的产业分工就遵循从传统的部门分工到部门内分工，再到产业链分工转变的趋势（魏后凯等，2007）。产业分工促进了城市之间联系不断加强，各城市之间逐渐形成网络化的分工和协作关系，包括垂直分工和水平分工等不同形式，从而加快促进城市群的形成。从分工的形态上看，一般城市、中心城市、大都市区和城市群四个不同阶段，具有明显的阶段差异（见图2-3）。

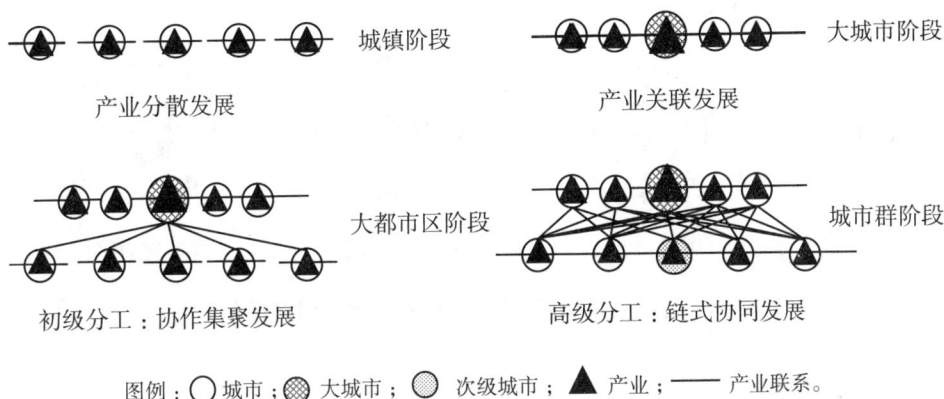

图2-3　产业分工形态的演进过程

3. 知识积累

知识是指人们在改造世界实践中所获得的认识和经验的总和。知识积累是对知识进行学习储备以及对知识结构进行不断完善的过程。从刀更火种的原始社会到信息爆炸的知识经济时代，人类社会的发展本身就是一个知识积累的过程。知识积累是创新的源泉。除了生产领域的技术革新之外，还包括组织管理、政企制度创新以及由此延伸的发展战略和发展模式上的创新。

城市地区企业、人才、信息的集聚，对知识创造和传播有先天的优势。由于城市地区人力资本积累、产业专业化分工、城市消费需求升级的拉动以及城市总体文明的进步，均有利于知识的积累。有研究证实，城市空间结构演进的动力实质上就来自中心城市，正是由于城市创新的扩散导致城市功能区的空间替代和城市地域的演化（孙胤社，1994）。城镇化进程中，知识积累包括所需技术的实际应用和使用技术能力的提高（Schollenberger, et al., 2008），以及管理、制度和发展战略层面的全面创新，在这一过程中技术进步以及各个领域的创新发展是相互作用、相互影响，共同驱动城市空间结构的演变。知识积累带来城市空间结构变化表现在多个方面，其中最突出的就是交通条件的改善。在马车时代，主要是集镇发展为主，集镇的辐射范围很小；到了电车时代，集镇功能得到强化，城市得到了初步发展；到了汽车时代，通勤条件显著改善，中心城市集聚能力大幅度提高，都市向外辐射力不断增强；到了高速公路和铁路时代，城际交往更为频繁，为城市群的形成提供了快速通勤条件（见图 2-4）。

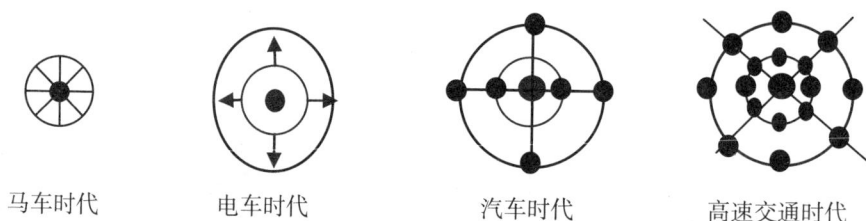

| 马车时代 | 电车时代 | 汽车时代 | 高速交通时代 |

图 2-4　交通条件演变下中心城市空间辐射范围的变化

4. 城市增长

需求的力量创造了城市增长的最初刺激，供给因素则决定城市扩展的速度和持续时间，因此城市增长是由需求和供给两个方面相互作用决定的（巴顿，1984）。一般地，城镇规模就是指人口规模。由于人口规模的扩大，还会派生城市消费规模、生产规模（经济规模）以及空间规模的增长。在市场经济的作用下，不断增长的人口规模作为关键因素，影响着城镇地区消费、产业以及空间的发展，城市人口的消费需求拉动城市及整个地区经济的增长。城镇空间规模集中体现在城镇土地开发建设面积的大小上。一般地，城市空间开发，与城市人口总量、人口密度和土地开发利用效率动态相关。从长期看，受土地资源制约以及城镇人口的基本稳定，城镇土地开发建设理论上存量在一个相对稳定的峰值，经济产出规模也会从依赖土地扩张和自然资源消耗转移到依靠技术进步和人力资本增长等要素支撑上来。有研究认为，从土地规模看，第三世界国家的总体城市增长率今后将趋于降低，过度城镇化逐渐成为过去时（Kelley and Williamson，1984），城市增长率会由一个峰值，到最后基本维稳（见图 2-5）。可见，城镇化进程中，当城市快速增长到一定程度，随着城镇化率接近均衡、城市土地开发接近饱和，城市的数量和规模增长逐步放缓并最终趋于稳定，这时候城市发展更多依赖城市空间结构的优化，也即城市群的高级化发展。

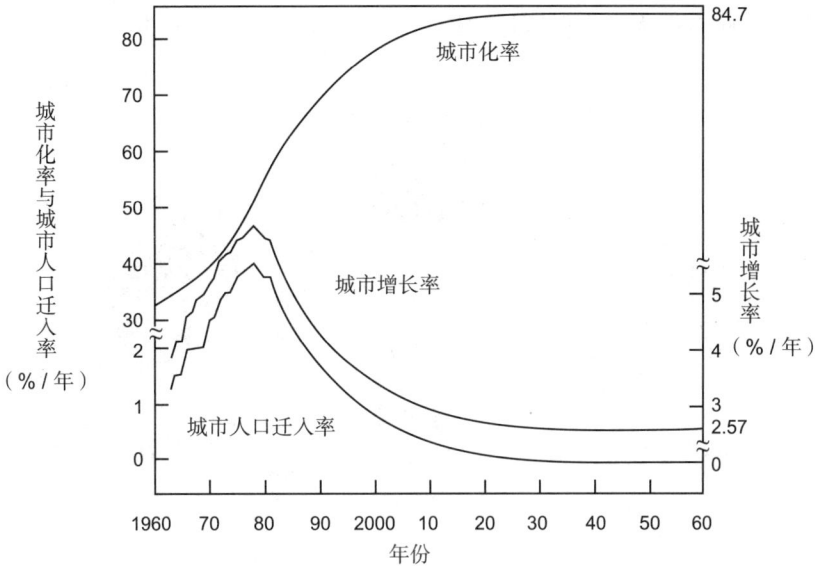

图 2-5　第三世界国家城镇化、城市增长、城市人口迁入的预测（1960—2060）

资料来源：Allen and Williamson（1984）；图文经过翻译处理。

从理论上，在城市体系中城市规模分布的演变有三种路径：一是收敛增长（convergentgrowth），新城市不断涌现，规模相对较小的城市不断追赶上规模较大的城市，随着时间的推移，城市体系的规模分布更趋均衡；二是发散增长（divergentgrowth），规模相对较大的城市膨胀速度明显快于规模相对较小的城市，城市体系内的规模分布更趋不平衡；三是平行增长（parallelgrowth），城市体系中各种规模的城市增长率大体相似，城市规模分布保持相对稳定（Eaton，Eckstein，1997）。另外，对国内外城市规模分布及其演变模式的大量经验分析表明，许多国家或地区（包括中国、印度等发展中国家）的城市呈现平行增长模式（Black，Henderson，1999；Dobkins，Ioannides，2000；Sharma，2003；江曼琦等，2006）。实质上，由于自然条件等诸多因素限制，部分城市规模增长客观上就会受到先天条件的限制，难以发生大规模地增长，并且不能仅从城市增长率的角度看城市增长趋势，因为从特定时间点看，大城市人口和土地规模基数大，其增长率相比一般中小城市会小得多。因此，从城市空间动态演变的过程看，在大都市区发展阶段，城市增长会有不平衡和平衡增长两种基本形态，但如果在其他驱动力的共同作用下，有条件大都市区会发展成为城市群，那么最终会出现特定区域内城市联动增长的格局，此时城市增长对城市群的促进作用更多地表现为城市群区域的连片、一体化发展（见图2-6）。

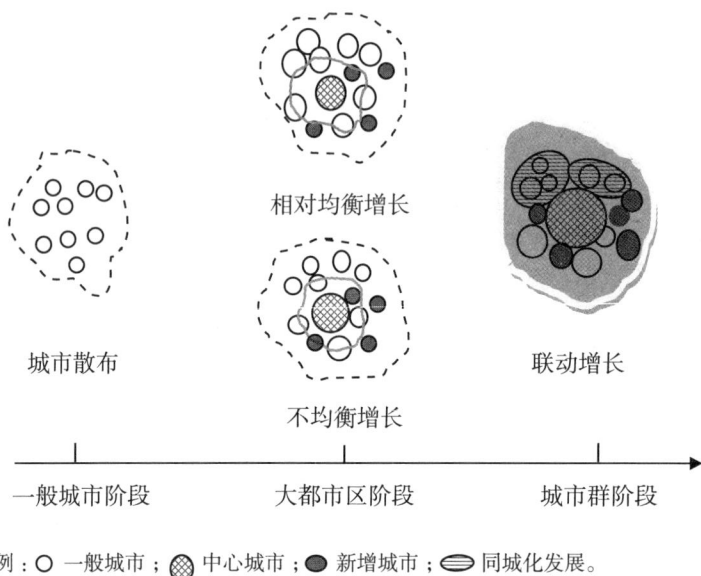

图 2-6　城市增长对城市空间形态变化的驱动过程

（三）因子相互关系

研究城市群的形成不能孤立地只看某一个驱动因子的作用过程，实质上各驱动因子变化具有相互强化、相互制约的关系（见图2-7）。首先，要素向城镇地区集聚推动了城市土地开发，扩大了城市规模，促进城市增长；各种人才和信息要素的集聚进一步促进了专业化和知识积累；正是由于城市规模的增加和知识积累的作用，全社会的消费需求进一步扩大并不断高级化；需求的扩大和升级拉动了社会供给，产业趋于高级化发展，不断促进产业分工的进一步演化。其次，产业分工，可以进一步刺激消费需求、不断引导新的消费热点并促进消费升级；由于人高级化的需求不断被满足，促进人的发展，进而有利于知识积累。再者，城市增长成为要素集聚、产业发展和知识积累的重要载体。城市地区企业、人才、信息的集聚，对知识创造和传播有先天的优势；由于城市地区人力资本积累、产业专业化分工、城市消费需求升级的拉动，均有利于知识的积累。对应地，相互强化关系表明各驱动因子之间同时具有相互制约关系，例如，知识积累缓慢就不利于产业结构高级化进程，也就满足不了消费升级的需求以及城市经济发展；产业分工协作的滞后会阻碍消费升级以及要素集聚的高级化等。另外，表征发展阶段属性的经济增长因素包含在知识积累、城市规模增长、产业分工中，因此本文即把经济增长内生到城市群形成的驱动力系统中，但经济增长所表征的发展阶段正是城市群发育、形成和发展的阶段。

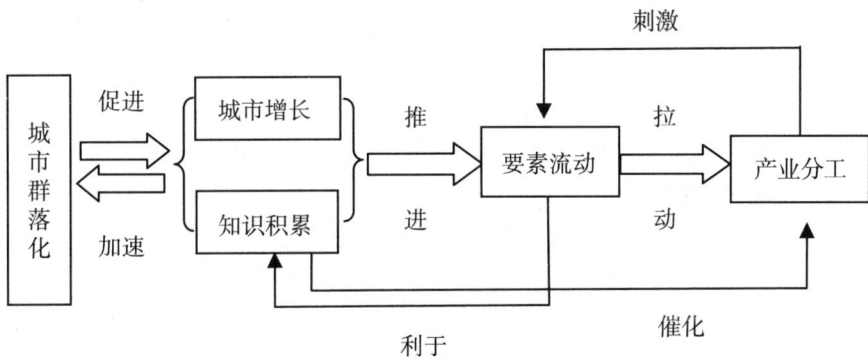

图 2-7　城市群不同驱动因子之间的强化关系

三、城市群形成机理模型的构建

根据系统动力学分析思路，构建由先天条件集（Natures）、驱动力集（Drivers）、机理作用集（Effects）、现状与趋势集（States）和反应集（Responses）等五个主体组成的城市群形成机理概念模型。

（一）NDESR 机理模型的提出

系统论认为，任何区域都是其中的自然、社会、经济等诸多要素组成的系统，具有整体系、开放性、层次性和动态性特征。系统通过正反馈和负反馈，不断驱动区域由低级向高级、由无序向有序发展（谢守红，2002）。一定系统的结构实际上是结构要素之间相互关联、相互调节的耦合系统，结构处于演变过程中，当结构要素之间的相互关联以新的方式形成耦合时，结构也会在整体上发生改变。城市群作为高级形态的城镇体系，符合系统论的解释框架。

为此，根据 1956 年美国福瑞斯特 (Forrester) 教授创立的系统动力学（System Dynamics）分析思想（王其藩，1994），把相互区别、但又关联和具有影响关系的城市群驱动因子构成一个综合的动力系统集，其中每个单一驱动因子为一个子系统。这里，假设驱动力系统集为 U，则子系统为 u_i，则 t 时的驱动力系统集可记作：

$$U(t) = \begin{bmatrix} u_1(t) \\ u_2(t) \\ \vdots \\ u_i(t) \end{bmatrix}$$

从理论上，每个子系统发生作用应该存在一定的干扰项，记作 ε_i，则 t 时的干扰项系统可以记作：

$$\varepsilon(t) = \begin{bmatrix} \varepsilon_1(t) \\ \varepsilon_2(t) \\ \vdots \\ \varepsilon_i(t) \end{bmatrix}$$

每个子系统的干扰项至少来自三个方面：一是系统外的外部干扰，如自然因素、偶发因素等；二是子系统之间相互作用下各系统之间的干扰作用因素，因此任一个子系统的发挥都可能受制于其他子系统的作用力大小、方向和速度等；三是城市群自身发展对子系统或系统集的反馈作用力，这主要考虑到城市空间形态演变会反过来约束或驱动城市群发展。另外，可以令每个子系统的城市群效应即为城市群的发展状态和趋势，记作输出变量为 E_i，可表示状态集为：

$$E(t) = \begin{bmatrix} e_1(t) \\ e_2(t) \\ \vdots \\ e_i(t) \end{bmatrix}$$

于是，t 时驱动力系统的输入变量可以表示为：$\dot{U}(t)=f_i(u_1,u_2...u_i;\varepsilon_1,\varepsilon_2...\varepsilon_i;t)$，则 t 时的输出变量表达式可以记作：$\dot{E}(t)=g_i(u_1,u_2...u_i;\varepsilon_1,\varepsilon_2...\varepsilon_i;t)$。显然，驱动力系统的输入变量和输出变量都取决于驱动力集变量、干扰项变量和时间变量。这样，要研究城市群的变化必须充分考虑三个基本要素：一是子系统驱动力，包括驱动力的方向、大小和作用功能；二是驱动力作用的干扰项，既包括各子系统之间的相互作用关系，也包括其他自然界干扰和未充分考虑和预料到的一切潜在可能因素；三是动态的时间变量，每个子系统的作用力方向和大小会随着时间的变化而发生变动。为此，除了主要驱动力之外，多种形态和力量组合的"干扰项集"和时间变量也被认为是城市群形成和发展的重要影响变量。结合鱼骨因果关系图，根据上述系统动力学的基本思想，得到城市群形成机理模型的构造思路（见图 2-8）。

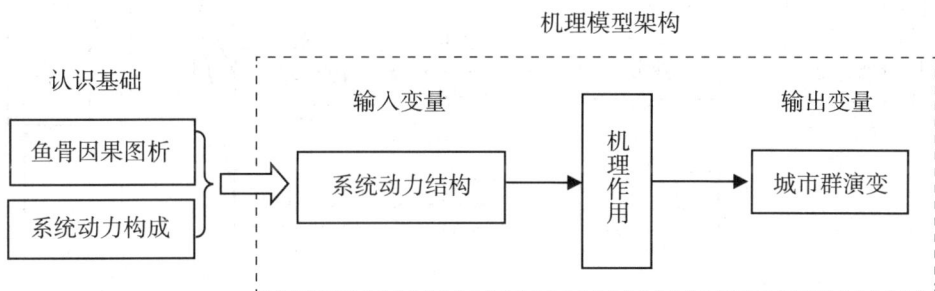

图 2-8　城市群形成机理模型的构建思路

为此，城市群的形成就是在具备先天条件的区域，在城镇化进程中受到要素流动、知识积累、产业分工和城市增长四个关键驱动力的持续作用，人口集聚的空间结构不断高级化演进的过程，在这一过程中，政府、企业、社会组织和个人对城市群的反应行为在不同程度上也将影响城市群结构的变化。其中，要素流动的融合效应、产业分工的耦合效应、知识积累的柔性效应以及城市增长的共生效应共同作用是城市群形成的内在机理。这样，可以构建由先天条件集（Natures）、驱动力集（Drivers）、机理作用集（Effects）、现状与趋势集（States）和反应集（Responses）构成的机理模型（见图 2-9）。

1. 融合效应（Merging Effects）。在城市群的形成过程中，不同城市之间各类要素流动表现为互为扩散和渗透，使得不同城市之间的联系更加紧密、城市发展融合度不断提高。这样，要素流动促进原本相对孤立的大中小不同规模的城市之间联系趋于紧密,并加速城市群落化进程;在城市群形成之后,城市群体内部要素更加频繁、有规律地自由流动进一步促进城市群向高级化发展。因此,从某种程度上讲,要素流动的融合效应是促进城市群形成和发展的动力之源。

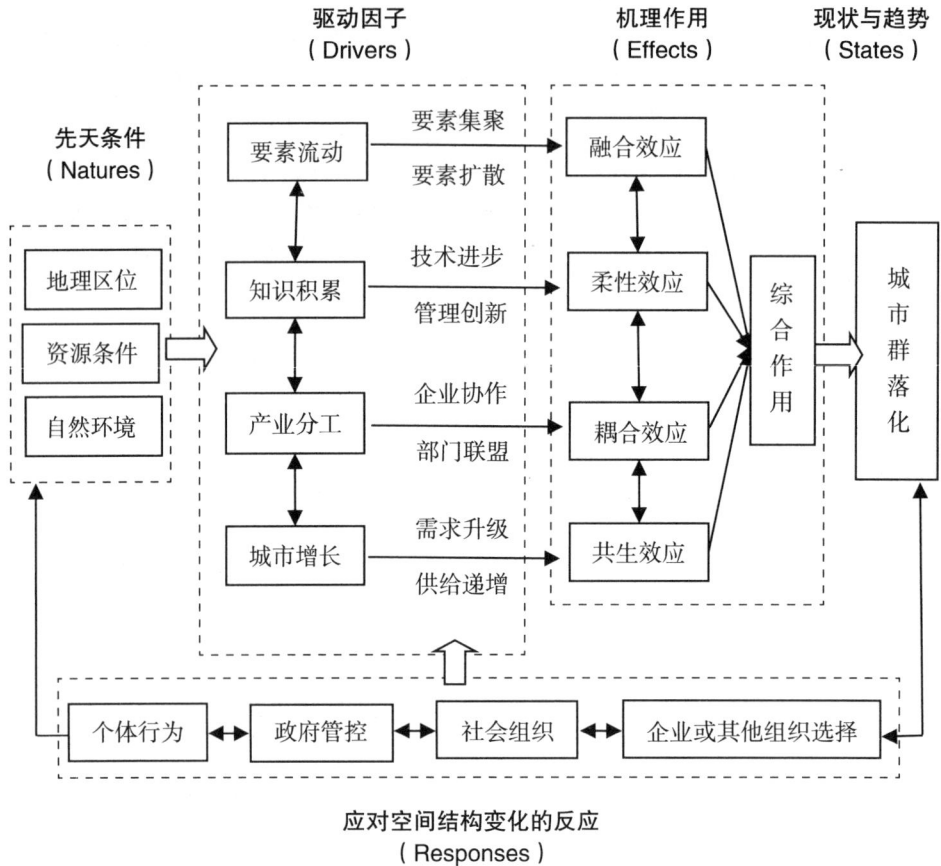

图 2-9　城市群形成的 NDESR 机理模型

2. 柔性效应 (Flexibility Effects)。"柔性"概念来源于"柔性生产",即通过系统结构、运作方式等方面的改革,通过精益生产、并行工程、敏捷和智能制造,使生产系统能对需求变化做出快速的适应,消除冗余无用的损耗,力求获得更大效益。知识积累带来的柔性效应,就是指由于技术进步和管理创新,促进城市群的空间组织和格局从无序向有序、从不平衡到协调发展。从经济学效用最大化角度看,城市群发展应该有一个经济、社会、人口、环境统筹协调发展的最大化收益,知识积累就是城市群效用最大化的根本动力。

3. 耦合效应（Coupling Effects）。一般地，把群体中两个或以上的个体通过相互作用而彼此影响从而联合起来产生增力的现象，称之为耦合效应。由于产业分工的演进，城市群内部各城市企业、部门和产业的错位协同发展程度不断提高，特别是在知识经济时代、市场机制作用下，城市群区域的产业发展最终将形成无缝耦合的新型产业集群，动态竞争力不断提高。以产业耦合发展为支撑，城市群内部各城市间、城乡的耦合关系将从"有边界"趋向"无边界"。

4. 共生效应 (Symbiont Effects)。根据生物学研究，自然界存在这样一种现象："当一株植物单独生长时，显得矮小、单调，而与众多同类植物一起生长时，则根深叶茂，生机盎然，人们把植物界中这种相互影响、相互促进的现象，称之为共生效应。"城市群实质上就是不同城市在一起群落化发展，本身就具有共生效应的表征。这里，城市增长是一个泛义概念，包括人口规模和经济总量的增加、环境质量的改善、空间扩展及结构优化等多方面的正增长。从发展过程上看，从乡村、集镇、一般性城市、大都市区逐渐到城市群形成的演变过程中，城市增长无刻不在，在这一过程中共生效应不断得到强化。从城市群内部各城市的增长看，在城市功能不完善的初级阶段，不可避免存在此消彼长的现象，即一个城市的增长会制约其他城市的发展；但是到了城市群的成熟阶段，从理论上讲，任何城市的增长都将不以牺牲其他城市的增长为代价。

（二）机理作用的阶段性表征

对于城市群形成阶段的划分，不同学者从不同视角和标准有着不同的划分方法，但是城市群发展的过程总体呈现以下特征：一是城市群的发展必然是由低级到高级的逐步演进过程；二是城市群内部各城市之间的关系由松散的关联发展到紧密的联系；三是城市群内部城镇之间的分工合作由不成熟逐渐走向成熟；四是城市群的结构和功能趋于不断的发展和完善之中（刘静玉、王发曾，2004）；五是城市群的整体开放性不断提高。根据 NDESR 模型，本研究认为城市群的形成过程实质是人口聚集区空间结构的高级化演变过程，大体经历乡村、集镇、一般性城市、大都市区和城市群五个重要形态的发展阶段（见表 2-1 和图 2-10）。

虽然，在经济社会发展的不同阶段城市群发展的驱动力一直存在，但在不同阶段不同驱动力的作用力大小却不一。总体上看，在农业经济时代和城镇化初期，要素流动起到主导作用，这一时期要素趋向集镇和城市地区集中；在工业化推进时期，产业分工和城市增长起到主导作用，这一时期城镇化和工业化互动，产业分工不断演进、城市增长加快；在进入城市社会的知识经济时代，知识积累将在促进城市群发展上起到主导作用，城市群发展更依赖于综合创新。

表2-1　人口聚集区空间演变及主要特征、功能

发展阶段	英文表达	主要特征	功能
乡村	Village	村落分散布局	农耕生产
集镇	Town	通达性较好的村落结合部零散形成人口相对集聚的集镇	集中交易（农产品贸易为主）
一般性城市（大中小等级）	City	部分条件好的集镇快速成长，发展成为一定规模人口集聚的非农业生产区	辐射村镇的经济、文化、行政管理中心
大都市区	Metropolitan Area	少部分条件好的城市进一步发展壮大成为要素集聚能力较强的大城市，并与周边地区（卫星城市、郊区、新城）连片发展	辐射周边村镇及城市区域的经济、文化、行政管理中心
城市群	Urban Cluster	人口规模大、城镇体系完善、交通网络体系发达、产业集群化发展、经济体系高度开放的城镇化区域	区域性、国家级或世界级的增长极

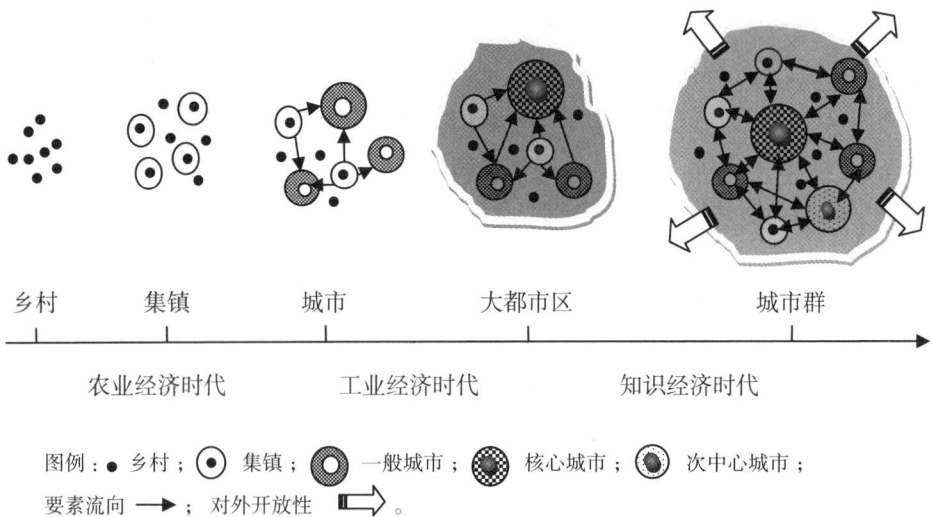

图例：● 乡村；◉ 集镇；◎ 一般城市；⊛ 核心城市；⊙ 次中心城市；
要素流向 ➡ ；对外开放性 ⇨ 。

图 2-10　人口聚集区空间结构形态演变历程

四、研究结论与启示

一直以来，城市群形成机理研究缺乏一个系统的理论解释框架，本文充分借鉴前人的研究方法与成果，以城市与区域经济学的学科理论为基础，首次创新地提出城市群形成的 NDESR 机理模型，试图弥补现有研究的不足。具体地，可以得到以下几点结论，期待能为我国城市群未来健康发展起到一定的启示作用。

1. 城市群是人口活动空间聚集的高级形态，以在特定区域有效地承载一定规模的人口为根本目标，其形成和发育先天就依赖于具有一定优势的自然条件，包括土地、气候、区位等自然环境资源等。为此，城市群具有地域性特点。在我国广袤的西部地区，由于地理环境的先天不足，诸多区域不适宜发展城市群，如果人为的强行推进城市群大规模建设，势必事与愿违。

2. 城市群的形成受到要素集聚、产业分工、知识积累和城市增长四个关键驱动力的共同作用。其中要素集聚的融合效应、产业分工的耦合效应、知识积累的柔性效应以及城市增长的共生效应在不同发展阶段发挥着不同作用。为此，针对处于不同城镇化发展阶段的地区，对成熟型、成长型以及发育型的城市群应区别引导，因地制宜实施差异化的城市群发展战略，积极发挥各驱动力的作用效应，引导区域市场一体化和要素自由流动、促进产业有效分工和高效发展、鼓励综合创新引导城市群柔性化发展、优化城市规模等级加快完善城镇体系。

3. 城市群的形成是人类社会发展的必然过程，遵循从低级到高级演化的循序渐进过程。政府行为干预是城市群发展的"反应"项，政府有效干预会促进城市群健康发展，但是城市群的自发形成过程不因各类主体的意志为转移。为此，要充分尊重城市群形成和演进的基本规律，需要更加明确和强化个人、企业、社会组织和政府在推进城市群有序、健康、协调发展中的角色和职责，特别是反对人为地大规模推进城市群规划建设，大搞"圈地"运动，破坏资源配置。

4. 城市群发展存在理论上的效用最大化。建立在智能化、高科技应用基础上的新知识经济时代，知识积累将是促进城市群高级化发展的重要驱动力，城市群规模效应、要素集散效应、产业分工与合作模式、人口迁移方式、资源配置路径都将发生巨大改变。需要改变过去城市数量和规模粗放型的增长模式和传统的产业分工方式,需要加快促进要素流动从"有形"到"无形"转变,实现要素流动成本最小化和要素配置效益最大化,以高标准地承载人口发展。

参考文献

陈玉光:《城市群形成的条件、特点和动力机制》,《城市问题》2009 年第 1 期。

朱英明:《我国城市群地域结构特征及发展趋势研究》,《城市规划会刊》2001 年第 4 期。

刘静玉、王发曾:《城市群形成发展的动力机制研究》,《开发研究》2004 年第 6 期。

李雪松:《鱼刺图战略分解法在绩效管理方案设计中的应用》,《科技咨询导报》2007 年第 3 期。

李国平、杨洋:《分工演进与城市群形成的机理研究》,《商业研究》2009 年第 3 期。

李金艳:《城市集聚:理论与证据》(华中科技大学博士论文),2008 年。

李金艳、宋德勇:《新经济地理视角中的城市集聚理论述评》,《经济学动态》2008 年第 11 期。

江曼琦:《聚集效应与城市空间结构的形成与演变》,《天津社会科学》2011 年第 4 期。

江曼琦等:《中国城市规模分布演进的实证研究及对城市发展方针的反思》,《上海经济研究》2006 年第 6 期。

庞晶:《城市群形成与发展机制研究》,中国财政经济出版社 2009 年版。

孙胤社:《城市空间结构的扩散演变:理论与实证》,《城市规划》1994 年第 5 期。

孙久文、叶裕民:《区域经济学教程》,中国人民大学出版社 2003 年版。

魏后凯:《大都市区新兴产业分工与冲突管理》,《中国工业经济》2007 年第 2 期。

魏后凯等:《中国区域经济的围观透析:企业迁移的视角》,经济管理出版社 2009 年版。

魏后凯主编:《现代区域经济学》,经济管理出版社 2011 年版。

王其藩:《系统动力学》,清华大学出版社 1994 年版。

王缉慈:《增长极概念、理论及战略研究》,《经济科学》1989 年第 3 期。

谢守红:《湖南省城镇空间结构理论与实践》,《衡阳师范学院学报》(自然科学版)2002 年第 5 期。

赵勇、白永秀:《区域一体化视角的城市群内涵及其形成机理》,《重庆社会科学》2008 年第 9 期。

曾坤生:《佩鲁增长极理论及其发展研究》,《广西社会科学》1994 年第 2 期。

安虎森:《区域经济学通论》,经济科学出版社 2004 年版。

巴顿:《城市经济学:理论和政策》,上海社会科学院部门经济研究所经济研究室(译),商务印书馆 1984 年版。

勒施:《经济空间秩序:经济财货和地理间的关系》,王守礼(译),(美国耶鲁大学出版社 1954 年版），商务印书馆 1995 年版。

克拉克森·米勒：《产业组织理论、证据和公共政策》，上海三联书店 1989 年版。

克里斯塔勒：《德国南部中心地原理》，常正文、王兴中等（译），（德国科学文献出版社 1968 年版），商务印书馆 1998 年版。

Allen Kelley, Jeffrey Williamson, *Population Growth, Industrial Revolutions, and Urban Transition*, Population and Development Review, 1984, 10(3).

Arthur O'Sullivan, *Urban Economics (Forth Edition)*, McGraw-Hill Higher Education/ 中信出版社影印本 , 2002。

Black D.B., Henderson J. V., *A theory of urban growth*, Journal of Political Economy, 1999, 107.

Dobkins L., Ioannides Y., *Dynamic evolution of the U.S. city size distribution, Economics of Cities*, Cambridge University Press, 2000.

David F. Batten, *Net work Cities: Creative Urban Agglomerations for the 21st Century*, Urban Studies, 1995, l(32).

Eaton J., Eckstein Z., Cities and growth: *Theory and evidence from France and Japan*, Regional and Urban Economics, 1997, 27.

John B.P., *Growth-Pole Strategies in Regional Economic Planning: A Retrospective View*, Part1. Origins and Advocacy, Urban Studies, 1999, 36(7).

Schollenberger, H., et al., *Adapting the European Approach of BestAvailable Techniques: Case Studies from Chile and China*, Journal of Cleaner Production, 2008, No.2.

Sharma S , *Persistence and stability in city growth*, Journal of Urban Economics, 2003, 53.

专题三

我国城市群空间联系研究

城市作为集聚人口和产业的主要空间载体，是区域发展中重要增长极。随着我国市场化程度的不断提高，以及区域经济一体化的不断推进，城市与城市之间的联系日益密切，并形成了若干由相互联系紧密的城市组成的城市群。城市之间的联系密切程度成为城市群研究的一个重点领域之一，尤其是随着我国市场化程度的不断提高，城市之间联系的密切程度在很大程度上体现在城市之间的经济联系密切程度上（王欣、吴殿廷、王红强，2006；周一星，2003）。城市群空间联系方向和联系强度分析，能够为政府部门提供城市发展或产业发展方面的决策参考，使决策更符合市场经济发展的规律，促进城市群区域的发展。

一、城市群空间联系的理论

（一）一般理论

1. 中心地理论

中心地理论是由德国城市地理学家克里斯塔勒（W. Christaller）和德国经济学家廖士（A. Lösch）分别于 1933 年和 1940 年提出的，是研究城市空间组织和布局时，探索最优化城镇体系的一种城市区位理论。即假定某个区域的人口分布是均匀的，那么为了满足中心性需要，就会形成中心地商业区位的六边形网络。从中心地理论的角度看，不同的城市之所有要组成城市群，就是因为城市和城市之间有着相互交叉或者互为补充的市场空间。城市与城市之间的交叉或者互补性的市场空间为城市之间相对密切的经济社会联系提供了可能，通过市场的力量，相关的城市之间互相分享对方的市场空间，相互之间既有互补，也有竞争，组成联系相对密切的城市群。同时，城市群成员城市之间在密切的联系进程中，要素流动比较频繁，从而刺激成员城市进一步发挥各自的比较优势，深化相互之间的分工，提高专业化分工效率，从而实现城市群整体效率的最大化，而且成员城市也能分享城市群整体效率最大化的成果。

2. 城市等级分布规律

城市呈现一定的等级结构，其中，一个国家的第二大城市和其他城市的规模应该与第一大城市的规模成比例，即第二大城市的人口大致是第一大城市的二分之一，第三大城市人口应该是第一大城市的三分之一，以此类推，这就是齐夫定律（Zipf's Law）。齐夫（G. K. Zipf）在其《人类行为和费力最小的原则》（Human Behavior and the Principle of Least Effort）一书中，曾运用对立统一的分析方法，从人类行为的角度探讨了城市等级规模分布的一般特征，并通过统计分析，推论出等级规模分布的理论模型：

$$\ln R_i = \ln A - a \ln P_i$$

式中：Pi 为第 i 级城市的人口规模，Ri 为 Pi 城市的序位，它通常可以验证 a 是否等于 1 和 A 是否等于最大城市规模。a 是回归线的斜率，当 a 值大于 1 时，说明城市人口比较分散，高位次城市规模不很突出，中小城市相对来说比较发达。当 a 值等于 1 的时候，是齐夫理想状态，表明体系内各级城市的规模为首位城市规模自然序列倒数的倍数。当 a 值小于 1 的时候，说明规模分布比较集中，大城市很突出，而中小规模城市不够发达。严重敏、宁越敏（1980）和许学强（1982）先后用全国城镇的详细人口资料，进行了位序—规模率的检验，发现我国城市体系规模总体服从齐夫分布。城市的这种等级分布模式，也决定了不同层级的城市之间要有不同类型的经济社会联系，这种联系又促进了城市群的形成和发展。城市等级高的大城市，往往是城市群中的核心城市。大城市通过联系，可以适当向外分散部分功能，小城市通过联系，可以在享受大城市服务功能外溢的同时，承担部分适合发挥小城市比较优势的功能。在我国城市群中，往往都是依托城市等级中的核心城市发展而成。

3. 空间相互作用理论

城市空间相互作用理论是城市地理学的重要基础理论，正是由于城市之间的相互作用，才把空间上彼此分离的城市结合成为具有一定结构和功能的城镇体系（许学强，周一星，宁越敏，2003，《城市地理学》，高等教育出版社，2003）。具体而言，城市空间相互作用是指城市区域之间所发生的各类生产要素，如资金、资源、技术、信息、劳动力、商品的相互交流过程，它对区域之间经济关系的建立和变化有着很大的影响。一方面,空间相互作用能够使相关区域加强联系,互通有无,拓展发展的空间,获得更多的发展机会。另一方面,空间相互作用又会引起区域之间对资源、要素、发展机会等的竞争,并通过竞争提高对资源利用效率,从而促进区域整体效率的提高。城市空间相互作用理论的一个重要内容之一就是核心边缘理论。核心边缘理论认为核心区和边缘区共同组成一个相对完整的空间系统,其中核心区是区域组织各类高端要素高度集聚的区域,是最容易产生创新的区域,边缘区是核心区的影响区,与核心区相互依存,其发展方向主要取决于核心区。对于城市群而言,核心城市往往就是城市群的核心区,其他的相关城市就是边缘区,核心城市的发展往往对于整个城市群的整体发展起着引领性的作用。

(二) 城市群空间联系的基本类型

1. 自然联系

城市群是由特定区域内的若干城市组成,城市与城市之间具有空间毗邻性。空间毗邻的城市之间往往具有各种自然的联系,比如同在一个流域内,或者同在一个生态系统内。一个流域是由分水线所包围的河流集水区,根据河流的大小,其范围变化很大,而且往往是跨越不同层级的多个行政区,其间会涵盖或者涉及诸多城市。生态系统是在一定的空间和时间范围内,在各种生物之间以及生物群落与其无机环境之间,通过能量流动和物质循环而相互作用的一个统一整体,生态系统是生物与环境之间进行能量转换和物质循环的基本功能单位。生态系统往往也是跨多个行政区的,一个生态系统内可能会有多个城市。自然生态系统的范围与城市行政管理范围的交叉和相互涵盖,是产生城市之间自然联系的根本原因。不同的城市如何同属于一个生态系统,他们之间的自然联系就非常密切。

2. 经济联系

城市是经济活动集聚的重要空间,这就决定了城市群成员城市之间在资金、资源、信息、物流、劳动力、产业等方面具有密切联系的,这种联系就是城市与城市之间的经济联系,并促成其他相关生产要素在相关城市之间形成紧密的联系,由此产生错综复杂的城市间经济联系网络。从城市群的本质特征来看,密切的经济联系也是形成城市群的重要因素之一,是相互之间具有密切经济联系的若干城市发展到一定阶段的空间集聚现象。此外,有学者将万有引力定律引入到经济学领域,认为不同规模的经济体之间也存在相互吸引的规律。

城市作为重要的经济体，相互之间同样具有相互吸引的规律，形成城市引力场。城市引力场使城市之间形成相互吸引并不断扩散或集聚的空间发展格局，由此产生网络化的空间结构。

3. 社会联系

城市作为一定地域中的社会综合体，它所形成的社会化联系比较复杂。马克思曾经指出，人的本质是一切社会关系的总和。城市作为人口集聚的重要平台，由此所产生的各类社会关系就十分复杂。由于地理环境和自然条件不同，导致历史文化背景差异，从而形成了明显与地理位置有关的文化特征，这种文化就是区域文化，不同的城市在不同的区域，受所在地区域文化的影响非常明显。此外，不同的地区往往还会有着各自的宗教信仰，并由此对当地的文化、习俗等产生深远影响。这种的社会文化的影响范围往往比较大，跨越多个城市行政管理单元。在同一个社会文化区域范围内的城市群，城市与城市之间的社会联系就会比较密切。

4. 行政管理联系

城市政府作为基层政府管理机构，必然在行政管理方面与上级政府产生密切联系。根据城市自我管理权限的不同，城市政府与上级政府之间的关系密切程度也各不相同。城市自我管理权限强的地方，城市与上级政府的行政管理联系相对弱一些。城市自我管理权限弱的地方，城市与上级政府的行政管理联系相对强一些。在我国，由于长期实行的是以政府为中心的权力主导型治理格局，这就决定了我国的城市与上级政府城市之间具有非常密切的行政管理关系。并且由于我国政府对经济具有很强的影响力，政府在基本公共服务资源配置方面有着非常重要的主导作用，而且会对其他经济要素的配置产生重要影响，我国的城市间行政管理联系会对城市间的经济联系产生重要影响。

（三）城市群空间联系的测算方法

1. 传统方法

城市之间的联系密切程度成为城市群研究的一个重点领域之一，尤其是随着我国市场化程度的不断提高，城市之间联系的密切程度在很大程度上体现在城市之间的经济联系密切程度上（王欣、吴殿廷、王红强，2006；周一星，2003）。对于城市群而言，其经济联系密切程度主要体现在两个方面，一是城市群内部相关城市的经济联系密切程度，二是城市群与外部相关城市或城市群的经济联系密切程度。研究城市群内外部经济联系，有助于认识城市群的内部空间结构和演变规律，明确不同城市在城市群中的作用，探索城市群未来的发展方向和重点，为城市群发展在空间和功能领域提供理论和政策支持。

在研究方法上，主要有以下几种传统研究方法。一是基于引力模型的城市间经济联系。依据距离衰减原理，引力模型已经广泛应用于经济研究分析中，特别是在新经济地理学和区域经济学领域，成为研究空间相互作用的核心工具（陈彦光、刘继生，2002）。二是基于城市流强度的城市间经济联系。城市流是指城市间人流、物流、信息流、资金流、技术流等空间流在城市群内所发生的频繁、双向或多向的流动现象，是城市间相互作用的一种基本形式。城市流强度是指在城市群区域城市间的联系中城市外向功能（集聚与辐射）所产生的影响量（卢万合、刘继生，2010）[①]。三是基于要素实际流动量的城市间联系研究。基于要素实际流动的城市间联系日益成为研究城市群的主要手段。以人流、物流、信息流等流动要素为重点，通过对商务旅行和交流程度的测度，能够为清晰地反映日益网络化的城市区域内部的功能结构和关系，为深入揭示城市区域内的互动演进过程提供有力支撑。

以上各种方面都可以从一定程度上反映出城市间经济联系的水平，但每种方法都有各自的特点和不足。基于引力模型的城市间联系计算方法将万有引力模型引入到城市间联系定量研究之中，对于研究相对均质区域空间内的城市具有重要意义。但是在现实世界中，城市分布的区域往往是异质的，山脉、河流、湖泊、海洋、沙漠、戈壁等自然景观会对城市联系产生十分重要的影响，铁路、公路、航空等交通运输线路也会对城市间联系产生重要影响。因此，基于引力模型的城市间联系计算对于交通线路相对均衡分布的平原地区的城市具有现实意义，而对于地形条件比较复杂而且交通路线分布十分不均衡地区的城市并不一定适用。城市流强度计算方法目前得到较为广泛的应用，这种计算方法能够对一个城市外向功能进行量化表述，从而表征某一城市的对外联系程度

---

① 城市流强度是指在城市群区域城市间的联系中城市外向功能（集聚与辐射）所产生的影响量。其公式为 $F = N \cdot E$。其中 F 为城市流强度，N 为城市功能效益，即各城市间单位外向功能量所产生的实际影响，为城市外向功能量。城市流强度的计算要考虑到指标选取的容易性以及代表性，该文选择城市从业人员作为城市功能量的度量指标，则城市是否具有外向功能量 E，主要取决于其某一部门从业人员的区位商。i 城市 j 部门从业人员区位商 $LQ_{ij} = (Q_{ij}/Q_i)(Q_j/Q)$，（$i=1,2,\cdots,n$; $j=1,2,\cdots,m$），i 城市 j 部门的外向功能量为：$E_{ij} = Q_{ij} - Q_i \cdot (Q_j/Q)$，$i$ 城市 m 个部门总的外向功能量：$E_i = \sum_{j=1}^{m} E_{ij}$，$i$ 城市的功能效率 N_i 用人均从业人员的 GDP 表示，即：$N_i = GDP_i/Q_i$，i 城市的流强度：$F_i = N_i \cdot E_i = (GDP_i/Q_i) \cdot E_i = GDP_i \cdot (E_i/Q_i) = GDP_i \cdot K_i$，式中：$K_i$ 为 i 城市外向功能量占总功能量的比例。

高低，而且从计算中所需要的数据来看，基本都是传统统计数据，在数据上具有较强的可获得性，而且计算方法相对简便，具有较强的可操作性。但是城市流强度计算方法只能计算出某一城市外向功能的高低，而不能表述这一城市到底与哪个城市有多强的联系度，即城市流强度计算没有办法表述城市之间联系的方向性。基于流动空间的城市间联系计算方法主要是通过城市与城市之间的客运流量、货运流量、信息流量、资金流量等来量化表述城市与城市之间的联系强度，这种基于事实数据的表述最能表达城市与城市之间的实际联系强度和联系方向，在实际应用中，往往是通过城市与城市之间的旅客运输量，包括公路、铁路、航运、航空等，城市与城市之间的货运量，城市之间的长途电话通话时长等表述（罗震东、何鹤鸣、耿磊，2011）。但是这种表述方法需要大量的专业数据支撑，数据可获得性差。从已有的研究成果来看，往往都是针对某一个小的区域范围内的城市之间的主要要素流动进行统计计算，对全国城市进行专门统计计算的成果十分鲜见。

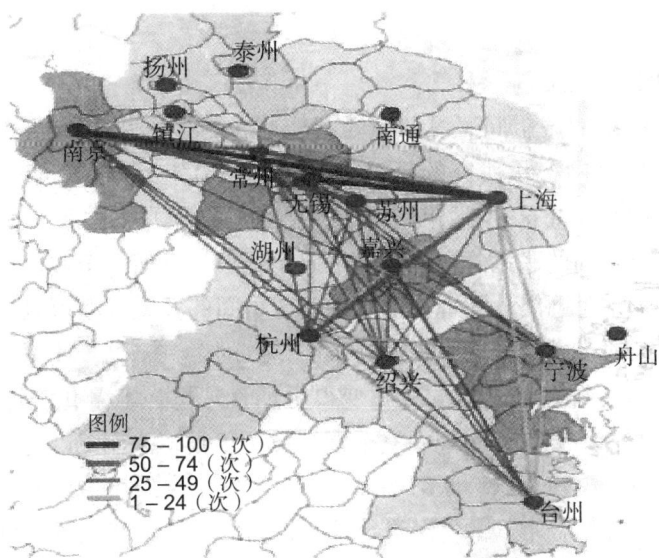

图 3-1　基于高铁（动车组）的城市联系程度分布

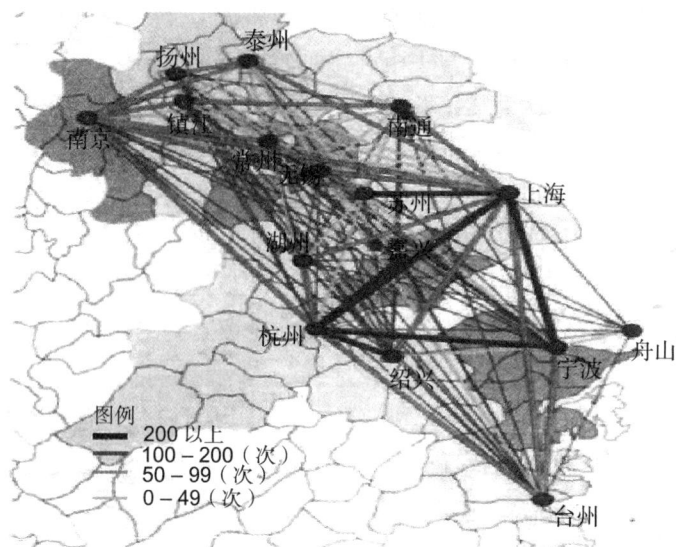

图 3-2　基于长途汽车客运的城市联系程度分布图

资料来源：罗震东、何鹤鸣、耿磊：《基于客运交通流的长江三角洲功能多中心结构研究》，《城市规划学刊》2011 年第 2 期。

2.网络分析方法

基于网络的城市间联系研究。在全球化与地方化交织的背景下，世界城市体系已走向网络化研究的新趋势（Taylor P J，2000；冷炳荣、杨永春、李英杰、赵四东，2011）。城市网络分析的核心在于从"关系"的角度出发研究城市与城市之间的联系。在城市网络研究领域，任何一个城市都是城市网络中的成员，关系是网络分析理论的基础，成员间的关系类型可以多种多样。网络分析方法为研究城市群网络结构提供了精致的工具，配合使用相应的软件，可以把改善城市群网络结构的过程变得更加直观可控，量化测评效果也更加明显。有关学者结合统计物理中复杂网络分析工具，采用 GIS、Matlab 和数据库等技术手段，构建了城市联系网络，一定程度上突破了传统的等级或位序城市关系研究，并结合中国的情况进行了实证研究，认为我国城市可划分为北方城市区、长江城市区、南部城市区 3 大城市区，形成了"三极多核"的空间格局（冷炳荣、杨永春、李英杰、赵四东，2011）。此外还有地缘经济联系分析、相关系数、相似系数等方法。也有学者利用网络分析的方法针对特定城市群进行网络结构分析（李响，2011），根据李响对长三角城市群网络结构分析研究。

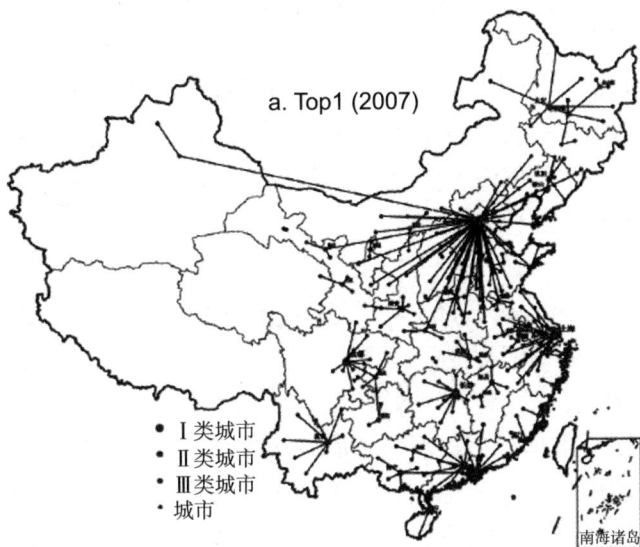

图 3-3　2007 年城市网络空间组织图

资料来源：冷炳荣、杨永春、李英杰、赵四东：《中国城市经济网络结构空间特征及其复杂性分析》，《地理学报》2011 年第 2 期。

网络分析一般从整体网络密度、网络中心度和内部凝聚子群等三个角度进行分析，分析计算的方法如下。

（1）整体网络密度

网络密度描述了网络中各成员结点之间关联的紧密程度，是社会网络分析中最基本的一种度量指标。城市群的整体网络密度定义为网络中城市节点间实际拥有的关系数与理论拥有最大关系数的比值，网络密度指标可以刻画网络中现存经济联系分部与整体完备连通图间的差距程度。城市群网络为有向网络，其密度的计算表达公式为：

$$D = \sum_{i=1}^{n} d_i(c_i) / n(n-1)$$

其中 n 为城市网络规模即城市个数。

$$d_i(c_i) = \sum_{i=1}^{n} d_i(c_i, c_j)$$

若城市 i 与城市 j 间有相关联系，则 $d_i(c_i,c_j)$ 为 1，无任何联系则 $d_i(c_i,c_j)$ 为 0。

网络所展现的疏密性特征体现了整体网络获取资源的能力和相对开放程度，网络密度越大，整体网络和其中的结点成员所能实现的传递和交互能力就越强。联系紧密的整体网络不仅为个体发展提供各种所需资源，同时也成为规范个体行为的重要手段和途径。

（2）网络中心度

网络中心度（network centrality）是度量整个网络中心化程度的重要指标，在城市群网络中，处于中心位置的城市更容易获得资源和信息，拥有更大的权利和对其他城市更强的影响力。网络中心度一般有以下三大指标。

点度中心度是根据城市群网络中的联接数来衡量结点在网络中的中心位置程度，它反映出那些对其他结点城市处于相对中心位置的结点，即点度中心度越高，则说明该城市结点处于网络较中心的位置。相对点度中心度的计算公式为：

$$C_D(c_i) = d(c_i)/(n-1)$$

中间中心度是衡量成员对资源控制能力的程度，表示结点成员在多大程度上是网络中其他成员的中介。如果某结点城市位于与其他城市点最短路径上，则该城市具有较高的中间中心度。这种中介和桥接角色决定了网络中这个城市对其他成员的控制能力。中间中心度的计算公式为：

$$C_B(c_i) = \left[\sum_{j<k} g_{jk}(c_j) \Big/ g_{jk} \right] \Big/ (n-1)(n-2)$$

其中，$g_{jk}(c_i)$ 表示包括城市 c_i 的两个城市之间短程线数目；g_{jk} 表示城市 c_j 与城市 c_k 间存在的短程线数目。

邻近中心度是用距离概念来测量某一结点城市的中心程度，一般用以体现网络成员在整体网络中对资源的控制度。邻近中心度数值越高，表名这一中心城市和其他城市间的联系程度越密切，反过来则表明距离中心点城市相对较远的城市在资源、权利和声望影响等方面会表现得较弱。邻近中心度的计算公式为：

$$C_C = (n-1) / \sum_{j=1}^{n} d_i(c_i, c_j)$$

（3）内部凝聚子群

网络结构研究中，把行动者分到各个内部子群之中是另一个主要的研究方向。网络凝聚子群就是指成员之间具有相对较强的、直接的、紧密的、经常地或者积极的关系所构成的一个成员的子集合，子群体成员之间的关系都是互惠的，且不能向其中加入任何一个成员而不改变其性质。城市网络内部凝聚子群是用于揭示和刻画城市群体内部组成结构状态，找到城市网络中凝聚子群的个数以及凝聚子群中具体包含的成员，分析凝聚子群见的关系及互动方式，可以从整体性网络的维度考察城市群网络的发展情况。

基于网络的城市间联系研究可以通过定量分析，甄别不同城市网络之间联系的密切程度，并可依据计算结果进行聚类分析，对于城市群研究具有较好的理论指导意义。但是，基于网络的城市间联系研究的基本前提仍然是针对相对均质的区域空间，不能考虑自然因素以及交通网络等对城市间联系的影响。

二、影响城市群空间联系的主要因素

（一）基础设施因素

基础设施是影响城市群空间联系的主要因素之一。当前，城市间的基础设施不断完善，在交通基础设施领域体现尤为明显。随着高速轨道交通基础设施的不断普及，为城市群内部各成员城市以及城市群之间的交通提供了很大便利。目前，中国的高速铁路正常运营速度已经达到300公里/小时以上，这就使得城市与城市之间的一小时交通圈的半径拓展到300公里左右，1000公里左右的城市间的交通距离也被缩短为4个小时以内。此外，机场、电信等基础设施的不断完善，也大大缩减了城市之间的交通和通讯时间，使得城市之间交通通讯的时间成本和经济成本越来越低，越来越便捷。

（二）经济因素

经济因素也是影响城市群发展的重要因素之一。一般来说，经济愈发达，专业化分工愈明显，城市与城市之间的联系愈密切，愈容易形成城市群。在当前，随着全球经济的不断发展，全球正逐步成为一个以不同国家和城市为节点，以资本、商品、科技、信息、服务为纽带，相互依赖，相互作用的网络，不同城市的功能更加细化，相互之间的联系更加紧密，而且联系的范围也更为广泛。从我国国内经济发展的情况来看，也是经济愈发达地区的城市之间的联系愈密切，城市群愈发达，我国沿海地区的城市群的数量和城市群的发展层次都明显高于内陆地区。

（三）制度因素

制度因素对城市群发展有着重要的影响。城市群是经济发展的自然产物，但是在其形成和发展的过程中，一直在受到制度因素影响，尤其是在市场经济体制还不是很完善的情况下，制度因素对城市群形成和发展的影响就更为明显。在我国，目前仍行政区经济和经济区经济的冲突，市场配置资源的基础性作用仍然受到行政因素的种种干预。很多城市群各成员城市间通过在基础设施、生态环境、产业发展、社会服务、规划编制等领域不断加强合作，形成联系非常密切的综合体，其目的也是为了逐步消除制度因素对城市群发展的不利影响，以更好发挥市场配置资源的基础性作用，提高市场竞争程度，提高经济效率，使资源配置更为合理高效。

（四）历史文化因素

历史文化因素对城市群发展也有着重要影响。我国城市发展历史悠久，很多毗邻城市具有地相连习相近的特点，相互之间在历史文化上具有密不可分的渊源，这也是促进城市群形成和发展的重要因素。比如在国务院《关于支持河南省加快建设中原经济区的指导意见》中，明确把建设华夏历史文明传承创新区作为中原经济区的五大战略定位之一，是我国主体功能区划中唯一具有传承创新文化使命和功能的经济区域。药立足中原文化资源优势，构建以郑州、开封、洛阳、安阳等四大古都为中心，以黄河文化带为主干，以中原城市群为依托的文化传承创新格局。

三、我国城市群空间联系的实证分析

(一) 进行城市群空间联系实证分析的意义

对于城市群而言，其经济联系密切程度主要体现在两个方面，一是城市群内部相关城市的经济联系密切程度，二是城市群与外部相关城市或城市群的经济联系密切程度。研究城市群内外部经济联系，有助于认识城市群的内部空间结构和演变规律，明确不同城市在城市群中的作用，探索城市群未来的发展方向和重点，为城市群发展在空间和功能领域提供理论和政策支持。

1.分析城市群的空间结构

城市群发展到一定阶段后，在一个城市群内部形成了大、中、小不同规模层次的城市，构成了各自独立而又紧密联系的城市群，不同规模、层次、结构与功能的城市通过交通网络、商品网络、技术网络、资金网络、人才网络以及信息网络等密切联系在一起，将集中集聚和分散集聚的优点相互结合，充分体现空间集聚的优越性（赵峥，2012）。通过对城市群内外部经济联系进行研究，特别是通过数学模型或者城市之间的各类要素流动进行定量研究，可以对城市群中不同城市联系强度进行量化，从而可以形象地识别城市的空间结构（王海江，2006；周一星、胡智勇，2002；朱英明，2002；冷炳荣、杨永春、李英杰、赵四东，2011）。

2.分析城市群中各城市的功能

不同城市间的物质、信息、能量交流是维系城市群活力的基础，其内部城市间经济联系的紧密型是城市群一个最突出的特征（潘中艺，2011）。在对城市间经济联系进行研究的时候，往往会采用区位熵的计算方法，通过区位熵或者专业化指数计算，可以明确不同城市的专业功能，同时有学者将不同城市的专业化分工应用到城市网络分析之中（侯赟慧、刘志彪、岳中刚，2009；王燕军、宗跃光、欧阳理，2011）。一般而言，专业化程度决定了城市间的双边贸易量，专业化程度越高，贸易量就越大。

3.探索城市群的发展方向

通过对城市群内外部经济联系进行研究，可以明确城市之间的联系强度和主要的联系方向，如有历史数据的支撑，通过对一定时期城市间联系强度和联系方向变动进行系统研究，可以为探索城市群的发展方向奠定基础（李少星、颜培霞、蒋波，2010；张文尝、金凤君，1994）。有学者认为"地域分工—区际贸易—空间集聚—地域分工"的闭合循环是城市空间格局演变的一般过程，并催生了全球城市体系、多中心城市区域、都市区等新的复杂的城市空间形态（李少星、颜培霞、蒋波，2010）。

（二）城市群内部经济联系分析——以京津冀城市群为例

京津冀城市群在我国城市群中占据十分重要的地位，城市群内部联系相对比较密切。本研究采用网络分析的方法，利用京津冀城市群各成员城市之间的交通情况，对京津冀城市群内部成员城市的空间联系进行分析。通过对京津冀成员城市之间的长途客运班车、高铁、所有列车之间的班次进行网络查询，整理出京津冀城市群成员城市之间的交通矩阵。之所以采用交通方面的数据，一方面考虑到城市之间的联系在很大程度上依靠交通完成，比如交通可以十分形象的反映出城市之间的人员流动情况和货物流动情况，采用交通方面的数据能够在很大程度上反映出城市之间的联系状况；另一方面，从数据的可得性上考虑，交通数据也是比较容易获得的。

表 3–1　京津冀城市群成员城市之间长途客运班车往返班次矩阵

城市	北京	天津	石家庄	唐山	秦皇岛	保定	张家口	承德	沧州	廊坊
北京	0	164	127	121	52	357	81	101	127	195
天津		0	10	144	5	6	8	9	76	6
石家庄			0	54	11	7	10	8	74	16
唐山				0	90	34	9	35	24	12
秦皇岛					0	7	0	12	5	1
保定						0	9	9	58	12
张家口							0	1	5	2
承德								0	4	2
沧州									0	13
廊坊										0

数据来源：票价网 http://www.piaojia.cn/,2013 年 7 月 12 日查询。

表 3-2　京津冀城市群成员城市之间所有列车往返班次矩阵

城市	北京	天津	石家庄	唐山	秦皇岛	保定	张家口	承德	沧州	廊坊
北京	0	272	193	77	36	136	49	15	73	67
天津		0	47	131	48	5	13	3	123	62
石家庄			0	29	12	142	10	5	19	6
唐山				0	69	6	6	0	43	15
秦皇岛					0	6	4	0	15	8
保定						0	10	2	0	4
张家口							0	0	1	8
承德								0	3	3
沧州									0	34
廊坊										0

数据来源：票价网 http://www.piaojia.cn/,2013 年 7 月 12 日查询。

表 3-3　京津冀城市群成员城市之间高铁列车往返班次矩阵

城市	北京	天津	石家庄	唐山	秦皇岛	保定	张家口	承德	沧州	廊坊
北京	0	54	93	20	7	62	0	0	54	39
天津		0	0	12	3	0	0	0	39	22
石家庄			0	0	0	62	0	0	0	0
唐山				0	8	0	0	0	0	0
秦皇岛					0	0	0	0	0	0
保定						0	0	0	0	0
张家口							0	0	0	0
承德								0	0	0
沧州									0	25
廊坊										0

数据来源：票价网 http://www.piaojia.cn/,2013 年 7 月 12 日查询。

1.京津冀城市群联系特点分析

（1）基于长途客运班次的联系特点分析

从长途客运班次来看，北京和保定之间的具有非常密切的联系，而且远远高于北京与其他城市的联系之上。其次是北京与廊坊、北京与天津、天津与唐山、北京与石家庄、北京与沧州之间。张家口和承德处于相对边缘化的地位，处于与北京具有相对密切的联系外，与其他城市的联系都不密切。在京津冀城市群中，客车在短途联系中发挥着重要作用。北京在客运中的枢纽地位非常突出，在交通联系比较密切的城市中，北京都发挥着枢纽型作用。

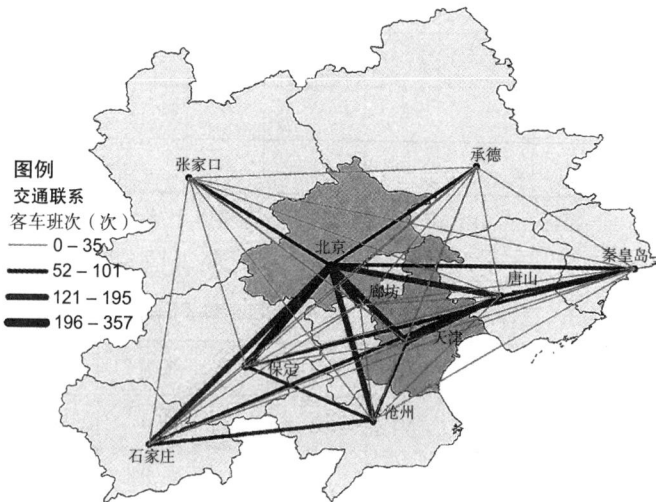

图 3-4　基于客车班次的京津冀城市群联系图

数据来源：根据票价网 http://www.piaojia.cn/，2013 年 7 月 12 日查询结果绘制。

（2）基于所有列车班次的联系特点分析

从所有列车往返班次来看，北京与天津之间具有非常密切的联系，而且比北京与其他城市的联系要高许多。此外北京与石家庄、石家庄与保定、天津与唐山、北京与保定、天津与沧州也具有比较密切的联系。承德、张家口与其他城市的联系相对薄弱，处于边缘化的地位。从列车班次的联系上看，北京、天津、石家庄的枢纽型地位比较突出，对周边城市有着较强的辐射影响力。

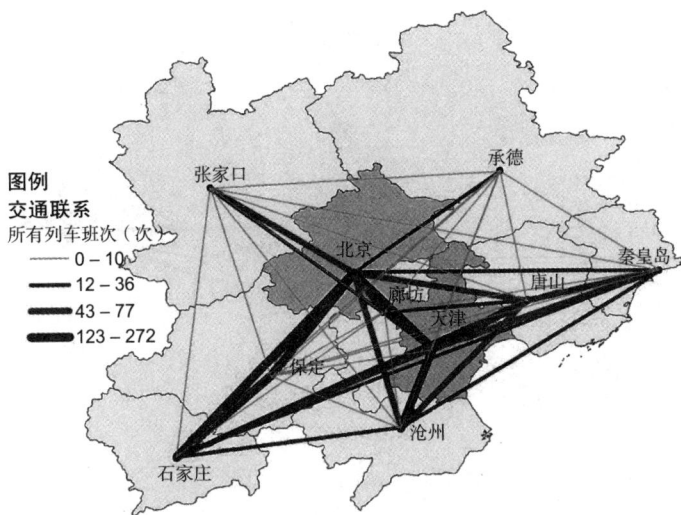

图 3-5　基于所有列车班次的京津冀城市群联系图

数据来源：根据票价网 http://www.piaojia.cn/，2013 年 7 月 12 日查询结果绘制。

（3）基于高铁列车班次的联系特点分析

随着我国高铁建设的快速推进，京津冀城市群中除了张家口和承德目前没有高铁贯通外，其他城市都已经有高铁贯通，这对于加强京津冀城市群的联系，缩短京津冀城市群城市间的交通时间成本产生了十分重要作用。从京津冀城市群间的高铁列车班次来看，北京与石家庄之间具有密切的联系，而且比北京与其他城市的联系要高许多。其次是北京与保定、北京与天津、北京与沧州、石家庄与保定。在高铁联系中，北京的枢纽型地位十分突出，石家庄、保定、廊坊、沧州的节点作用突出，张家口和承德由于没有高铁贯通，被边缘化的趋势十分突出。

（4）基于长途客车和列车的联系特点分析

从长途客车和列车的联系来看，北京与石家庄、北京与天津、北京与保定具有密切的交通联系，其次是北京与沧州、北京与唐山、天津与唐山、天津与沧州、石家庄与保定、唐山与秦皇岛之间具有比较密切的联系。北京、天津、石家庄的枢纽型地位比较突出，张家口、承德被边缘化的趋势比较明显。

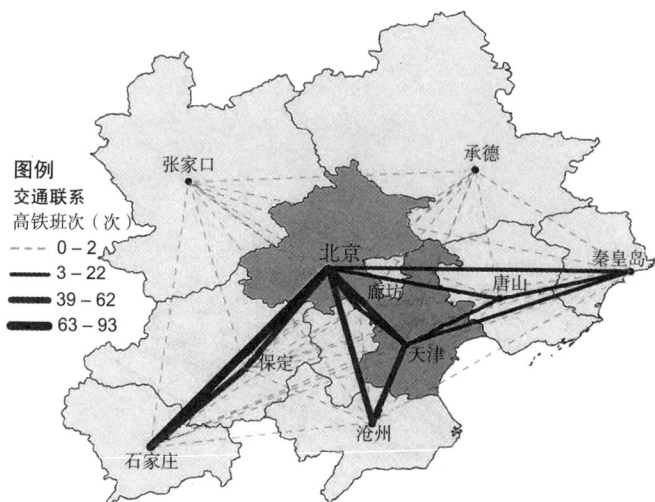

图 3-6   基于高铁班次的京津冀城市群联系图

数据来源:根据票价网 http://www.piaojia.cn/,2013 年 7 月 12 日查询结果绘制。

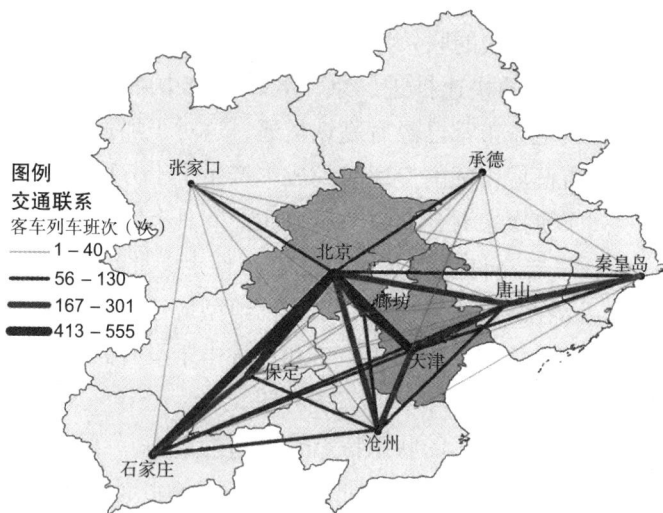

图 3-7   基于所有客车列车班次的京津冀城市群联系图

数据来源:根据票价网 http://www.piaojia.cn/,2013 年 7 月 12 日查询结果绘制。

2. 京津冀城市群网络密度分析

利用 UCINET 网络分析工具，利用京津冀所有列车的交通矩阵数据，通过分析发现京津冀城市群的网络密度为 0.9。根据网络密度的计算公式，网络密度为实际联系数值与理论联系数值的比值，理论数值介于 0 至 1 之间，如果城市之间没有任何联系，则为 0，如果城市之间的实际联系程度与理论联系程度一致，则为 1。网络密度数值越高，则表明城市间经济联系越密切，相互之间的影响越大，越能发挥城市群的整体效益。京津冀城市群的网络密度为 0.9，网络密度非常高，非常接近理论联系数值，这说明在京津冀城市群成员城市之间具有非常密切的空间联系，除了极个别城市之间外，几乎所有的城市之间都有直接的交通联系。

3. 京津冀城市群中心度分析

借助 UCINET 软件对京津冀城市群进行核心边缘分析，可以看出京津冀城市群是一个典型以北京和天津为双核心的城市群。通过计算，可以发现北京和天津的点度中心度中的点出度和点入度均远远高于平均水平，而且和其他城市有着较大差距，这显示出北京和天津在京津冀城市群中具有核心枢纽地位，而且在北京和天津这两个核心枢纽中，北京的核心地位更为突出。就中间中心度来说，北京、天津、石家庄、廊坊和保定的中间中心度大于均值，由此可以看出北京、天津、石家庄、廊坊和保定位于许多其他结点城市交通的节点上，这几个城市承担着交通枢纽节点的作用。就邻近中心度来说，京津冀城市群的邻近中心度分异不大，其中北京、天津、石家庄和廊坊的邻近中心度的点出度和点入度最高，这说明北京、天津、石家庄和廊坊对周边城市的辐射影响比较大，是毗邻城市中的枢纽型城市。

表 3-4　京津冀城市群网络联系分析

点度中心度				中间中心度		邻近中心度			
排序	点出度	排序	点入度	排序	中心度	排序	点出度	排序	点入度
北京	478.00	北京	440.00	北京	1.47	北京	100.00	北京	100.00
天津	357.00	天津	347.00	天津	1.47	天津	100.00	天津	100.00
石家庄	220.00	石家庄	243.00	石家庄	1.47	石家庄	100.00	石家庄	100.00
唐山	195.00	唐山	181.00	廊坊	1.47	廊坊	100.00	廊坊	100.00

续表

点度中心度				中间中心度		邻近中心度			
排序	点出度	排序	点入度	排序	中心度	排序	点出度	排序	点入度
沧州	160.00	保定	155.00	保定	1.03	唐山	90.00	唐山	90.00
保定	156.00	沧州	151.00	沧州	0.83	秦皇岛	90.00	秦皇岛	90.00
廊坊	106.00	秦皇岛	129.00	唐山	0.43	保定	90.00	保定	90.00
秦皇岛	69.00	廊坊	101.00	秦皇岛	0.43	沧州	90.00	张家口	90.00
张家口	51.00	张家口	50.00	承德	0.27	张家口	81.82	沧州	81.82
承德	18.00	承德	13.00	张家口	0.13	承德	75.00	承德	75.00
均值	181.00	均值	181.00	均值	0.90	均值	91.68	均值	91.68

4. 京津冀城市区内部凝聚子群分析

利用 UCINET 中的凝聚子群分析方法，利用京津冀城市群所有列车班次的数据，可以看出京津冀城市群大体可以分为三个子群，一个是北京、天津、石家庄、廊坊子群，二是保定、张家口、秦皇岛、唐山子群，三是沧州、承德子群。其中北京、天津、石家庄、廊坊子群可以看做是京津冀城市群的核心圈，相互之间的联系非常紧密。保定、张家口、秦皇岛、唐山子群可以看做是京津冀城市群的外围圈，他们与核心城市群相比联系相对松散，但同时也承担着很重要的通道连接的功能，是京津冀城市群北上、西出、南下、东进的重要通道。沧州、承德子群可以看做是京津冀城市群的边缘。相对于其他城市，这两个城市在京津冀城市群的联系相对薄弱，这一方面说明这两个城市在京津冀城市群交通网络中呈现被边缘化的趋势，另一方面说明这两个城市的交通通道效应也不明显。如果从京津冀城市群成员城市长途客运班次内部凝聚子群分析来看，大体可以分为三类子群，一是北京、唐山、石家庄、保定、天津、承德、沧州、廊坊子群，另外两类分别为秦皇岛和张家口。长途客运主要适合于短途运输，因此，其内聚凝聚子群主要受到各成员城市距离北京远近的影响，此外，长途客运受铁路的影响也比较大，尤其是受高铁的影响很大，便捷高效的高铁运输在很大程度上可以替代长途客运（汽车）。

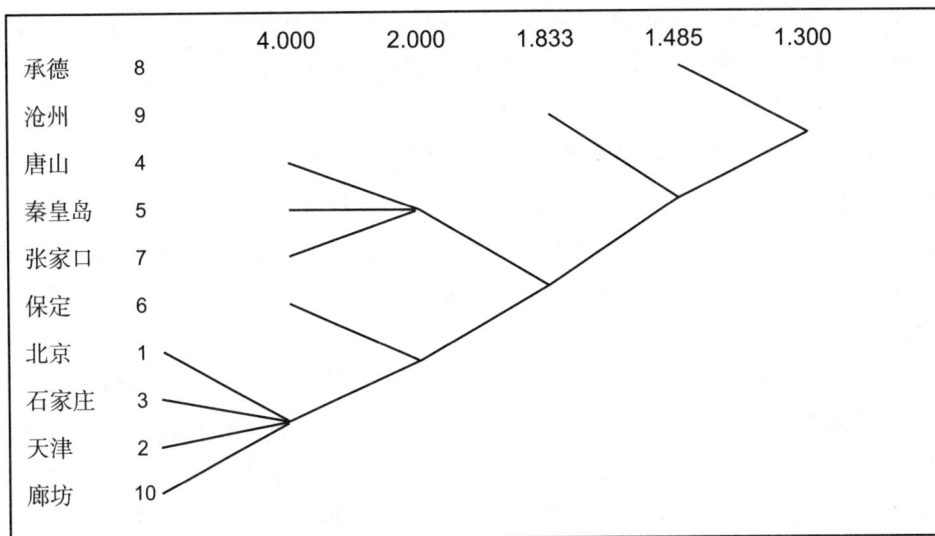

图 3-8 京津冀城市群基于所有列车联系矩阵的内部凝聚子群分析

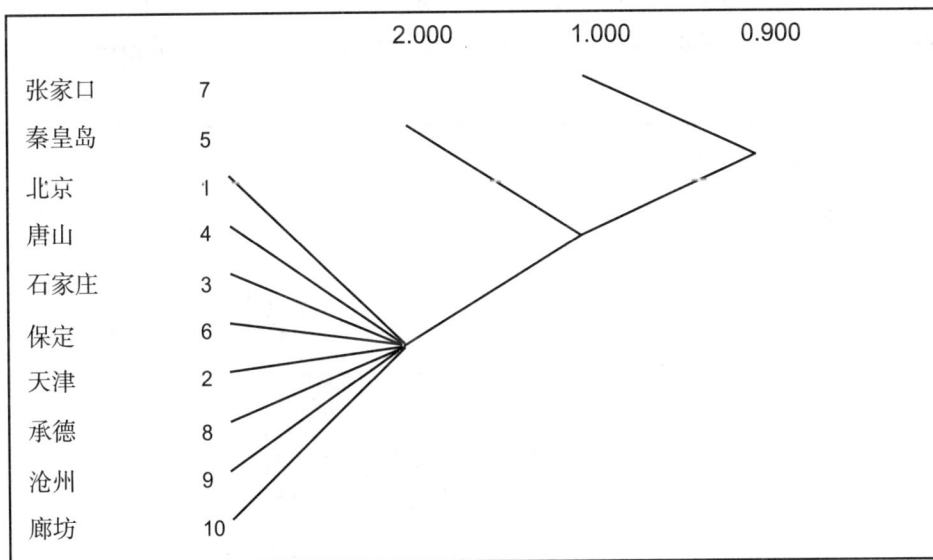

图 3-9 京津冀城市群基于长途客运联系矩阵的内部凝聚子群分析

(三) 城市群外部经济联系分析

根据相关数据，通过 OD 矩阵，对我国九个城市群之间的航运货运量、航运客运量和铁路客运量的联系进行了图形化表示。OD 矩阵，或称 OD 表，是描述交通网络中所有出行起点（Origin）与终点（Destination）之间在一定时间范围内出行交换数量的表格，能够反映网络中各节点间的交通联系及其流量大小。基于 OD 矩阵的基本概念，可以将其引申至城市群空间联系的定量分析中。由于其他经济联系数据获取的局限性，本研究通过铁道部 12306 网站，航空统计年鉴有关资料，获取了研究范围内重点城市间的航空客货运输量以及城市间的旅客列车车次数据，重点分析了九个城市群主要城市群间的联系状况。

对原始数据进行预处理后，分别获得九个城市群间 2000 年和 2011 年的航空客货运输 OD 矩阵以及 2013 年铁路客运车次的 OD 矩阵，见表 3-5，3-6，3-7，3-8 和 3-9。从 OD 矩阵表中，可以看到各城市群间的航空客货运输联系和铁路客运车次的定量数据，能够半定量地间接表达城市群间的经济联系程度。

根据城市群内部各城市的经纬度坐标值，计算出每个城市群的几何中心，将各几何中心进行空间联接，构成城市群间一对多的网络图，通过网络可反映城市群外部空间联系的空间结构，如图 3-10，3-11，3-12，3-13 和 3-14。

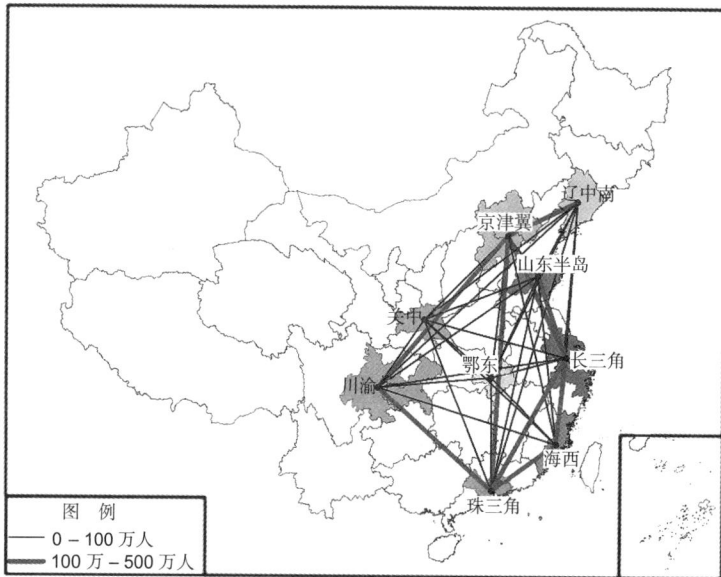

图 3-10　2000 年我国主要城市群核心城市间的航空客运量

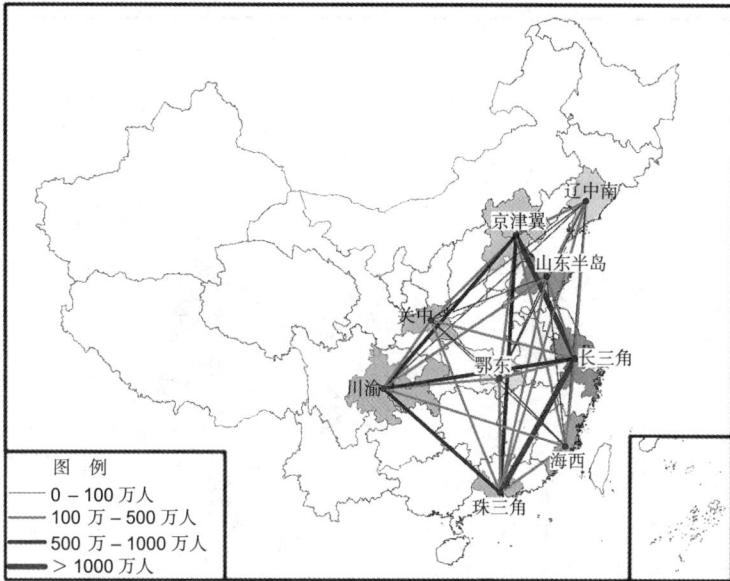

图 3-11　2011 年我国主要城市群核心城市间的航空客运量

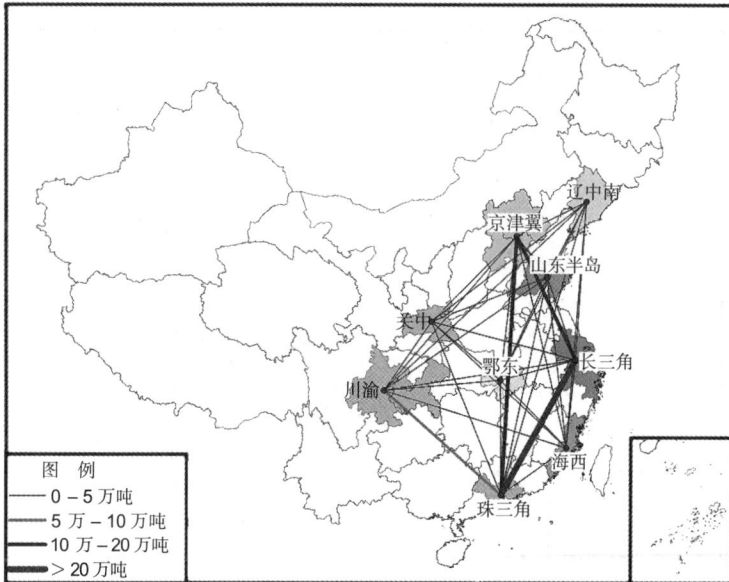

图 3-12　2000 年我国主要城市群核心城市间的航空货运量

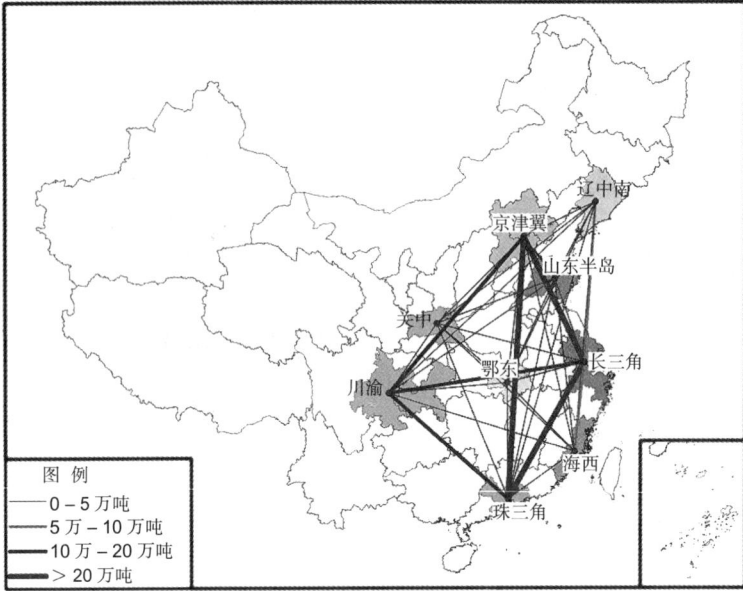

图 3-13　2011 年我国主要城市群核心城市间的航空货运量

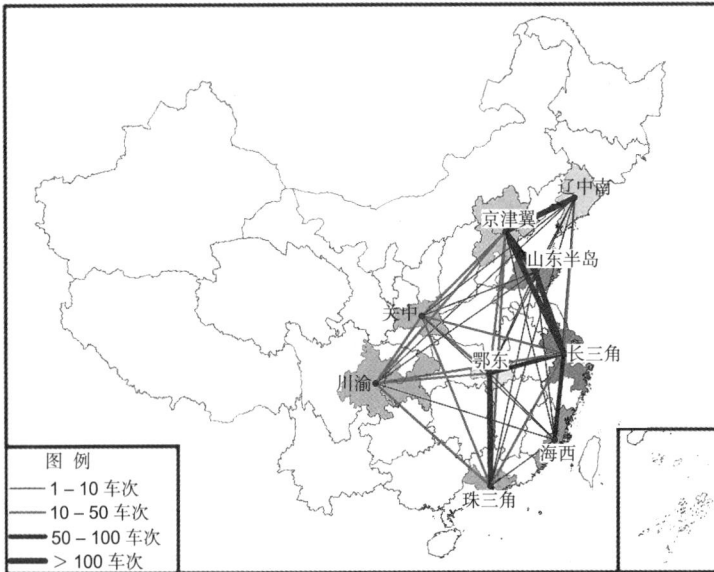

图 3-14　2013 年我国主要城市群核心城市间的铁路客运车次

表 3-5　2000 年九大城市群间航空旅客运输量 OD 矩阵　单位：人

	京津冀 北京+天津+石家庄	长三角 上海+南京+常州+南通+杭州+宁波	珠三角 广州+深圳+珠海	辽中南 沈阳+大连	山东半岛 济南+青岛+烟台	鄂东 武汉	川渝 重庆+成都	关中 西安	海西 福州+厦门
京津冀 北京+天津+石家庄	0	4251981	2452755	1535993	830336	341948	1155521	850102	586552
长三角 上海+南京+常州+南通+杭州+宁波		192296	3925787	925440	1067219	668933	718245	645963	1403624
珠三角 广州+深圳+珠海			0	335467	471609	662453	1687146	420139	1034512
辽中南 沈阳+大连				0	278109	0	0	149964	0
山东半岛 济南+青岛+烟台					0	92129	149697	105237	0
鄂东 武汉						0	303048	163858	167034
川渝 重庆+成都							0	501559	0
关中 西安								0	0
海西 福州+厦门									0

资料来源：根据《2001 年从统计看民航》有关数据计算。

表3-6 2000年九大城市群间航空货物运输量 OD 矩阵　单位：吨

	京津冀 北京+天津+石家庄	长三角 上海+南京+常州+南通+杭州+宁波	珠三角 广州+深圳+珠海	辽中南 沈阳+大连	山东半岛 济南+青岛+烟台	鄂东 武汉	川渝 重庆+成都	关中 西安	海西 福州+厦门
京津冀 北京+天津+石家庄	0	168223	128821	28308	11531	7458	29720	15150	21848
长三角 上海+南京+常州+南通+杭州+宁波		1605	202988	27248	18050	15606	31642	15756	44986
珠三角 广州+深圳+珠海			0	14276	15499	15403	69578	13271	24401
辽中南 沈阳+大连				0	2962	0	0	3519	0
山东半岛 济南+青岛+烟台					0	1265	2814	1420	0
鄂东 武汉						0	11883	4865	5699
川渝 重庆+成都							0	11142	0
关中 西安								0	0
海西 福州+厦门									0

资料来源：根据《2001年从统计看民航》有关数据计算。

表3-7　2011年九大城市群间航空旅客运输量 OD 矩阵　单位：人

		京津冀	长三角	珠三角	辽中南	山东半岛	鄂东	川渝	关中	海西
		北京+天津+石家庄	上海+南京+无锡+常州+南通+杭州+宁波	广州+深圳+珠海+佛山	沈阳+大连	济南+青岛+烟台+威海	武汉	重庆+成都+绵阳	西安	福州+厦门
京津冀	北京+天津+石家庄	0	15590690	8582889	3282636	2798658	1611905	6297575	2853615	1556901
长三角	上海+南京+无锡+常州+南通+杭州+宁波		0	15430107	4753655	4487358	1525704	7642064	2918204	4670429
珠三角	广州+深圳+珠海+佛山			0	1795818	2311524	1514488	7123956	1963879	2706434
辽中南	沈阳+大连				0	1267435	360654	349994	582083	354109
山东半岛	济南+青岛+烟台+威海					66901	432843	1388807	559208	727747
鄂东	武汉						0	1046964	320489	626440
川渝	重庆+成都+绵阳							0	1477308	1207407
关中	西安								0	208367
海西	福州+厦门									0

资料来源：根据《2012年从统计看民航》有关数据计算。

表 3-8 2011年九大城市群间航空货物运输量 OD 矩阵　单位：吨

	京津冀 北京+天津+石家庄	长三角 上海+南京+无锡+常州+南通+杭州+宁波	珠三角 广州+深圳+珠海+佛山	辽中南 沈阳+大连	山东半岛 济南+青岛+烟台+威海	鄂东 武汉	川渝 重庆+成都+绵阳	关中 西安	海西 福州+厦门
京津冀 北京+天津+石家庄	0	421263.8	239972.5	24706.8	19635.4	16817.5	107089.1	25304.5	44396.6
长三角 上海+南京+无锡+常州+南通+杭州+宁波		0	424148.8	72104.8	37870.3	18307.4	153597	38462.6	64226.8
珠三角 广州+深圳+珠海+佛山			0	38848.3	44163.4	21294	141297.6	31699.5	24675.9
辽中南 沈阳+大连				0	7079.3	4698.3	7269.2	3894.7	7678.5
山东半岛 济南+青岛+烟台+威海					757.5	2491.6	19962	3614.9	14192.6
鄂东 武汉						0	12102.7	3971.5	4634.7
川渝 重庆+成都+绵阳							0	10064.9	19291.2
关中 西安								0	2603.7
海西 福州+厦门									0

资料来源：根据《2012年从统计看民航》有关数据计算。

表3-9　2013年九大城市群间铁路车次OD矩阵　单位：次

	京津冀 北京+天津	长三角 沈阳+大连	珠三角 上海+南京+杭州	辽中南 福州+厦门	山东半岛 济南+青岛	鄂东 武汉	川渝 广州+深圳	关中 重庆+成都	海西 西安
京津冀　北京+天津	0	101	180	7	161	44	19	12	22
长三角　沈阳+大连	105	0	22	1	19	6	6	2	4
珠三角　上海+南京+杭州	188	20	0	72	152	56	17	25	28
辽中南　福州+厦门	7	1	77	0	4	7	3	4	2
山东半岛　济南+青岛	167	5	154	4	0	4	5	3	9
鄂东　武汉	48	6	58	7	4	0	115	24	21
川渝　广州+深圳	17	5	17	3	4	110	0	17	17
关中　重庆+成都	13	2	25	4	3	24	16	0	17
海西　西安	22	3	27	2	9	21	17	16	0

资料来源：根据12306网站查询，查询日期2013年6月9日。

从我国主要城市群核心城市之间的航空客运和货运联系来看，我国主要城市群之间都存在不同程度的联系，形成了网络化的空间联系格局，其中京津冀城市群、长三角城市群、珠三角城市群和成渝城市群的枢纽性作用非常明显，无论是客运流还是货运流，这四大城市群之间的联系量都非常大，占据主导性的优势地位。从航运货运量上来看，京津冀城市群、长三角城市群和珠三角城市群之间的联系在城市群之间联系中呈主导性作用，其次为京津冀城市群与川渝城市群、珠三角城市群与成渝城市群、长三角城市群与川渝城市群。从航运客运量来看，京津冀城市群与长三角城市群、长三角城市群与珠三角城市群之间的联系呈现主导性地位，其次为京津冀城市群与珠三角城市群、京津冀城市群与川渝城市群、珠三角城市群与成渝城市群。从铁路客运量来看，京津冀城市群与长三角城市群、京津冀城市群与辽中南城市群、京津冀城市群与山东半岛城市群、山东半岛城市群与长三角城市群、鄂东城市群与珠三角城市群之间的联系呈现主导性地位，与其他城市群之间的联系差距较大。

四、我国城市群空间联系特征及空间演化趋势分析

（一）我国城市群内部联系的特征

1. 主要围绕核心城市呈现枢纽辐射状

从目前的研究成果来看，城市群内部成员城市间的经济联系，基本都是围绕城市群内的核心城市，呈现枢纽辐射状的经济联系状况，其他非核心的成员城市之间的经济联系相对较弱。比如在京津冀城市群中的北京、长三角城市群中的上海、珠三角城市群中的广州和深圳、山东半岛城市群中的济南和青岛、川渝城市群中的成都和重庆、辽中南城市群中的沈阳和大连等，这些核心城市在城市群中的枢纽型地位非常突出，其综合服务能力也非常突出，其他的成员城市主要是围绕核心城市开展经济合作，与核心城市形成比较密切的经济联系。

2. 城市群内部成员城市之间联系分异明显

在城市群内部各成员城市之间，联系强度分异非常明显。根据对京津冀城市群交通网络的分析，可以发现京津冀城市群交通网络内部分异可以分为3个层次，第一层次是北京、天津、石家庄、廊坊子群，第二层次是保定、张家口、秦皇岛、唐山子群，第三层次是沧州、承德子群。在第一层次，北京←→

天津、石家庄←→廊坊之间联系非常密切。在第二层次是北京←→唐山、北京←→保定、天津←→唐山、天津←→保定之间联系非常密切。第三层次为沧州和承德，联系相对松散。在第一层次城市之间，城市之间的联系量在整个京津冀地区居于主导地位，其经济联系量非常密切，始终在整个京津冀地区瑶瑶领先。第二层次的城市之间的经济联系的密切程度虽然相对较高，但是与第一层次城市之间的经济联系相比有较大差距。第三层次城市间的经济联系比较薄弱，呈现被边缘化的趋势。

3. 联系强度与经济发展水平具有密切联系

城市群成员城市之间联系的强度往往与其经济发展水平和经济规模具有比较密切的相关性，一般来说，经济愈发达，经济规模愈大的城市间联系愈密切。从京津冀城市群内部联系来看，联系最为密切的第一层次的北京、天津、石家庄、廊坊都是经济发展水平比较高、经济规模比较大的城市，而经济联系最不密切的沧州和承德，则是京津冀城市群中经济发展水平较低，经济规模较小的城市。城市经济发展水平愈高，经济规模愈大，其专业化分工愈细，辐射范围也愈广，经济开放度愈高，愈容易和毗邻城市产生相对密切的经济联系。

（二）我国城市群外部联系的特征

1. 核心城市在城市群外部联系中发挥主要作用

城市群一方面对内是一个一体化程度很高的综合体，另一方面城市群还是一个对外的开放体，城市群对外的经济联系主要体现在核心城市的对外联系上。这一个方面是因为城市群内部核心城市的首位度一般都比较高，集聚了城市群内部最好的生产要素资源，其市场范围和服务空间往往会超过城市群自身的市场范围，需要与外部加强经济联系，拓展市场范围，以便在更大区位范围内实现资源的优化配置。另一方面，在我国沿海城市群内部，核心城市往往是靠近港口的门户城市，这类核心城市在城市群中往往担任内聚外联的作用，城市群内部的成员城市一般是通过门户核心城市间接与外部发生经济联系。

2. 沿海城市群在城市群对外经济联系中发挥枢纽性作用

沿海城市群在城市群对外经济联络中发挥了重要的枢纽性作用，我国内地的很多城市群的对外经济联系主要是通过沿海城市群对外联系得到体现的，沿海城市群的港口城市是一个非常重要的中介。这主要是因为港口城市在集聚人口和生产要素方面具有得天独厚的优势，在历史发展过程中，很多区位条件和建港条件优越的港口城市，往往得到快速发展，成为区域发展的龙头城市。港口中心城市本身具有优越的区位条件和便利的交通优势,成为区域内人口和产业的集聚中心,而且还往往是区域内的行政中心,从而在一定程度上强化了人口和产业的集聚功能,促进了区域中心城市城市规模的扩大和功能的完善。沿海城市群凭借港口城市对外联系低廉便捷的先天优势,进一步强化了在其在城市群中内聚外联的作用。

3. 城市群对外联系强度基本仍呈现菱形分布格局

从我国城市群对外联系强度的空间分布来看,基本呈现出由京津冀、长三角、珠三角、成渝组成的菱形空间分布格局。这种菱形格局基本与中国区域发展长期形成的"T"字形空间是相吻合的。其中京津冀城市群、长三角城市群和珠三角城市群是我国沿海地区最为发达和规模最大的城市群,川渝城市群是我国长江沿岸和西南地区的重要城市群,这四大城市群之间的经济联系强度最大,相互之间的人员流动和货物流动量都比较大。从人员流动性看,京津冀城市群分别与长三角城市群、辽中南城市群和山东半岛城市群间;鄂东城市群与珠三角城市群间;长三角城市群与鄂东城市群和海西城市群间的联系基本上在同一个层次上,形成了相对集中的三个区域性集中联系格局,即北方城市群间、西南城市群间和东南沿海城市群间的三大次级空间联系格局。在全国的城市群结构体系中,这四大城市群之间的相互联系占据主导型地位,其数量和质量都明显大于其他城市群间的联系,因此,具有较高的层次性和等级性。

4. 城市群经济联系不断加强,空间网络结构日趋复杂

根据前述 2000 年与 2010 年航空客货运输量的对比,可以明显看到十多年来城市群空间联系在强度、数量和质量上的增加,同时联系的层次性也更加明显,网络结构更加复杂。2000 年航空客运联系量没有超过 500 万人的,而到 2011 年时,长三角城市群与京津冀城市群和珠三角城市群的航空客运量均超过 1000 万人,其他层次的联系也不断增加。

(三) 我国城市群空间演化趋势分析

1. 城市群仍将是我国未来承载城镇人口的主要区域

从世界城市群发展规律看,城市群已经成为主导全球经济的核心空间,在全球范围看,世界上已经形成的若干城市群成为世界经济的中枢,引领着世界经济发展的主流和趋势。根据理查德·佛罗里达(Richard Florida, 2008)的研究,在全球经济产出排名中超过 1000 亿美元的 40 个城市群,这 40 个城市群

的经济产出之和占到世界总量的 66%，在全球创新中所占的比例高达 85%。这些城市群分别位于北美、欧洲、亚洲、新兴经济体和其他地区。世界上的城市群出现了以下几个明显特征，一是城市群的人口规模有较大的增长；二是一些城市群的空间范围不断扩展，出现了跨国、跨州、跨市的趋势，如日本原有的三大城市群间的界限正在变模糊，美国南加州城市群跨越的区域包括洛杉矶、圣地亚哥和墨西哥蒂华纳；三是一些城市群在世界经济中的地位越来越重要；四是城市群的发展日益呈现出特色化的发展趋势。同时，具体到每个城市群也有不同的发展趋势。2009 年美国区域规划协会等机构在编制《美国 2050 空间战略规划》中，提出到 2025 美国将出现 11 个巨型都市区域（Megaregions），这些区域覆盖了美国 32% 的县和 26% 的国土面积，但拥有 74% 的人口。

根据联合国 2011 年《世界城市化展望》报告的分析，到 2011 年，世界上有 23 个人口超过 1000 万以上的大城市，其人口占了世界城市总人口的 9.9%，我国有上海、北京、广州、深圳四个城市位列其中。预计到 2025 年，这些大城市的数量会达到 37 个，将占据世界城市总人口的 13.6%，我国的上海、北京、深圳、广州、重庆、武汉、天津七个城市的人口规模将进入到世界上大城市排名的前 30 位。根据数据分析，我国城市人口的总体分布趋势仍然表现为向沿海地区的城市群和大城市集中。2000 年到 2010 年我国三大城市群外来人口分别增加 658 万人、1566 万人，868 万人，其中京津冀主要集中在北京和天津两大城市，长三角 16 个城市中，有 13 个城市外来人口都在增长，其中上海、苏州、宁波和杭州增长超百万，珠三角九个城市外来人口均在增长，其中深圳、广州、东莞和佛山增长超过百万。其他城市群大多表现为核心城市的人口增长。从不同规模城市人口（市辖区常住人口）看，200 万以上城市吸纳了87.72% 的外来人口，12 个城市群 200 万以上城市吸纳了 76.67%，占 200 万以上城市的 87.4%，如图 3-15 所示。

从未来趋势看，随着我国城镇化水平的提高，城市群的主导作用会更加明显，以大城市为核心的城市群仍将是我国承载城镇人口的主要区域。参考各方研究，按照到 2030 年我国人口达到 15 亿人，城镇化水平分别为 65% 和 70% 两个方案，粗略判断，到 2030 年，新增的 3 亿城镇人口中约有 2 亿集中在这 12 个城市群。按方案一，到 2030 年，12 个城市群的总人口将占到全国人口的约 53%，城镇人口占全国的 58%，城镇化水平达到 70% 左右。按方案二，到 2030 年，12 个城市群的城镇人口将占到全国人口的约 60%，城镇化水平达到 75% 左右，如表 3-10。

表 3-10 我国城市群人口空间分布预测

	总人口（亿人）	占全国比重（%）	城镇人口（亿人）	占全国比重（%）	城镇化水平（%）
2000 年					
全国	12.7		4.6		36.2
12 个城市群	5.4	42.5	2.5	54.1	46.3
2010 年					
全国	13.4		6.7		50.0
12 个城市群	6.0	45.0	3.6	53.7	60.0
2030 年（方案一）					
全国	15.0		9.7		65.0
12 个城市群	8.0	53.3	5.6	57.7	70.0
2030 年（方案二）					
全国	15.0		10.5		70.0
12 个城市群	8.0	53.3	6.0	60.0	75.0

数据来源：根据《2001 年中国城市统计年鉴》和《2011 年中国城市统计年鉴》及总报告有关数据测算。

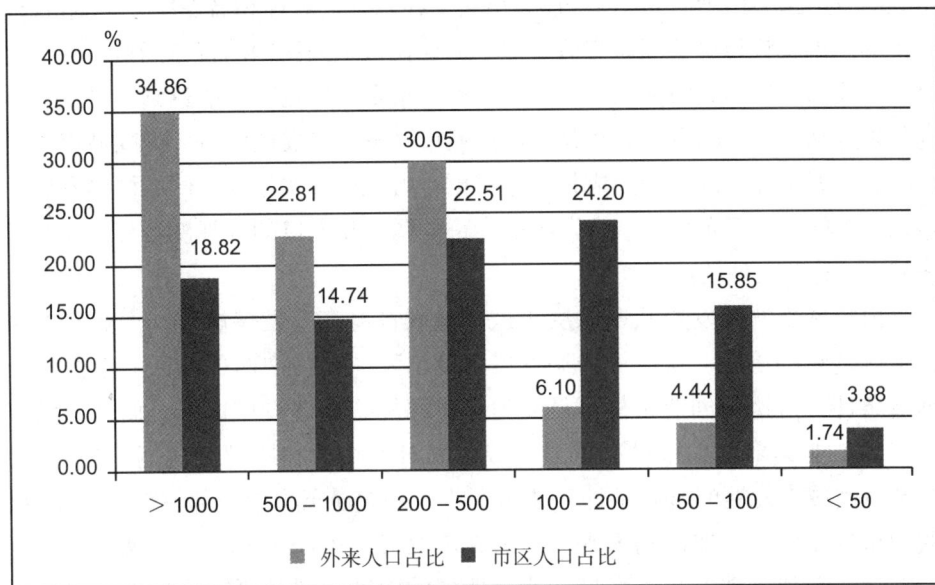

图 3-15　2010 年不同规模城市市区人口和外来人口占比

2. 关注城市群与周边区域及其他城市群的关系

随着我国交通网络通道的建设和城市群自身经济辐射功能的增强，城市群自身会出现空间不断向外扩展的趋势，与周边城市、区域乃至其他城市群的联系将更加紧密。如长三角城市群与皖江地区，京津冀城市群与冀中南、晋中地区，珠三角城市群与北部湾地区，鄂东城市群与豫南、赣西地区。除了关注这些空间变动趋势外，应主要强化由沿海向内陆拓展的横向开发轴带之间联系，加强沿海发达的城市群与内陆城市群及城市地区之间的沟通和联系，带动中西部城市群及其区域加快发展，尤其是通过创新引领、人才知识的交流与合作，提升中西部城市群的发展水平。如长三角城市群与鄂东、湘东和川渝城市群，山东半岛与中原和关中城市群等，辽中南城市群与黑西南城市群、哈长地区等等。根据每个城市群在我国国土空间开发战略中的重要地位，以城市群为核心组织开展大经济区域经济活动，以优化我国国土空间结构，均衡国土空间布局。

3. 内陆城市群的演化趋势

从世界发展规律看，沿海岸线具有成为城市群的巨大优势，如美国 67% 的国内生产总值集中在大纽约区、大洛杉矶区和五大湖区三大城市群地区，日本 65% 的人口和 70% 的国内生产总值集中在东京、阪神和名古屋三大城市群。我国的总体趋势与这些国家有所类似，但也要认识到我国的特殊国情，在一定时间内我国人口和经济活动还会向沿海地区集聚，但也不可能达到像日本那样的集聚水平。未来的发展趋势是在沿海城市群不断发展的同时，内陆城市群也会随着发展条件的改变伴随成长，这将更有力地推进实施我国区域协调发展战略，均衡国土空间布局，减少资源的大跨度调运和人口的大规模迁移，降低经济社会运行和发展的成本。

内陆城市群的发育状况取决于这些地区自身产业发展能力，产业向中西部地区转移的情况，从区域协调发展角度出发，要为中西部地区城市群成长创造条件，但这种创造条件不是人为地拉郎配式地建设城市群，而是为城市人口和产业集聚创造条件，重点是城市群对外交通和内部交通网络的建设，以及各类城市发展的基础条件，如渝新欧铁路的通车为中西部省市拓展中亚、欧洲市场提供了重要的物流平台，为重庆及其城市群拓展产业发展空间创造了条件，有利于进一步增强带动西部地区的发展。同时要继续加强对西部地区人力资源的培养，通过提升人力资源流动的能力，促进人口集聚发展。目前来看，随着西部地区产业的发展，劳动力在本地就业的愿望提高，西部城市群未来人口聚集的能力会不断提高。其他诸如天山北坡、滇中和黔中等区域，在相当长时间内不太可能形成我们定义的城市群，而是更多地表现为以大都市区为主的空间形态，即围绕乌鲁木齐、贵阳、昆明等大城市核心区形成人口和产业集聚态势。这些区域由于地形条件、生态环境等因素限制了人口的大规模集聚，即使与周边城市的交通条件有所改善，也不会形成较高强度的经济联系和人口经济密度。

4. 单中心向多中心和网络化发展

在城市群内部，经济要素和经济活动在空间上表现为集中与分散相结合，位移扩展和跳跃式扩展并存，两个或多个城市之间由于引力加强和影响空间的邻近，会出现互为影响区、互为空间环境的局面，城市群体空间将由单中心向多中心、网络化的空间结构演化。这种转变将有效降低中心区域的高密度发展压力，降低聚集的负外部性，促进核心城市与外围地区空间融合。如长三角过去的三大中心城市上海、南京、杭州正在向以上海、南京、杭州、苏州、宁波为中心城市的多中心趋势发展。多中心、网络化发展的程度与城市群发育的成熟程度相关，目前我国大部分的城市群还处于单中心结构状态（包括两大核心城市为主的城市群），未来随着一些次核心城市城市经济实力的增强以及高铁和城际快铁、高速公路网的快速发展，城市间的经济距离不断缩短，城市间的空间经济联系将呈现出网络化的发展趋势。

五、主要研究结论

（一）城市群内部经济联系不断紧密

根据实证研究和文献综述，可以发现城市群内部成员城市之间的联系日益紧密，一体化的趋势非常明显，这主要得益于以下几个方面的原因。一是我国社会主义市场经济体制日益完善，制约要素流动的行政性壁垒在逐步弱化，这为发挥市场配置资源的基础性作用创造了较好的外部环境。城市群作为具有有机联系的经济区，市场所发挥的作用日益显现，使得城市与城市之间的联系日益密切。二是现代技术在基础设施领域的广泛应用，大大降低了城市与城市之间的时间成本，拉近了城市与城市之间的时间距离。随着高速铁路网络的不断完善，毗邻城市之间的交通日益便捷，时间成本越来越低，这也在很大程度上加强了城市群成员城市之间的联系程度。

（二）城市联系密切程度与城市综合功能呈现正向关系

一般来讲，城市的综合功能愈完善，其对外联系程度愈密切。这主要是因为功能愈完善的城市，其专业化分工更细，更需要与其他城市之间建立密切的经济关系，以更好发挥各自的比较优势。这一点在我国的上海、北京、广州、天津、深圳等城市中都得到充分体现。比如在京津冀城市群的实证研究中，作为双核心的北京和天津，都是综合功能比较完善的城市，北京和天津在城市联系中处于主导性地位，成为和其他成员城市联系的重要枢纽，在整个城市群体系中发挥着引领性作用。

（三）城市群外部的经济联系范围日益拓展

在经济全球化的大背景下，城市的开放度和包容性得到很大提升，城市群作为由若干城市组成的有机体，其国际化程度也得到很大的提升，城市群对外联系的空间范围不断拓展。在我国几个主要城市群之间，都具有比较密切的经济联系，在京津冀城市群、长三角城市、珠三角城市和成渝城市群之间，相互之间的联系非常密切，基本主导了我国城市群之间的经济联系。其次，这些城市群的国际化程度也比较高,与国外主要城市之间的联系比较密切,已经成为世界城市网络中的重要组成部分。

(四)城市联系密切程度呈现从沿海向内地递减的趋势

沿海地区的城市间的联系密切程度一般都高于内地城市间的联系密切程度,这一方面得益于东部沿海地区完善的市场环境和较好的发展基础,城市之间的分工更为细化,相互之间的互补性更强,相互之间的依存度更高。中西部内地地区虽然也形成若干城市群,但是由于发展基础相对较弱,城市之间分工协作还不是很完善,相互之间的联系密切程度相对较弱。另一方面,沿海地区城市外向度较高,其市场范围更大,对外联系更为密切。

(五)城市间经济联系程度成为识别城市群成熟度的重要依据

不同的城市之所以能够组成城市群,在很大程度上就是因为这些城市之间具有密切的经济联系,使这些城市组成一个有机体。城市之间的经济联系又非常明显的体现在相互之间的人员流动、资金流动、信息流动等生产要素的流动量上,这种联系既可以直接通过要素流动的量化数据得到体现,也可以通过各种数学模型,利用间接数据得以体现。通过测算城市群之间的经济联系程度,在进行横向或纵向的比较,可以在很大程度上可以识别城市群的发育程度。

参考文献

陈彦光、刘继生:《基于引力模型的城市空间互相关和功率谱分析》,《地理研究》2002年第6期。

陈子曦、万代君:《"成渝经济区"区域经济联系实证研究——基于城市经济联系视角》,《经济问题》2011年第3期。

邓玉春:《城市群际空间经济联系与地缘经济关系匹配分析——以珠三角建设全国重要经济中心为例》,《城市发展研究》2009年第8期。

何涛、钱智:《我国城市间经济联系的研究进展》,《上海师范大学学报(自然科学版)》2010年12月刊。

金凤君、钱志鸿:《内地—香港间客运联系研究》,《地理科学进展》1998年第2期。

李响:《基于社会网络分析的长三角城市群网络结构研究》,《城市经济》2011年第12期。

刘承良、余瑞林、熊剑平、朱俊林、张红:《武汉都市圈经济联系的空间结构》,《地理研究》2007 年第 1 期。

卢万合、刘继生：《中国十大城市群城市流强度的比较分析》，《统计与信息论坛》2010 年第 2 期。

罗震东、何鹤鸣、耿磊：《基于客运交通流的长江三角洲功能多中心结构研究》，《城市规划学刊》2011 年第 2 期。

马燕坤：《京津冀地区城市经济联系实证研究》，《发展研究》2011 年第 5 期。

孟克强、陆铭：《中国的三大都市圈：辐射范围及差异》，《南方经济》2011 年第 2 期。

斯科特、沈崇麟：刘军译，《社会网络分析法》，重庆大学出版社 2007 年版。

隋博文：《广西北部湾经济区城市群物流经济联系发展模式研究》，《物流工程与管理》2011 年第 3 期。

王德忠、庄仁兴：《区域经济联系定量分析初探——以上海与苏锡常地区经济联系为例》，《地理科学》1996 年第 1 期。

王欣、吴殿廷、王红强：《城市间经济联系的定量计算》，《城市发展研究》2006 年第 3 期。

王燕军、宗跃光、欧阳理：《关中—天水经济区协调发展进程的社会网络分析》，《地域研究与开发》2011 年第 6 期。

叶磊、欧向军：《我国主要城市群的城市流动态比较》，《城市发展研究》2012 年第 7 期。

余沛：《中原城市群空间联系研究》（西南交通大学博士论文），2011 年。

张建营、毛艳华：《珠三角城市群经济空间联系实证分析》，《城市问题》2012 年第 10 期。

张擎、魏津瑜：《天津与各省地缘经济关系测度分析》，《天津理工大学学报》2009 年第 4 期。

张炜熙、胡玉莹：《长三角与京津冀城市群物流产业发展比较及与区域经济关联分析》，《现代财经（天津财经大学学报）》2010 年第 6 期。

张旭亮、宁越敏：《长三角城市群城市经济联系及国际化空间发展战略》，《经济地理》2011 年第 3 期。

郑国、赵群毅：《山东半岛城市群主要经济联系方向研究》，《地域研究与开发》2004 年第 5 期。

郑良海、邓晓兰、侯英：《基于引力模型的关中城市间联系测度分析》，《人文地理》2011 年第 2 期。

周一星：《城市地理学》，商务印书馆 2003 年版。

朱道才、陆林、晋秀龙、蔡善柱：《基于引力模型的安徽城市空间格局研究》，《地理科学》2011 年第 5 期。

朱英明：《中国城市密集区航空运输联系研究》，《人文地理》2003 年第 5 期。

朱英明：《城市群经济空间分析》，科学出版社 2004 年版。

Haggett P, *Locational Analysis in Human Geography*, London: Edward Arnold, 1965.

Hall P., Pain K, *The polycentric metropolis：learning from mega-city regions in Europe*,

London: Earthscan, 2006.

Reilly W J.*The law of Retail Gravity (second edition)*, New York : Pillsbury Publishers, 1953.

Richard Florida et al, "*The Rise of the Megaregions*", Cambridge journal of regions, economy and society, Vol.1, No.3(2008), pp. 459—476.

Taylor P J, Hoyler M. *The spatial order of European cites under conditions of contemporary globalization*, Tijdschrift voor economische en Sociale Geografie, 2000.

专题四

我国城市群生产生活生态空间结构优化研究

　　城市生态—生产—生活空间之间的比例关系随着地理环境、发展水平和发展方式不同而不同。随着我国城市化进程的推进，单一城市向大都市区和城市群发展的过程中，不仅在城市内部，而且在城市与城市之间都会出现空间冲突的问题。如何把调整生产空间、生活空间、生态空间之间的比例关系作为国土开发的重要抓手，实现从培育生产空间为主导的国土开发导向、向生产—生活—生态空间并重的国土开发导向的转变，是实现我国生产空间集约高效、生活空间宜居适度、生态空间山清水秀需要破解的重大问题，也是本部分重点研究的领域。

一、城市群生产生活生态空间结构优化的理论和国际经验

（一）城市群生产生活生态空间结构演变的一般规律

　　如图 4-1 所示，Jonathan A. Foley 等总结了在不同发展阶段土地利用结构的变化情况，自然生态系统的面积、未利用土地、个体经营农田和小规模农场的面积不断减少，集约耕作农田、城市化地区、被保护土地的面积的占比不断上升。

（二）城市群生产生活生态空间结构优化的理论

1. 田园城市理论

　　1898 年，E · 霍华德（Ebenezer Howard）提出了"田园城市"理论。霍华德认为，城市环境的恶化是由城市膨胀引起的，城市无限扩展和土地投机是引起城市灾难的根源。他建议限制城市的自发膨胀，并使城市土地属于城市的统一机构；城市人口过于集中是由于城市具有吸引人口聚集的"磁性"，如果能有意识地移植城市的"磁性"，城市便不会盲目膨胀。他认为"城市—乡村"结合

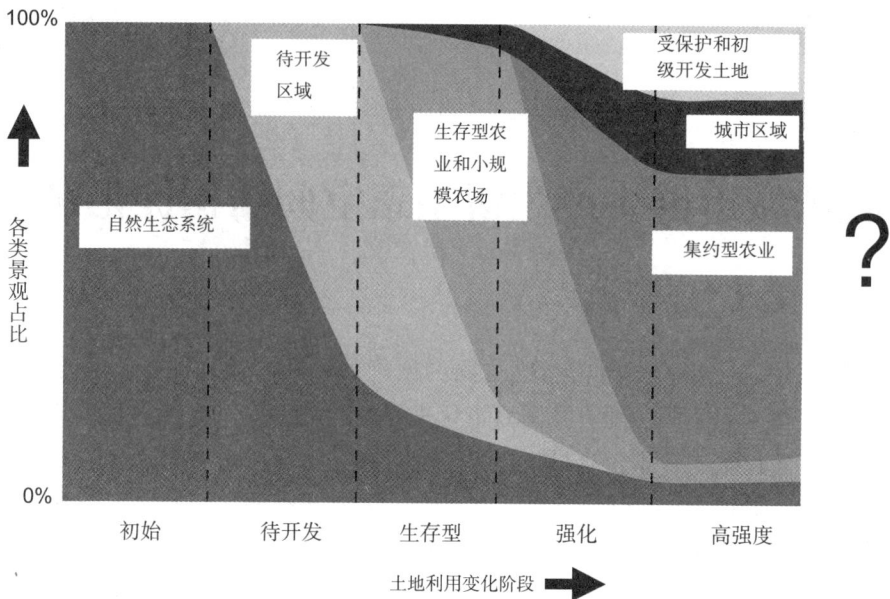

图 4-1　城市群土地利用结构变迁

资料来源：Jonathan A. Foley, Ruth DeFries, Gregory P. Asner, etc, "Global Consequences of Land Use", Science, Vol.39 (July 2005).

的形式兼有城、乡的有利条件而去两者的不利条件，即田园城市。[①] 霍华德的田园城市的实质是要融合城市与乡村的各自优势：城市的优势是集聚效应所产生的生活和出行便利，而乡村的优势是自然环境良好。田园城市的构建方式是当城市达到一定规模后，应该停止增长，其过量的部分通过绿色田野背景下建设的新城来加以吸纳。因此，无论是在城市内部，还是在区域层面上，田园城市思想都很好地结合了自然环境与城市环境，强调了对自然的重视及保护。[②]

田园城市理论的若干核心思想对于城市群建设都有重要的启发意义。（1）在解决城市环境问题时不能单纯从城市内部入手，而要从更大范围来建构城市建设空间群体与自然生态本底的开敞式的和谐关系。（2）通过绿带环城来维持城市基本的良好的自然环境质量。（3）利用各种线性或带型要素，将城市内、外生态空间联系在一起。

[①] 雒占福：《基于精明增长的城市空间扩展研究——以兰州市为例》（西北师范大学博士学位论文），2009年5月。

[②] 曹哲铭：《簇群式城市生态空间结构模式与建构研究》(华中科技大学硕士学位论文)，2010年1月。

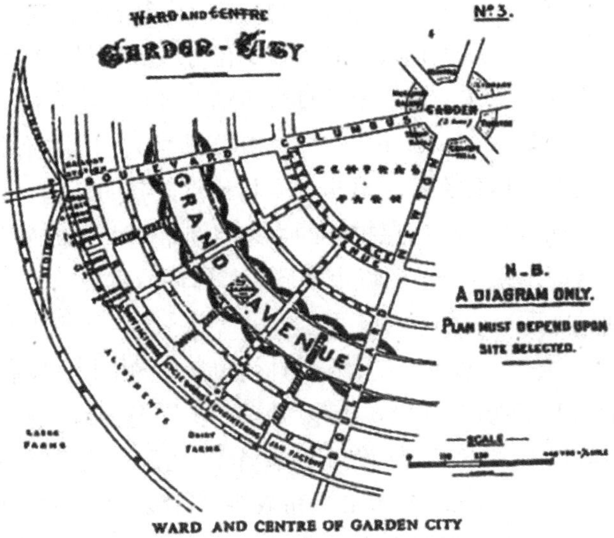

图 4-2　霍华德的田园城市构想

资料来源：曹哲铭：《簇群式城市生态空间结构模式与建构研究》（华中科技大学硕士学位论文），2010
年 1 月。

2. 有机疏散理论

1918 年，伊利尔·沙里宁（Eliel Saarinen）为缓解由于城市机能过于集中
而产生的弊病，提出了有关城市发展及布局结构的"有机疏散理论"。沙里宁
认为，卫星城是治理大城市问题的一种方法，但并不一定需要另建新城，可通
过城市发展及其布局的重构、进行有机的疏散来实现这样的目的。

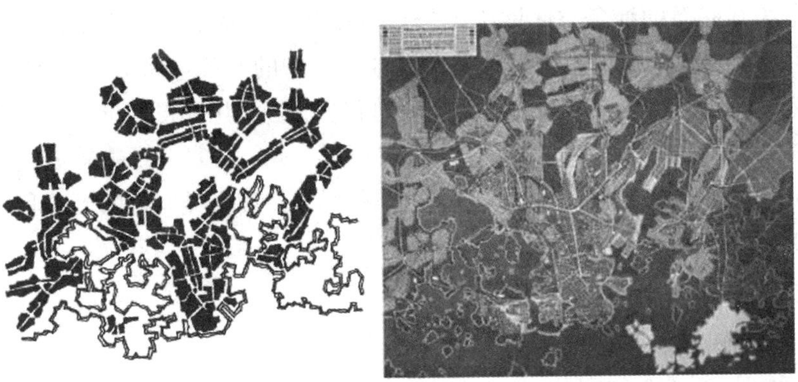

图 4-3　基于有机疏散理论的大赫尔辛基规划

资料来源：曹哲铭：《簇群式城市生态空间结构模式与建构研究》（华中科技大学硕士学位论文），2010
年 1 月。

该理论认为,城市如同自然界活的有机体,其内部秩序是一致的,不能顺其自然地凝成一块,而应该把人口和工作岗位分散到可供合理发展的离开城市中心的地域上去,对工作、学习等"日常活动"进行集中安排,并将工业等"偶然活动"疏散到中心城市以外。这样,既能满足人们的工作与交往要求,又不脱离自然,使人们居住在一个城市和乡村优点兼备的环境之中。① 该理论还强调分散的城市地域之间要用保护性的生态空间来隔离,从而构建一个完整的网状生态空间结构,保证分散的城市地域的整体环境质量。

3. 绿色基础设施理论

绿色基础设施是一个网络系统,它的核心是一个由中心控制点(Hubs)、连接通道(Links)和场地(Sites)构成的绿色基础设施网络(Green Infrastructure network)。绿色基础设施的首个定义源于美国。1999年8月,美国保护基金会(Conservation Fund)和农业部森林管理局(USDA Forest Service)组织有关政府机构以及专家组成了"绿色基础设施工作小组"(Green Infrastructure Work Group),以帮助社区及其合作伙伴将绿色基础设施建设纳入地方、区域和州政府计划和政策体系中。这个工作组对绿色基础设施的定义为:绿色基础设施是国家的自然生命支持系统(Nation's natural life support system)——一个由水道、湿地、森林、野生动物栖息地和其他自然区域;绿道、公园和其他保护区域;农场、牧场和森林;荒野和其他维持原生物种、自然生态过程和保护空气与水资源以及提高美国社区和人民生活质量的荒野和开敞空间所组成的一个相互链接的网络。② 美国学者贝内迪克特和麦克马洪提出的绿色基础设施的概念被较为广泛地接受:当用作名词时,绿色基础设施是指一个相互联系的绿色空间网络(包括自然区域和特征,公共和私有的保护土地,具有保护价值的生产性土地和其他受保护的开放空间),该网络因其身的自然资源价值和对人类的效益而被规划和管制。当用作形容词时,绿色基础设施描述了一个进程,该进程提出了一个国家、州、区域和地方等规模层次上的系统化、战略性土地保护方法,鼓励那些对自然和人类有益的土地利用规划和实践。

---

① 曹哲铭:《簇群式城市生态空间结构模式与建构研究》(华中科技大学硕士学位论文),2010年1月。

② 朱澍:《基于绿色基础设施的广佛地区城镇发展概念规划初步研究》(华南理工大学硕士学位论文),2011年6月。

（三）国外城市群生态空间建设的模式

平衡的大都市区空间结构往往被视为能否实现大都市区可持续发展的关键，而营造并保护大都市区生态空间是实现这一战略目标的重要举措。大都市区往往通过控制土地利用需求以防止城市蔓延，建构平衡的大都市区空间结构。从国际大都市区和城市群的实践看，其生态空间体系结构主要有环核心城市生态带、楔形生态带、生态中心核以及轴向生态带四种基本模式。

1. 环核心城市生态带模式

即城市在一定区域范围内集中发展，生态空间体系以环状绿地为主体围绕城市，以限制城市的扩展蔓延，周边卫星城镇则与主城保持一定的距离。最典型的案例为1944年艾伯克隆比主持的大伦敦规划，如图4-4所示。

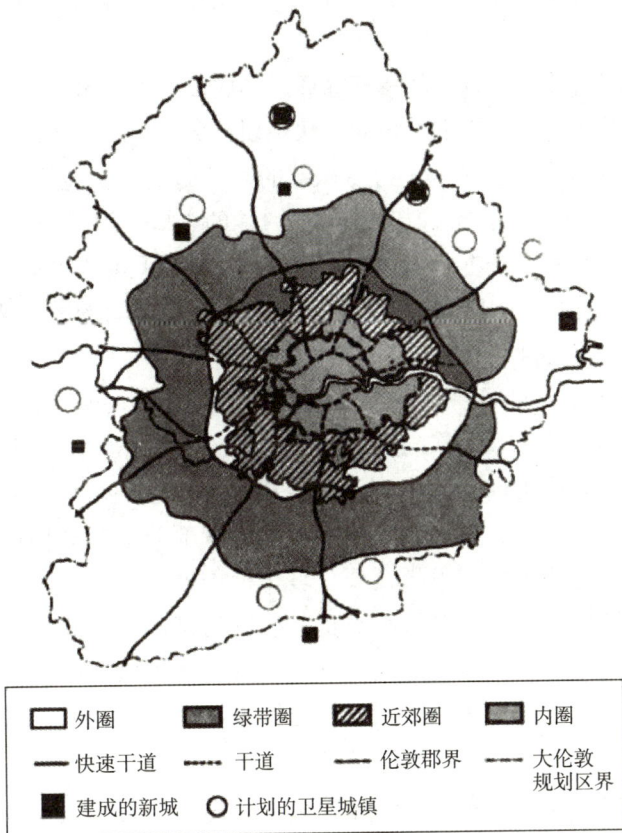

图 4-4　大伦敦地区规划

资料来源：盛明洁：《大伦敦地区规划》，《城市与区域规划研究》2012年第1期。

伦敦大都市圈以伦敦—利物浦为轴线，包括伦敦、伯明翰、谢菲尔德、利物浦、曼彻斯特等大城市，以及众多小城镇。该城市带面积为 4.5 万平方公里，人口 3650 万，是产业革命后英国主要的生产基地和经济核心区，由伦敦城和其他 32 个行政区共同组成的大伦敦是这个都市圈的核心，构成大伦敦区。大伦敦区目前人口约 753 万（2008 年），占地面积约 1580 平方公里。大伦敦规划方案在距伦敦中心半径约为 48 公里的范围内，将 6700 平方公里的地区由内到外划分了四层地域环：内城环、近郊环、绿带环（内径约 40 公里—50 公里，外径约 60 公里—75 公里）和外层农业环。其规划的中心思想就是通过绿带限制主城区的无限扩张，通过发展城市远郊区的卫星城镇，以分散中心城市的人口和开发压力。随后在 1988 年英国颁布了绿带规划导则，并在 1995 年和 2001 年进行了两次修订，详细规定了绿带土地使用的五大目标、六大作用、边界划分和开发控制要求等内容。截止至 2010 年，大伦敦绿带面积为 48.4 万公顷。

2. 楔形生态带模式

即生态空间与城镇建设空间相互穿插，形成以楔形、带形、片状为主要形式的生态空间系统。丹麦哥本哈根的指状规划、莫斯科的楔形绿地都是比较典型的例子。大哥本哈根地区位于丹麦东部的西兰岛上，土地面积 2800 平方公里，不足丹麦国土面积的 7%，却拥有全国 1/3 的人口（约为 185 万）。1947 年沙里宁编制了著名的大哥本哈根地区指状规划，5 根手指从哥本哈根中心分别向北、西、南方向伸出，形成一个手形的区域，手指之间的地区被森林、农田和开放休闲空间组成的绿楔分割，如图 4-5 所示。

在半个多世纪的时间内，哥本哈根的城市规划始终坚持这一规划原则，2007 年正式制定"指形规划"，指出城市发展要集中在轨道交通沿线，完善公共交通设施，使居住地向交通走廊沿线分布。按照这一规划，大哥本哈根地区被划分为 4 个不同的区域：城市核心区（手掌部分）的规划重点是完善城市公共交通服务以满足城市发展需要；城市外围区域（手指部分）将为城市扩展和建设新城提供空间，规划重点也是要完善基础设施建设，提高公共交通服务水平；指形地区周边的绿地区域并不会转变为城市区域，不进行城市设施的建设和开发；其他区域将用于补充城市发展所需空间，以及城市群之间的建设。①

绿隔有多种，常见的为环形绿隔和楔形绿隔。环形绿隔对应的是蛙跳式

---

① 于晓萍等：《哥本哈根"指形规划"的启示》，《城市》2011 年第 9 期。

城市发展模式,而楔形绿隔对应的是城市轴向连续发展模式。环形绿隔由于内外属于同一通勤圈,因此大幅增加了交通出行的距离,加大交通出行能耗和排放,违背了节能、低碳原则。楔形绿隔与城镇二者之间形成空间共扼关系,其最大的特点恰恰在于有利于大运量公共交通的发展和利用,有利于提高市政基础设施的效率,节省居民出行时间,能够达到城市节能、环保、低碳发展的目的。另外,这种模式还很有可能成为根治城市"摊大饼"式无序发展的有效对策,因为一方面能遏制城市横向发展和横向粘连,另一方面引导城市沿轴向发展,通过疏堵结合引导大都市圈形成可持续发展的空间形态。① 两种模式实际使用的效果则主要取决于都市圈内城镇成长的阶段和绿色空间的位置选择。当都市圈内城镇(尤其是中心城市)处于快速增长期,宜配置楔形绿地;而当城镇处于稳定增长期,则更宜配置环形绿带。

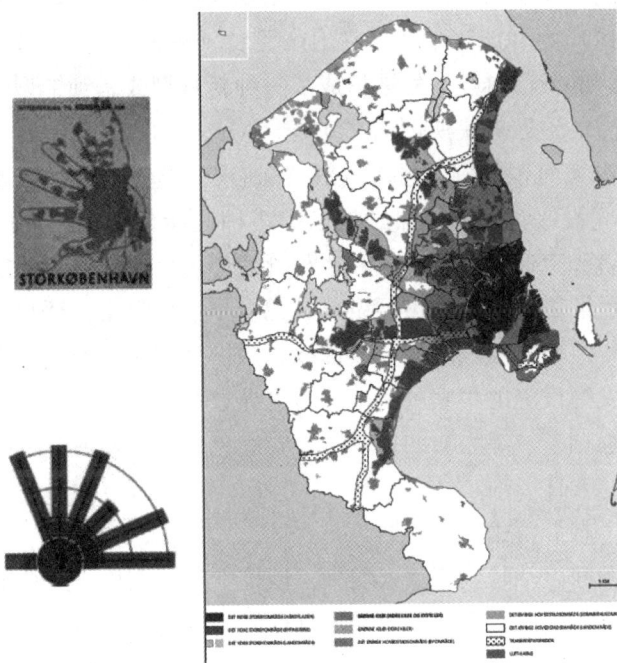

图 4-5　大哥本哈根地区规划

资料来源:于晓萍等:《哥本哈根"指形规划"的启示》,《城市》2011 年第 9 期。

---

① 李伟:《借鉴世界城市经验论北京都市圈空间发展格局》,《多元与包容——2012中国城市规划年会论文集(01.城市化与区域规划研究)》2012年版。

3. 生态中心核模式

即城市围绕大面积绿心发展，城镇间以绿色缓冲带进行分隔。荷兰的兰斯塔德地区是这种模式的典型。兰斯塔德（Randstad）是荷兰一个拥有卫星城的大都市区，位于荷兰西部，地跨南荷兰、北荷兰、乌得勒支和弗莱福兰4省，包括4个核心城市（阿姆斯特丹、鹿特丹、海牙、乌得勒支）及其周边的中小城镇。2008年兰斯塔德拥有710万人口，总面积大约8287平方公里。1958年初，荷兰国家西部工作委员会发表了《荷兰西部的发展报告》。该报告支持荷兰西部城市继续保持分散的区域空间结构，它提出要维持主要城市之间的绿色开放空间（所谓的缓冲区），至少保持4公里宽，并在环状城市中间保留相对开放的空间（"绿心"），从而使构成的"Randstad"予以保留。[①] 在随后出台的空间规划政策文件中，两个概念被强调并影响其后数年，一是荷兰西部城市应视作一体并向外发展从而保护中部绿心；二是兰斯塔德地区工业被分散开来从而减少该地区压力并能够带动其它地区发展。在这种空间规划理念的引导下，兰斯塔德地区的城市群逐渐发展形成了一种新月型或是锁链型的布局，而由这些城市包围着的地区就是所谓的"绿心"（Green Heart），主要是非城镇建设用地，其中心由大面积的农业景观构成"绿心"，作为永久性绿地，城镇建设区与生态核之间设绿色缓冲地带，城市的多种职能分散在几个相对较小的城市中。许多学者和交通、公共事业和水利管理部门提出了强烈的反对意见，他们认为绿心对兰斯塔德区域城市网络形成无疑是一种阻碍，环状城市群之间的联系往往会由于绿心的阻隔减弱，通过绿心保护推动城市群呈分散状发展的空间规划不利于发挥设施的集聚效益，同时也导致城市发展力量的分散；而报告的支持者更加强调了"绿心"的重要性，要避免城市的发展最终形成一种"房屋的海洋"式的末日场景。[②]

4. 轴向生态带模式

即生态空间以轴状模式嵌入城中，城镇空间两侧均与开敞生态空间有机联系，绿地系统能发挥较大的效能并具有良好的可达性。为确保大都市圈良好的生态环境，需要保留和建设广域绿色生态空间，而广域绿色空间形态方面争论的焦点是应采用环形绿隔还是楔形绿隔。法国经过一二十年的酝酿，吸取了英国等国的经验与教训后，认为大城市是要发展的，用人为的强制手段去压制大

---

① 吴德刚等：《荷兰兰斯塔德地区的规划历程及启示》，《现代城市研究》2013年第1期。
② 吴德刚等：《荷兰兰斯塔德地区的规划历程及启示》，《现代城市研究》2013年第1期。

城市的发展是不可能的，用建立环状绿带的办法来阻止城市的发展是徒劳无益的。巴黎在 1961 年规划中也曾采用过绿带，但城市人口跨越绿带继续向四周蔓延，甚至干脆最后把绿带吞噬了，巴黎周围如今没有绿带，而是在旧城区的左右保留了两大片森林公园。而巴黎东部新区马恩拉瓦来的成功之处就在于采用了轴向发展模式。1965 年的巴黎城市规划沿塞纳河两侧建了 8 个新城，并在河两岸形成两条平行轴线，轴线上又形成一系列短轴，这些短轴为人们提供了绿地空间和休憩场所。日本的情况与巴黎极其相似。1958 年首都圈第一次基本规划将首都圈划分为建成区、近郊区和周边地区三个区域，在建成区周围的近郊区设置绿环，抑制市区继续扩张；在周边地区建设数个卫星城作为人口和产业的分散地。之后日本经济迎来黄金期，人口继续向东京都市圈集中，城市规模继续扩大，绿环被不断蚕食。1968 年第二次基本规划顺应城市化潮流，取消了绿环，将半径 50 公里的区域定为近郊建设地带，进行城市化建设，实现与绿地空间的共存。

（四）国外城市群生态空间管制的经验

1. 动态综合的土地利用能够实现生态空间的可持续发展

绿色生态空间作为城市开发建设的本底，不但与城市建设用地存在拓扑关系，而且应当在功能上相互融合，持续发展。在土地资源稀缺的发展阶段，兰斯塔德地区，大伦敦绿带等国外发展经验都表明，城市群生态空间的规划不能简单和片面地追求生态价值或环境效应的绝对保护，应当客观务实地研究适合生态空间发展的产业，在基本生态价值得到保证的前提下，提升其在城市低碳经济发展、宜居城市营造、历史文脉传承等方面的综合价值，最大限度地发挥生态空间在生态保育、休闲游憩、景观体验、文化创意、科普教育和安全避灾等方面的多样性功能与整体效益。如 2000 年对大伦敦绿带的土地性质进行统计，结果显示除大部分的土地用于农业之外，仍然存在其他的与绿带景观协调的土地使用类型，如建成区及公园占据土地利用 8% 的份额。多元复合的生态空间功能不仅不会损害基本生态服务价值，在经济效益和生态效益双赢的情况下反而更能有效地实现可持续的稳定增长。

2. 法定规划计划的制订是保护生态空间的制度基础

在欧盟，1992 年制定了《欧盟生境保护指导方针》，敦促成员国保护代表性的自然区域（栖息地），以构建欧洲自然保护的基础网络。1992 年—1994年实施的《保护欧洲的自然遗产：走向欧洲生态网络》计划和 1996 年的《泛欧生物和景观多样性战略》进一步明确了建立跨欧洲的生物保护网络计划。这一计划影响广泛，如波兰国家生态网络、荷兰国家生态网络及其北布拉班特省的绿色生态主干结构都是在欧洲生态网络框架下的国家及地区计划。在荷兰，从1960年—2000年的5次国土空间规划都将兰斯塔德地区的保护与开发作为重要内容。在国内，广东省先后出台了《广东省绿道控制区划定与管制工作指引》《广东省省立绿道建设指引》《广东省城市绿道规划设计指引》《广东省绿道网建设总体规划》，为城市群绿道网的建设奠定了坚实的法律基础。

3. 横向和纵向协调机制是空间管制规划实施的重要保障

在荷兰分权的行政体制下，保持各级政府乃至各部门之间国土规划政策的协调是保证规划顺利实施的重要前提，荷兰国土规划的协调形式，既包括中央、省和地方政府间的垂直协调，也包括同级政府不同部门之间的水平协调，二者相辅相成，缺一不可，形成一个完整的体系。协调的主要手段和措施具体包括设立专门协调机构，实行广泛的群众参与，建立监察机构，加强中央控制。珠三角城市群绿道网络协调机制也是通过省市联动、部门协作、上下协同来形容。省市联动是指由省、市相互协调分工，在省级层面设立具有协调功能的区域管理专门机构，对各市绿道办进行监督控制。部门协作是由于绿道建设涉及国土、交通、市政等众多相关部门。上下协同是指地方遵循属地管理的原则，以市、县（区）、镇为相应责任主体，层层落实统一。

二、我国城市群空间开发利用状况及存在的主要问题

（一）开发利用基本状况

1. 城市生产和生活空间快速扩张

城市生产和生活空间快速扩张是我国城市群空间开发利用的一个主要特征。如图4-6所示，长江三角洲和珠江三角洲城市群城市用地空间扩张强度出现峰值的时期为1992年—1995年，京津冀城市群城市用地空间扩张强度出现峰值的时期为2005年—2009年；三大城市群城市用地空间扩张强度的最低时期均为2000年—2005年。随着城市化进程的不断推进，城市用地不断向外扩张，三大城市群的城市用地逐渐形成轴向或连片发展的形式。虽然京津冀城市群空间扩张相对较缓慢，但仍呈现了由分散形式向集聚形式发展的趋势。

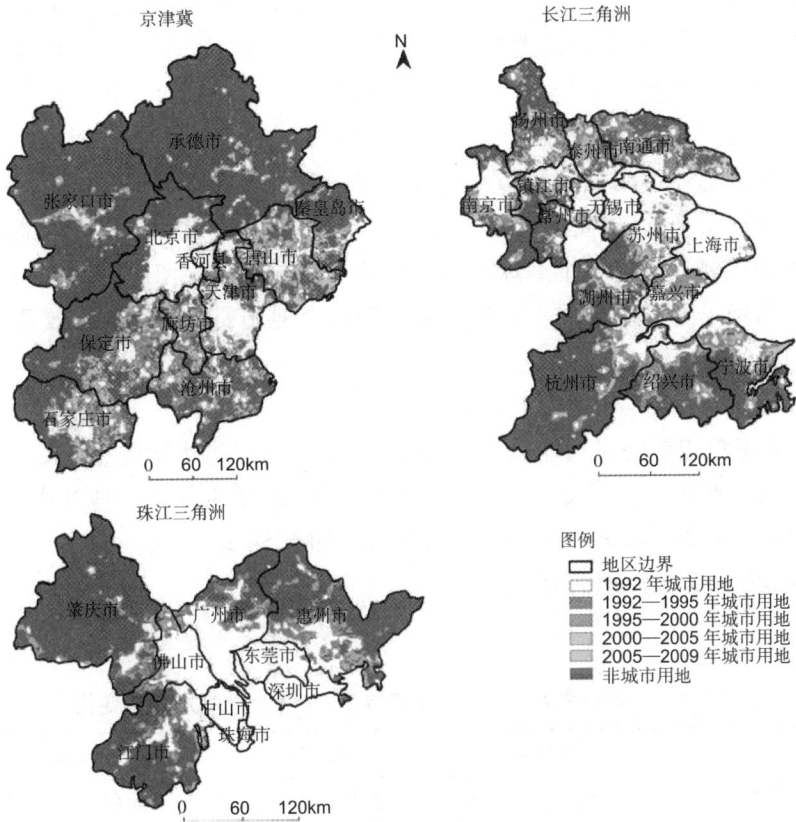

京津冀

长江三角洲

承德市
张家口市
秦皇岛市
北京市
香河县　唐山市
天津市
廊坊市
保定市
沧州市
石家庄市

扬州市
泰州市　南通市
镇江市
南京市　常州市　无锡市
苏州市
上海市
湖州市　嘉兴市
杭州市　绍兴市　宁波市

0　60　120km

0　60　120km

珠江三角洲

肇庆市
广州市　惠州市
佛山市
东莞市
深圳市
中山市
江门市　珠海市

0　60　120km

图例
地区边界
1992 年城市用地
1992—1995 年城市用地
1995—2000 年城市用地
2000—2005 年城市用地
2005—2009 年城市用地
非城市用地

图 4-6　长三角、珠三角、京津冀城市群城市用地变化情况

资料来源：王翠平等：《基于 DMSP/OLS 影像的我国主要城市群空间扩张特征分析》，《生态学报》2012
年第 3 期。

2. 生态空间保护得到重视

在武汉城市群，2008 年出台了《武汉城市圈两型社会建设试验区生态环境
规划》，规划提出了一系列包括城市圈生态空间的新举措。第一，根据城市圈
各个区域生态环境要素、生态环境敏感性与生态服务功能空间分异规律，划分
为 3 类 9 个生态功能区。第二，突出武汉作为城市圈中心的生态地位，建成由
"一轴、两翼，九区、十八脉、三十六湖库，生态节点、生态廊道、生态绿岛"
构成的区域生态网络框架。第三，规划还根据对生态环境保护要求的严格程度
的不同，将武汉城市圈划分为严格保护区（红线区）、控制性保护利用区（黄
线区）、引导开发建设区（绿线区）。

在长株潭城市群,2011 年 5 月出台了《长株潭城市群生态绿心地区总体规划》,规划按照生态服务优先、有机疏散、功能分区、建设保护的思路,以保持性开发为主线,采用圈层式、组团网络化、生态耦合方式,优化重组绿心地区生态功能区空间结构,形成一个生态绿核、三条生态屏障带、七大主题功能区的总体空间格局。2013 年 3 月又出台《湖南省长株潭城市群生态绿心地区保护条例》,建立了生态绿心地区的空间管制制度,规定了生态绿心保护的责任主体,规定了生态绿心地区总体规划的地位、作用以及编制、修改程序,明确了生态绿心保护的资金来源和资金使用要求,将生态效益补偿机制落到了实处。

3. 基础设施建设用地需求迅猛增长

城市基础设施建设用地需求迅猛增长是城市群空间开发利用的又一主要特征。如表 4-1 所示,在长株潭城市群 1999 年—2007 年各类土地利用变化中,交通基础设施用地 1999 年—2007 年间共增加 5254.38 公顷,增幅达 38.98%,增长幅度位居各类用地的第一位。

表 4-1　长株潭城市群 1999 年与 2007 年土地利用结构变化

土地利用类型	1999 年		2007 年		增减量	
	面积（公顷）	比例（%）	面积（公顷）	比例（%）	面积（公顷）	百分比（%）
耕地	636355.67	22.66	622463.56	22.16	-13892.11	-2.18
园地	65980.67	2.35	56986.83	2.03	-8993.84	-13.63
林地	1448906.46	51.58	1453155.67	51.74	4249.21	0.29
其它农用地	229196.27	8.16	225218.65	8.02	-3977.62	-1.74
居民点及工矿用地	230670.65	8.21	256316.55	9.13	25645.9	11.12
交通用地	13478.97	0.48	18733.35	0.67	5354.38	38.98
水利设施用地	23576.43	0.84	24453.36	0.87	876.93	3.72
未利用地	87537.47	3.12	81770.38	2.91	-5767.09	-6.59
其他土地	70536.23	2.51	67220.66	2.39	-3315.57	-4.7

资料来源:吴利等:《长株潭城市群土地利用动态变化研究》,《云南农业大学学报》2011 年第 1 期。

（二）存在的问题

1. 生态空间不断被城市建设用地挤占

如图 4-7 所示，1995 年—2007 年间长三角城市群 35.1% 大的区域的生态资产呈基本保持状态，主要为河流/湖泊、湿地、及南通中北部耕地和长三角南部林地区域；轻度退化面积占 16.3%，集中分布在南通、湖州、杭州、宁波、绍兴和台州；中度退化面积占 7.6%，主要分布在上海、杭州、宁波、绍兴和台州；严重退化面积占 12.4%，主要集中于上海、南京、杭州、宁波和环太湖的苏州、无锡、常州和嘉兴市城建区周边，累计占严重退化总面积 66.6%（8491.1 平方公里）。[①] 1995 年—2007 年期间，长三角城市群经济与人口快速增长，促使区域土地利用发生剧烈变化，主要表现为城市化快速扩展侵占耕地、林地和河流/湖泊，分别达 9050.6 平方公里、618.1 平方公里和 431.1 平方公里，导致生态资产累计减少 47.67 亿元。为提高区域耕地质量和增加耕地有效面积，实施土地整理和围垦分别使 1466.3 平方公里河流/湖泊和 134.6 平方公里湿地转为耕地，导致生态资产损失 28.07 亿元。此外，河流/湖泊与湿地向林地和草地分别转化了 177.9 平方公里和 201.8 平方公里，导致生态资产累计损失 5.33 亿元。[②]

2. 农业用地空间迅速减少

如表 4-2 所示，1990 年—2006 年，珠三角城市群的土地利用变化主要表现在建设用地和水域用地的快速增加，草地和未利用地有不同程度的增加，而耕地和林地呈快速减少态势。其中耕地由 1990 年的 14221.41 平方公里减少到 2006 年的 9607.67 平方公里，减少了 32.44%，年均减少 2.03%；林地 16 年间减少了 931.95 平方公里，年均减少 0.30%。建设用地面积由 1990 年的 2975.23 平方公里增加到 2006 年的 7049.04 平方公里，增加了 4073.81 平方公里，年均增长 8.56%。[③] 图 4-8 反映了珠三角城市群土地利用变化情况。

---

① 根据长三角城市群1995—2007年生态资产变化幅度，将其变化类型划分为7个等级：严重退化（减少50%以上）、中度退化（-50%—-15%）、轻度退化（-15%—-5%）、基本稳定（-5%—5%）、轻度增长（5%—15%）、中度增长（15%—50%）和快速增长（50%以上）。
② 徐昔保等：《长三角地区1995—2007年生态资产时空变化》，《生态学报》2012年第24期。
③ 叶长盛等：《珠江三角洲土地利用变化对生态系统服务价值的影响》，《热带地理》2010年第6期。

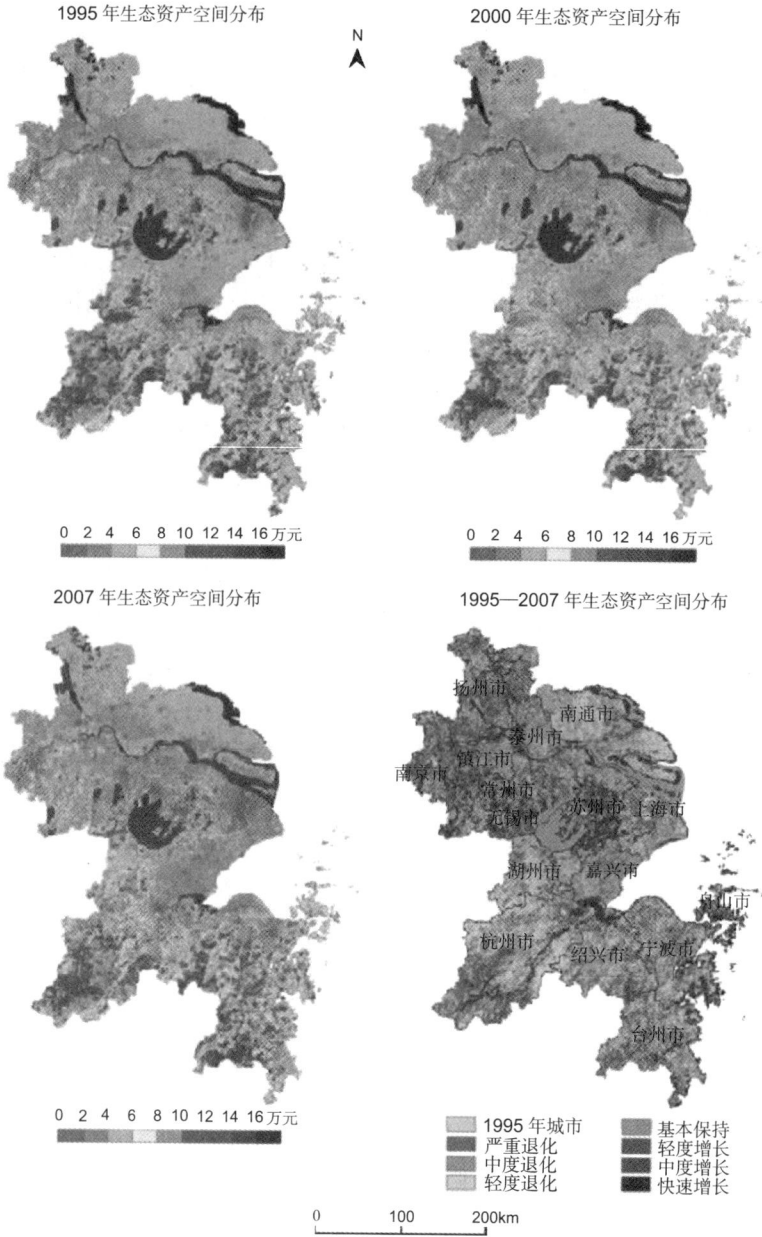

图 4-7　长三角城市群 1995 年—2007 年生态资产时空变化情况

资料来源:徐昔保等,《长三角地区 1995—2007 年生态资产时空变化》,《生态学报》2012 年第 24 期。

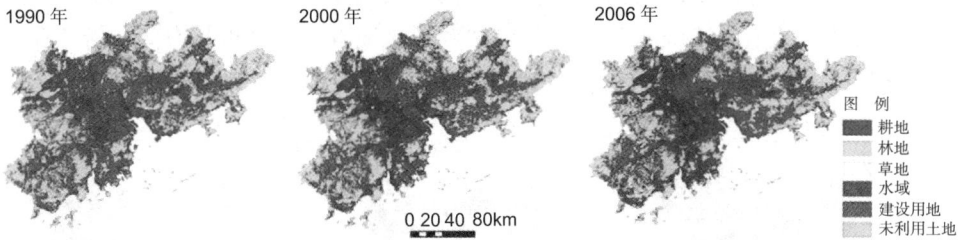

图 4-8　1990 年—2006 年珠三角城市群土地利用变化情况

资料来源：叶长盛等：《珠江三角洲土地利用变化对生态系统服务价值的影响》，《热带地理》2010 年第 6 期。

表 4-2　1990 年—2006 年珠三角城市群土地利用结构变动

土地利用	各年总面积 / 平方公里			变化率 / %			
类型	1990 年	2000 年	2006 年	1990—2000 年	2000—2006 年	1990—2006 年	年均变化率
耕地	14221.41	12631.54	9607.67	-11.18	-23.94	-32.44	-2.03
林地	19656.47	19406.43	18724.52	-1.27	-3.51	-4.74	-0.3
草地	890.79	843.56	1042.62	-5.3	23.6	17.04	1.07
水域	3469.52	4194.85	4778.13	20.91	13.9	37.72	2.36
建设用地	2975.23	4137.34	7049.04	39.06	70.38	136.92	8.56
未利用地	24.29	24.01	35.74	-1.15	48.87	47.16	2.95

资料来源：叶长盛等：《珠江三角洲土地利用变化对生态系统服务价值的影响》，《热带地理》2010 年第 6 期。

3. 城市群生产、生活和生态空间冲突加剧

如图 4-9、4-10 所示，1993 年—2008 年伴随着快速的城市化过程，长株潭城市群的空间冲突作用强度总体呈现上升的趋势，且严重失控级别空间冲突的区域面积比例增幅最大，是空间冲突调控的重点区域。长株潭城市群建设用地景观高度集中在基本可控和基本失控型冲突两个等级，1993 年—2008 年两者比重基本维持在 45% 左右，其中基本失控冲突比例稍高。严重失控级别的建设用地空间单元比重近年呈略微上涨趋势，从 5.49% 增加到 6.48%。表明长株潭一半以上建设用地的空间冲突已上升至失控级别，且失控型空间冲突有进一步发

展与激化的态势，是冲突调控的重点所在。从城乡梯度差异来看，严重失控级别空间冲突的地域范围主要位于三市城乡过渡地带，该区也是空间资源竞争最激烈的地区，其次是城市内部，农村地区的空间冲突强度远远低于城市。[①]

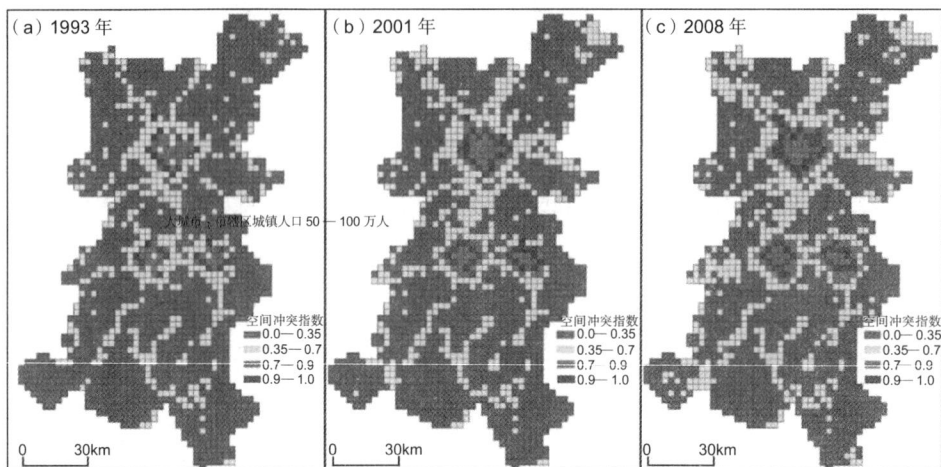

图4-9　1993年、2001年、2008年长株潭地区的空间冲突指数变化

资料来源：彭佳捷等：《基于生态安全的快速城市化地区空间冲突测度——以长株潭城市群为例》，《自然资源学报》2012年第9期。

4.核心城市生态空间位移扩展制约外围城市生产空间扩展

在京津冀城市群内部，张家口和承德两个地级市是京津两大直辖市的重要生态屏障和主要水源地，北京地区用水的83%和天津地区用水的94%均来自冀北区域内桑干河、洋河、潮白河和滦河四条河流，为了满足京津两市的用水需求，国家不断强化永定河、潮白河、拒马河上游地区的水资源保护，使冀北地区成为京津的地表水源保护区，张家口、承德实际上成为北京市和天津市的生态空间的一部分。作为北京市、天津市的生态空间，张家口、承德市的生产空间扩展受到抑制，工业化进程受此影响明显：张家口市第二产业占GDP比重自1991年开始逐渐下降，由1991年的68.4%下降至2011年的44.2%，承德市工业比重在1991年—2001年也不升反降。近十年来，张家口市先后关闭了污染企业600多家、停产治理280多家，放弃了20多个效益好而污染大的项目，损失几

[①]　彭佳捷等：《基于生态安全的快速城市化地区空间冲突测度——以长株潭城市群为例》，《自然资源学报》2012年第9期。

千万元。而作为北京密云水库上游的承德市为了治理污染，强行关停近 400 家企业，每年损失的财政收入超过 1 亿元。在生产空间扩张受到抑制的同时，张家口、承德两市生态空间逐步扩张，在张家口市编制出台的《张家口市土地利用总体规划（2006 年—2020 年）大纲》中，规划到 2010 年林地面积为 109.33 万公顷，2020 年增至 129.33 万公顷，占土地总面积的比重比 2005 年分别提高 2.70%和 8.14%。为此，张家口市 2013 年启动首都新型生态屏障建设示范区项目，计划在 5 年内实施生态工程 533.24 万亩，森林面积年均增加 96.5 万亩，森林覆盖率由 33.6% 提高到 39.24%，水源涵养能力提高到每平方公里 22.5 万立方米。

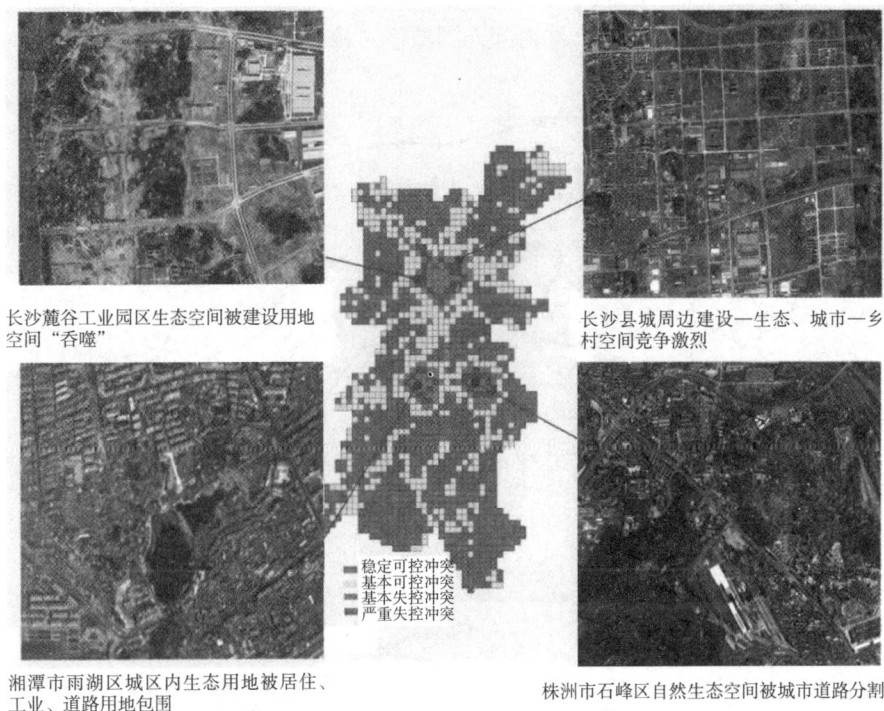

长沙麓谷工业园区生态空间被建设用地空间"吞噬"

长沙县城周边建设—生态、城市—乡村空间竞争激烈

稳定可控冲突
基本可控冲突
基本失控冲突
严重失控冲突

湘潭市雨湖区城区内生态用地被居住、工业、道路用地包围

株洲市石峰区自然生态空间被城市道路分割

图 4-10　长株潭城市群空间冲突典型地域的遥感影像比对（2008 年）

资料来源：彭佳捷等：《基于生态安全的快速城市化地区空间冲突测度——以长株潭城市群为例》，《自然资源学报》2012 年第 9 期。

5. 外围城市生产空间扩张导致工业围城

京津冀城市群是典型的外围城市生产空间逐步包围核心城市生活空间的城市群。如图 4-11 所示，1991 年北京市城市居住用地为 119.7 平方公里，与 1981 年相比增加了约 9.02%，平均年净增 0.99 平方公里；2003 年城市居住用地为 223.9

平方公里,与 1991 年相比增加了 87.05%,平均年净增 8.68 平方公里;2008 年城市居住用地为 310.9 平方公里,与 2003 年相比增加了 38.86%,平均年净增 17.4 平方公里,即八十年代的居住用地年净增量最小,进入九十年代以后居住用地增长速度开始加快,2000 年以后,居住用地进入高速增长阶段,北京市生活空间也进入加快扩展时期。[①] 同时,北京市工业用地已经完成从内城区向近郊区的分散和集聚过程,内城区工业用地需求基本上已经停止增长,工业用地正在进行从近郊区向远郊区的分散和集聚过程。在北京市工业向郊区分散的同时,在郊区相应形成了各种规模不等的工业园区。而随着环京津 8 市工业化进程的加速,环京津 8 市的生产空间不断扩张。北京市内工业空间的外移和环北京市工业空间的扩展共同作用的结果就是在城市群内部外围城市对核心城市形成了工业围城。

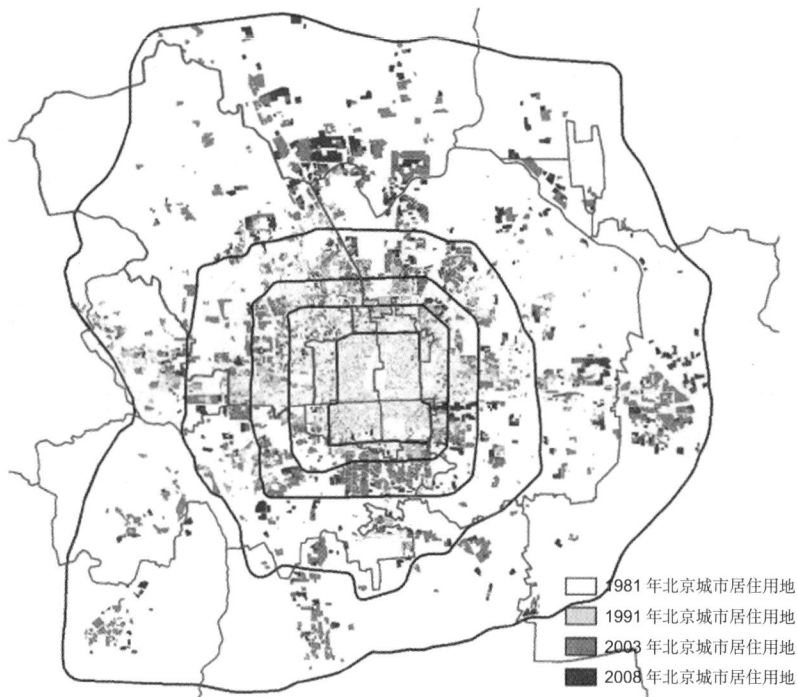

1981 年北京城市居住用地
1991 年北京城市居住用地
2003 年北京城市居住用地
2008 年北京城市居住用地

图 4-11 1991 年—2008 年北京市城市居住用地空间变化情况

资料来源:钱笑:《北京居住空间的发展与变迁(1912—2008)》(清华大学硕士学位论文),2010 年。

---

① 钱笑:《北京居住空间的发展与变迁(1912—2008)》(清华大学硕士学位论文),
2010年。

三、优化城市群生产生活生态空间结构的基本思路和模式

（一）城市群三生协调思路

1. 划分城市群主体功能分区，控制开发强度

国家层面的开发强度控制是城市群"三生"空间结构优化的基础。城市群的区域范围跨市（县）甚至跨省（市），要对城市群层面的"三生"空间结构进行优化，就必须打破单一城市忽视自身条件、盲目追求 GDP 和工业化等统一目标的发展指向，在国家层面根据不同国土空间的自然属性确定不同的开发内容，把资源环境承载力相协调作为开发的原则，把自然条件适宜性作为开发基础，根据资源环境中的"短板"因素确定可承载的人口规模、经济规模以及适宜的产业结构，区分不同区域具备合理的主体功能的开发理念，根据主体功能定位确定开发的主体内容和发展的主要任务，通过刚柔并济的分级管治策略，实现城市群空间结构的有序化发展。

2. 制定实施空间管制规划，构建生态屏障

现阶段，我国城市群空间管制主要是依据省市域主体功能区规划、空间管制规划以及生态功能区划。流域、湖泊、湿地、山脉等生态系统往往跨越城市行政区范围，成为单一城市国土开发和城市治理的盲区。在城市群空间尺度上，生态建设至关重要的环节是构建点线面结合、点状开发、面线保护的基本生态格局，划定生态保护线，管制生态空间，维持生态系统的稳定和完整性，这是生态城市群共同的价值取向。通过跨城市开展城市群生态资源调查，制订生态用地分类体系，根据管制需要，将生态用地归结到能与规划管理相融的管制区域类型上，即保护区及重要生态功能单元、区域生态廊道、生态保育区和城镇建成区绿地，并进一步从区域、景观尺度，划分保护区及重要生态功能单元、区域生态廊道、生态保育区，确定城市群生态网络格局，实施生态系统分类管制、生态需求分片管制、生态功能分区管制、生态用地分级管制。

3. 推动产业人口布局调整，形成合理结构

成立区域统筹协调机构，制定城市群层面的空间、交通、产业、城镇、生态环境保护等规划，在城市群层面对各市生产空间、生活空间以及生态空间的界限进行重塑，合理评估城市群核心城市和外围城市资源环境承载能力和当前承载的产业和人口水平，顺应核心城市去工业化和外围城市产业结构演进的方

向，综合考虑核心城市对城市群腹地的辐射带动效应，推动产业和人口向资源环境承载能力较强的城市和地区集聚和转移，置换出核心城市的生活空间和生态空间。调整城市群内各城市老旧城区，城市内部和跨城市工矿区、传统产业集聚区的生产和生活空间布局，减缓生产和生活空间混杂布局对生活居住的影响程度。调整生态脆弱地区的生产和生活空间布局，减缓生产空间和生态空间叠加布局、生活空间和生态空间叠加布局对生态空间的破坏和侵占程度。调整农业主产区的生产和生活空间布局，提升生活空间人口集聚水平，推动生产空间和生活空间逐步分离。

（二）不同发展阶段城市群三生协调模式

1. 成熟型

从更适宜生产的国土空间地域单元，向既有利于高级生产的国土空间、同时也是最适宜生活居住的国土空间提升。推动城市群层面的空间发展规划、土地利用规划、生态环境保护规划的衔接和统筹协调实施，约束三大城市群核心城市生产空间和生活空间的无序蔓延，控制核心城市生活空间人口集聚规模，提升外围城市生活空间承接核心城市生活空间人口外溢的能力，避免核心城市生产空间对外围城市生态空间的过度侵占，降低核心城市存量生产空间资源能源投入和对生态环境形成的压力。逐步恢复农田、林地、水系等生态系统，率先打造城市群层面区域—城市—社区一体化的面向居民生活服务的生态网络系统，一体化建设连通全域生态廊道和斑块，控制外围城市生产空间扩张对城市群跨界生态空间的侵占，争取在外围城市生产空间比重提升的同时，区域生态环境质量有所改善。着力协调农业建设布局与绿色开畅空间的合理配置，提高农业生产基地功能同绿色生态空间功能的复合水平。

2. 成长型

借鉴国外"城市增长边界"的经验，以精明增长的思维进行土地管理，在规划期限内设置"区域增长边界"弹性的调控区域开发规模和节奏。在生产空间小幅增加的前提下推动核心城市国土空间向更有利于高级生产的方向升级，逐步提升核心城市生活空间人口集聚能力和水平，增加外围城市生活与生产空间比重，推动核心城市和外围城市生产空间的对接融合，增强外围城市对核心城市生产空间置换能力，避免核心城市对外围城市生产空间的单向转移。引导城市与城市之间按照轴向带状扩展模式扩展，避免圈层式空间扩展模式，引导产业和城市空间发展过程中采用"极核—串珠模式"，尽量避免"连绵模式"，积极培育中等规模城市，防止人工建设切断完整的海陆生态体系。规划城市群各城市生态空间与城镇建设空间相互穿插，依托河流、大型工程、交通道路沿线以及城市内部街道构建以楔形、带形、片状为主要形式的生态空间，为实现一体化建设廊道组团网络化城市群生态空间结构奠定基础。

3. 发育型

稳步增加核心城市和外围城市生活与生产空间的比重，适度降低城市群重点发展地区生态空间比重，提升国土空间的开发利用强度，适度增加生产空间的比重。对于城市群内部的农业生产基地着力协调农业建设布局与绿色开畅空间的合理配置，提高农业生产基地功能同绿色生态空间功能的复合水平，适度增加农业生产和生态复合空间比重。

（三）不同空间尺度三生协调模式

1. 城市层面

当城市群的发育阶段还处在单个城市自发生长的阶段时，城市内部空间形态变化可分为三种类型。

圈层推进模式。北京、广州、深圳的空间形态变化都是这种模式。这些城市都集聚了较大规模的经济和人口，城市功能集中。随着产业发展和城市功能升级，中心城市服务功能不断强化，城市迅速向外扩张，一方面通过将生产空间特别是工业生产空间向外围地区迁移，辐射带动周边区域纳入建成区范围，另一方面通过强化地铁、公交等交通引导，将城市的生活空间向周边区域疏解，实现城市的蔓延扩围。

村镇融合模式。东莞、佛山、嘉兴、温州等市的空间形态变化都是这种模式。这些城市中心城区并不突出，主要通过不断在城市周边村镇设置新的开发区和产业园区，扩张生产空间，促进园区发展并形成新城区和产业专业镇，从而在生产空间周围形成新的生活空间。同时，通过改善交通等基础设施加强新老城联系，促进新老城区共同发展，形成多点开发的城市空间形态。这类城市的城镇化多为"自下而上"的过程，城市边缘区随意蔓延，导致生产空间分布散、规模大，呈无序的低效扩张状态，而生产空间和生活空间碎片化，生活空间与生态空间被生产空间割据现象严重，城市边缘区的耕地、湿地、绿地等重要生态资源和农业生产资源受到严重侵蚀，生态问题呈现区域化态势。

以城带乡模式。主要是惠州、江门、肇庆等城市。这些城市既有城区、也下辖一些县（市），城镇化形态中城乡分野比较清晰，城市地区主要分布在市区中心，传统的以城带乡发展模式比较突出，由于城市化发展相对落后，这些城市生产空间和生活空间由市区向乡镇推进的空间还很大，对城乡结合地区以及农村生态空间还存在较大的侵占的风险。

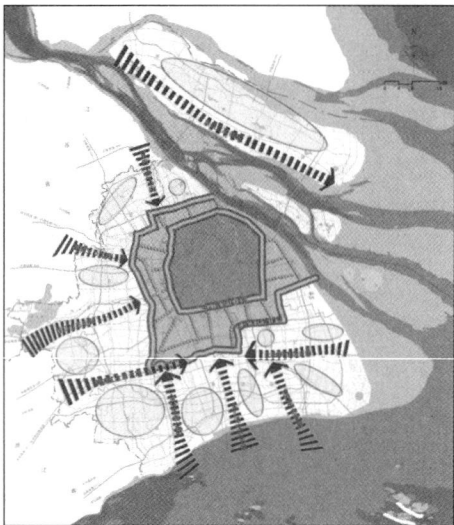

图 4-12　上海市域生态空间结构　　　图 4-13 上海市域生态用地布局

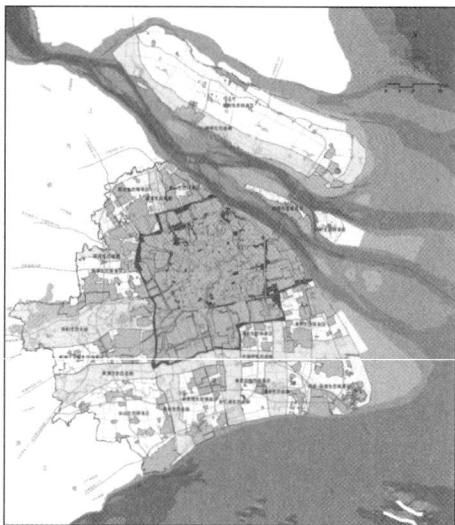

资料来源：《上海市基本生态网络空间规划》，2010 年 9 月。

全国许多城市在促进城市空间优化调整上，都做出了新的尝试。以上海为例，2010 年 9 月，上海市通过了《上海市基本生态网络空间规划》，这是在城市层面优化生产生活生态空间的一个规划实例，其对于上海市生态空间的保障和空间结构的平衡具有重要的意义。该规划按照建设生态型城市的目标，依据生态足迹、碳氧平衡原理，整合实现各类生态用地，重点明确绿地、林地和湿地三类生态资源的总量和布局结构，划定生态控制线，制定各区县生态空间管制导则。如图 4-12、4-13 所示，上海大都市区未来要形成中心城以"环、楔、廊、园"为主体、中心城周边地区以市域绿环、生态间隔带为锚固、市域范围以生态廊道、生态保育区为基底的"环形放射状"的生态网络空间体系。其中，基本生态网络空间主要通过基础生态空间、郊野生态空间、中心城周边地区生态系统、集中城镇化地区绿化空间系统四个层面的空间管控，维护生态底线。

2.大都市区层面

在大都市区层面，我国许多城市正通过统筹协调规划等方式力图对都市区的生产、生活和生态空间进行划分并分区实施各有侧重的重点建设任务和管理模式。

图 4-14　广佛肇经济圈重点建设地区布局示意图

资料来源：广佛肇经济圈发展规划（2010—2020 年），2011 年 6 月。

在 2011 年 6 月出台的《广佛肇经济圈发展规划（2010—2020 年）》和2011 年 12 月出台的《广佛肇经济圈生态环境保护和建设规划（2010—2020年）》中，广佛肇经济圈提出构建以生态屏障（东北部山地生态屏障地区、南部农田湿地生态屏障区、西部山地生态屏障区、西北部山地丘陵生态屏障区）、生态绿核（包括白云山—帽峰山、西樵山—皂幕山、鼎湖山—烂柯山区域）、生态廊道（包括流溪河、北江下游河流干道、增江—东江、西江、顺德水道—沙湾水道、贺江肇庆段、绥江、以及《珠江三角洲绿道网总体规划纲要》提出的途经广佛肇经济圈的 5 条区域绿道等形成的区域性生态廊道）、生态斑块（自然保护区和森林公园）构成的生态安全格局，这是在大都市区层划定生态空间的重要尝试。同时,《广佛肇经济圈发展规划(2010—2020年)》还对在大都市区层面的重点建设地区布局中对广佛肇经济圈的生产和生活空间进行了划分,包括城市中心区(三个城市的中心区)、重点产业区、优质生活休闲区和农村建设示范区,城市中心区更加强调服务业的生产空间与生活空间的融合,优质生活休闲区更为强调顺应现代跨境居住——就业的发展趋势,引导旅居型消费方式,重点产业区更为强调生产空间的概念,目标是形成集高端制造业、高新技术产业、知识密集型服务业于一体的创新型产业集聚区,如图4-14所示。

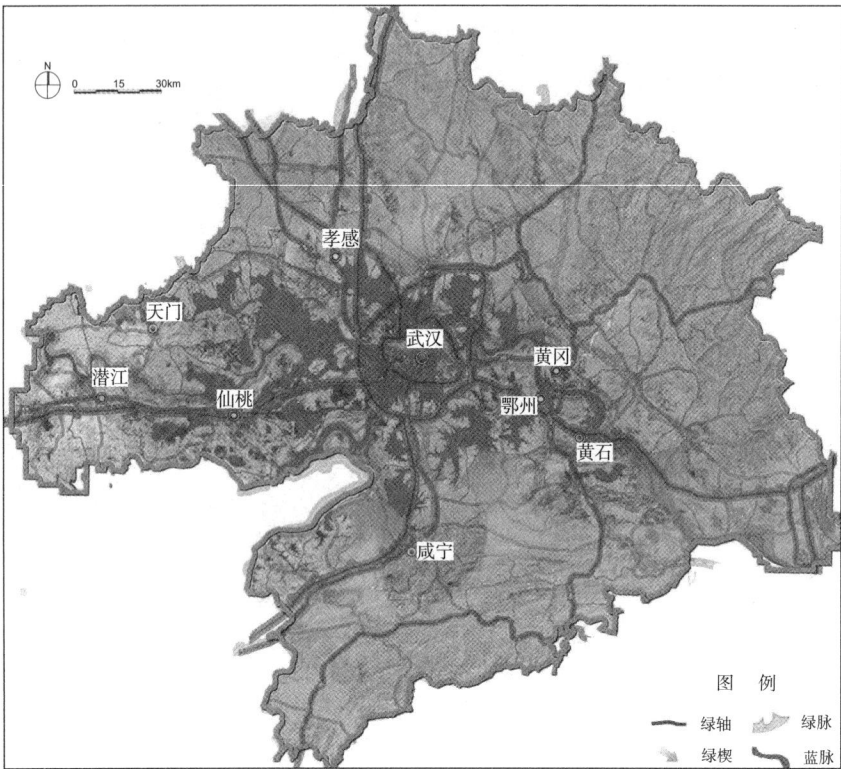

图4-15 武汉城市圈生态系统格局

资料来源:《武汉城市圈空间规划》,2009年8月。

在2008年出台的《武汉城市圈空间规划》中,明确提出将生态空间网络化战略作为空间四大发展战略之一,规划通过大区域的生态保育和跨区域的生态网络建设,强化武汉城市圈的自然山水特色,调控区域生态结构,形成武汉城市圈保护与开发相结合的总体格局,如图4-15所示。规划提出了"一环两翼"的区域保护格局，一环，即围绕一核的城市圈区域生态环，主要由梁子湖、斧头湖—西凉湖、汈汊湖、野猪湖—王母湖地区、涨渡湖等大型湿地板块串连形成。两翼，即以大别山脉和幕阜山脉为基础的生态区域，是武汉城市圈的重要生态屏障，在水土涵养、资源保护、气候调节和区域生态稳定性维护方面具有不可替代的作用。

在城市群形成过程中，单个城市的人口和经济活动的向心集聚逐步达到顶点，城市发展超越建成区的地域界线并向周边郊区扩散形成大都市区，当大都市区中的城市空间形态既有圈层推进模式、也有村镇融合模式和以城带乡模式时，在大都市区层面的三生协调思路重点包括几点：1、改圈层推进模式为组团发展模式，将圈层中心的生产生活空间向周围各组团迁移，将圈层中心的工业生产空间向以城带乡模式发展的城市迁移。2、对采取圈层推进模式、也有村镇融合模式和以城带乡模式发展的各城市统筹规划，划定重点发展地区和城市交界地区的生产空间、生活空间和生态空间。3、改村镇融合模式为生态组团模式，对现有的生产空间进行再优化整合，逐步恢复被生产空间侵蚀的生态空间。

3. 城市群层面

——珠三角城市群基于全域绿道网络建设的三生协调模式

我国传统的城市规划中偏重对建设开发的指导作用，而生态敏感区、生态恢复、生态安全往往不被作为规划重点及强制性内容。许多城市原有绿地规划不能满足对自然生态维护需求，生态环境脆弱且土地资源有限，加上城市发展的空间需求，经济发展与绿地保护面临的冲突日益严峻。为避免城镇无序扩张，打通区域之间、城乡之间的生态廊道，2009 年广东省住房和城乡建设厅编制了《珠三角绿道网总体规划纲要》，规划形成由 6 条主线、4 条连接线、22 条支线、18 处城际交界面和 4410 平方公里绿化缓冲区组成的绿道网总体布局，6 条主线连接广佛肇、深莞惠、珠中江三大都市区，串联 200 多处森林公园、自然保护区、风景名胜区、郊野公园、滨水公园和历史文化遗迹等发展节点，实现珠三角城市与城市、城市与市郊、市郊与农村以及山林、滨水等生态资源与历史文化资源的连接，对改善沿线的人居环境质量具有重要作用，全长约 1690 公里，直接服务人口约 2565 万人，如图 4-16 所示。珠三角绿道网分为区域绿道、城市绿道和社区绿道三个级别，区域绿道是指连接城市与城市或城市重要功能组团的，对区域生态绿地保护和生态网络体系，城市绿道是指城市内部的，对城市生态绿道系统建设具有重要意义的绿道，社区绿道是指连接社区公园、小游园和街头绿地，主要为附近社区居民服务的绿道。

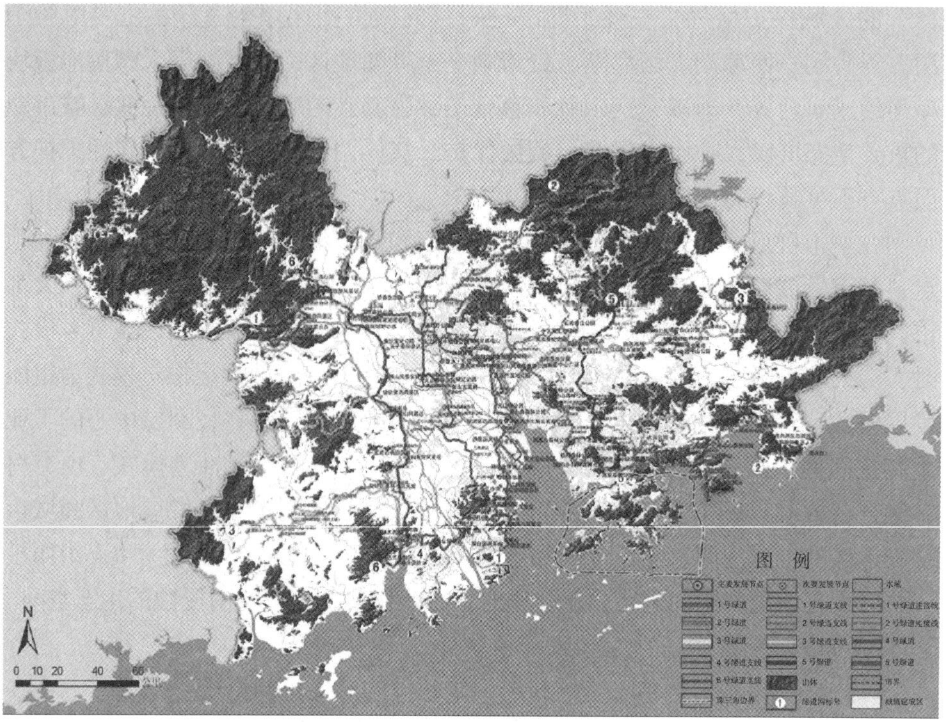

图 4-16　珠三角城市群绿道网络规划

资料来源:《珠三角绿道网总体规划》,2010 年 11 月。

——长株潭城市群基于绿核空间规划的三生协调模式

长株潭城市群绿心位于长沙、株洲和湘潭的中心位置,地域范围北至长沙绕城线及浏阳河,西至长潭西线高速,东至浏阳柏加镇,南至湘潭县梅林桥镇。长株潭绿心地区随着三市的城市建设用地不断扩展,绿心受到蚕食,生态稳定性受到威胁,因此在《长株潭城市群生态绿心地区总体规划(2010—2030)》中一改依据工程地质条件来划分城乡建设用地等级的传统,运用"反规划"思想,将生态优先原则引入城乡建设用地评价,综合对耕地、林地、水系、高程、坡度等生态因子的加权分析,将 545 平方公里的绿心地区划分成 5 个不同层次的敏感区,明确生态环境保护与建设重点,为空间发展、产业布局以及生态环境建设和保护规划提供科学依据,同时利用景观生态学原理和群落设计方法,以森林、水体、农田为斑块,以河流、交通干线、自然山脉等为廊道,在斑块之间建设生态修复廊道,在三市建设空间世界建设生态屏障,形成"一心、三带、多廊道、多斑块"的网络化景观生态格局,不仅将长株潭周围的自然生态系统引入绿心地区的生态网络当中，沟通三者之间的相互联系，而且将三市的城区生态系统融入生态网络当中，使其成为区域生态系统的有机组成部分，促进了城乡建设与生态建设的协调发展，如图 4-17 所示。通过生态空间控制，长株潭城市群绿心主要对城市群提供生态卫生、生态安全、生态产业、生态景观和生态文化等 5 方面的生态服务功能。

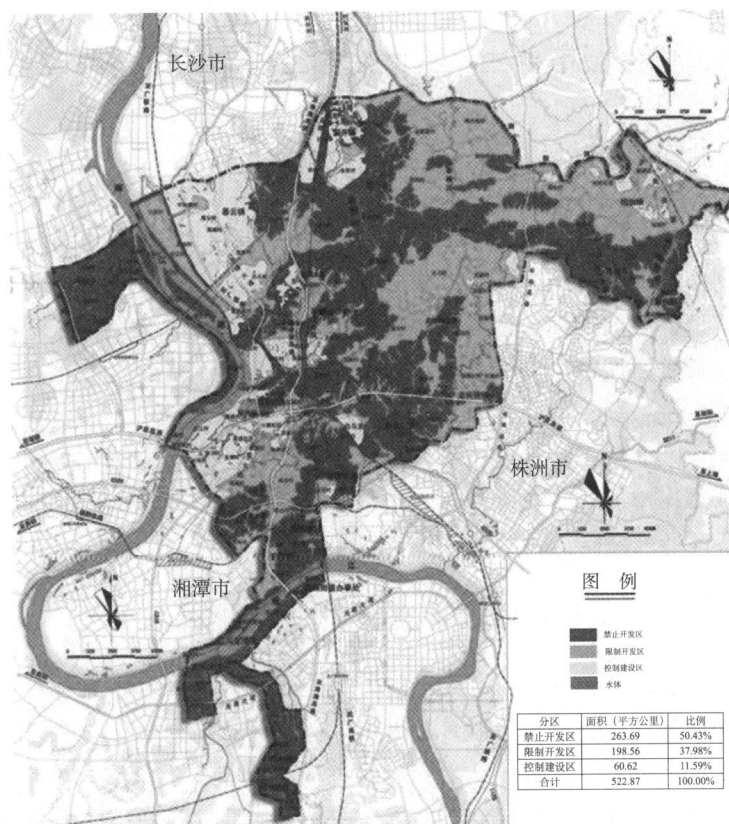

图 4-17　长株潭城市群绿心地区生态空间管制分区

资料来源：《长株潭城市群生态绿心地区总体规划（2010—2030）》，2010 年 12 月。

在城市群形成过程中，大都市区在城市郊区化的过程中范围空间扩大并沿着发展轴紧密相连并形成城市群。在城市群层面的三生协调思路重点包括几点：1. 以各城市生态空间的连接为着力点，统筹规划各市生态廊道建设，首先在城市群层面将各市的生态空间连为一体并进行严格管制；2. 以各城市交通基础设施的互联互通为基础，注重将城市群的生产空间和生活空间规划培育成为"极核—串珠模式"，避免城市边缘区的无序蔓延，出现城镇沿道路发展形成"马路城镇"的空间形态；3. 对城市群核心城市和外围城市的生产空间和生活空间进行再规划和再布局，将外围城市生产空间对核心城市生活空间的影响程度降至最低，同时引导外围城市形成生产空间和生活空间有序协调发展的格局。

四、优化城市群生产生活生态空间结构的对策建议

（一）建立优化城市群三生空间的规划衔接机制

推动现有主体功能区规划、土地利用总体规划、城市空间发展规划、生态功能区划多规融合，明确区域开发强度，确定空间结构优化方向和目标。出台并实施城市群层面的综合性生态环境保护和建设规划，参照珠三角城市群的绿道规划和长株潭城市群的绿心规划对城市群特别是跨界地区的生态屏障、廊道、斑块进行统一规划并对现有不同城市的生态功能区划进行衔接，出台相应指导条例和标准规范，指导城市群层面生态保护界限设置和生态空间管制。在城市群区县操作层面，深化细化各类用地分区，明确生态控制单元性质和管理边界，并分区分类编码进行管理。

（二）建立缓解城市间空间冲突的生态补偿机制

对于城市群内部不同类型开发区域，建立优化开发区和重点开发区对限制开发区和禁止开发区的补偿机制，依据自然保护区、重要生态功能区等不同类型，分级确定生态补偿标准，从而构成生态补偿标准体系。对于城市群内部流域上下游城市，应规定上游区域流向下游区域的水质在行政区交界断面应达到国家《地表水环境质量》的Ⅱ类标准，达不到标准的上游城市应对下游城市进行补偿，补偿标准以下游城市治理超标水质的成本为基础。

（三）建立优化城市群三生空间的政府监管协调机制

成立跨区域协调保障组织，建立监督型管治机制，管制范围主要包括水源保护区、各种自然保护区、自然灾害防治区、基本农田保护区等限制和禁止开发地区。需要在城市群层面通过立法和行政手段实行强制性监督控制，地方政

府在日常管理中，必须严格执行对区域生态绿地的"绿线"、水体保护的"蓝线"和基本农田的"黄线"加以保护与控制，并实行跟踪监督。建立协调型管治机制，省级政府对城市群全域层面的生态基础设施建设负责统筹协调、技术指导、监督实施，城市层面负责组织实施、建设管理与维护。

参考文献：

曹哲铭：《簇群式城市生态空间结构模式与建构研究》（华中科技大学硕士学位论文），2010 年 1 月。

樊杰等：《生态文明建设中优化国土空间开发格局的经济地理学研究创新与应用实践》，《经济地理》2013 年第 1 期。

李伟：《借鉴世界城市经验论北京都市圈空间发展格局》，《多元与包容——2012 中国城市规划年会论文集（01.城市化与区域规划研究）》2012 年版。

雒占福：《基于精明增长的城市空间扩展研究——以兰州市为例》（西北师范大学博士学位论文），2009 年 5 月。

彭佳捷等：《基于生态安全的快速城市化地区空间冲突测度——以长株潭城市群为例》，《自然资源学报》2012 年第 9 期。

钱笑：《北京居住空间的发展与变迁（1912—2008）》（清华大学硕士学位论文），2010 年。

盛明洁：《大伦敦地区规划》，《城市与区域规划研究》2012 年第 1 期。

汤放华等：《城市生态地区空间结构形成机理与优化调控——长株潭城市群生态绿心实证研究》，《规划创新：2010 中国城市规划年会论文集》2010 年版。

王翠平等：《基于 DMSP/OLS 影像的我国主要城市群空间扩张特征分析》，《生态学报》2012 年第 3 期。

吴利等：《长株潭城市群土地利用动态变化研究》，《云南农业大学学报》2011 年第 1 期。

吴德刚等：《荷兰兰斯塔德地区的规划历程及启示》，《现代城市研究》2013 年第 1 期。

徐昔保等：《长三角地区 1995—2007 年生态资产时空变化》，《生态学报》2012 年第 24 期。

叶长盛等：《珠江三角洲土地利用变化对生态系统服务价值的影响》，《热带地理》2010 年第 6 期。

于晓萍等：《哥本哈根"指形规划"的启示》，《城市》2011 年第 9 期。

朱澍：《基于绿色基础设施的广佛地区城镇发展概念规划初步研究》（华南理工大学硕士学位论文），2011 年 6 月。

广州、佛山、肇庆市政府：《广佛肇经济圈发展规划（2010—2020 年）》，2011 年 6 月。

湖北省政府：《武汉城市圈空间规划》，2009 年 8 月。

湖南省政府：《长株潭城市群生态绿心地区总体规划（2010—2030）》，2010 年 12 月。

上海市规划委：《上海市基本生态网络空间规划》，2010 年 9 月。

Jonathan A. Foley, Ruth DeFries, Gregory P. Asner, etc, "*Global Consequences of Land Use*", Science, Vol.39 (July 2005).

专题五

我国城市群治理研究

随着城市群的形成和发展，跨界区域性公共问题被提上日程，城市间合作需求更加迫切，但受行政区边界制约，如何在城市群区域正确处理不同城市之间的矛盾冲突和利益关系，需要根据我国城市群合作与治理的现实情况，借鉴国外发达国家的先进经验，提出我国城市群治理的思路和模式。

一、城市群治理的概念和特征

（一）城市群治理的概念

英语中的治理一词（governance）源于拉丁文和古希腊语，原意是控制、引导和操纵。长期以来它与统治（government）一词交叉使用。但是，自从 20 世纪 90 年代以来，西方政治学和经济学家赋予 governance 以新的含义，不仅其涵盖的范围远远超出了传统的经典意义，而且其涵义也与 government 相去甚远。它不再只局限于政治学领域，而被广泛运用于社会经济领域，不仅在英语世界使用，并且开始在欧洲各主要语言中流行。

我国"治理"一词由香港引进，在台湾，将其称之为统理，还有学者将之翻译为"治理"，本文研究中统称为治理。对治理概念认同度较广的是全球治理委员会 1995 年发表的题为《我们的全球伙伴关系》研究报告中的定义：治理是各种公共的或私人的个人和机构管理其共同事务的诸多方式的总和，它是使相互冲突的或不同的利益得以调和并且采取联合行动的持续过程。这既包括迫使人服从的正式制度和规则，也包括各种人们同意或以为符合其利益的非正式的制度安排。它有四个特征：治理不是一整套规则，也不是一种活动，而是一个过程；治理过程的基础不是控制，而是协调；治理既涉及公共部门，也包括私人部门；治理不是一种正式的制度，而是持续的互动（俞可平，2004）。

治理 (governance) 与行政 (administration)，管理 (management) 以及统治 (government) 相比，至少包含以下的几个含义：第一，与行政、管理和统治的由上到下的指挥、命令方式不同，治理更强调从上到下和从下到上的结合；第二，治理包含了多样化的行为主体，包括政府部门、私营部门及第三部门（志愿团体、非营利机构、非政府组织、社区企业、合作社、社区互助组织等等）；第三，治理是一种综合的全社会的过程，以"协调"为手段，不以"支配"、"控制"为目的，它涉及广泛的政府与非政府组织间的参与和协调（顾朝林，2003），着眼于调动各方面的积极性。"治理"一词可以用于经济社会活动的许多领域，与社会成员日常生活密切相关的城市治理在我国关注的比较多，它涉及到城市经营、规划管理的方方面面。

关于城市群治理，张京祥（2000）等认为城市与区域治理是一种地域空间治理的概念，它是将经济、社会、生态等可持续发展，资本、土地、劳动力、技术、信息、知识等生产要素综合包容在内的整体地域治理概念，既涉及中央元，又涉及地区元，也涉及非政府组织元等多组织元的权利协调。黄丽（2003）认为大都市区治理，就是发现和采用一种机制，建立一种整合的政府或专门的机构和委员会，运用和动员社会及非政府组织的力量，在充分尊重并鼓励公众参与下，进行的一种解决大都市宏观与微观区域问题的政治过程。刘君德（2003）认为大都市区的治理是一个政府权利变化的政治过程，是一个集权与分权、公众参与管理、视窗化等政府体制和机制运作的变化过程，其目的是追求最佳的城市——区域管理和控制。孙兵（2007）等认为区域治理是内生于一个区域的正式或非正式的制度安排，通过这些制度安排，区域主体可实现区域内部的集体行动，包括设定区域的目标和规则，做出区域公共决策，组织并协调区域的集体活动等。

根据有关研究，本文对城市群治理概念的界定是：城市群治理是针对以中心城市为核心的城市密集区域，通过整合政府、企业、居民和社会组织等主体，充分发挥政府和市场的作用，有效协调城市间关系，共同解决城市群发展所面临的公共问题，促进城市群健康发展的一种联合行动。

（二）城市群治理的内涵

1. 城市群治理包含多样化的行为主体，包括政府、企业、居民和社会组织（志愿团体、非营利机构、非政府组织、社区企业、合作社、社区互助组织等等），这些多元主体在城市群治理中共同发挥作用。

2. 城市群治理的基础不是控制，而是"协调"，它以"协调"为手段，不以"支配"、"控制"为目的，它涉及广泛的上级政府与下级政府、同级政府之间，政府与社会组织间，政府、企业和居民之间的关系协调，着眼于调动多元主体的积极性。

3. 城市群治理可以是一种正式的制度安排，也可以是非正式的制度安排。通过这些制度安排，城市群多元主体可实现城市群内部的集体行动，包括设定城市群的发展目标，制定共同增长规则，做出区域公共决策，组织并协调区域的集体活动等。

4. 城市群治理的目的是重点解决单个城市不能解决的问题，通过采取多种方式，建立有利于促进城市间合作发展的利益分配、激励约束，冲突解决等机制，促使城市群实现整体效益最大化。

二、城市群治理的一般理论 [①]

（一）政府合并论

政府合并论在美国城市化的早期被广泛采用，它最早出现于 1942 年 Victor Jones 所著《大都市政府》中，Jones 认为大都市地区面临的主要问题是大都市的规模与人都市地区政府规模不协调，大都市问题通常包括住房、交通、娱乐、供水、污水处理、公共卫生等问题，但这些问题被许多分割的地方政府所阻止，Jones 认为这既不效率又不民主，解决的办法是进行有关地方政府合并，以单一的、多功能的都市区政府代替都市区里面众多的不符合规模经济的小政府，主要通过市县合并或兼并等方式来完成。政府合并论认为许多大规模的公共服务提供了适宜的组织规模，港口、机场、引水工程等可以在都市经济圈范围内实现规模经济效益。在这种体制下，可以避免或减少有害于都市圈整体发展的竞争和冲突，从而使资源流动更为顺畅。

大都市政府是指大都市地区的政府结构或机构安排，也称作"大都市模型"，其有四个主要特征：一是政治合法性，由其政治代表直接选举获得；二是从高级政府到地方当局的自治；三是范围广大的司法权；四是"恰当的"地域覆盖，基本上由功能城市地区组成。因此，大都市政府的要素是规模、自主

---

① 由于"城市群"相关概念使用词语不同，这里主要忠实原文名称。

权、资格和合法性（朱英明，2001）。成立大都市区政府，常被称为"巨人政府论"，其好处有：一是减少了城市政府间围绕经济发展的竞争，从而减少了资源浪费和增加了税收收入；二是有利于大都市区的和谐发展；三是为商业提供单一规则的地区将对经济发展更吸引力；四是大规模的经济发展机构比小型社区有更多的专门技能、商业和工业用地；五是团队精神重建将灌输更多的团队自豪感和形成对吸引商业发展更有利的印象（张紧跟，2005）。

政府合并论受到的质疑主要为，一是大多数公共服务似乎都极少具有规模经济；二是市民似乎更喜欢对当地事务多一些控制；三是大都市区中不同社区的居民具有各自明显不同的利益；四是单一政府不能满足大都市区不同社区和邻里的不同偏好而造成效率的损失；五是单中心体制易于陷入等级化的官僚结构危机，突出表现为对居民日常需求反应的迟钝，不能代表当地的公共利益；六是在一个政府的统治机构下，由于缺乏竞争也会导致费用的提高和福利的损失；七是对于都市区内若干小的地方政府来说，其独立性受到一定损害。

（二）公共选择理论

公共选择的观点最早来源于台伯特（Tiebout，1956)"用脚投票"模型，在台伯特（1956）模型中在众多地方政府的情况下，通过政府之间的竞争和居民的"用脚投票"选择，实现了类似市场机制的政府效率。随后台伯特、奥斯特罗姆等发展了这一观点。公共选择观点认为大都市存在众多分割的政府是有效率的，多中心体制下许多不同的地方政府存在且管辖区彼此重叠，将可透过相互竞争以最有效率、最有效能、最有响应性地满足不同公民的需求。公共选择观点主张通过政府之间的联盟、公私伙伴关系、主体之间签订合约等方式来处理大都市治理问题。

奥斯特罗姆认为大都市内多个地方政府的运行是有规则的、是一体化的，并非看起来的杂乱无章。"多中心意味着许多决策中心，它们在形式上是相互独立的。无论它们是真的独立运作，或者构成了一个相互依赖的关系体系，这是一个特定情况下的经验问题。它们相互之间通过竞争性的关系考虑对方，开展多种契约性和合作性的事务，或者利用中央的机制来解决冲突，在这种程度上，大城市地方多个政治管辖单位可以连续的方式运作，其互动行为的模式是一致的，并且是可预见的。如果是这样，那么它们就可以说成是作为一个'体系'运作的。"

不仅如此，奥斯特罗姆认为在多中心情况下，大都市区内各政府的运作可以通过多种方式解决，"人们经常认为解决大城市问题缺乏一个'大城市的框架'，恰恰相反，对于协商、裁定和决定影响各种公共利益的问题来说，大多数大城市地区都拥有非常丰富且复杂的'框架'。"奥斯特罗姆认为多中心体制的有效性需要有一定的条件，"我们并不认为所有的多中心体制必然是有效的。任何特定多中心体制的效率取决于操作关系与有效的明确条件相一致的程度。这些有效的必要条件，一是不同政府单位与不同公共物品的效应相一致；二是在政府单位之间发展合作性的安排采取互利的共同行动；三是有另外的决策安排来处理和解决政府单位之间的冲突。""大城市地区的治理是否能够组成一个多中心的体制，这取决于规则制定和规则实施的各个方面能否在多中心结构中运行。"（迈克尔·麦金尼斯，2000）。

（三）新区域主义

目前对"新区域主义"还没有统一的界定，一般认为"新区域主义"以提高竞争力为目标，重视区域性组织的制度建设，通过多元主体参与、自下而上的区域性组织的建立，联合共同解决区域内各种社会经济问题，强调全面协调发展观，是一种城市或者区域治理理论。新区域主义主张采取区域治理的各种形式，包括正式的或非正式的形式，不仅仅限于政府之间的合并或如公共选择观点主张的分割化政府的观点。新区域主义将目标从区域发展的效率转到效率、公平、环境等关系的权衡上。参与区域治理的主体力量来源于大都市区不同层次政府间、地方政府间、地方公民团体间或各地方政府与公民团体间形成的社会网络，它们组建成区域治理的协作性或合作性组织，采取多种形式来解决公共问题。新区域主义是传统合并主义观点与公共选择观点相互对话下的产物，认为在解决都市区问题时竞争与合作两种体制应兼顾运用，才能有效达成治理都市区的效果。

（四）政府间关系理论

20世纪60年代以来，随着政府管理实践的发展，西方学者逐渐意识到政府间管理问题的重要性，相关研究不断涌现。20世纪80年代以后，西方国家政府间关系的实践出现了许多新情况，极大拓展了理论研究的视野，政府间关系的研究趋于系统化。"现代生活的性质已经使政府间关系变得越来越重要。那种管辖范围应泾渭分明，部门之间水泼不进的理论在19世纪或许还有些意义，如今显见着过时了。不仅在经典联邦国家，管辖权之间的界限逐渐在模糊，政府间讨论、磋商、交流的需求在增长，就是在国家之内和国家之间，公共生活也表现出这种倾向，可唤作'多方治理'的政府间活动越来越重要了。"（戴维·卡梅伦，2002）林尚立（1998）认为政府间关系是指，"国内各级政府间和各地区政府间的关系，它包含纵向的中央政府与地方政府间关系、地方各级政府间关系和横向的各地区政府间关系。"谢庆奎（2001）认为，"府际关系是指政府之间在垂直和水平上的纵横交错的关系，以及不同地区政府之间的关系"，包括利益关系、权力关系、财政关系与公共行政关系，其中，利益关系决定着其他三种关系。

刘祖云（2007）提出政府间关系的"十字型博弈"框架，从纵横两个截面解剖政府间复杂的博弈关系，并结合西方"府际管理"的理念，提出我国"府际治理"的思路。由于府际竞争和府际冲突问题的存在，府际治理十分必要，其中相互依赖和伙伴关系是府际治理的新理念。府际治理机制就是"命令机制"、"利益机制"与"协商机制"三者的并存与整合。从积极的意义上看，当政府间的竞争与冲突保持在一定的力度上并获得有效治理后，政府间关系就会成为"一项资源、一种手段与一个途径"。

三、国外城市群治理的模式

（一）集权的政府模式

集权的政府模式主要是针对国外大都市区所采取的模式，根据政府的层次以及权力在不同层次政府间的分配，可以分为两种类型：单层政府和双层政府体制。

1.单一政府体制

单一政府体制亦称一元化体制，是指在大都市区内具有唯一的决策中心，有"一个统一的城市机构"，主要通过行政区划调整来实现，一般包括两种形式，一是大都市地区中心城市兼并周围没有形成法人地位的地区，建立一个覆盖整个大都市地区范围的大都市政府，由这类政府采取行政集权，消除该地区原有地方政府的所有独立权限，实现统一的经济社会发展规划。二是在涉及区域事务的某些方面，通过中心城市政府与所在县政府及其县域内若干郊区的合并，在特定领域内进行规划与合作，或强化城市县政府的职能，一定程度上实现城市县对郊区在规划、基础设施等方面的控制权。美国纽约、澳大利亚墨尔本等是典型代表（洪世键，2009）。

2. 双层政府体制

双层政府体制指在大都市区范围内有一个上层的政府管理体制，它与其下的自治市共同进行大都市区的管理，第一层次政府即大都市政府负责区域范围的职能，第二层次政府即地方政府负责地方层次政府的职能。双层结构既提供地区范围的重要公共服务，同时也允许地方职能有效执行和大都市区内市政当局的自治。加拿大大多伦多、大温哥华、美国迈阿密是典型代表。

专栏5-1

加拿大大多伦多市

多伦多市（The City of Toronto）是加拿大最大的城市和经济中心，人口256.2万人（2001年），面积约630万平方公里。大多伦多地区（GTA：Greater Toronto Area）包括多伦多市在内，共有人口510万（Statistics Canada，2002），创造了加拿大1/5的GDP，自1992年以来，GDP平均实际增长率达4%，每年增加10万人左右。

大多伦多是西方最早创建都市区政府的城市之一，其双层的政府管理结构被公认为北美大都市政府的典范。（见下表）。进入20世纪90年代，面对全球化的挑战，多伦多从城市长远竞争力出发，将原组成多伦多都市区的6个自治市合并，组成多伦多市。一方面希望通过合并精简人员、消除机构重复设置，进而降低政府成本、提高运行效率；另一方面藉以进一步适应北美城市区域的激烈竞争。1998年1月1日，经过安大略省批准，新的多伦多市诞生。

多伦多都市区市政服务责任分工表			
	都市区政府承担	地方政府承担	共同承担
社区服务	福利资助、儿童与老人关怀中心、住房提供		社区服务组织补助、邻里改善
财政和税收	借贷	财产税、地方市政改善	
健康	救护车服务	公共健康服务	医院服务、医院补助

多伦多都市区市政服务责任分工表			
	都市区政府承担	地方政府承担	共同承担
住房	老年人住房提供		住房供给
图书馆	区域图书馆	地方图书馆	
执照和审查	商业经营执照	结婚执照、建房执照	
规划	区域规划	地方规划、区划	
警察与消防	警察	消防	
公共教育	公共教育经费征募	管理	
休闲与娱乐	区域公园、市高尔夫场、市动物园	地方公园、娱乐项目、社区中心	体育场馆
交通	道路	高速公路、都市区公路干道	地方道路、市政停车场	各等级不同的桥梁设施、街道清扫
	公共交通	多伦多交通委员会、公共交通服务、多伦多岛轮渡管理		
	交通流量控制	交通指示灯管理		交通规则制定、行人穿行管理、街道照明、路牌
环境管理	废水排放	环卫管道、废水处理场	分支连通系统	暴雨疏排
	固体废弃物管理	废物处理	垃圾收集	回收利用
	供水	动力和净化设施、管道分配系统	地方政府分配、用水收费管理	
	其他			减少 CO^2 排放、促进能源保护、土壤修复、动植物栖息地的创建与保护、改善空气与水质量

多伦多都市区市政服务责任分工表			
	都市区政府承担	地方政府承担	共同承担
其他市政服务	会展用地管理	统计数据收集、电力分配、港口、岛屿、机场、公共选举管理	罚金管理、经济发展、文化、遗迹保护

多伦多市的权力由理事会行使，理事会由市和44个直选理事组成，采用"市政理事会—职能委员会"的治理结构；理事会下辖6个职能委员会与若干社区理事会，各专项职能委员会研究处理城市各项具体事务，社区理事会在前自治市范围基础上建立，处理属于地方的事务，例如地方规划、交通、娱乐等。政府管理部门的设置与理事会委员会相对应，成立6个部，由首席行政官领导执行具体事务。六部分别为：社区与邻里部、市政与紧急事务部、城市规划与发展部、经济发展与文化旅游部、财政部、政府管理部。政府对公共服务的提供延续多伦多都市区时的构架，即遵循"区域—地方"明确分工的原则。

资料来源：引自罗振东，《中国都市区发展：从分权化到多中心治理》，中国建筑工业出版社2007年版，第166—167页。

3.上层政府体制

上层政府体制是在一个国家的中央政府部门中设置专门的机构负责都市圈的发展和规划，如日本的大都市圈整备局。日本中央政府国土厅设立大都市圈整备局，负责编制三大大都市圈，即首都圈、近畿圈和中部圈的基本规划。在国土审议会成立三大都市圈整备特别委员会，其成员由都市圈内的各地方政府领导人，如县知事、市长和企业领导人、大学教授组成，然后成立规划部，由大学教授和企业负责人组成。

（二）网络化的地方合作模式

在西方国家"地方自治"传统以及"民主自由"的文化背景下，普遍建立统一的大都市区政府具有一定难度。在此背景下，广泛形成了大都市区内各城市在横向合作基础上自愿联合、获得联邦政府和州政府支持、具有特殊协调功能的半官方、松散型的城市联合组织——地方政府协会或城市共同体。这种协会由大都市区内的地方政府代表组成，主要处理大都市区内诸如土地利用、住宅建设、环境质量、公共交通等方面的问题。如美国纽约规划委员会、南加州政府协会和法国城市共同体等等。政府协调组织有的带有官方色彩，有一定的行政职能，有的比较松散，发挥作用的能力有限。

1. 区域委员会

美国通常使用的区域发展组织（Regional Development Organizations，RDO）是用来描述一个跨司法管辖区，公共基础区域和发展组织。这些公共部门实体跨越大多数地方民选官员控制的区域，具有单独的区域政策。如通过各种联邦计划规定，RDO 也包括商业、非营利、教育和社区领导。RDO 目前有许多名称，如区域发展区、区域董事会、政府协会、区域政府董事会、政府董事会、区域发展委员会、经济发展区、区域规划机构、地方发展区、区域规划和发展委员会、规划区委员会、规划与发展区、区域规划委员会等等。

对于大多数 RDO 依据国家法律或州长的行政命令，或地方政府的备忘录。RDOs 也可以有许多不同的联邦计划名称，如：经济开发区对应美国经济发展局，地方发展区对应联邦—州地区委员会（即 ARC，DRA），大都市规划组织（MPO）和农村交通规划组织（RPO）对应交通规划。作为论坛应对广泛的区域性问题和发展机遇，准备计划和战略应对广泛的区域和地方事务，包括遵守联邦任务和要求，通过技术援助加强地方政府公共管理和领导能力，倡导区域和地方在联邦和州两级创建一个新的国家地理信息系统数据库和国家 556 区域发展组织（RDO）的分布地图。

RDO 多样化的方案和行动。截至 2011 年 1 月，国家发展组织委员会 NADO（National Association of Development Organizations）已收集了 556 个区域性发展组织中的 517 个。许多 RDOs 管理额外的联邦计划，但不包括在配置文件中的调查，特别是社区／社会服务，应急管理，国土安全，住房，交通和防寒保暖。①

---

① "A project of the nationalassociation ofdevelopmentorganizations and the NADO research foundation, Regional strategies. Partnerships.Solutions", *2011 RDO organizational data profiles.*

专栏5-2

美国华盛顿大都市区：大都市区政府联合会

华盛顿大都市区包括哥伦比亚区（核心）及马里兰州和弗吉尼亚州的
15个市县。华盛顿大都市政府联合会（Metropolitan Washington Council of
Governments，简称MWCOG）组建于1957年，当时该组织有7个成员政
府，还没有正式职员，年预算不足2万美元。后发展成包含18个成员政府、
120名雇员、年预算1千万美元的组织。经过40多年的发展，MWCOG的
职能增多，从交通规划到环境保护，解决了许多公众关注的区域问题。然
而，由于其特殊性反而降低了其处理区域问题的效率。MWCOG没有政府权
威，没有增加收入的能力，完全依赖于联邦和州的拨款（占60％）、契约费
（占30％）和成员政府的分摊（占10％）。它没有执法权力，不能强迫成员
采取任何行动，是一个非营利性质的、由县、市政府组成的自愿组织，不能
强迫地方政府加入，任何成员可在任何时刻以任何理由退出。MWCOG的作
用主要体现在以下两方面：一是将联邦和州拨款分配给它的成员。联邦法律
长久以来要求交通、住房和环境拨款通过区域组织予以分配，那些不参与这
些组织的地方政府没有资格获得联邦拨款。二是为成员提供跨地区服务，如
交通信息、AIDS危机、关心儿童等服务。

资料来源：引自宋迎昌《美国的大都市区治理模式及其经验借鉴——以
洛杉矶、华盛顿、路易斯维尔为例》，《城市规划》2004年第5期。

2. 区域联盟（城市联盟）

区域联盟指区域内特别是大都市内不同主体之间的联合与合作，包括城市
与郊区、公共与私人等不同主体间的合作行为。一个持久的区域联盟需要具备
四个要素：首先要建立关系，其次是解决问题的能力，以便于在原本各异的利
益中发现一些可以进行合作的共同领域，三是获取信息以及分析复杂数据的能
力，最后是在跨联邦系统的多重政治舞台上有效运作的能力。对于每一个成功
的区域联盟而言，这四个要素都是至关重要的，同时，成功的同盟还需要州和
联邦政府的积极参与（洪世键，2009）。

专栏5-3

德国斯图加特区域联盟

斯图加特是德国巴登—符滕堡州（Baden-Wuerttrmberg）的首府。1994成立了"斯图加特区域联盟"（VRS: Verband Region Stuttgart），并建立起相应的区域议会（Regional Parliament）作为其决策机构。VRS由斯图加特市和它周边的5个县组成，所辖人口265万，目前雇有50个左右的规划人员从事具体的技术工作，部门的政治决策由区域议会做出（Stefanie Clauß,2008）。州政府协助建立VRS的目的是创造一个新的治理工具，以改善区域基础设施、建立新市场、扩大机场和重建中心火车站。1998年，由VRS负责编制的"区域空间发展计划"开始实施，它是地方政权制定区划必须遵循的上位规划。VRS除了制定区域空间规划以外，还负责公共交通规划、部分公共交通供给、经济发展、旅游市场和垃圾管理等事务。在组织平衡城市区域发展，促进郊区政府与中心城之间的协作等方面，VRS起到了非常重要的作用。斯图加特的区域治理模式在德国成为一个广受赞誉的范例，主要是因为它的区域议会是由公民直接选举产生的（Kunzmann, 2004），这极大程度上保证了区域管理活动的民主性，并强化了区域联盟的合法性、权威性和政治权力。

资料来源：引自唐燕：《德国大都市区的区域治理案例比较》，《国际城市规划》2010年第6期。

（三）分权的市场竞争模式

1.政府间协议

政府间协议主要通过政府间签订协议实现不同区域间的联合发展。美国的政府间协议受法律保护。早在1787年美国宪法中就明确了州际协议的法律地位，主张各州之间受契约的约束，类似于商业交易中双方或者多方当事人受契约约束一样。美国的政府间契约主要有三种形式：一是政府间服务合同，本地政府向另一个政府支付费用，由它来向本地居民提供服务。合作服务最多的是一些需要大规模投资，而服务又具有规模经济特点的项目，如监狱、排污处理和税收等，从而避免了每个城市独立投资造成的资源浪费和处理能力不足的问题。二是联合服务协定，即两个或更多的政府之间为共同规划、融资和向所有居民提供某种服务而签订的协议，如图书馆联网、消防和垃圾处理等。三是政府间服务转移，即通过签订契约将某项服务长期转让给另一个实体、政府、私营公司或非营利组织，这种转移往往意味着牺牲权威和权力，因此在具体操作中往往更为慎重。政府间契约往往发生在地理位置相邻的几个辖区政府之间。

2. 特别区（专区）

特别区（Special District）（王旭，2006）是美国地方政府体系中地位和职能都非常独特的一种体制。特别区由特别目的政府（Special-purpose government）管理，是具有实质性职能的政府单位。特别区一般由州或县等常规性地方政府产生，也可自下而上由选民产生。成立特别区的前提是必须有一个实体组织，通常是具有起诉和被起诉、签订合同等权力，并能提供公共服务的公司。特别区在财政和行政方面都具有实质性的独立地位，它由一个经选举或任命产生的董事会负责预算和制定有关政策，行政事务交由专职人员处理。特别区的权限由州立法机构设定，各州有所不同，是否有权课征财产税也因个案而异。大致说来，在所有的特别区中，47%有权征收财产税，约25%可收取服务费用，约30%与其他地方政府合征税收、基金和租金等。特别区的范围划定视实际需要而定，大的可覆盖整个大都市区，小的则仅涉及两三个城市，91%的特别区都是履行单一功能，所涉及的部门和占特别区总数的比例依次为：自然资源类（20%，主要是防洪排涝、灌溉、水土保持）、消防（16.2%）、供水（9.7%）、住房和社区发展（9.7%）、下水（5.7%）；其次是殡葬管理（4.7%）、图书馆（4.4%）、公园与娱乐设施（3.7%）、道路（2.2%）、保健（2.1%）；最后是医院（2.1%）、教育（1.5%）、机场（1.4%）、供水以外的基础设施（1.4%，包括电、气、公共交通等），其它（6.1%）。近年来，特别区占美国地方政府总数的比例不断上升，且主要发生在大都市范围内。

专栏5-4

美国路易斯维尔大都市区

路易斯维尔大都市区包括肯塔基州的4个县（Jefferson, Oldham, Bullitt和Shelby）及印第安那州南部的4个县（Clark, Floyd, Harrison和Scott）。全区人口接近一百万，其中中心市路易斯维尔占27%左右，中心县杰佛逊占41%左右。为了解决市、县发展中的矛盾，两政府间签订了路易斯维尔市——

杰佛逊县合约。合约解决了市、县在以下三个方面的冲突：（1）市、县同意分享各自辖区内的就业税。分配方案是：市分配58％，县分配42％，结束了市、县围绕财政收入进行的残忍竞争；（2）两政府同意为独立的联合机构提供经费，并对管理作出安排。（3）合约迫使发生在杰佛逊县内的兼并或新的合并延期。市同意放弃兼并的努力以报答县承担的附加的一百万美元的都市服务费用。如果合约不能正常执行，市保留兼并合约前试图兼并的所有土地的权力。市、县合约的签订给区域带来明显的正面效应，矛盾冲突降低，避免了税收方面的恶性竞争。

资料来源：引自宋迎昌：《美国的大都市区治理模式及其经验借鉴——以洛杉矶、华盛顿、路易斯维尔为例》，《城市规划》2004年第5期。

3.公私合作伙伴关系

公私合作伙伴，即 PPP（Public-private Partnership），是20世纪80年代以来西方国家政府治理创新中出现的一个概念。在公共政策分析中，特别是经济发展、技术转移和城市治理领域，伙伴关系已经成为越来越流行的词汇。伙伴关系既可以作为治理的组织形式，也可以作为治理的工具。英国是城市公司伙伴关系研究和实践的主阵地，主要集中于城市复兴和发展计划。目前正在向欧盟、美国等国家迅速波及。

（四）国外城市群治理模式对我国的启示

1.不存在一个统一的治理模式

从以上各种类型的国外城市群治理模式可以看出，各个国家的城市群治理模式各有不同的特点，但这些模式的产生并不是统一规划的结果，而是各个国家和各地方政府在实践中不断探索的结果。针对不同空间尺度和不同区域发展面临的问题，所采取的治理模式不同，即使是针对同一类型问题或空间尺度，也没有一个适合所有城市区域的统一模式。而关于所采用模式的评价就更加困难。任何模式的产生都有其特有的历史背景，国外学者对其模式的分析难以形成一致的结论，可见这类问题研究的复杂性，即使如此，对国外模式的研究起码为我们提供了多种可能的选择路径，各种不同模式的应用对城市群的发展或多或少都起到了一定的作用。而在实践中，运行好的就继续存在，运行不好的就不断改革或撤销。

2. 明晰不同层级治理主体的职能

在西方城市政府自治体制以及城市规模一般较小的情况下，一些区域性的公共服务功能缺乏应有的规模经济，对城市群治理提出了要求，在不同模式下，区域性的治理主体主要承担了相应的区域治理职能，包括区域性的公共物品的供给，区域生态环境的保护、区域发展的协调等等。其中，加拿大多伦多市和大温哥华区所建立的双层政府模式最为典型，其对都市区政府和地方政府分别承担何种职能都有明确的界定，如关于都市区的规划、交通发展、区域图书馆、区域公园、废水处理等由都市区政府承担，地方政府则承担公共健康服务、地方规划、地方公园、垃圾收集等职责。政府主导的一些管理委员会主要承担着区域性的管理事务，如美国区域委员会具有制定大都市区规划、审查地方政府拨款申请的权利。通过这种职能的划分，有效地保证了区域性组织职能的发挥。

3. 有一定职能的组织更易发挥实质性作用

从各种类型治理组织的作用来看，毋庸置疑的是，即使在西方国家有一定行政权利的治理组织，其在城市群中的作用更为明显和突出，其它各类社会组织以及企业、居民虽然也在区域治理中发挥着作用，但更多体现的是辅助性和阶段性的，是一种外部的推动力量，而政府赋予区域组织具有一定的行政能力，如规划权、监督权、资金分配权、发放许可证、承担法律规定的行政管理权限等等，可以保障各类区域组织在区域发展中直接行驶管理权力，监督城市间重大事项的进行，促进城市间合作的开展。

4. 多元治理主体充分发挥作用

多元化的治理主体格局是西方国家充分体现民主自由的表现，对城市群的发展也发挥了积极的作用，即使是对于单一政府或双层政府而言，它也没有排除政府以外的其它非政府组织、企业和公民的作用。以大伦敦为例，起初对于大伦敦地区发展主要发挥作用的就是一个叫"伦敦第一"的民间组织，在市民的积极响应下，逐步发展成为一个包括伦敦各界、社会团体、自治市和志愿者组织在内的一个区域性的组织，由于"伦敦第一"的积极作用，促使了"大伦敦治理联盟"成立。在我国的城市群治理中，目前社会组织和企业、居民的作用还十分弱小，随着我国民主政治改革的不断推进，社会各阶层和各类组织的不断发展，也将对城市群的治理发挥作用。

四、我国城市群治理的实践

（一）我国城市群治理的现实需求

1. 实现城市群整体利益最大化的需要

日益加深的经济全球化正在不断打破传统的国家贸易壁垒和地域疆界，促使国家、区域之间的联系更加紧密并进一步细化分工，导致了国家、区域、城市间各种竞争与合作关系的变化。在当今非均衡、非对称的世界环境中，经济全球化的"双刃剑"作用日益明显，面对日益复杂的国内外竞争环境，使得单个行政区域越来越无法承担高昂的发展风险，城市之间必须联合起来，共同提升在全球经济中的竞争力和抵御全球化所带来的负面影响。以城市群中各城市有限的城市资源基础，通过要素叠加，优势互补，实现资源的高效配置和规模经济，进而使每个城市的实力得到提升。通过探索城市群治理之路，加快推进城市群区域一体化步伐，成为众多城市增强地方竞争力的必然手段和务实选择。

2. 解决区域性公共问题的需要

在"复杂型社会"背景下，大量区域性公共问题日益凸显，由不同行政主体构成的城市群区域，通过治理方式解决区域性公共问题成为当前十分必要的内容。城市群发展中所面临的公共问题很多，包括：城市之间在发展战略和分工定位方面的协调，城市群内部交通、通讯、水利、电力等基础设施的统筹规划，区域环境保护与自然资源的可持续利用，城市空间拓展、城市群内部发展不平衡带来的失业和贫穷等社会问题，城市群内部的公共安全、公共秩序、公共卫生、组织犯罪、突发性事件、区际法律冲突等等。这些问题不是某一个地方政府、某一个部门能够单独解决的，必须通过发挥政府部门、社会组织、企业和居民等多元主体的积极性，从合作意愿、专业需求、财政资源、风险分担以及追求效率与效益等方面综合考虑，加强城市间的合作，确定不同的治理方式，携手解决城市群面临的区域性公共问题。

3. 克服行政区经济分割的需要

政府单一纵向管理机制仍然是主导地方政府间关系的主要特征，在现有财政体制和政绩考核机制下，各级地方政府行政管理中的地方保护主义倾向仍然存在，生产要素在城市之间的自由流动仍面临不少人为障碍，制约了市场机制的正常发挥，影响了区域空间结构的自然演化，制约了城市群的协调发展及其综合效益的实现。在以经济增长为主要目标的情况下，各城市以自身利益最大化为目标，造成各城市产业结构雷同、恶性竞争加剧，要促进行政区经济与经济区经济相协调，必须健全城市群治理机制，推进行政体制和财政体制改革，保障城市群区域的协调发展。

（二）我国城市群治理的主要模式

1. 上级政府主导下的治理模式

上级政府主导下的治理模式包括中央政府和省级政府两个层面，主要以区域规划形式，指导城市群发展。近年来由中央政府和省级政府出台了很多各类近似城市群的规划或意见，如中央层面出台的《珠三角改革发展规划纲要》、《辽宁沿海经济带发展规划》、《长江三角洲地区区域规划》、《成渝经济区规划》、《关于支持河南省加快建设中原经济区指导意见》等等，省级层面出台的《南京都市圈规划》、《长株潭城市群区域规划》、《中原城市群发展规划》、《武汉城市圈整体规划》、《杭州都市经济圈发展规划》等等。

在规划基础上，如何保障规划的实施方面，省级层面做的工作较多，如2008年湖南省人大常委会审议通过了《湖南省长株潭城市群区域规划条例》，《条例》从立法宗旨、区域规划的法律地位、实施的事权划分、区域规划的编制和调整、具有区域性影响的建设项目的管理、空间管治、法律责任等方面进行了系统的规定，明确了《长株潭城市群区域规划》是长株潭城市群协调发展的综合性规划，长株潭城市群区域内的各项建设，应当符合长株潭城市群区域规划，界定了省市各级各部门的职责和基本工作程序，有力地提高长株潭城市群开发建设水平。广东省2011年出台了《广东省实施〈珠江三角洲地区改革发展规划纲要〉督查办法》、《珠江三角洲区域一体化评价工作方案》等制度。广东省建立了推进珠江三角洲区域一体化的评价方法，提出了包括基础设施一体化、产业布局一体化、基本公共服务一体化、环境保护一体化、城乡规划一体化、体制机制一体化六大类，共19项一级指标、60项二级指标的评价指标体系和评价办法，分别对珠三角中的广佛肇（广州、佛山、肇庆）、深莞惠（深圳、东莞、惠州）、珠中江（珠海、中山、江门）三个经济圈开展评价，对促进城市群发展具有积极意义。2012年长三角城市群三省一市设立了"长三角合作与发展共同促进基金"，并制定了"长三角合作与发展共同促进基金管理办法（试行）"，为长三角区域城市合作提供了资金保障。

专栏5-5

长三角合作与发展共同促进基金

2012年长三角城市群三省一市分别出资1000万元,设立了"长三角合作与发展共同促进基金",并制定了"长三角合作与发展共同促进基金管理办法(试行)"。该基金首期主要用于三省(市)合作共建项目,包括区域性重大课题、重要规划、重点方案研究编制,区域重大基础设施项目的前瞻性研究,区域(流域)生态环境保护治理及机制研究,区域创新体系建设和科技联合攻关,区域公共服务和信息系统共建共享,省际产业转移与园区合作共建研究,区域合作机制创新,以及其他有利于整合资源、改善民生、提升效率、促进区域一体化发展的事项。

2.城市政府间的治理模式

我国城市群中关于城市政府间的治理模式,虽然名称不同,但都有类似的职能,这些名称包括"高层领导联席会"、"城市地方政府联合会"、"城市联盟"等,如长三角城市协调会、长株潭党政领导联席会、厦漳泉城市联盟等等,主要通过召开联席会议、制定政府间合作协议、共同编制各类规划和实施计划、开展合作论坛等方式,形成合作共识、达成若干合作协议、编制专题合作规划等等。深莞惠三市建立了联席会议办公室协作机制,已签署市级合作协议46项,共同推进重点工作62项,在规划衔接配套、交通互连互通、产业协作融合、环境联防联治、公共服务共享等领域开展了实质性合作,区域一体化进程明显加快。

表5-1 三大城市群治理模式特征

城市群	涉及主体	主导力量	组织机构	治理方式
京津冀	跨省,涉及2个直辖市和8个地级市	1.中央政府 2.京津冀3省级政府	1.京津冀发改委区域工作联席会议 2.京津冀三省市政府部门的联席会议	1.京津冀三省市政府合作协议 2.官民合作论坛 3.区域规划

城市群	涉及主体	主导力量	组织机构	治理方式
长三角	跨省，涉及1个直辖市，2个省的15个城市	1. 上海市、江苏省和浙江省政府 2. 区域内16个城市	省级、地市级、职能三层制度化组织结构。 1. 沪苏浙经济合作与发展座谈会； 2. 长江三角洲城市经济协调会； 3. 城市政府部门之间的协调会。	1. 专题合作制度 2. 城市政府间合作协议 3. 区域规划
珠三角	省内，涉及2个经济特区和7个地级市	广东省政府	1. 珠江三角洲城市群规划协调领导小组 2. 广佛肇、深莞惠城市政府联席会议。	1. 区域规划 2. 城市政府间合作协议 3. 城市政府间联席会议 4. 指标考核

（三）我国城市群治理存在的主要问题

我国城市群治理的突出特点是政府主导、规划为主，社会组织的参与程度低，相应的体制机制保障不健全。尽管近年来城市群在推进区域一体化和协同发展上不断取得共识，相关政策与制度措施不断推出，在一些领域也取得了明显的成效，但多数合作的层次仍比较低，很多事情雷声大，雨点小，重开会，轻实施，协议多，推进少，尤其是对于跨省城市群，城市间的实质性合作推进步伐仍比较缓慢。以京津冀城市群为例，尽管城市间也制订了一系列的"共识"、"协议"，但在很多重大合作事项上，仍无法得到一致认识，致使相关规划一直无法得到审批和实施。

目前我国以政府为主导的城市群治理模式已有雏形，但多主体参与的治理模式发展缓慢。各类企业、居民以及社会组织主体还远远没有参与到城市以及城市群的治理当中来。如在城市群发展战略和政策制定中以企业、居民、社会组织等多元主体参与决策的程度不深，区域性的行业协会组织发展还远远不足，以专家学者组成的中介咨询机构在城市群中还没有发挥出应有的作用。我国宪法和地方组织法中关于如何处理政府间关系，地方政府在府际合作中的权利、责任等方面的内容都没有涉及，针对区域间合作的专门性法律法规缺失。对于跨省城市群，缺乏明确的治理主体。城市间自发形成的合作组织，形式一般比较松散，一些组织机制多靠地方领导人来推动的，一旦地方领导调动便容易使合作机制架空。治理模式主要停留在各种会议制度与单项合作机制和组织上，一般采取集体磋商的形式，缺乏一系列关系利益冲突、激励和约束、财政分担和资金管理、监督检查等成熟的、制度化的机制与组织，一些合作内容在实施中难以得到实质性的推动。各类区域性的规划，涉及内容广泛，同时缺乏法律效应，约束性不强。

五、我国城市群治理的总体思路

城市群治理改变了传统的自上而下的权力模式，向自上而下与自下而上相结合，向多维、分散、互动转变，形成了彼此间紧密联系的合作网络和交叉重叠关系，这种复杂的网络关系，单靠传统的科层制面对区域公共管理问题的挑战已难以为继，必须借助科层制、市场机制及合作机制共同实施，丰富治理方式，鼓励探索各具特色的治理模式，健全治理机制。

（一）构建横纵协调的府际合作治理机制

1. 构建府际合作治理机制

府际合作治理是指一种政府间、公私部门与公民共同构建的政策网络，强调通过多元行为主体间的互动与合作来实现和增进公共利益，包括政府间协作、跨部门伙伴关系以及公民参与（李长晏，2009）。府际治理是行政革新和政府再造的重要产物，具有如下特征：(1) 府际治理是以问题解决为焦点，被视为一种行动导向的过程；(2) 地方政府间被视为互相依赖和伙伴关系，而非竞争对手；(3) 府际治理注重联系、沟通以及网络发展的重要性，它强调政府间在信息、共同分享、共同规划、一致经营等方面的协力合作；(4) 强调公私部门的混合治理模式，倡导第三部门积极参与政府决策（表5-2）。府际之间的有效合作，是理顺公共部门内外关系，对区域内部个人和组织的行为与决定进行控制，以促进整体目标实现的前提，也是确保公共事务管理有效、有序运行的必要条件。由于在专业分工体制下，不同政府部门在部门利益、组织结构、政策目标和工作方式等方面存在着较大差异，而这些差异决定了不同部门之间存在着潜在的对立和冲突，由此容易滋生"部门主义"的倾向和各自为政的"碎片化"现象，使政策执行困难。府际合作可以为区域内因资源的稀缺性而引发的各种矛盾寻求公共管理的解决方案，进一步密切政府、社会组织、公民之间的互赖关系，减少资源浪费，促进存量资源的有效运用。在现有行政辖区分离化的背景下，府际合作可以通过寻求整合性机制，化解区域间的矛盾与冲突（何精华，2011）。

表 5-2　府际治理与传统治理方式的对比

项目	科层制	市场机制	府际治理
总体特征	命令机制	利益机制	协商机制
资源配置方式	行政命令	价格机制	多层互动
冲突解决方式	行政命令	利益协商	多层沟通
社会力量参与	少	少	多方参与
上级政府地位	重要	一般	一般
合作的稳定性	强	弱	强
资源配置的效率	低	较高	高

资料来源：张明军，汪伟全：《论和谐地方政府间关系的构建：基于府际治理的新视角》，《中国行政管理》2007 年第 11 期。

2. 发挥上层政府的指导协调作用

我国城市群当前的治理形式主要以城市间的自发行为为主，中央和省级政府对城市群的治理主要以区域规划形式体现，现实中还有许多问题需要中央和省级政府予以指导和协调。一是要加快推进全国或区域统一大市场的建设，消除制约区域间要素自由流动的障碍，促进各类要素在城市间顺畅流动。二是要对城市间的合作和治理行为出台有关指导原则或实施办法，明确各级政府在促进区域合作中的功能和作用，完善城市间合作评价、监督、协调等机制，制定促进区域合作的法律法规。三是加强中央或省级层面促进城市间合作组织的建设，对于一些跨省区、跨地市的城市群，由于所涉及的城市行政级别不同、各城市制定相关政策和法律的权限不同，在一些重大问题上无法取得一致的情况下，必须要有上层机构予以协调。

3. 加强横向政府间合作

区域发展的相互依赖理论阐明了地区与地区之间、城市与城市之间经济社会发展不是独立的，而是彼此依存、相互联系的。我国各区域内地方政府间在经历了一段时间恶性竞争的"两败俱伤"后，越来越认识到相互之间合作的重要性,通过竞合博弈走向"双赢"与"多赢"的思想倾向具有了一定的社会基础。城市群内城市政府间伙伴关系的建立也合乎发展的需要。政府间伙伴关系具有以下特征:能够制造合作者之间的协同效应,将风险分散给各参与者,能成为获得更多财政资源的手段,能够减少公开冲突,创造和谐的政策环境,减少对上级政府过多的要求,并创造更广泛和更分散的责任制。伙伴型府际关系是一个理想的目标选择,是现时代政府间关系模式变迁的重要趋向之一。伙伴型府际关系的建立,从理念上强调不同地方政府间利益的互惠与共享,从行为上则是通过制度安排对生产要素、信息、技术和市场等稀缺资源进行合理分配和有效利用,以保证各方福利均有增加。通过建立府际合作框架,落实跨区域、跨部门政务合作方案,可以有效解决城市群内或跨区域间有关重大基础设施、环境保护以及公共服务共享等议题。地方政府间的竞合实际上是以合作为目的和宗旨,以竞争为手段和动力,使参与者达到"双赢"或"多赢"的最终目标,使各地市政府之间的博弈更多地转变为正和博弈。

4.促进政府与社会组织和企业广泛合作

在城市群治理中,需要同时发挥多元主体的积极性,构建政府与社会组织、企业之间以协作为目的的治理结构,共同参与城市群区域性公共产品生产和服务的供给,以解决日益复杂的区域性公共产品的需求。现代经济学理论表明,集体行动困境的存在使得区域内公共产品一般由政府来提供,但城市群区域不同于只有一个行政主体的行政区,不存在一个超地区的"政府",其公共产品的提供一般有以下几种形式,一是由一个代表各地方政府的区域性组织,二是由上级政府提供,三是由区域内各地区或企业、居民分散提供,不管是哪种形式的提供方式,都存在着自身难以克服的局限性。从未来发展趋势看,除了继续发挥政府的应有职能外,应积极发挥各类社会组织和私营部门的优势和特点,为城市群治理提供多种可能方案。

目前我国区域性的社会组织发展受到较多制约,要进一步打破条块分割体制,鼓励成立各类区域性社会组织,包括研究型、管理型、服务型以及赢利型、非赢利型等多种类型。既要培育大量无行政级别、无行政事业单位编制、无行政业务主管部门等区域性社会组织,也可以成立若干具有较强协调能力的区域性组织,承担国家或省级协调城市间发展矛盾的主要任务,国家或省级要赋予其一定的管理职责。逐步完善区域性社会组织的法律地位,明确不同类型区域性组织的职能和作用,规定设立条件、权利和义务、审批程序等。政府要向区域性的社会组织开放更多的公共资源和领域,探索建立适合不同发展水平特点的区域组织承接上层政府转移或委托职能的制度体系，探索建立相应的财政支持制度，能够由区域性组织承担的跨界公共服务，支持区域性组织承担。采取灵活多样的模式，促进区域性社会组织承接政府转移职能，探索建立通过合同立项、委托管理、购买服等方式，建立对社会组织的资助机制，设立政府向社会组织购买服务专项资金，分类制定社会组织财政补贴政策。同时政府也要为私人部门提供激励制度，在产权界定、准入政策、融资政策等方面为私人部门提供良好、稳定的政策环境，鼓励私人部门参与城市群的治理。

（二）鼓励探索各具特色的治理模式

1. 多层次、多模式并存

我国不同城市群发展的基础条件、所处内外部环境差异巨大，受所处成长阶段、城市间经济社会联系强弱、面临问题的差异以及多种体制性、政策性因素的影响，可以采取各具特色的发展模式，在一般性规则指导下，应鼓励城市群内的各类城市积极探索符合不同城市群发展实际的城市群治理模式。多层次互动是指在城市群空间演进的不同阶段，可以按照空间尺度的不同、经济联系紧密程度的差异，选择多种类型的治理模式，如在城市群层次上有统一的区域协调委员会，下层的大都市区可以在区域协调委员会指导下，开展其它治理模式的应用，如成立城市联盟，各类专家组成的专家委员会，各类社会组织等。区域性的行业协会等中介组织应在都市区范围内先行推进，并逐步扩大地域范围。城市群所选择的治理模式可由正式制度或非正式制度组成，其到底选择什么模式，取决于每个城市群发展的需要和可能，尤其是城市群内部政府、企业和居民的治理能力和水平，市场经济体制的完善程度、经济发展水平，法律法规建设的进程及地方政府的创新精神等等。

2. 纵向治理模式：区域协调管理委员会

纵向治理模式主要是指需要由上级政府包括中央和省级政府予以协调城市间重大事务而成立的管理机构，可以称之为"区域协调管理委员会"，可以单独成立，也可以依托现有负责国家和省区域发展的有关部门承担其具体职能，包括全国和省级两类。"全国区域协调管理委员会"是中央层面对全国区域发展进行协调管理的机构，重点负责协调跨省城市群发展中的有关问题，主要包括：明确全国城市群发展的空间格局、每个城市群发展的功能定位；城市群治理机构设置的基本原则、职能定位及相关管理法规、立法；制定鼓励城市间合作发展的政策措施；指导城市群规划的编制、实施和监督；协调城市群发展中的重大利益矛盾；指导城市群设立区域发展基金；组织实施城市群重大项目等等。"省级区域协调管理委员会"是负责协调省内城市群发展中的问题，具体功能与全国的类似。"区域协调管理委员会"是一个具有一定行政管理职能的政府协调机构，但它不是一个综合性的政府机构，它只为解决区域发展中面临的重大跨行政区的区域问题而设立，城市群是其管理的一种区域类型。

区域协调管理委员会可由中央代表、城市群所在的省级利益代表和各城市地方利益代表共同组成。委员会下设负责日常联络和组织整体性工作的办公室或秘书处，具体负责城市群日常管理事务。委员会工作人员可由专职和非专职人员组成，日常行政管理经费由城市群区域协调管理委员会筹集的资金中拨付。根据专业、精简、高效的原则，区域协调管理委员会还可下设若干项目工作组，如交通、能源、水资源、环境和土地等工作组，具体负责专题规划的编制及有关管理事务。项目工作组可根据不同时期工作的需要进行成立和撤销。为使区域协调管理委员会发挥有效的作用，必须赋予委员会一定的行政管理权限。如规划权、审核权、监督权、资金筹集和分配权等等。纵向治理模式主要适用于跨省区以及省内规模较大的城市群，如京津冀、长三角、珠三角城市群等。

3. 横向治理模式：城市地方政府联合会

横向治理模式主要指由城市群内不同地方政府之间成立的各类合作组织，可称之为"城市地方政府联合会"，它是城市群内部地方政府自发组成的治理组织，它的建立充分体现了自下而上的原则，同时为保证组织实施的有效性，联合会通过城市间的协商，建立和完善相应的行政管理职能，形成制度化的治理机制和措施。每个联合会的具体情况不同，其所确定的职能也会有所不同，这取决于联合会的工作力度和能力，一般的职能与区域协调管理委员会类似，主要包括编制规划、筹集资金和监督审查等。联合会的组成成员主要由城市群内部的有关城市组成，根据城市群的不断发展，其吸纳的成员数量会有所调整，这完全是一种市场行为，每个城市在联合会具有平等地位，在决策表决中都具有一票。联合会的成员除了地方政府代表外，也可采取多种灵活方式，吸纳多元主体参与，包括上级政府部门的代表、各类社会组织、企业和居民的代表。横向治理模式适合于那些具有强烈发展意愿，愿意通过实质性的组织机制来实现合作共同发展的地区。

纵向和横向治理模式的优缺点如表5-3所示。

表 5-3 两种政府主导型治理模式优缺点对比

模式	纵向治理模式	横向治理模式
代表	区域协调管理委员会	城市地方政府联合会
优点	1. 有利于在政治层面上协调城市群内不同地方政府之间存在的利益矛盾。 2. 有利于从全国或全省的宏观层面对城市群的相关问题进行统筹考虑。 3. 有利于利用各种政治、经济、政策资源，在重大项目布局、财政投资、政绩考核等方面直接发挥作用。	1. 能够充分发挥地方政府在管理区域公共事务中的积极性和责任意识。 2. 通过自组织的协调机制，在充分磋商与讨价还价基础上，形成的合作框架和协议便于实施。 3. 由于对自身发展实际十分了解，形成的各类合作事项符合城市间发展的实际需要。
缺点	1. 目前国家对区域协调发展方面的总体体制设计尚不明确，体制交叉、多头管理等问题突出。 2. 缺乏调控手段，无法有效协调城市群内部不同城市间的利益关系。 3. 中央政府或省级政府在协调城市间利益矛盾时，由于信息不对称性，会产生效率缺失和判断错误。	1. 由于机制相对松散，对于合作事项的推进缺乏执行力和监督力。 2. 在没有上级政府的参与下，城市间的博弈成本较高，一些重大问题长期难以形成一致意见。

正如威廉姆森所言，一方面各种交易的特征是不同的，另一方面不同的治理结构在成本和能力上也存在着差别。所以交易费用经济学的一个基本逻辑就是所谓的"区别性组合"：经济组织就是将特征不同的交易与成本和能力不同的治理结构以一种能将交易费用最小化的方式区别地组合起来。因此，城市群治理研究"不应去寻求一种惟一正确的组织模式，而应关注各种可能的治理模式以及治理是如何通过地方公共经济结构来和绩效发生关系的"（张紧跟，2005）。对于我国城市群采取何种治理模式，不是简单地模仿照搬国外的模式，而是要结合我国城市管理和政府治理的特点，在发挥各级政府必要作用的基础上，进一步发挥社会组织、企业、居民的积极性，创新城市群治理的新模式，对于具体的城市群而言，应该遵循"区别性组合"逻辑。因为每种城市群治理模式都有其存在的理由，就像存在就是合理的一样，我们不能以一种模式的优点去评价另一种模式的缺点，反之亦然，在现实生活中可能不存在一种模式在对待解决区域问题中可以达到完美的结局与效果，关键在于能够在实践中去不断总结、尝试、获取新的经验与教训，朝着最优方案努力。

（三）不断丰富类型多样的治理方式

1.搭建各类合作平台

设立协商论坛，政府与企业、社会组织等通过设立协商论坛，针对具有多元利害关系的议题与事务进行意见交流与讨论协商。一方面，政府公共部门可以利用这一平台，说明其政策理念与目的，或作为民间提出政策方案建议的路径；另一方面，在共同遵循的游戏规则下，将彼此间的利害得失，通过协商相互妥协，降低争端产生的几率，并使公共决策公开化与透明化，提高政策实施的有效性，以及居民对于公共部门的信任感。建立公共信息平台，促进城市群内不同城市间公共信息的公开、透明。稳定联席会议制度，运用正式或非正式的形式，开展城市间人际交流，增进区域内行政主体人员直接的联系，在情感因素的催化下，易于建立协同合作的共识。

2.建立扶持互助机制

城市群中外围城市在一定的发展阶段，仍面临着要素向核心城市聚集、生态环境保护与经济发展的矛盾，为此，核心城市必须承担起更多的责任和义务，通过多种途径支持外围城市发展，如建立生态补偿机制，支持上游城市切实保护生态环境，上游城市也要严格履行生态环境保护的义务；支持外围落后地区发展教育，为核心城市发展一般服务业提供必须的劳动力；建立产业合作机制，向外围城市转移有利于促进当地就业的一般制造业，根据不同项目特点和合作方式，制订利益共享和风险共担方案以及具体实施办法。

3.开展多种咨询和服务购买

针对城市群发展中的重大问题，采取常设或临时设立的灵活方式，聘请专业人员或管理团队，协助开展政策咨询、行动策划、提升公共部门服务能力、解决特定问题，待特定问题解决之后，相应的管理团队可以解散。聘请专家学者或研究咨询类等社会组织，担任区域性规划和政策的咨询顾问，成立以专家学者为主体的咨询委员会，对重大规划及重大事项提供咨询，开展前期调查和后期评估，及时提供专业意见和建议。丰富区域性公共产品的供给方式，通过公共部门与私人部门或社会组织签订公共服务协议，提供多元化的服务。

六、健全有序治理的体制机制

我国城市群发展中受行政区经济主导，政绩考核和地方财政体制制约，部门间对"规划权"的争夺，社会组织、企业等市场主体参与性的不足，涉及不同地区间法律法规体系的不一致等因素的影响，要解决这些问题必须在体制机制上予以保障。

（一）构建服务型政府

与西方发达国家相比，我国政府过多承担了经济发展的职能，在现行政绩考核机制和地方财政体制下，追求经济利益和政绩目标超过了为本地居民提供公共产品和服务的目标。城市群发展中出现的城市间恶性竞争、公共产品提供不到位等问题都缘于政府职能改革不到位，没有把该做的事情做好，而不该做的事情却做了很多。在完善的市场经济体制下，经济发展主要是一个自发的市场调节过程，政府的职责一方面是为经济正常运转提供一个良好稳定的外部环境，维护市场竞争的正常秩序，另一方面，要弥补市场机制的不足，具体到城市群，就是要针对城市群这样一个特殊区域，解决依靠单个地方政府无法解决的问题，通过完善治理机制，为城市群的健康发展提供保障。在政绩考核压力和不健全的财政体制约束下，地方政府承担了大量的经济职能，导致城市间经济发展的竞争日趋激烈，利益冲突和矛盾十分突出，并已经影响到了城市及其区域的可持续发展。要构建服务型政府，必须要加快地方财政体制和政绩考核机制改革，为地方政府建立财力与事权相匹配的财政体制，为政府服务于当地居民建立配套的以人为本的考核机制，以居民的满意度作为考核政府政绩的重要标准，并能够接受广大居民的监督。

（二）完善城市群治理的法律法规

美国早在1787年美国宪法中就明确了州际协议的法律地位，20世纪20年代开始州际协定开始广泛用于自然资源的保护、公用事业的管制等领域，形成了与联邦、州及地方的协调机制。我国宪法和行政组织法缺乏关于府际合作的法律法规，对中央政府在区域合作中的职责，地方政府的合作形式、组织机制、利益分配也无涉及。在区域府际合作实践中，府际合作往往是以协定、备忘录的形式进行，而由于政府间签订的协议及其执行细则没有相关的法律加以约束与保护，导致政府间协议缺乏约束力，使得其在促进府际合作、约束政府机会主义方面的作用有限，签订的一系列合作协议难以得到有效的贯彻与执行，府际合作有些流于形式。完善的法律法规是实现政府间有序竞争与良好合作的重要保障，加强府际关系调整的法律制度建设，就是要以法律调节的形式明确规定政府间竞争和合作的主要内容、权利与责任、基本规则、解决冲突的方式与利益补偿机制。为此，应以国家相关区域协调发展法律法规为基础，进一步明确城市群府际合作的法律法规，明确各级政府在跨行政区合作治理中的权利、责任，保证区域合作的权威性与连续性，对已经成形的或正在形成中的区域法规给予法律上的承认，对区域公共事务合作治理机构的产生、职责、权限、运行机制等予以规范。加快对政府组织法的修订，增加对区域经济发展中府际关系制度安排的相关规定。

(三) 设立城市群共同发展基金

奥尔森认为选择性激励是一种克服集体行动障碍的外在力量，选择性激励有正激励也有负激励，同时也包括了经济激励和社会激励。由于城市群内部存在着发展的不平衡，而且市场力量不足以消弥甚至会强化这种不平衡。因此城市群不同成员之间能否达成一个具有约束力的、自动实施 (self-enforcing) 的协议，保证"合作博弈"能够重复，关键在于能否让那些落后的伙伴在合作中缩小差距，这需要通过特定的资源配置来实现，而这种特定的资源配置需要特定的机制来保证。因此，能否解决好各成员参与合作的激励问题是决定合作成败的关键之一。设立城市群共同发展基金有利于解决城市群面临的生态环境保护、水资源利用、跨区域公共设施建设和区域发展不平衡等问题。不同层级的城市群治理机构其共同发展基金的来源不同，纵向治理模式中，中央或省级层面也要承担部分费用，横向治理模式中，则需要由成员城市按照一定的规则进行缴纳。如按照各城市人口、GDP、财政收入、财政支出等指标测算确定。在资金的运用方式方面，可采取无偿、贴息、担保、股权投资等多种方式。为保障"共同发展基金"的合理使用，要制定完善有关基金使用管理办法和相应的支持领域和具体项目。

参考文献：

陈剩勇：《区域间政府合作——区域经济一体化的路径选择》，《政治学研究》2004 年第 1 期。

陈瑞莲主编：《区域公共管理导论》，中国社会科学出版社 2006 年版。

顾朝林：《论城市管制研究》，《城市治理——概念．理论．方法．实证》，东南大学出版社 2003 年版。

何精华：《府际合作治理：生成逻辑、理论涵义与政策工具》，《上海师范大学学报（哲学社会科学版）》2011 年第 11 期。

洪世键：《大都市区治理：理论演进与运作模式》，东南大学出版社 2009 年版。

黄丽：《国外大都市区治理模式》，东南大学出版社 2003 年版。

李长宴：《迈向府际合作治理：理论与实践》，元照出版公司 2009 年版。

林尚立：《国内政府间关系》，浙江人民出版社 1998 年版。

刘彩虹：《区域委员会：美国大都市区治理体制研究》，《中国行政管理》2005 年第 5 期。

刘君德：《国外大都市区治理模式·序》，《国外大都市区治理模式》东南大学出版社 2003 年版。

刘祖云：《政府间关系：合作博弈与府际治理》，《学海》2007 年第 1 期。

罗振东：《中国都市区发展：从分权化到多中心治理》，中国建筑工业出版社 2007 年版。

宋迎昌：《美国的大都市区治理模式及其经验借鉴——以洛杉矶华盛顿路易斯维尔为例》，《城市规划》2004 年第 5 期。

孙兵：《区域协调组织与区域治理》，上海人民出版社 2007 年版。

唐燕：《德国大都市区的区域治理案例比较》，《国际城市规划》2010 年第 6 期。

陶希东：《转型期中国跨省市都市圈区域治理——以"行政区经济"为视角》，上海社会科学院出版社 2007 年版。

汪阳红：《城市群治理与模式选择》，《中国城市经济》2009 第 2 期。

王旭：《美国城市发展模式——从城市化到大都市区》，清华大学出版社 2006 年版。

谢庆奎：《中国政府的府际关系研究》，《北京大学学报（哲学社会科学版）》2001 年第 1 期。

俞可平主编：《治理与善治》，社会科学文献出版社 2004 年版。

踪家峰：《城市与区域治理》，经济科学出版社 2008 年版。

张紧跟：《当代美国大都市区治理：实践与启示》，《现代城市研究》2005 年第 9 期。

张京祥，庄林德：《治理及城市与区域治理———一种新制度性规划理念》，《城市规划》2000 年第 6 期。

张明军、汪伟全：《论和谐地方政府间关系的构建：基于府际治理的新视角》，《中国行政管理》2007 年第 11 期。

朱英明：《国外大都市区管理的实践及其借鉴》，《世界地理研究》2001 年第 3 期。

戴维·卡梅伦：《政府间关系的几种结构》，《国外社会科学》2002 年第 1 期。

［美］迈克尔·麦金尼斯编：《多中心体制与地方公共经济》，三联书店 2000 年版。

［美］曼瑟尔·奥尔森：《集体行动的逻辑》，陈郁、郭字峥译，三联书店、上海人民出版杜 1995 年版。

专题六

我国西部地区城市群发展研究
——以川渝城市群为例

　　从国外最早研究的大都市连绵区,到我国对城市群的逐步认识,从世界公认的六大城市群(美国东北部大西洋沿岸波士华城市群、北美五大湖城市群、日本太平洋沿岸城市群、欧洲西北部城市群、英国中南部城市群、中国长江三角洲城市群),到我国沿海地带其他率先成长的城市群(珠江三角洲城市群、环渤海的京津冀、辽中南、山东半岛城市群),都描述了其基本特征。称其为城市群,必须具有相当大的人口规模、足够密集和联系紧密的城市群体、十分便利的交通运输网络、两个以上特大城市作为发展极等等。然而,我国广大内陆地区上述条件欠缺,尤其是总体上城镇化水平低,城镇体系等级规模结构不健全,对外开放程度弱,远离海岸和港口,远离国内外经贸中心或枢纽,交通区位相对闭塞。那么,内陆区域特别是西部会有城市群发展壮大起来吗?它们与沿海地区城市群有什么不同之处?本文将以川渝城市群为例,研究我国西部内陆城市群如何扬长避短,走出一条有特色的发展之路。

　　由于界定方法与思路不同,对川渝城市群范围的划分并不统一。本文研究的川渝城市群拟选取资源禀赋、经济和城市发展水平、文化背景相似,围绕成都和重庆市辖区两个核心城市,沿长江上游干流、宝成—成昆、成渝、成南、成遂渝等交通轴线展开,地理上接近、具有人口规模和经济内聚力的城市群体及其相邻区域。具体包括重庆市9大主城区(渝中区、大渡口区、江北区、沙坪坝区、九龙坡区、南岸区、北碚区、渝北区、巴南区)和6个相对比较发达的市区(大足区、綦江区、江津区、永川区、合川区和南川区)、及4县(荣昌县、潼南县、璧山县、铜梁县),四川省14个地市级行政单位,即成都、德阳、绵阳、眉山、资阳、遂宁、乐山、自贡、泸州、内江、南充、宜宾、广安、雅安市。2012年,该区域面积16.5万平方公里,占川渝两省市总面积的

28.8%，其中重庆部分 2.4 万平方公里，占重庆市总面积的 29.3%，四川部分 14.1 万平方公里，占四川省总面积的 28.8%。

一、西部地区城市群形成的基础条件

内陆特别是西部地区城市群发展条件难以与沿海相比，大部分处于劣势地位，如自然环境、交通区位、区域发展基础、技术人才支撑等。而西部地区的优势在于能矿资源富集，生物多样性丰富，自然景观独具特色等，但往往与其他资源和环境组合欠佳，影响其效益的充分发挥。然而，西部也不是均质的，在总体劣势下，少量平原盆地、河谷地带自然环境良好，开发历史悠久，经济社会发展较快，成为区域增长的亮点，具有相对优势，川渝城市群就是最典型的案例。

（一）有利条件

1. 战略地位重要

西部地区具有国防安全、生态安全、资源安全等重要战略地位，关乎着国家大局。西部与 14 个国家和地区接壤，是我国最长的边防前线，独特的地形地貌、跨境的民族聚居、复杂的国际政局使其巩固国防、军事安全的地位极为突出。西部是我国向西开放的重要门户，百分之七十以上的少数民族居住在此，特别是跨国而居的民族多达二十多个，存在着相互依存的经贸合作关系，有利于推进我国与周边国家区域经济一体化深入发展，加快西部对外开放，提升沿边开放水平。西部是我国重要的战略物资储备基地，能源和矿产资源开发不仅对现阶段也将对未来发展具有宝贵的价值。西部是我国许多大江大河的发源地和森林、草原、湿地和湖泊的集中分布区，作为国家生态安全屏障，具有不可替代的特殊地位，直接影响到其他区域的生态环境平衡、生物多样性延续。西部地区在保持国家经济社会长期稳定发展上还具有基础性地位，由于拥有三亿多人口的潜在消费市场，在国际经济低迷的背景下，可为我国经济持续增长提供了难得的内部需求；西部地区与中东部是不可分割的整体，只有西部真正发展起来，才会全面实现小康社会目标；对促进民族团结、维护边疆安宁具有根本作用。

川渝城市群位于我国西南地区，是东西结合、南北交汇的节点和走廊，相对广大西部内陆区位条件得天独厚。东出三峡，进入湘鄂，沿着长江而下，可与发达的长江三角洲直接联系；西邻青藏高原，成为内地进出西藏的门户和西藏的后方基地；南望云贵高原，往东南方向连珠江三角洲抵南海，往西南方向下东南亚、南亚；北依秦巴山地，接陕甘宁青新之气，对西部大开发特别是云贵藏青甘等省区经济社会发展具有依托作用。该区域地处长江流域上游区段，三峡库区水土保持生态功能区、川滇森林生态及生物多样性功能区、秦巴生物多样性功能区等部分区域分布于此，流域生态系统保护、水源涵养和水土保持、生物多样性保护等生态功能突出，直接关系到长江流域中长期生态安全。

2. 自然资源丰富

西部是我国的资源宝库，开发潜力可观。一是能矿产资源。许多省区都分布有镍、铁、铝、铬等金属富矿，稀土和锡等非金属资源远景储量居全国之首；塔里木盆地、准噶尔盆地、吐鲁番盆地、河西走廊、陇东高原、陕北地区、四川盆地均探明出整装油田和气田，已探明天然气蕴藏 26 万亿立方米，占全国的 86%，将为我国能源工业和重化工业提供重要的资源保障。二是水力资源。西部水能理论蕴藏量为 5.57 亿千瓦，其中可开发利用的水电资源 2.74 亿千瓦，分别占全国的 82.3% 和 72.3%；[①] 特别是西南地区水力资源占全国一半左右。三是生物资源。拥有金丝猴、大熊猫等珍稀动物，藏红花、雪莲、冬虫夏草等珍贵药材数千种，还有云杉、柚木、楠木等名贵树种等。四是旅游资源。自然风光奇异多彩，世界屋脊、大漠戈壁、冰川冻土、溶洞奇峰等令人神往。

川渝城市群及其周边区域水资源、天然气、铝土、钒钛、盐卤等矿产资源、生物资源、旅游资源富集，品种多，储量大，具有较大开发潜力。长江穿境而过，岷江、沱江、嘉陵等江河并行，水量十分充沛，水资源总量位居全国前列；水能资源蕴藏量巨大，可开发水能资源 1 亿千瓦左右，约占西部可开发水能资源的 33% 和全国的 27%，不仅在我国甚至在世界上也是水能资源密布区域。天然气储量和产量居全国之首，四川盆地天然气储量占全国的 60%，已探明储量约 7000 亿立方米，其中四川省境内 4000 多亿立方米，重庆境内 3000 多亿立方米，随着勘探深入进展，储量还在不断增加。稀土居全国第二，铝土矿、硫铁矿储量分别占全国的 1/4 以上，铜矿储量占全国 1/3，[②] 磷矿储量占全

---

① 武文军：《西部的优势、劣势及强势》，《兰州商学院学报》2000年8月刊。
② 罗秀姣等：《成渝经济区的发展战略研究》，《经济发展与管理创新——全国经济管理院校工业技术学研究会第十届学术年会论文集》2010年12月，第172页。

国 2/3，锰矿、铅锌矿储量分别占全国的 1/5，且多种资源的组合配套好，空间分布相对集中。该区域是平原丘陵生态系统向高山高原生态系统急剧转化地带，是我国生物多样性的重要富集区域和世界 25 个生物多样性热点地区之一、我国乃至世界珍贵的生物基因库之一；动植物种类最多、最齐全，拥有国家一、二级保护动物 17 种和 72 种，鱼类种类约为全国淡水鱼种数的 2/5、长江鱼类的 2/3；拥有 4000 多种植物资源，其中国家重点保护植物 50 多种。[①] 自然和人文景观丰富多彩，拥有世界遗产和世界级地质公园 6 处，是具有国际影响力的旅游资源富集带，而且四川和重庆的旅游资源互补性较强。

3. 历史文化厚重

我国西部是人类祖先的重要发祥地之一，历史文化深厚，以西安为起点、经甘肃、新疆通往中亚、西亚的丝绸之路，留下了古代中外交流的伟绩；作为佛教象征的石窟寺 80% 集中于甘、新、陕、川等省区，沉积了丰富的宝贵遗产；众多民族繁衍生息，造就了特色鲜明的优秀传统与地域风俗，等等。如今，随着经济社会的快速发展，历史和文化已成为影响区域发展的真正动力源泉和灵魂，西部的历史文化优势日益显现。

先秦时期以成都为中心和以重庆为代表的巴、蜀二国，在两千多年的发展历程里，曾创造了繁荣并领先的辉煌历史和灿烂文化，在中国上古三大文化体系中占有重要地位，与齐鲁文化、三晋文化共同构成了骄傲的中华文明，给川渝城市群合作发展提供了重要依托和厚实的积淀。川渝两地文化背景和历史脉络相近相通，渊源悠久，从古至今，一片巴山蜀水孕育了同根共生的巴蜀文化、历史、习俗。自古巴蜀一家亲，同一腔川话，同一味火锅，巴蜀文化积淀源远流长，彼此联系千丝万缕。1997 年前，川渝本来就同属一省，在社会文化、经济生活各个方面都紧密相关，经济布局上也体现着互补性。因此，当下的行政区划不应该也不能割裂川渝的天然联系。

4. 形成了一定的经济基础与人口规模

西部大开发十余年来，经济实力得以增强，具有一定的发展基础。2000—2012 年，西部地区生产总值从 1.67 万亿元增加到 113914.6 万亿元，占全国GDP 的比重由 17.1% 提高到 19.8%；全社会固定资产投资总额从 6111 亿元增加到 88748.8 亿元，占全国的比重由 19.2% 提高到 24%。特别是在一些环境较优、基础较好的地区经济人口集聚程度较高，《国家西部大开发"十一五"规

---

① 金凤君等：《成渝经济区发展的基础、潜力与方向》，《经济地理》2011年12月。

划》中确定的成渝、关中—天水、北部湾经济区,已成为西部发展的火车头。

川渝城市群坐落于四川盆地腹地及长江黄金水道沿岸,自然环境良好,四川盆地是相对独立的自然地域单元,是我国第三大盆地和最大的外流盆地,自古富庶,早有"天府之国"的美誉;区内河流众多,雨量充沛,气候温和,水热资源匹配,土地肥沃,物产丰富;地形地貌以平坝和丘陵为主,地质条件可以满足城镇密集建设与发展的客观需求,适合人类居住和从事各种经济活动。从三线建设开始,国家大型工业项目和农业项目建设就一直推动着川渝城市群区域的发展壮大,西部大开发更是如此。目前,川渝城市群是西部的经济高地,即经济发达、实力最强的区域,2011 年,区域地区生产总值 24745.18 亿元,占川渝总量的 79.73%,占西南地区的 42.69%,占西部地区的 24.69%,占全国总量的 5.23%,以 30% 的土地创造了川渝将近 80% 的 GDP,以 2.4% 左右的土地创造了西部 1/4 的 GDP,以接近 1.7% 土地创造了全国 5% 的 GDP。人均 GDP 为 31870 元,比川渝两省市和西部平均值分别高 3574 元和 4197 元。这里还是西部城镇和人口集中分布区域,2012 年总人口 8573 万人,占川渝两省市的 69.2%,占西部地区的 21.77%。西部大开发以来,城镇化进程明显加快,2010 年,川渝城市群群域城镇化率 47.5%,市辖区城镇化率 67.3%,分别比 2000 年提高 14.3 和 6.4 个百分点,与川渝两省市和西部整体情况比,全域城镇化率分别高出 4 个和 6 个百分点左右。

(二) 不利因素

1. 区域经济发展水平仍然偏低

西部地区也包括城市群区域,整体区域经济发展水平仍然偏低,2012 年,西部地区人均地区生产总值 31271 元,低于全国平均值 18.5%,人均固定资产投资额和人均社会消费品零售总额分别低于全国 16.7% 和 38.8%。对外开放程度差,吸引外资、进出口等方面薄弱,外向型经济发展较晚,步履缓慢,对经济总量的贡献小,2012 年,西部人均进出口额只相当于全国均值的 21%。川渝城市群虽然好于西部地区平均水平,但还是显示出与全国均值的差距,更不用说与东部城市群之间的巨大差异。2011 年,川渝城市群人均 GDP 为 31870 元,比全国平均水平低 9.2%;进出口总额 734.46 亿美元,占川渝两省市和西部地区的 95% 和 40%,但只占全国总量的 2%。城镇化进程也还有较长的路要走,2010 年,城镇化水平低于全国平均值 2 个多百分点,在全国城市群中是较低的。

2. 交通区位相对闭塞

西部地处内陆，地理位置相对偏远，与外界联系不便，即使在西部数一数二的川渝城市群对外开放的交通区位条件也谈不上很好，与长江三角洲、珠江三角洲、京津冀等发达地区相距都在 2000 公里以上，远离沿海港口和现实开发热土。除了位置偏、空间跨度长以外，无论是城市群区域还是其对外的跨区域交通运输基础设施建设都面临着或多或少的约束，如地形地貌复杂，气候恶劣，自然灾害频发，建设工程量大，进度慢，周期长，对技术和投资要求高，维护困难。因此，西部城市群发展相对缺乏便捷的交通网络和综合运输体系支撑，物流成本高和时间长削弱了产品的竞争力和外来投资的吸引力，使其参与全球经济的能力大打折扣。

3. 城市间经济联系弱

由于发展水平所至，西部城市群尚处于中心城市自我集聚极化阶段，经济联系多指向极核，而发散到其他城市或其他城市之间的联系较弱。西部发展市场经济的时间、深度、效果都亟待扩展和强化，公平竞争、规范有序的市场体系还未最终形成，非公有制经济薄弱，企业之间缺乏横向联系、合理分工与专业化协作，城市间缺乏交流合作与互补共赢。川渝城市群原本是"一家"，随着重庆直辖，便跨越两个省市行政单元，虽然有割不断的千丝万缕的联系，但行政成本大增，城市群协调发展的难度上升；地方保护和壁垒限制了市场范围，造成对资金、技术和人才等资源的激烈竞争；川渝两地国有企业和国防科技企业较多，城市间协作意识差，配套能力弱，产品链条短，阻碍了城市群生产要素资源的自由流动和有效配置，因此，成渝两市之间以物资、人员、服务等交换为特征的空间相互作用力弱化，如川东北地区原受重庆辐射，与成都的经济联系并不紧密，但重庆直辖后，对川东北地区的辐射强度减小。

4. 自然生态环境脆弱

西部地区自然生态环境严酷，我国水土流失面积大多集中于西部，西北地区河川水文状况恶劣，水土流失严重，生态环境脆弱；西南地区山多，而且多为石山，有时水土资源匹配欠佳。西部土地生产力低下，非耕地资源占比偏大，一定程度上制约了农牧业生产，第二、第三产业的投资环境也相对弱化，整体而言生产生活生态环境不足以为大规模的城市群成长提供基础支撑。近些年来，人为因素更加重了生态环境的负担，生态系统或极为脆弱；地震、特大山洪泥石流、持续干旱等自然灾害，造成深度损失。川渝城市群虽然在西部地区自然环境非常难得，但也必须清醒地认识到，盆地的范围与容量有限，盆周山地的承载能力较小，由于多年来经济和人口的膨胀，带来不容忽视的生态压力。

二、西部地区城市群形成发展影响因素的变化

西部大开发战略实施以来，西部区域发展取得了显著的成效，交通区位条件、基本公共服务、人才培养环境等发生、正在发生及将要发生改变，为城市群的协调发展奠定了有利基础。

（一）交通基础设施改观

按照先行建设、适当超前的原则，通过国家大规模投入，西部交通通信基础设施条件大为改善，提升了出行达海的能力，为要素流入和产品输出奠定了基础。其中川渝城市群处于西部乃至全国陆上、水上、空中联系的重要纽带，初步形成了铁路、公路、水运、航空、管道、信息六位一体的现代立体快速通道网络。

重庆市区和成都拥有西南最大的与全国相连的铁路枢纽，宝成—成昆、成渝、渝黔、襄渝等线构筑了全方位的对内对外铁路通道，成为西部特别是西南地区各种要素和商品的重要集散地，达成、遂渝线不仅使该区域铁路成环，还增加了密度。城际轨道、客运专线纷纷兴建，如成渝客专、成绵乐客专、成贵（乐山至贵州）客专，西成（江油至陕西）客专，绵遂内宜城际等。川渝高速公路环线基本形成（成都、雅安、乐山、宜宾、泸州、重庆、遂宁、绵阳、成都），并向外扩展，南充至垫江、南渝、南成等高速公路已建成通车，此外，成渝、成都—自贡等多条高速公路以成都和重庆两个中心城市为原点向外辐射。川渝城市群处于长江上游，水运发达，具有形成天然港口的条件，重庆港是上游第一水路转运码头，是西南唯一的达海港口，是连接东西部地区的重要交通枢纽；重庆九龙坡—泸州—宜宾航道建成通航，重庆、泸州、宜宾、乐山港将长江干线与嘉陵江、渠江、乌江和岷江航道串联。双流国际机场是我国四大航空港之一；江北国际机场自 2007 年以来陆续开通与公路、轨道、铁路及水路联运，重庆经国务院批准授予口岸入境落地签证权，正在打造长江上游水陆空联运、东中西互动的对外交流枢纽；绵阳、南充、宜宾、泸州等支线机场的建设步伐也在加快。总之，长江上游—成渝—宝成水陆结合的综合通道，既可以与长江中下游联系，也可以通过渝化铁路更便捷地连接珠三角，是国家干

线交通网中最重要的东西向通道。

（二）内陆开放型经济模式探索

党的十七大报告特别强调，进一步扩大我国的对外开放，"应优化开放结构，提高开放质量，完善内外联动、互利共赢、安全高效的开放型经济体系，形成经济全球化下参与国际经济合作和竞争新优势。"自此，内陆开放型经济成为国家区域协调发展战略的一部分，较之东部"出口导向型战略"和内陆地区政府主导下的政策性开放，内陆开放型经济把区域性、政策性开放转变为全方位开放和制度性开放，将深入发掘内陆地区的比较优势，通过市场一体化进程，逐步融入国家经济一体化和全球化，建立内外对接、内部整合的经济运行机制和区际协调机制。

川渝城市群处于西部人流、物流的枢纽位置，有条件成为内陆对外开放的高地，在国家战略一盘棋中的地位越来越重要，成为内陆出口商品加工基地和扩大对外开放的先行区。特别是重庆正在打造长江上游水陆空联运、东中西互动的对外交流枢纽。2008 年，重庆整合寸滩港、空港、出口加工区等资源，上报《关于设立两路寸滩港保税港区的请示》，国务院批复同意。2011 年底，该保税港区二期工程通过正式验收，成为西部唯一的保税港区、及我国目前保税物流层次最高、政策最优惠、功能最齐全、区位优势最明显的特殊监管区域，享受"国外货物入区保税、国内货物入区退税、区内自由贸易"等特殊的税收政策。重庆企业"属地报关、异地验放"的大通关范围越来越广，往来于重庆和市外、国外的生产要素的进出效率显著提高。保税港区的设立使重庆成为西部特别是西南企业实施"引进来"的大通道和"走出去"的桥头堡，发挥了内陆保税港区与沿海自由港的联动效应，既吸引周边地区外贸货物到重庆经长江水运出口，又与上海洋山港等沿海保税港区、自由贸易区联动发展，加强货物中转、加工贸易方面的合作，形成专业化分工；同时，修建通往兰州和新疆的铁路，使货物经阿拉山口到达莫斯科、鹿特丹等地。

（三）中心城市实力增强

西部地区充分依托既有资源，在重庆、成都、西安等地聚集优质要素，使中心城市的竞争实力得到提升，从而带动川渝城市群和关中城市群的率先发展。科技、教育条件明显改善，建立了一批科研基地，培养了大批优秀科技人才。众多国家级高等院校和科技研发力量主要集中于川渝城市群和关中城市群,川渝城市群拥有各类高等院校约 130 所、职业技术学校约 700 所,在校学生接近 280 万人,科研院所近 1800 个,各类专业技术人才 200 万左右,还有国家级高新技术产业开发区、国家级经济技术开发区和国家级出口加工区 6个;关中城市群共有 50 多所高等院校、1000 余个科研院所、2 个国家级星火技术密集区、4 个国家级高新技术产业开发区、13 个省级星火技术密集区,有近 9 万多名科研工作者和工程师、85 万名各类专业技术人员。重庆、成都、西安等西部科教基地的企业研究与试验发展(R & D)经费逐年增加,研究成果转化能力不断强化,《2009 年中国城市创新报告》对副省级及以上城市创新能力进行综合评价,重庆排名第 6,成都排第 12 位,虽然不如东部沿海地区,但能排在十名之内或十名左右。人才开发积极推进,开发力度持续加强,技术和管理队伍整体素质显著提高。

(四)西部开发政策支持

西部大开发战略的实施为西部地区城市群的发展注入了前所未有的动力。按照以线串点、以点带面的原则,提出"两带一区"(西陇海兰新线经济带、长江上游经济带、南贵昆经济区)重点地区。西部大开发"十一五"规划的实施,对成渝、南北钦防、关中、呼包鄂、银川平原和兰白西城市群的快速发育起到了推动作用。国家针对部分重点城市群陆续出台了一系列具有很强针对性的个性化扶持政策和指导意见,因地制宜地促进不同地区、不同类型和不同发育程度的城市群实现共同发展和成长。这些政策对推动川渝等西部城市群的形成发育起到了决定性作用,除了继续加强基础设施建设,大力发展特色优势产业,着力振兴装备制造业,引导重点经济区加快发展,鼓励城市群集聚发展外,要将成渝城市群建成全国统筹城乡综合配套改革试验区,把重庆市建成西部地区的重要增长极、长江上游重要的经济中心和城乡统筹发展的直辖市;把南北钦防城市群建成为中国—东盟开放合作的物流基地、商贸基地、加工制造基地和信息交流中心、带动支撑西部大开发的战略高地和重要国际区域经济合作区;把甘肃省建成国家唯一的省级循环经济示范区;把关中城市群建成全国内陆型经济开放开发战略高地、统筹科技资源改革示范基地、全国先进制造业重要基地、全国现代农业高技术产业基地和彰显华夏文明的历史文化基地。

三、川渝城市群发展的基本特征

西部地区幅员辽阔，但人口较少，城市群数量屈指可数，且规模和发展水平有限。川渝城市群是西部最大、最具备开发条件的城市群之一，近些年来，经济社会发展速度较快，经济总量持续增长，产业结构逐步优化，城镇数量和规模不断加大，成为西部工农业生产最发达、西南重要的科技、经济和商贸中心、西部大开发的重要支撑点。但是，与东部发达地区的城市群存在着很大差距，由于历史和其他客观因素限制，该区域起步较晚，开放程度较低，产业结构与城镇空间结构不尽合理，城市对农村的辐射带动力较弱，整体来看尚属于欠发达阶段，沿长江从东向西梯度差异明显，成渝城市群的发育不甚成熟，具有明显的阶段性和局限性特征。

（一）分布密度

1. 人口集聚程度高

川渝城市群历来是西部人口稠密的区域，2012 年总人口 8573 万人，人口密度 519.6 人/平方公里，远远高于川渝两省市（216.6）、西部（57）和全国（141）的平均值，是人口高度集聚区域，它以川渝两省近 30% 的面积容纳了其人口的 70%，以西部约 2.4% 的面积承载着其 20% 的人口。

从第五次和第六次全国人口普查数据看，该区域常住人口规模基本稳定（略微下降），其占川渝两省市和西部 12 省市区的比重也没大变化，2000 年分别为 69.9% 和 22.6%，2010 年分别为 70.7% 和 21.4%。但地级城市市辖区人口集聚程度有所增加，虽然这一期间存在人口向川渝以外流出的现象，但川渝内部人口更多地在向城市群的主要地级（或以上）市辖区流动，这些城市的集聚功能与集聚势头逐步增强。2000 年，川渝城市群 15 个地级（及以上）城市市辖区常住人口 2458.76 万人，占川渝两省市全部市辖区人口的 79.37%；2010 年，15 个市辖区常住人口 3338.27 万人，占两省市的 82.47%，十年间提高了个 3 个多百分点（见表 6-1）。不过值得注意的是，其中存在由于行政区划调整导致市辖区人口增加的因素。

川渝城市群常住人口集中分布于重庆相关区县和成都市（如图 6-1），2010 年两者总人口占整个城市群的 38.65%，其中两个市辖区人口更加集聚，占城市群 15 个市辖区人口的 57.71%，特别是重庆市辖区人口比重达到 35.49%，明显高于总人口在城市群的份额。而另外 13 个地市及其市辖区常住人口占城市群的相应比重均较小。

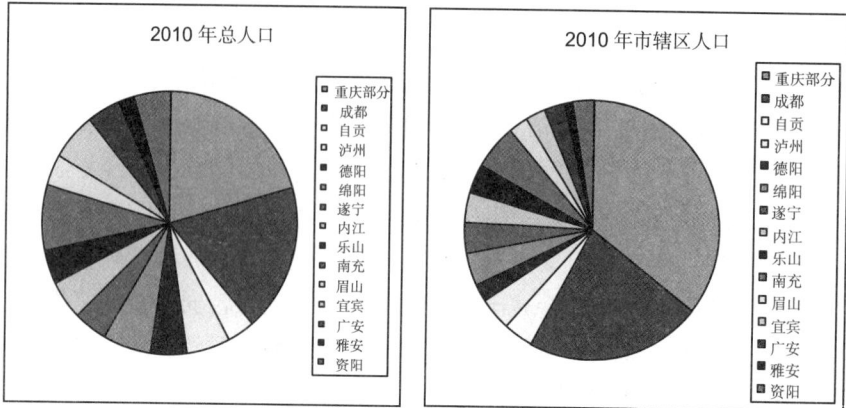

图 6-1　2010 年川渝城市群总人口和市辖区人口的空间分布

数据来源:《四川省统计年鉴（2011 年）》《重庆市统计年鉴（2011 年）》。

表 6-1　2000、2010 年川渝城市群常住人口变化情况单位：万人

	2000 年		2010 年	
	总人口	市辖区人口	总人口	市辖区人口
重庆相关区县	1561.69	646.66	1580.83	1184.87
成都市	1110.85	433.35	1404.76	741.56
自贡市	303.38	105.14	267.89	126.21
泸州市	410.22	125.29	421.84	137.12
德阳市	378.81	62.89	361.58	73.51
绵阳市	517.01	116.30	461.39	135.53
遂宁市	347.70	135.54	325.26	129.59
内江市	416.03	139.19	370.28	125.11
乐山市	332.41	112.02	323.58	121.12
南充市	668.34	177.19	627.86	185.89
眉山市	320.52	79.93	295.05	82.19
宜宾市	488.72	80.91	447.19	83.63
广安市	412.41	109.31	320.55	85.82
雅安市	152.28	33.45	150.73	35.56

续表

	2000 年		2010 年	
	总人口	市辖区人口	总人口	市辖区人口
资阳市	469.77	101.60	366.51	90.57
重庆市	3051.28	969.19	2884.62	1569.35
四川省	8234.83	2128.72	8041.75	2478.49
西部 12 省市区	34952.13		36035.78	

数据来源：全国第五次、第六次人口普查资料。

2. 经济集聚程度更高

川渝城市群区域经济发展较快，2011 年，地区生产总值 24745.18 亿元，比 2005 年增长近 2 倍，六年来年均增速 19.76%。经济密度大，2010 年为 1165.52 万元 / 平方千米，是川渝的 2.63 倍，西部（118.67）的 9.82 倍，全国（417.92）的 2.79 倍。地区生产总值在川渝城市群内的分布极不均衡，与人口的集聚方向一致，且程度更高（如图 6-2），2010 年，重庆相关区县和成都市的地区生产总值占城市群总量的 55.53%，其市辖区占相应数值的 70.48%，中心城市特别是市辖区的经济集聚功能增强。重庆作为直辖市，占有的资源要素更多，经济增长势头更强劲，更具有发展活力，市辖区所占份额 38.29%，比成都高 6 个百分点。其他 13 个地市及其市辖区地区生产总值的比重均远低于两大城市及其市辖区，处于绝对劣势地位。

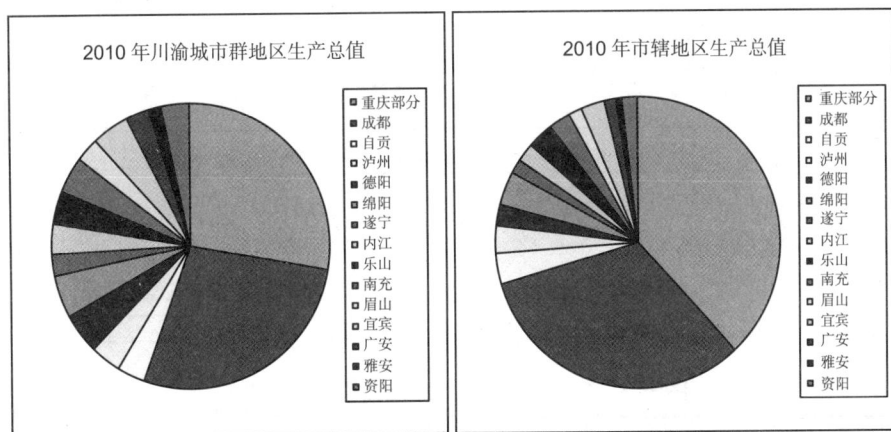

图 6-2　2010 年川渝城市群及其市辖区地区生产总值分布

数据来源：《四川省统计年鉴（2011 年）》《重庆市统计年鉴（2011 年）》。

3.城镇分布密集

2012年，川渝城市群拥有27个城市（包括县级市），其中，按全市人口计算，500万人以上的城市2个、100万人—200万人的城市11个、50万人—100万人的城市11个、20万人—50万人的城市3个，县城所在镇65个，其他建制镇约1600个。由于建制镇数量多（几乎是我国城市群中最多的），城镇密度很大，达130个/万平方公里左右，与沿海地区长三角城市群等不相上下，无疑是西部城市最密集的区域。

（二）规模结构

由于地处内陆欠发达区域，川渝城市群城镇规模等级体系不尽合理，尚处于初级发展阶段，即经济、人口等要素一味地向成都、重庆聚集，而周围城市的规模相差甚远（如图6-3），未能形成一体化、高效率的城镇体系结构，使广大村镇腹地发展迟缓，呈落后状态，城乡二元结构矛盾突出。

为了方便比较，下面的分析采用全国第五次和第六次人口普查数据，城市规模采用市辖区城镇人口进行计算，城市等级划分：≥500万人为超大城市，100万人—500万人为特大城市，50万人—100万人为大城市，20万人—50万人为中等城市，<20万人为小城市。

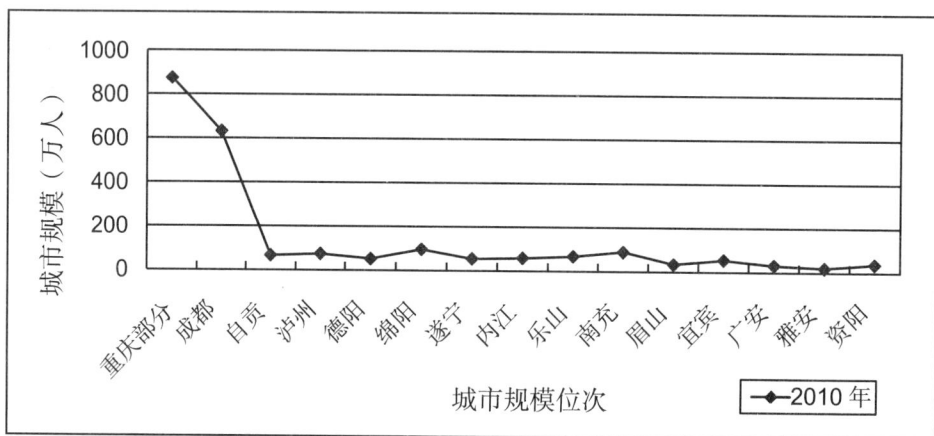

图6-3　2010年川渝城市群城市规模位序

数据来源：《全国第六次人口普查（2010年）》。

1. 城镇空间布局呈现双核特征

2010 年，市辖区城镇人口 500 万以上的超大城市占总数的 7.4%（见表 6-2），其市辖区城镇人口超过川渝城市群总市辖城镇人口的 2/3（67%）。重庆直辖后城市规模迅速扩大，经济实力不断增强；成都作为四川省省会和西南地区中心城市，发展速度也很快。从一般规律看，大于 500 万人的超大城市数量占比偏多，无论是重庆还是成都市辖区城镇人口均远超于其他城市的规模，首位度过大，集中性极强，具有名副其实的核心地位，扮演着区域发展的先锋带头角色；而且二者各霸一方，相隔一段距离，对川渝城市群空间形态都有着重要的影响，呈现以"双核心"为特征的空间联系，人口和经济势能依次向外围衰减。

表 6-2　川渝城市群城市辖区城镇人口规模等级构成（2010）

	数量（个）	名单	市辖城镇人口（万人）
超大城市	2	重庆、成都	1505.9
大城市	9	绵阳、南充、泸州、乐山、自贡、内江、遂宁、宜宾、德阳	616.1
中等城市	12	资阳、简阳、眉山、广安、都江堰、江油、彭州、广汉、峨眉山、阆中、雅安、崇州	197.2
小城市	4	邛崃、绵竹、什邡、华蓥	23
合计	27		3338.3

数据来源：根据第六次人口普查资料计算。

2. 特大城市和大城市层级薄弱

川渝城市群缺乏 100 万人—500 万人的特大城市，城镇体系不完整，出现断层。市辖区城镇人口在 50 万—100 万的大城市占城市总数的 1/3，市辖区城镇人口占所有市辖城镇人口不到 1/3（27.4%），大城市数量占比偏小，实力偏弱，承载人口有限。这是因为如上所述核心城市具有高强的集聚效应，该城市群尚处于极核集聚阶段，而扩散效应明显不足，限制了大城市的集聚，延迟了特大城市的形成。川渝城市群地域面积较广，双核的城镇体系结构不足以辐射整个腹地，成都和重庆之间需要有成熟的特大城市作为次级中心支撑区域发展，然而目前的大城市发展水平相差较远，还无法担负起双核城市功能有效传递的重任。

3.中小城市多而吸纳能力差

川渝城市群内市辖区城镇人口在 20 万—50 万的中等城市占总数的 44.4%，市辖区城镇人口占所有市辖城镇人口的 15.2%；市辖区城镇人口在 20 万以下的小城市占城市总数的 14.8%，市辖区城镇人口占所有市辖城镇人口的 3.1%。可见，中等城市和小城市数量占比大，将近 60%，加之建制镇更是为数众多，但对人口的吸纳能力弱小，无法与此巨大的城镇数目相匹配。而且与大中城市之间没有建立应有的有机联系。

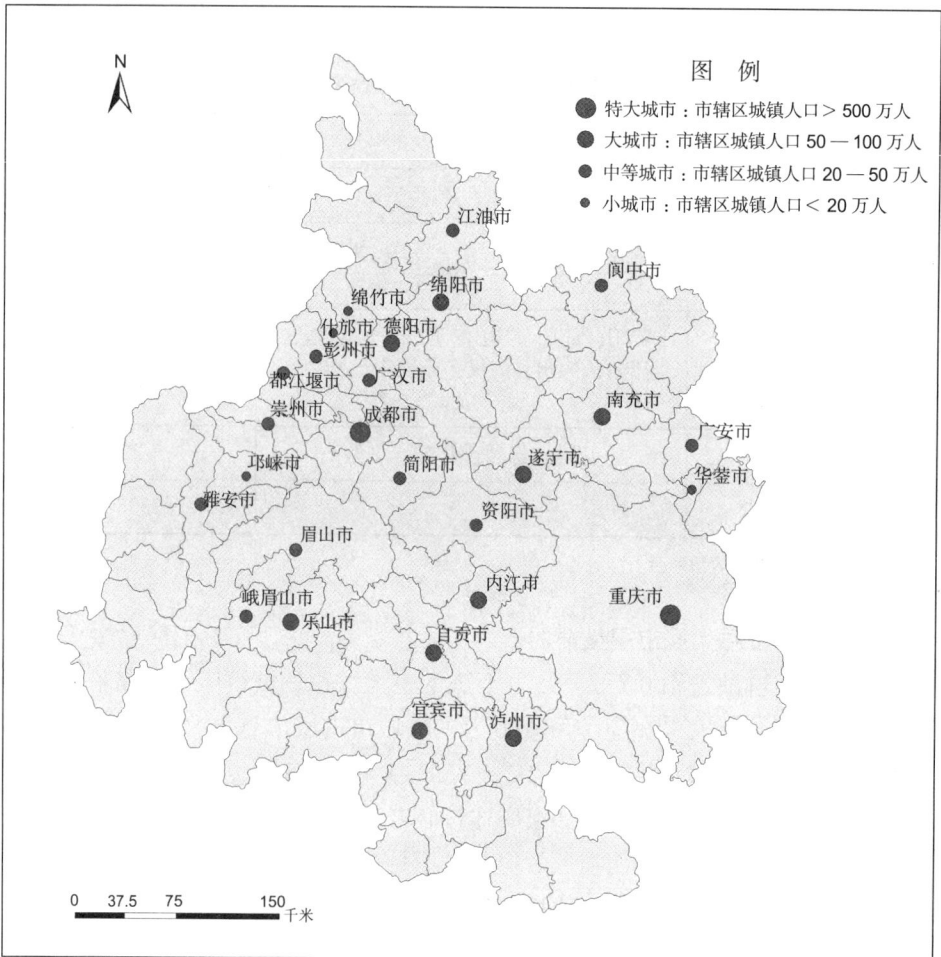

图 6-4 川渝城市群城市规模等级分布

数据来源：《全国第六次人口普查（2010 年）》。

（三）功能结构

西部地区产业结构普遍落后，即使相对发达的川渝城市群与沿海地区也不在一个层次上，甚至不及全国平均水平。川渝城市群 2011 年三次产业结构比重为 10.7：52.3：37.9，优于川渝两省市（12.3：53.4：34.3）和西部地区（12.7：50.9：36.3），与全国产业结构相比，第一产业比重略大，第二产业比重较大，第三产业比重偏小，第三产业发展滞后于第二产业，总体呈"二三一"格局，处于工业化中期的快速发展阶段。农耕文化发达，川渝城市群是西部最富饶的农牧区，粮食、油料、蚕桑、畜禽、水产、果蔬、茶叶、药材等特色农林产品在全国占有重要地位。虽是西部重要的物流、商贸、金融中心和全国重要的旅游目的地，现代服务业还比较滞后。工业基础较好，工业门类齐全，是西部产业集聚地之一，汽车和摩托车等装备制造业、钢铁、电子信息以及航空航天等产品产量在全国名列前茅，但是工业对其他相关行业的带动作用还不强。

1. 城市间三次产业结构差异明显

考察主要城市区域，重庆相关区县和成都市的第一产业比重低于城市群平均值，第三产业比重高于城市群平均值，尤其成都市属于"三二一"型产业结构，是唯一的第二产业比重低于 50% 而第三产业比重高于 50% 的地级城市。其他 13 个地级城市的产业结构层次普遍较低，而且与重庆和成都相距甚远，一产比重多在 50% 以上，与成都、重庆相差十个百分点左右；近些年注重投资项目，发展工业，以此为主导产业，大大拉动了当地 GDP，第二产业产比重大多高于平均值；而城市建设不够，特别是城市的服务功能缺乏，难以聚集人气和提升城市经济质量，第三产业比重很低，基本在 20% 多。

2. 城市间具有一定的职能分工

根据四川 14 个地级市辖区和重庆市辖区 2011 年各行业（不包括农业）从业人员数值，计算出各市辖区各行业的区位商（见表 6-3 及续表）。当区位商大于 1 时，说明某城市某行业具有比较优势。需要说明的是，受到统计数据所限，这里的重庆市为全市数据，所以在讨论问题时不免会有误差。

通过不同城市（市辖区）在某一产业的区位商比较，可以确定该城市该产业在城市群中的作用。川渝城市群的采矿业集中于重庆、自贡、乐山、广安；制造业集中于成都、自贡、德阳、绵阳、眉山、宜宾、资阳；建筑业集中于重庆、成都、泸州、德阳、遂宁、内江；交通运输、仓储及邮政业集中于重庆、自贡、眉山、宜宾；批发和零售业集中于重庆、成都；住宿、餐饮业集中于重庆、雅安；科学研究、技术服务和地址勘查业务集中于成都、绵阳、乐山；房地产业集中于重庆、自贡、遂宁；租赁商业服务集中于重庆、成都、遂宁；文化、体育和娱乐业集中于重庆、成都、内江、广安、资阳；信息服务、金融、教育在多个城市显示出优势地位；其他有关基本公共服务行业和管理职能也在较多城市具有相对优势。

表6-3 2011年川渝城市群主要城市（市辖区）区位商

城市	采矿业	制造业	电力燃气及水的生产和供应业	建筑业	交通运输仓储及邮政业	信息传输计算机服务和软件业	批发和零售业	住宿餐饮业	金融业
重庆	1.82	0.94	1.06	1.08	1.35	0.90	1.14	1.38	0.68
成都	0.00	1.07	0.41	1.13	0.64	0.89	1.17	0.96	0.90
自贡	2.73	1.04	1.21	0.55	1.17	1.15	0.52	0.41	2.02
泸州	0.00	0.67	0.91	1.61	0.98	0.88	0.85	0.26	1.18
德阳	0.66	1.30	0.66	1.18	0.34	1.35	0.38	0.39	1.64
绵阳	0.05	1.59	1.37	0.38	0.80	1.10	0.58	0.63	0.89
遂宁	0.00	0.16	1.99	1.22	0.26	1.35	0.85	0.62	1.46
内江	0.00	0.26	1.77	1.25	0.83	1.31	0.57	0.26	1.27
乐山	2.77	0.85	3.97	0.81	0.72	1.31	0.66	0.56	1.06
南充	0.00	0.47	1.25	0.81	0.89	1.02	0.71	0.40	3.34
眉山	0.19	1.11	0.96	0.10	1.04	1.98	0.46	0.00	0.84
宜宾	0.09	1.85	1.15	0.33	1.06	0.74	0.45	0.26	1.58
广安	3.88	0.03	3.07	0.45	0.54	3.36	0.59	0.12	2.28
雅安	0.00	0.81	1.56	0.27	0.76	3.07	0.57	1.09	2.07
资阳	0.00	1.32	0.84	0.17	0.38	1.66	0.38	0.61	3.14

资料来源：根据《中国城市统计年鉴》2012年相关数据计算。

续表6-3

城市	房地产业	租赁和商业服务业	科学研究技术服务和地质勘查业务	水利环境和公共设施管理业	居民服务和其他服务业	教育	卫生社会保障和社会福利业	文化体育和娱乐业	公共管理和社会组织
重庆	1.37	1.24	0.63	0.80	1.15	0.93	0.78	1.00	0.83

续表

城市	房地产业	租赁和商业服务业	科学研究技术服务和地质勘查业务	水利环境和公共设施管理业	居民服务和其他服务业	教育	卫生社会保障和社会福利业	文化体育和娱乐业	公共管理和社会组织
成都	0.79	1.23	1.63	0.84	1.09	0.88	1.08	1.23	0.79
自贡	1.31	0.29	0.44	1.18	0.51	1.14	1.72	0.78	1.29
泸州	0.84	0.15	0.58	1.11	1.68	1.01	1.25	0.56	1.19
德阳	0.22	0.45	0.61	1.66	0.25	0.75	0.85	0.33	0.97
绵阳	0.91	0.08	3.11	1.66	0.43	0.92	0.91	0.58	0.82
遂宁	1.89	1.18	0.26	1.07	0.00	1.97	1.81	0.50	2.25
内江	0.15	0.22	0.52	0.69	0.41	1.93	2.27	1.09	2.21
乐山	0.70	0.62	1.00	2.36	0.48	0.85	0.99	0.64	1.37
南充	0.19	0.66	0.50	2.04	1.80	2.02	1.36	0.95	1.79
眉山	0.10	0.00	0.43	2.61	0.57	1.49	0.98	0.96	3.63
宜宾	0.27	0.24	0.36	0.81	0.19	0.92	0.95	0.69	1.08
广安	0.29	1.03	0.17	0.58	0.79	2.28	1.88	1.87	3.17
雅安	0.42	0.71	0.66	2.05	0.77	1.83	1.61	0.78	2.29
资阳	0.30	0.21	0.36	1.61	0.56	1.42	1.64	1.69	1.61

通过不同产业在某一城市（市辖区）的区位商比较，可以明了各行业在该城市中的地位，各城市在城市群中的功能差异与分工。重庆的采矿业、传统及现代服务业均有发展。成都的产业层次较高，服务功能较强，科技服务突出，现代服务业为主，制造业具有一席之地。自贡的盐矿开采及加工、金融业比较集中。泸州基本公共服务和行政管理方面的行业集中。德阳和绵阳的制造业、信息服务业相对发达，绵阳的科技服务功能较强，区位商达到3以上。遂宁、内江除公共服务行业以外，教育、信息服务方面也有特色。乐山的采矿和电力燃气水供给的区位商高，分别在2和3以上。南充和资阳的金融业区位商高，在3以上，南充的教育及其他公共管理和服务业和资阳的文体娱乐、信息服务、制造业（汽车）等也集中分布。眉山和雅安的信息及部分公共服务业具有一定优势。宜宾制造业（造酒、能源）的区位商高，其次金融、交通运输等服务业也较集中。广安的采矿、信息服务、金融和教育区位商高，具有优势。

3.职能分工尚不尽合理

从各主要城市辖区专业分工结构来看，多数城市职能较综合，有雷同现象，分工不尽明确，特色不够显著。川渝城市群缺乏合理的产业分工与专业化协作、错位发展与差异化竞争等。两地中央所属大企业、国有企业和国防科技企业数量众多，企业之间横向联系颇少，而基本没有涉及多边联合的大投资项目，在招商引资方面存在恶性竞争、产业趋同化与重复建设。城市间协作意识差，配套能力弱，产品链条短，制约了城市生产要素资源的有效配置，除汽车摩托车制造业和部分装备制造业外，其他产业多呈各个城市独立发展状态，难以通过资源互补而取得共同发展，影响了经济效益的提高。

（四）空间联系

城市群最本质的特征在于群域内部诸多城市之间具有较强的交互影响作用，资源、人才、信息和技术等各类要素跨行政区自由流动，使城市群获得区域一体化带来的协同效应及要素的综合集成与高效配置。而相对于东部发达地区，西部内陆地区城市群总体发育程度低的特征之一是城市间的联系较弱。川渝城市群为双核心特征的空间布局结构，百分之九十以上的城镇均分布于交通或江河沿线上，点轴发展形态明显。本文根据城市间长途客车和列车来往班次数据，运用社会网络分析工具，从交通联系的角度对川渝城市群的空间联系进行如下分析。

1.初步形成联系网络

以川渝城市群15个地级或以上城市长途客车和列车对开班次量作为原始数据，采用 Ucinet 软件生成了川渝城市群长途客车和列车网络的可视化结构①（如图 6-5、图 6-6），从一个侧面反映出城市间联系的网络化程度。在该图可以直观地对现阶段区域内城市结点的交通网络位置及整体性进行初步了解，如果一个城市对另一个城市存在交通联系，无论数值大小，都可以用线条连接起来，两个城市间互有交通往来时，连线两端都存在箭头，而只有一端存在箭头，则是箭头城市对箭尾城市存在的相对影响较大。同时，借助 Ucinet 软件还可以计算网络密度，节点城市间联系渠道越强，区域网络密度越高。川渝城市群的长途客车网络密度 0.7238，列车网络密度 0.3095，前者网络密度明显高于后者，说明目前尚以公路客运为主，高速铁路、城际客专建设处于

---

① 分析方法详见专题三。

起步阶段，铁路客运网络化程度较低，但可以作为长途客运数据的补充，使该分析更加全面。

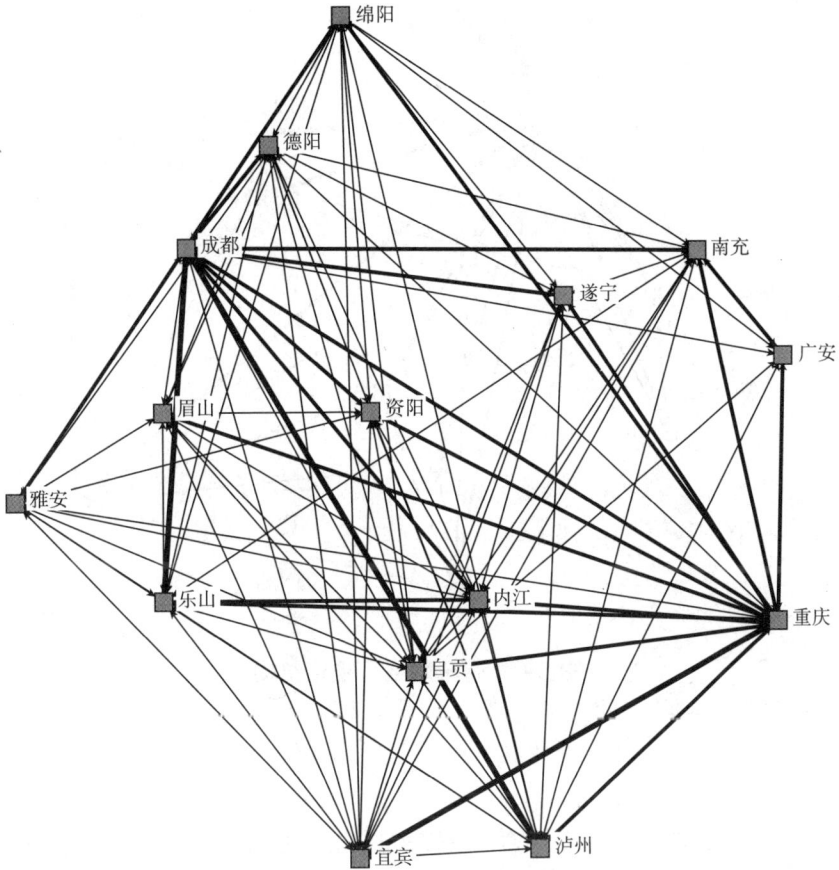

图 6-5 长途客车网络可视化结构

数据来源：票价网 http://www.piaojia.cn/、畅途网 http://www.trip8080.com/，2013 年 7 月 31 日查询。

网络可视化结构展示，德阳、绵阳、乐山、资阳、遂宁、眉山和雅安与成都的联系更为紧密，南充、广安、内江、宜宾、泸州、自贡与重庆的联系比较频繁，其实，遂宁、自贡、内江与成都和重庆的联系大致相同，受力比较均衡。两个区域之间的"夹缝"城市实力相对弱，横向联系不明显；川东北城市原受重庆辐射，与成都的经济联系并不紧密，但重庆直辖后，对川东北地区的辐射强度减弱，导致其发展速度变缓，这些都不利于核心城市的功能扩散，有碍区域经济的协调发展。

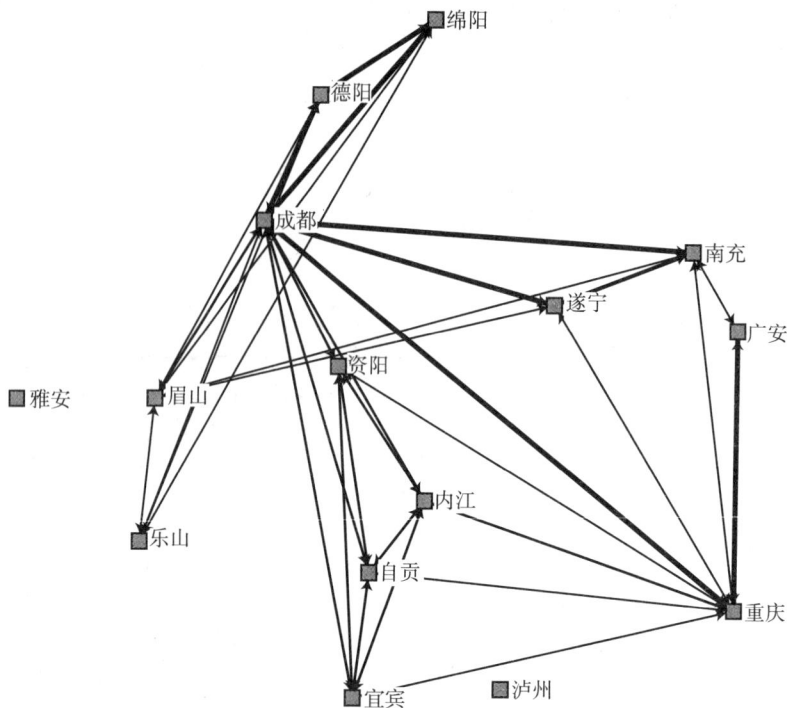

图 6-6　列车网络可视化结构

数据来源：票价网 http://www.piaojia.cn/，2013 年 8 月 2 日查询。

2.空间联系不平衡

通过 Ucinet 软件进一步计算，可以得到川渝城市群节点城市交通网络中心性的测度结果（见表 6-4、表 6-5）。处于点度中心度、接近中心度以及中间中心度排位前列的节点就是在交通及经济联系网络中处于中心位置的城市，重庆和成都的各项指标都很突出，而具有次级中心雏形的自贡、绵阳、泸州、南充等城市的优势还不明显和稳定，随着排序向后，其他城市的重要性更加减弱，可见，川渝城市群的联系网络尚不健全，分布不够均衡。具体指标分析如下：

就点度中心度来说，成都、重庆、泸州、乐山、宜宾、南充、遂宁、绵阳、德阳、内江等城市排位靠前，与外界的交通及经济联系比较密切。其中，成都、重庆两组交通数据所得的点出度和点入度均高，表明二者处于川渝城市群交通联系网络的中心位置，经济联系繁忙，再次凸显了其在城市群中的双核地位，极化与集聚效应、经济辐射和门户功能都很强。因此，双核之间某种程度上表现出多中心特征，泸州、乐山、南充、绵阳等一些城市开始逐步壮大，有望形成网络次级中心的基础。遂宁、南充、绵阳、德阳、内江的列车组数据所得点出度和点入度均较高，一定程度地表现出交通及经济中心地位、经济的活跃性等；乐山、宜宾、南充长途客车组数据所得的点入度较高，因具备一定经济实力，为促进自身建设，注重建立良好的区域合作关系，充分利用核心城市的溢出效应，不断整合利用外部资源，对周边的集聚效应初现；泸州长途客车组数据所得的点出度排第三位，交通位置及对其他城市的影响也比较重要。

表 6-4　川渝城市群 15 个城市（长途客车班次）中心性分析排序结果

| 点度中心度 | | | | 中间中心度 | | 接近中心度 | | | |
排序	点出度	排序	点入度	排序	中心度	排序	点出度	排序	点入度
重庆	533.00	成都	233.00	成都	18.53	重庆	100.00	成都	93.33
成都	374.00	乐山	179.00	绵阳	11.48	泸州	100.00	绵阳	93.33
泸州	273.00	宜宾	179.00	自贡	5.63	绵阳	100.00	自贡	87.50
绵阳	80.00	重庆	137.00	重庆	5.08	成都	93.33	重庆	82.35
自贡	70.00	南充	119.00	泸州	5.08	自贡	93.33	泸州	82.35
广安	59.00	泸州	94.00	德阳	2.07	德阳	93.33	南充	82.35
内江	57.00	内江	93.00	广安	2.00	宜宾	93.33	德阳	77.78
宜宾	37.00	资阳	93.00	南充	1.74	乐山	82.35	内江	77.78
德阳	30.00	自贡	88.00	乐山	1.28	眉山	77.78	乐山	77.78
南充	17.00	遂宁	83.00	内江	1.18	内江	73.68	眉山	77.78
资阳	16.00	绵阳	82.00	宜宾	1.18	资阳	73.68	雅安	77.78
眉山	15.00	德阳	63.00	眉山	1.17	雅安	70.00	宜宾	73.68
乐山	12.00	广安	51.00	资阳	0.76	广安	63.64	资阳	73.68
雅安	10.00	眉山	50.00	雅安	0.72	遂宁	56.00	遂宁	70.00
遂宁	3.00	雅安	42.00	遂宁	0.11	南充	53.85	广安	60.87
均值	105.73		105.73		3.87		81.62		79.22

数据来源：票价网 http://www.piaojia.cn/、畅途网 http://www.trip8080.com/，2013 年 7 月 31 日查询。

就接近中心度来说，综合长途客车和列车两组数据所得的点出度和点入度，成都、重庆、自贡的数值较高，说明它们与其他城市的通达性良好，联系程度比较紧密，人流、物流、信息流等有效通畅，受其他节点城市的影响控制程度较小；长途客车组数据所得的点出度和点入度较高的还有绵阳、泸州，但它们的另一组计算值却较低。而其他城市距离中心点城市相对较远，差距明显，链接不强，在发展中容易依赖于别的城市，缺乏独立性，尤其表现在重庆市的周边区域和雅安、资阳等经济发展和基础设施比较薄弱的中小城市，广安、遂宁、雅安、资阳的两组数据均低，南充、宜宾长途客车组所得点出度或点入度较低，泸州的列车组所得点出度和点入度均低。

就中间中心度来说，两组数据所得中心度都大于平均值的是成都、重庆，显然它们处在核心的圈层，控制网络中其他行动者之间交往的能力强，承担着交通枢纽节点的作用；长途客车组相应的中心度较大的是绵阳、自贡、泸州，列车组相应的中心度较大的是南充、眉山，说明它们从不同程度上位于许多结点城市交往的网络路径上，其他城市之间发生经济联系有时以其为中间节点。而绝大部分城市往往是被影响者，对网络中其他成员没有什么控制力，川渝城市群城市交通及经济联系网络的中间中心度总体处于在较低水平，居于中间位置控制资源的城市数量很少，尤其列车组中间中心度有九个城市都为0。

表6-5 川渝城市群15个城市（列车班次）中心性分析排序结果

点度中心度				中间中心度		接近中心度			
排序	点出度	排序	点入度	排序	中心度	排序	点出度	排序	点入度
成都	174.00	成都	163.00	成都	60.00	成都	32.56	成都	32.56
重庆	63.00	重庆	64.00	重庆	20.17	重庆	30.43	重庆	30.43
遂宁	57.00	遂宁	57.00	南充	8.50	自贡	28.57	眉山	29.17
德阳	50.00	绵阳	55.00	眉山	7.17	内江	28.57	自贡	28.57
南充	50.00	南充	52.00	遂宁	0.67	南充	28.57	内江	28.57
内江	47.00	德阳	50.00	德阳	0.50	眉山	28.57	南充	28.57
绵阳	46.00	内江	45.00	自贡	0.00	宜宾	28.57	宜宾	28.57
自贡	34.00	宜宾	40.00	泸州	0.00	资阳	28.57	资阳	28.57
宜宾	34.00	自贡	37.00	绵阳	0.00	遂宁	28.00	遂宁	28.00
资阳	34.00	资阳	31.00	内江	0.00	德阳	27.45	乐山	27.45

续表

点度中心度				中间中心度		接近中心度			
排序	点出度	排序	点入度	排序	中心度	排序	点出度	排序	点入度
广安	25.00	广安	25.00	乐山	0.00	绵阳	27.45	德阳	26.92
眉山	13.00	眉山	12.00	宜宾	0.00	乐山	26.42	绵阳	26.42
乐山	8.00	乐山	4.00	广安	0.00	广安	25.45	广安	25.45
泸州	0.00	泸州	0.00	雅安	0.00	泸州	6.67	泸州	6.67
雅安	0.00	雅安	0.00	资阳	0.00	雅安	6.67	雅安	6.67
均值	42.33	均值	42.33	均值	6.47	均值	25.51	均值	25.50

数据来源：票价网 http://www.piaojia.cn/，2013 年 8 月 2 日查询。

（五）生产生活生态空间利用

川渝城市群是长江上游工业化、城镇化水平最高的区域，又位于长江上游生态屏障的边缘，其生产生活生态空间的开发利用与保护同等重要，须合理规划，有效协调。

1. 城镇化空间快速而低效扩张

川渝城市群是西部大开发的重要增长极之一，人气兴旺，近十年以来，城镇空间需求增长强劲，扩张迅速，2000 年—2010 年，川渝城市群 15 个地级或以上城市（包括重庆全市）建城区面积年均增长速度分别为 8.79%（见表 6-6），占市辖区面积由 2000 年的 2.25% 增加到 2010 年的 4.02%，人均建成区面积由 55.12 平方米增加到 83.85 平方米。同期，相应区域城镇人口年均增长速度 4.32%，土地城镇化速度快于人口城镇化，人均建设用地逐渐增加。若干市区县土地利用规划滞后于城镇规划，土地利用规划指标常常被超前突破。

除城镇化和工业化驱动外，行政主导型投资过热也是造成城镇空间快速扩张的原因，而且还造成土地粗放利用和城镇空间的低效扩张，目前该区域建设用地多以外延拓展为主，利用不够充分，产出效益较差，2008 年上海、北京、天津 GDP 的土地产出率都在每平方公里 2450 万元以上，重庆只有 373 万元/平方公里，成渝城镇密集区平均 536 万元/平方公里[①]。以工业用地的利用最为明显，各类开发区、工业园区等新区拓展成为城市用地空间扩张的主要手段，

---

① 谭敏：《成渝城镇密集区空间集约发展综合协调论》（博士论文），2011 年。

以四川省为例，截止2010年全省各类产业园区237个，大多数位于城市群范围内，至2020年规划用地规模25.28万公顷，占2020年土地利用总体规划确定城镇用地面积的69.67%。工业用地取得成本往往比较低廉，使得用地闲置现象在成渝城镇密集区各城市中不同程度的存在，征而不用，浪费土地现象时有发生。

目前，在比较发达的城市，如成都市宜创业，宜居住，宜消费，宜休闲，随着房地产市场成熟度的不断提高，城市用地扩张以纯商业和纯住宅项目增多，而工业用地则逐步被置换到外围的集中发展区。随着基础设施的改善，土地开发利用强度和土地效益情况有所提高。

表6-6 川渝城市群市辖区和建成区面积的变化

	2000年（单位：平方公里）		2010年（单位：平方公里）	
	市辖区面积	建成区面积	市辖区面积	建成区面积
重庆市	14876	262	26041	870
成都市	1418	231	2129	456
自贡市	813	41	1438	80
泸州市	2132	25	2132	83
德阳市	648	42	648	54
绵阳市	1570	44	1570	103
遂宁市	1875	47	1875	50
内江市	1571	24	1569	40
乐山市	2514	59	2514	54
南充市	2541	25	2527	78
眉山市	1931	16	1331	44
宜宾市	1123	27	1131	57
广安市	1572	14	1536	30
雅安市	1060	13	1070	20
资阳市	1632	15	1633	36
合计	39276	885	51154	2055

数据来源：《中国城市统计年鉴》（2001、2011年）。

2. 耕地同步减少

与建设用地快速增加同步，耕地资源的持续减少是川渝城市群近十年左右土地利用格局演变的主要特征，建设用地扩张属于耕地高消耗类型，占用耕地情况严重。从 1996 年和 2008 年普查数据看，川渝两省市耕地面积（大部分位于城市群区域）由 916.91 万公顷减少到 818.33 万公顷，年均下降 8.17 万公顷，速度为约 1%，人均耕地面积从 2000 年的 0.082 下降到 2011 年的 0.075 公顷，相当于全国平均水平的 83.3%（2011 年），临近国际公认的耕地警戒线水平。土地供需矛盾明显，一些县市新增占用耕地的计划往往不能满足实际执行的需要，泸州古蔺县 1997 年—2006 年建设占用耕地平均每年以 7.57% 速度推进。更为严重的是城镇扩展占用的城镇边缘耕地常常质量优良，挖掉大片良田、园林导致耕地质量下降。农村土地利用集约化程度也不高，普遍存在粗放经营现象，技术和经济投入不足，土地生产力水平低。土地开发利用不够，耕地撂荒、闲置，居民点建设占地多，布局散乱。

3. 生态空间保护有待加强

由于多年来经济和人口的膨胀，川渝城镇密集区内建设空间相对密集，建设空间规模的安全底线应当与区域的生态承载能力相适应，而目前城市总体规划由"人口预测＋人均建设用地"指标的方式来确定城市用地规模，生态空间规划布局仅作为专项规划进行补充，忽视城镇生态空间的生态联系和分布规律，缺乏对区域生态承载能力的研究，使城镇生态空间转变为建设空间的过程带有盲目性。忽视自然生态环境及分布规律的空间拓展方式，对原本脆弱的生态环境和稀缺的生态资源盲目使用，造成日益显现的的生态代价。比如长江水系各城市建设具有防洪功能挡墙式岸线，使原有沿江岸线的生态功能退化；城市建设忽视复杂的地形地貌，空间布局拥挤不当，导致对山体和水系破坏、对自然生态系统及其功能程度不等的损伤等问题，近年来发生在西侧盆周山地附近的几次地震就说明，那里并不适宜大规模的开发建设与人的居住，或者说已不能承受简单粗旷的开发方式。

长江上游地区生态环境亦很脆弱，自然生态系统及其功能遭到程度不等的损坏。虽然采取封山育林措施、启动"天保工程"以来，森林恢复效果显著，森林覆盖率、林木蓄积量呈上升趋势，但总体而言森林生态功能减退。保持水土、涵养水源、保护生物多样性等生态功能显著的原始林、混交林、成熟林的比例不断下降，加之幼林较多，森林生态系统稳定性较差。人工林面积有所扩大，但林相单一，生物多样性和抵御虫害能力、水土保持功能不佳。绵阳、雅安、乐山、宜宾等盆周山地是重要的水资源补给区和森林生态系统、生物多样性保存最完整的区域,但由于能矿资源产业开发挤占了宝贵的生态空间,给水土保持、森林和生物多样性的保护埋下隐患。

4.开发与保护的矛盾突出

在现有的生产和生活方式下,工业开发、城镇建设空间的不断扩张,与广域的需要保护的农田、生态空间数量缩小或质量退化形成了鲜明对比和尖锐矛盾。川渝城市群区域人均耕地少、优质耕地少、后备耕地资源少,人地关系比较紧张,而且建设用地和耕地往往集中分布在同一区域,占用耕地和保护耕地出现刚性对立,矛盾特别突出。由于一些城市的环境状况不容忽视,不同程度地污染了水体,给长江上游生物多样性、珍稀鱼类洄游繁殖等带来一定的威胁。该区域原本地质条件复杂,加上人为破坏因素,地质灾害的多发、易发;还造成严重的水土流失,据统计,其水土流失面积占长江流域水土流失面积的62.6%。

四、川渝城市群发展的趋势

(一) 影响未来发展的主要因素

1.区域协调发展战略措施促进城镇化发展

国家深入实施西部大开发战略,越来越明确统筹区域协调发展的战略举措与大局,从一段时间以来优先发展沿海地区转变为同等重视发展中西部内陆地区,国家的出口拉动型经济也正在向内需带动型经济过度,并积极研究出台了一系列政策措施,为川渝等内陆地区创造良好的发展环境,提供新的发展机遇。在此背景下,2007年,国家在重庆、成都设立统筹城乡综合配套改革试验区,允许在重要领域和关键环节改革先行先试;2009年,国务院出台《关于推进重庆市统筹城乡改革和发展的若干意见》,明确把重庆市建成西部地区的重要增长极、长江上游重要的经济中心和城乡统筹发展的直辖市;汶川地震灾后恢复重建深入推进;三峡库区移民后期扶持工作全面启动;各地对口支援加大力度;2011年,国务院正式批准成渝经济区为国家级经济区,并颁布了《成渝经济区规划》,一方面强调以工业化带动城镇化,另一方面以提升城镇化水平为新型工业化提供支撑,这些无疑为川渝发展注入了活力和生机,对城镇化进程起到强有力的助推作用。

2. 产业转移与与劳动力回流创新城镇化模式

进入 21 世纪以来，尤其是金融危机爆发后，我国东部沿海地区大批低附加值的劳动密集型企业受到劳动力紧缺、生产成本高涨、国际市场萎缩等不利因素的制约，加快了往中西部地区进行产业梯度转移及布局调整的步伐，以寻求新的发展空间。同时，随着内地就业机会增加及劳动待遇不断改善，越来越多的劳动力回流到户籍地就近务工，进一步迫使东部部分产业向劳动力相对充足的中西部转移。2010 年，国务院下发《关于中西部地区承接产业转移的指导意见》（国发〔2010〕28 号），明确在国际国内产业分工深刻调整的形势下，加快我国东部沿海地区产业向中西部地区转移的步伐。重庆和四川凭借其劳动力、能源、交通及政策优势迎接承接东部产业转移的良好机遇，实施开放合作战略，2011 年，继安徽皖江、广西桂东之后，重庆成为全国第三、西部第二个国家承接产业转移示范区；四川省转变招商引资的方式方法，促使国内外投资总量大幅度增长，国内投资东部地区占一半以上。产业转移与劳动力回流为创新城镇化模式、加快城镇化进程提供了新的契机。"十二五"期间，川渝经济区将完善城镇基础设施和基本公共服务，建设统一规范的人力资源市场，提高三峡库区移民、汶川灾区的灾民就业的数量和质量，建立多层次全方位的住房保障体系，包括廉租房、经济适用房、公共租赁住房、限价商品房和棚户区改造规划，对推进人口城镇化、探索一条适合西部地区的城乡发展路径具有现实意义。

3. 重大基础设施建设是城市群发展的前提条件

根据"十二五"规划，将加快进出川渝的综合运输通道和交通枢纽建设，重点是客运专线、快速铁路、高速公路和高等级航道建设，以融入国家快速铁路网和高速公路网，形成畅通周边省市、并向东经上海至太平洋出海大通道、经兰渝快速铁路至阿拉山口通往大西洋的西北通道、经渝昆、滇缅铁路通往印度洋的西南通道，建设内陆地区重要的国际贸易枢纽（重庆）；强化铁路、公路、航空、水运等多种运输方式融为一体的综合客运换乘枢纽和多式联运的货运枢纽，把成都和重庆建成我国重要的综合交通枢纽。水利基础设施加强重点水源工程和灌区工程建设，解决工程性缺水，提升水资源保障能力，增强防洪抗旱减灾能力。四川将加快金沙江、雅砻江、大渡河水电基地和大中型流域水电集群建设，加快川东北和川西地区天然气开发，建成全国重要的水电基地、天然气生产和转化利用基地。上述区域内及周边重大基础设施建设必将为川渝城市群发展特别是网络化提供坚实的支撑。

4. 生态环境容量要求合理的开发与布局

该区域地处长江上游生态屏障的重要组成区域的边缘，与经济社会发展地位同等重要的是全国意义的生态功能与使命，即担负着长江上游地区生态安全保障和促进三峡库区可持续发展的重任。四川盆地盆周山地的资源环境承载能力相对较小，特别是多年来经济和人口膨胀，需要保护的山地被占用，产业发展、城镇建设、人口分布没能节约集约地使用资源，带来较大的生态压力与环境污染。应该清楚地认识到生态环境容量有限，需要以科学的态度来审视和评价当地的资源环境承载力到底多大，能够集聚多少人口和城镇，怎样进行合理的空间布局？

（二）人口经济增长趋势预测

1. 经济总量与地位有所加强

成渝经济区将建设成为西部重要的经济中心、我国重要的现代产业基地、内陆地区对外开放的高地，随着一批重大基础设施项目的建设、东部产业的转移落地、现代产业基地的兴起和壮大，未来发展必将呈现经济集聚之势。"十二五"期间，川渝城市群地区生产总值年均增长速度较前 10 年没有大的改变，约为 14%—15%，2015 年达到 4 万亿元左右，经济实力显著增强，占川渝两省市和西部地区的比重进一步提高，人均地区生产总值 45000 元以上。2020年，经济社会发展水平特别是运行质量进一步提高，地区生产总值达到 6 万亿元以上，人均生产总值 65000 元左右，人均 GDP 年均增长率近 10%，进入中等收入地区，成为西部当之无愧的增长极。

2. 人口集聚趋势略有增加

川渝城市群不仅加速发展工业，同时服务业发展前景更加宽广，将大力打造西部物流、商贸、金融中心，会创造出更多的就业机会，大批农民工返乡从业也形成一股值得关注的潮流，预计未来十年左右，该区域对川渝两省市或以外人口的吸引力将有所增加，2020 年人口总量有望达到 9000 万人以上，占川渝两省市的比重提高到 75% 以上。

3. 城镇化水平逐步提高

川渝城市群城镇化进入快速发展阶段，城镇功能将不断提升，基础设施和基本公共服务大为完善，加之新城新区的开发建设，城镇对人口的承载能力得到增强，能够接纳返城农民工落户，更多地吸纳乡村人口向城镇转移，促进人口的集聚、城镇人口较大规模的增加。2020 年全域的城镇化率提高到 60% 以上，平均每年上升 1 个多百分点，略低于 2000 年—2010 年的速度，比川渝两省市平均城镇化率高 5 个百分点左右，城镇空间人口密度达到每平方公里 1000 人以上，形成合理的人口分布，人口城镇化大踏步地向前推进。

五、川渝城市群发展的思路

基于川渝城市群在全国和西部地区的功能定位，要有利于充分发挥其战略资源丰富、市场潜力巨大的优势，有利于开拓国内市场，促进经济结构战略性调整，有利于维护国家生态安全，提高可持续发展能力，为全国发展提供更大空间，创造更好环境，注入更多活力和动力。

(一) 总体思路

根据具体、客观条件，扬长避短，不做力所不能及的事情。川渝城市群具有西部大开发火车头的作用，根据统筹城乡综合配套改革实验的要求，实施扩大内陆开放战略，发展内陆开放型经济，加快推进老工业基地改造和振兴，促进产业优化升级，创新节约资源和保护环境的发展模式，优化城镇体系结构与空间结构。

1. 生态型

西部地区生态环境脆弱与退化是制约其社会经济发展的重要因素之一，同时，西部又是我国重要的生态屏障，关乎全国的生态安全。川渝城市群是长江上游生态屏障的边缘部分，是维系三峡库区生态以及长江中下游地区可持续发展的根基，也是西部大开发战略的重要目标之一。川渝城市群应树立生态立市立区和环境优先的理念，使城镇化与资源集约利用、生态环境保护建设协同发展，推动绿色经济、循环经济，走出一条西部特色城镇化道路，建设长江上游生态文明型城市群。应该退出那些极为敏感或不堪重负的区域，使其得以休养生息，当然，在人口和经济巨增的形势下很难完全做到，亟待人为地进行生态建设修复。节约集约利用水、土地、能源、矿产等资源，提高资源利用效率，减少对生态环境的占用和破坏。特别要有效利用水资源，协调区域内水资源的配置。大力保护环境，治理污染，特别是水体环境保护和水污染的治理。

2. 紧凑型

必须充分考虑当地的环境容量，把城市建设和工业发展纳入生态环境整个系统中规划实施，要因地制宜，既为加快城镇化、工业化发展留足空间和提供保障，也要有效化解城镇作为资源消耗主力之一所带来的负面影响，切实保护耕地、水体、森林等农业与生态功能。推行紧凑型、集约型城镇化模式，尽可能在地势平缓、地质构造适宜的区域集聚人口和城镇，尽可能避开那些资源环境承载力弱、生产和生活条件差的地区，或优质良田、以及需要进行生态保护和恢复的地区，以实现城镇发展与经济效益、环境效益相统一，逐步减少人为建设性破坏导致生态灾害的发生。

3. 开放型

为了实现欠发达地区的跨越式发展，内陆开放型经济亟待加强。深化川渝城市群对外开放与市场经济进程，搭建对外开放通道和平台，畅通南向、东向、西北向对外大通道，大力改善对外开放的区位条件，构筑内陆地区对外开放高地，特别是向西大开放的基地和交通枢纽，重庆率先建设成长江上游综合交通枢纽和国际贸易大通道、及对外开放的重要门户。加强与周边国家和地区经济技术的交流与合作，探索内陆地区对外开放合作新路子。积极引进国内外投资，结合灾后重建，积极承接东部等发达地区产业转移，重庆建成内陆出口商品加工基地和扩大对外开放的先行区。建立健全发展内陆开放型经济的政策体系，营造与国内外市场接轨的制度环境。消除行政壁垒，完善统一的市场体系，促进各种要素的自由流动。加强与主要经济区合作，积极发展面向西北地区的经济联系；大力开拓东盟市场，构建面向东南亚、南亚重要出口基地和物流基地；依托长江黄金水道，加强与长江三角洲地区的合作；充分利用现有合作基础，积极参与泛珠三角合作。

统一开放的市场体系是川渝城市群合作的重要条件，应强化市场合作，打破地方割据、封锁状态，从制度上破除妨碍生产要素和商品自由流动的壁垒，从政策上制定减免税收、价格控制等措施，为要素和商品的自由流动提供支持。推进区域经济市场化，构建统一的商品和要素市场，促进商品、资金、劳动力、技术信息的交流，实现各种要素的优化组合和功能互补。废除阻碍公平、排斥外地产品和服务的一系列分割市场的规定，建立开放的商贸流通体系。加快要素市场的培育和发展，实现要素价格的市场化。

4. 网络型

随着经济全球化、区域竞争以及城镇化进程的不断推进，城市高度聚集形成大都市区与城市群网络，是区域内各类资源要素动态流动的主要承载形式，是城市间联系交互增强和城市体系向成熟演进的必然结果。

　　川渝城市群要重视促进区域一体化建设，密切和搞活城镇间的经济联系，完善网络结构，最终形成高整合度的多中心协同发展的网络化、开放性城乡互动系统。培育重要节点城市，加强整个网络的联系强度。在强化成都、重庆的实力、功能与合作，提升其聚集、带动和辐射能力的同时，选择培育一批市辖区城镇人口 100 万左右、特别是 100 万人—500 万人的大城市和特大城市，增强绵阳、南充、泸州、乐山、自贡等次一级增长中心承接超大城市的扩散和辐射能力及对区域经济的领导能力；并重视发展、完善中小城市功能，加强与上下级城市、城镇的衔接传递。强化内部联系轴线，促使要素流动与交流协作。在比较成熟的成德绵乐轴带的基础上，特别要打通以"双核"为中心的城镇密集区间的联系，完善南北两条已现雏形的联系轴带，即长江沿线（重庆、江津、泸州、宜宾等城市）、川东北向渝西北过渡轴带（成都、遂宁、南充、广安、合川、重庆等）；加强位于经济联系薄弱的中间地带的成内渝城市轴带（成都、资阳、内江、自贡、永川、重庆等）。加快城乡基础设施建设一体化，真正形成密不可分、互为补充的经济网络。也应积极沟通与区外网络的联系，包括西北向、西南向、南向、东向等。

（二）功能分工

　　各城市不能只顾眼前利益，而要加强协作，形成良好的竞合关系。依托资源特点，发挥比较优势，明确专业分工，形成合理的产业分工体系，避免重复建设、资源浪费或争夺腹地。通过规划指导，降低交通成本，开展区域合作，强项行业深度发展，次强行业与之配套，力求实现共赢。促进企业跨两地的兼并、收购和联合培育企业集团，通过垂直分工和水平分工，推动两地联动发展。合作的重点区域在渝西走廊和川南，成渝发展轴线上的节点城市应依托两大都市，错位发展，积极参与产业分工与市场对接，不断壮大经济实力。合作的重点产业则在装备制造、现代农副产品加工、电子信息、汽车制造、现代物流等领域。

　　1.加强装备制造、高技术、国防工业等方面的分工协作

　　在工业领域，重点加强装备制造、高新技术、国防工业、优势资源加工等方面的分工协作，同一行业在不同城市可以明确各自的优势产品和方向，建立上下游的供求与合作关系；相同产业行业可以合作研发，共同开拓市场，降低单一企业的资金负担。加强重大装备的研发和制造，提升关键零部件配套、加工和集成水平，加快建设全国重要的重大装备制造业基地，形成以重

庆和成都为中心，沿长江、成绵乐、成南（遂）渝、成内渝线集聚发展的空间格局。立足现有基础，加强协作配套，推进产业集群，建设全国重要的汽车摩托车整车及零部件生产研发基地，形成以重庆、成都为主体，周边地区协作配套的发展格局。整合资源，强化协作，完善创新和服务平台，推进科研成果产业化，建设国家重要的电子信息产业基地，以重庆两江新区等园区为主体，建设国家重要的笔记本电脑、打印机、通信产品生产基地；依托成都、绵阳、广安、遂宁、自贡、乐山高技术产业园区，重点发展软件、集成电路、网络通信、数字视听、平板显示、智能化仪器仪表和数字医疗。建设国家民用航空产业基地，提高航天装备研发制造能力，依托成都民用航空产业国家高技术产业基地，在重庆、成都、绵阳重点发展航空航天产业集群。此外，在成绵乐沿线重点发展以精细化工为主的新材料、高性能纤维及复合材料等，在广安重点发展铜、钴等再生有色金属及其材料，泸州、宜宾等沿长江地区建设化工基地等。

2. 注重现代服务业的合作

在服务领域，重点加强物流、金融和旅游业等现代服务业的分工协作。依托交通和通信基础设施网络，合作共建以重庆、成都为枢纽、以区域性中心城市为节点、以物流园区为载体、以第三方物流企业为支撑、"水陆空"结合的现代综合物流体系。提升重庆、成都区域性金融中心功能，构建辐射西南地区金融服务网络，形成统筹城乡的金融产业体系，共同争取设立区域性地方银行，鼓励符合条件的银行上市。巩固和提升重庆、成都的区域性商贸中心地位，整合会展资源，依托"中国西部国际博览会"、"中国重庆投资洽谈暨全球采购会"等品牌，提升国际会展功能。以重庆、成都为核心，打造区域性旅游集散中心，积极开发长江三峡国际黄金旅游带，以重庆—遂宁—南充为主的人文遗迹旅游带、以绵阳—成都—乐山—宜宾—泸州为主的历史文化旅游带，以成都—内江—自贡为主的自然风光旅游带。

3. 密切特色农产品种植的合作

充分利用优良的农耕条件，重点加强特色农产品种植方面的分工协作，建设川西平原和沿长江、成遂渝、成内渝、渝广南发展带的优质稻、玉米、小麦、蔬菜生产基地、成都、眉山、资阳、南充、广安等地的优质柑橘基地、以及优质商品猪和肉（奶）牛、肉羊生产基地等。

专栏6-1

区域性中心城市发展定位

江津：先进制造、能源建材、食品加工、商贸物流、休闲旅游基地，重要的港口城市。

合川：能源建材、机械制造、电子信息、轻纺食品基地，重要的物流节点和旅游城市。

永川：装备制造、电子信息、商贸物流、休闲旅游基地，西部职业教育城。

德阳：全国重要的重型装备制造业基地，重要的新材料、精细化工、食品加工基地，现代工业城市。

绵阳：电子信息、科研生产基地，经济区西北部的中心城市和国家科技城。

眉山：机车制造、冶金建材、精细化工、特色农产品加工基地和国家粮食储备基地，重要的交通节点城市。

资阳：全国重要的机车制造及出口基地，汽车与零部件制造、节能产品生产、食品生产配送、会展基地和旅游休闲度假目的地，新兴工业城市。

遂宁：精细化工、电子信息、食品饮料、商贸物流基地，重要的交通节点城市。

乐山：清洁能源、新材料、冶金建材产业基地，生态和文化旅游胜地，重要的交通节点和港口城市。

雅安：农产品加工、清洁能源产业基地，交通节点和生态旅游城市。

泸州：饮料食品、天然气和煤化工、能源、装备制造基地和商贸物流中心，重要的交通节点和港口城市。

自贡：盐卤化工、机械制造、新材料、物流配送基地，现代工业城市。

宜宾：饮料食品、能源轻纺、机械制造和商贸物流基地，重要的交通节点和港口城市。

内江：农产品加工、冶金建材、汽车零部件生产、再生资源综合利用基地，重要的商贸物流节点城市。

南充：石油天然气精细化工、汽车及零部件、轻纺服装、有机农产品加工、能源基地和商贸物流中心，经济区北部的中心城市、重要交通节点和港口城市。

广安：精细化工、新能源、新材料、有色金属加工、汽车及汽摩零部件制造、特色农产品加工和供应、红色旅游基地，重要的交通物流节点和港口城市。

资料来源：《成渝经济区规划》（2011年）

(三)三生空间结构优化

1.根据资源环境承载力确定开发与保护的空间结构

川渝城市群不仅跨地市,还跨省市,必须打破行政界线,站在更高的层次和更宽广的范围里审视其自然属性、开发内容、功能地位,特别是流域、山地等生态系统的重大意义;根据资源环境承载力中的"短板"因素统筹考虑区域内不同空间的土地利用、开发强度、人口规模、经济规模、产业结构等;制定城市群层面的空间管制规划,抢救和保护大江大河水系水体,划定生态红线、及保护区等重要生态功能单元、生态廊道、生态保育区和城镇建成区绿地,维持生态系统的稳定和完整性,实现城市群空间结构的有序和优化。

2.城镇化空间小幅扩展

川渝城市群可利用土地资源珍贵,在人口密度、经济密度和城镇密度已经较高的情况下,未来城镇化空间应总体控制、小幅扩展,不更多地占用空间资源,而是着力于提高空间利用效率,单位面积城市空间创造的地区生产总值和城市建成区集聚的人口进一步增加。根据川渝两省市的主体功能区规划,以现有工业和城镇基础较好的重庆主城区、成都都市区、德阳、绵阳、宜宾、泸州市区等为一级或二级中心,依托长江黄金水道及主要陆路交通干线,选择其周边或成渝两市之间经济和人口集聚条件较好、环境容量和发展潜力较大的部分县市区加快发展,大体使重庆一小时经济圈、成都全市域、绵德成眉乐、川南、渝广南一带及资阳、内江、自贡、遂宁等市区和部分市县成为产业、人口和城镇的主要集聚地。

3.构建农产品主产区为主体的农业空间格局

按照川渝两省市的主体功能区规划,以基本农田为基础,构建以盆地中部平原浅丘区、川南低中山区、盆地东部丘陵低山区、盆地西缘山区农产品主产区为主体的农业空间格局。推进发展现代农业,大力发展粮油、畜禽、水产、果蔬、林竹、茶叶等特色效益农业,培育一批现代畜牧业重点县、现代农业产业基地强县和林业产业重点县。努力提高农用土地产出效益,特别是粮食和主要经济作物单产水平。

4.严格划定和保护生态空间

在工业化和城镇化空间、农田保护区之外,争取进一步扩大绿色生态空间范围。处于盆周边缘山地的大多县市自然条件恶劣,甚至断裂发育、岩石破碎,滑坡、地震、山洪、泥石流等自然灾害频发,须大力实施生态保护和建设重点工程、防灾减灾工程。处于青藏高原东缘与四川盆地的过渡区域是我国亚热带西部——四川盆地原始常绿阔叶林的主要分布区，须切实加大生物多样性保护的力度。全面推进长江上游生态屏障建设，以上述山地、森林等生态系统为重点，以长江、嘉陵江、岷江等主要江河水系为骨架，以点状分布的世界遗产地、自然保护区、森林公园、湿地公园和风景名胜区等为重要组成，构建川渝城市群的生态安全格局，促进生态环境明显改善。

（四）治理模式

川渝城市群是若干不同行政单元、不同类型和等级规模的城市基于经济联系而形成的特定区域，解决共同发展或某些冲突问题，必须树立区域发展和综合治理的观念，突破行政区划限制，谋求更大范围的合作，通过创新机制、体制和法制，建立城市之间彼此开放、相互交流的协调关系及治理体系和长效性机制，合力解决城市群发展中面临的日益紧迫的公共性问题，统筹城乡建设和管理，促进城市群的良性发展。既要充分调动各级政府的积极性，也要最大可能地发挥市场机制的作用，逐步形成由政府、非政府组织等多元力量组成的治理主体、以及不同层次、不同制度类型、相互补充和沟通的治理模式。

1. 建立政府间联合的组织制度

要实现"管理型"政府向"服务型"政府的转变，强化对市场的宏观调控、生产服务、社会保障等职能，关注社会公平目标、环境目标，以及对弱势群体利益的保障，及时公布有关规划的政策、法规和管理程序，通过法规保障机制和监督机制，推动川渝城市群健康发展。以政府间合作为主导，联系并引导其他的治理模式和活动，为民间组织发展提供有利的环境条件，同时加强以规范性、自律性建设为主的间接管理，妥善处理各方利益。建立健全联合制度与机构，两省市主要领导定期参加联席会议，磋商事关城市群发展的重大战略问题，研究确定区域合作的总体要求和重点事项；15个城市组成市长级别的协调机构，具体负责落实共同意志的合作事项，制定城市群发展总体规划，推进各专项规划的出台并实施。

2. 培育多方主体参与城市群治理

积极发挥市场这只无形之手的作用，打破地方割据、封锁状态，推进区域经济市场化，构建以开放、城乡一体的市场经济体制为导向的区域治理模式。增强公众在城市群建设和管理上的知情权，倡导多主体广泛参与、自下而上的治理活动，大力发挥民间力量的潜能、政府和市场之间桥梁纽带作用。通过契约加强各类企业、区域性行业协会、商会、研究机构、公民社团、非营利组织等互动合作和高效运转,解决跨区域政府共同关注的公用事业建设、环境保护和公共卫生、公共安全等问题;促进区域产业一体化及合理布局,共同制定区域行业发展规划等;利用发展论坛等平台和途径,研究该区域经济社会发展的突出矛盾和长远发展,为政府决策提供咨询,将川渝城市群区域治理结构与效力提升到一个新的水平。

3. 合作共建重大基础设施项目

交通通讯、水利基础设施、区域能源保障等方面均要体现区域一体化发展的要求,要有开放意识、网络意识和国际视野,统一规划、统一管理、统一调配,避免不合理重复建设,实现路网一体化和通讯设施共享,塑造川渝城市群的整体形象。在项目的立项、实施上,川渝两省市各方城市联手推进,合作共建。合作推进以重庆、成都为枢纽的内畅外联、通江达海抵边的水陆空结合的交通网络建设,提升区域内外部通达度。共享长江水道资源,重庆作为四川的东出通道,四川则为重庆提供腹地交通支撑。区域内的交通主要包括成都、重庆双核间的快速通道、以及双核至其他城市间的快速通道,应尽快形成发达、高效、快捷的交通网络。区域的外向通道包括重庆到昆明的铁路和泛亚铁路接轨,从呼和浩特经陕西、四川至云南再到越南河口的高速公路和东南亚接轨,成渝至西北地区的快速通道,通过欧亚大拱桥与中亚、中东和欧洲联系,要加强与其他省、区的友好合作。

巴山蜀水的传奇需要川渝共同维护,川渝城市群须加强生态合作,坚定"共住长江头"的意识,通过举办长江上游生态节、川渝沿江护林植树节等各种形式的生态宣传活动,树立保护生态环境的责任感。统一领导,成立城市群生态保护领导小组,部署区内生态保护工作。制定生态保护的地方法规,参照现行有关立法,结合区内实际,确定立法项目。以财政转移支付和区内外生态补偿费为主设立城市群生态保护和环境治理的专项基金。

4. 适时推进统一的社会管理制度

要在制度设计层面下功夫,逐步实现川渝城市群内各城市的制度对接。便利的交通大大加强了川渝两地企业或居民的往来,城市群内应实行均等、统一互通的医保、社保、户籍等社会管理制度,建立有利于人口流动的劳动力市场,使城市间居民调换工作省去很多繁杂手续,在人才培训和交流上实现互补。四川的高等教育和职业教育学科门类齐全,在全国也具有重要地位,而重庆在应用型、技能型人才培训方面有较大优势,但不可各自为政,关门办学,要积极探索开放型、产业化的发展模式，整合共享人才培训优质资源。有关高校联手合作，通过互相交流教师、互认学分等形式，让教育培训资源特别是高端的基础型、应用型人才的培训资源得到充分利用，并尽快转化为经济效益。共享信息资源，合作共建统一的信息平台，协作举办科技会展、教授专家讲坛等活动，共享人才、科技资源。还要通过共同监督、联合执法，打击各种市场违规行为，保证市场合作的成效。

六、对西部地区城市群发展的思考

西部地区城市群所处的环境条件、发展阶段、所具有的总体水平、现状问题等与沿海发达地区有很大不同，因此，未来的发展方向、重点、路径也应该是不同的，简单复制发达地区的做法，走别人走过的路子不一定能行得通，还是要因地制宜，从自身实际出发，选择适合的发展方式与途径。

（一）城市群是西部地区发展的重要支撑

虽然经过十余年的大开发，我国西部地区仍然比较贫穷落后。然而西部地区的战略地位始终非常重要，自然与人文资源丰富多彩，发展潜力巨大。2010年，中央召开了具有重大历史意义和现实意义的西部大开发工作会议，对过去的工作做了全面总结，对下一轮的工作进行了全面部署，《中共中央、国务院关于深入实施西部大开发战略的若干意见》对西部地区的定位十分明确：西部地区在我国区域协调发展总体战略中具有优先地位，在构建社会主义和谐社会中具有基础地位，在实现可持续发展中具有特殊地位。但是西部与东部存在的差距和差异极大，西藏、新疆、青海占据偌大的国土面积，人口稀疏，城镇甚少，即便比较发达的四川、陕西、甘肃等地城市也十分有限。由于长期落后、地处内陆与外界联系少、恶劣的气候与地形地貌、以山区为主的广阔农村土地贫瘠等原因，以及现代基础设施薄弱，科技、教育发展滞后等，适合于发展城市群的条件并不充分，也就是说不是所有的地方都能出现城市群。目前，初步成型或正在培育的成渝城市群、关中城市群、南北钦防城市群、天山北坡城市群、银川平原城市群、呼包鄂城市群等大多位于大江大河和干线铁路、公路近边、地势相对平坦开阔的区域，已成为西部人口和城镇集聚、综合经济实力较强的"增长极"，是我国内陆地区的经济高地，基本上是各个省区或大经济区的发展核心。可见，择优发展或培育城市群对西部大开发将起到至关重要的支撑作用和辐射带动功能，而且还肩负着缩小东西部发展差距、全面建设小康社会、维护民族团结和国防安全的历史重任。

（二）发挥优势，克服劣势

西部各省市区、城市群区域应对各自的"家底"有全貌、客观、透彻、清醒的认识，从数量到质量，正确地理解优劣势的真正意义、内涵，其实优势和劣势在某种程度上是相互隐含和转化的，不能截然区分开来，需要进行多角度、长远、科学地分析研究。比如，能矿资源优势在工业化初期会给区域经济发展提供可能性，但在知识经济时代，它对经济增长的作用相对下降，资源性产品需求弹性低，易受外部市场变化冲击。我国西部地区的能源和原材料产品在国际市场上不具备出口的比较优势，随着沿海地区大量进口石油、天然气、铁矿等资源性产品，西部在全国市场需求中的资源优势也大为下降。

如何使西部的自然资源优势真正转变为经济优势？一是合理开发真正具有优势的自然资源，要尊重自然规律，保障资源的可持续利用，对可更新资源要使开发利用量不超过资源的更新能力，不可更新资源的开发利用要做到节约、高效，切忌掠夺式开发；综合开发利用资源，提高资源产品的附加值，改变单一采掘业模式，深化资源产品的加工能力；积极开发真正具有优势的自然资源（能源、水电资源、某些矿产资源、旅游资源、生物多样性资源等）及相应产业。二是自然资源开发要以市场需求为导向，知识科技先行，在激烈竞争的市场环境中，必须高起点，运用先进的工程技术和生物技术等，如现代信息通信技术、农业生物技术、环保生物技术、先进制造工艺等；冲破地区封锁，做到区内联手，区外合作，对跨省市的资源开发、生态环境治理等工程，需要采用利益共享、风险公担的协调模式；不仅与国内合作，而且加强与周边国家的合作，发挥地缘优势，推进内陆开放型经济的发展。

值得注意的是，西部发展的关键瓶颈在于生态脆弱、基础设施条件差、人口聚集程度低和体制转变滞后等劣势没能得到有效克服，而转变劣势蕴藏着西部发展的巨大生机。西部地区生态环境保护与建设是一个重要举措，不仅关系到解决制约西部地区发展的瓶颈、改善投资环境、拓宽发展领域的问题，而且关系到西部地区乃至全国可持续发展的大问题。

（三）完善核心城市功能，形成城市群网络结构

如同川渝城市群，西部城市群普遍存在城镇规模等级体系不健全，核心城

市独大，对周边城镇的集聚功能较强，辐射功能不足，由于交通等基础设施硬件尚未完善，产业结构层次较低，分工协作体系没有形成，城市间的经济联系薄弱。未来，西部城市群逐渐走向成熟，就不仅仅表现为在一定空间范围内分布着一定数量的城镇群体，而要拥有城市群存在的真实内涵。不同层次、密集交错、为数众多的城镇，被有形的各种通道、方式连接在一起，更重要的是它们内在的相互依赖、分工协作的经济联系融为一体，全部城镇结点与所有或有形或无形的联系线段就构成了城市群的空间联系网络。只有西部城市群具备了空间联系网络系统，城镇之间联系密切，交流频繁，才能充分发挥核心城市的功能、以及各级城市的功能，将集聚和辐射作用通过城市网络逐级传递，最终实现城市群带动区域发展的整体效应。

（四）强化城市功能分工和产业集群发展

由于以往西部城市间的经济联系弱，彼此相对独立，重复建设现象严重，未能发挥出各自的优势，没有得到"1+1>2"协同功效。随着城市间的联系不断增多、加深，生产要素的流通和重组加快，应按照已有产业基础和比较优势，整合城市群产业资源，强化城市群内部产业分工协作，调整优化产业结构，科学谋划产业布局，促进城市之间产业互补发展和错位发展。核心城市在高技术产业、现代服务业等高端产业发展方面率先突破，壮大支柱产业，使传统产业向周边城市和小城镇转移，中小城市和城镇为核心城市提供资源、市场，接纳其扩散而来的技术、产品，形成为核心城市主导产业配套的加工制造基地。西部城市群应借鉴西方发达国家和我国东部沿海地区的成功经验，用现代化产业集群理念统领产业布局，创新产业组织形式，完善配套服务体系，按照生态工业链和产业链的方式进行资源整合和特色工业园区建设。

（五）合理布局城镇化及绿色开敞空间

西部地区城市群基本都是《国家主体功能区规划》中重点开发的城镇化区域，因此，国土空间的开发利用强度可以适当提高，适度增加生产、生活空间的比重，特别是在核心城市和其他区域性中心城市等，以大规模集聚人口和经济，提升整个城市群区域空间资源利用效率。但西部地区城镇化建设的条件欠佳，空间比较有限，城市拓展必须尊重自然地形地貌、生态系统及分布规律，不可超越当地的生态承载能力。要严格保护城市群内部的耕地空间，着力协调农业建设布局与绿色开敞空间的合理配置，提高农业生产基地功能同绿色生态空间功能的复合水平。城市之间尤其是城市群边缘及其外延地带一般来说生态环境不利或属于水源、森林涵养地，要切实加强生态保护、治理、建设和恢复，明确划定区域界限，不得随意缩小范围，占为他用。

（六）逐步建立城市群综合协调治理机制

我国西部城市群治理活动刚刚起步，以政府作用为主导，普遍停留在倡议阶段，高层领导不定期会晤，涉及的内容少、泛、不深入。今后随着西部城市群渐进发育和成熟，区域一体化进程加快，城市间的交流合作日益频繁，越来越成为不可分割的整体，面对区域性问题，独一城市都无法解决，就需要城市群的集合力量共同治理。首先，继续发挥政府的主动性和积极性，跨省市区的成立省际高层领导联席会议，省内的由各地市领导定期会晤协商重大事宜；签署区域合作框架性协议；设立日常办公机构；安排综合部门联合制定城市群区域发展规划，各专业部门联合制定专项规划；围绕特别突出的问题，由有关职能部门成立联合治理应急机构，进行妥善研究和处理。同时，大力发挥公民社会的能动性，鼓励企业、民间组织、科研机构、公民等多方主体承担治理任务，有步骤、有针对性地建立政府与民间协力、多层次、多元化、多领域的区域协调与治理模式。成立非政府合作机制，由政府、企业界、专家学者组织研究一系列区域经济发展要点，并在主要城市轮流举办"西部论坛"、"中国西部国际博览会"等各种高层论坛和招商引资平台；搭建信息发布和交流平台，通过专门、畅通、快速的渠道传递信息。在条件成熟的情况下，建立城际协调常设机制，下设专项合作建设治理小组，具体落实城市群内部城际协调，逐步向网络化、专业化方向发展。西部地区市场经济体制不断完善，必须及时制定、完善相关法律、法规，以立法手段促进区域协调发展和地方政府的合作。

参考文献：

鲍文：《成渝经济区产业发展与城市化空间协调布局战略研究》，《科技管理研究》2011年20期。

曹跃群等：《成渝都市群城市体系规模分布的实证研究》，《西北人口》2011年第1期。

陈浩等：《双转移趋势与城镇化模式转型》，《城市问题》2012年第2期。

董文：《论调整区域结构推动经济发展——兼论川渝经济区城镇空间结构》，《现代商业》2010年24期。

范珍等：《承接东部产业转移与西部物流协同性研究》，《江苏商论》2012 年 2 期。

方创琳：《中国城市群发展报告》，科学出版社 2011 年第一版。

房君：《成渝经济区区域协调发展的问题研究》，《经济研究导刊》2011 年 15 期。

顾朝林：《"十二五"期间需要注重巨型城市群发展问题》，《城市规划》2011 年第 1 期。

何雄良等：《关于成渝经济区发展的思考》，《宜宾学院学报》2010 年 2 期。

金凤君：《成渝经济区发展的基础、潜力与方向》，《经济地理》2011 年 12 期。

李响：《基于社会网络分析的长三角城市群网络结构研究》，《城市发展研究》2011 年 12 期。

罗秀姣等：《成渝经济区的发展战略研究》，《经济发展与管理创新——全国经济管理院校工业技术学研究会第十届学术年会论文集》2010 年版。

潘旭明等：《比较优势、圈层结构与成渝经济区的协调发展》，《宏观经济研究》2011 年 8 期。

孙继琼等：《成渝经济区城市化特征及影响因素分析》，《经济纵横》2010 年 1 期。

谭敏：《成渝城镇密集区空间集约发展综合协调论》重庆大学（博士论文），2011 年。

王骏：《关于重庆内陆开放型经济高地建设的两个架构》，《探索》2009 年 6 期。

汪阳红：《城市群治理与模式选择》，《中国城市经济》2009 年刊。

武文军：《西部的优势、劣势及强势》，《兰州商学院学报》2000 年 8 月刊。

肖金成等：《中国十大城市群》，经济科学出版社 2009 年第一版。

熊峙：《成渝经济区城市网络化发展研究》重庆工商大学（硕士论文），2012 年。

余长惠：《成渝经济区地方政府合作探析》，《长江师范学院学报》2010 年 3 期。

张建伟：《长三角都市圈区域治理研究》，《洛阳师范学院学报》2010 年 1 期。

钟海燕：《成渝城市群研究》，中国财政经济出版社 2007 年第一版。

我国城市群发展研究综述

城市群研究内容十分广泛，本报告从城市群基本概念、判定标准、形成机制和城市群效应等基本理论入手，通过选择城市群城市体系、城市群内外部经济联系、城市群生产生活生态空间结构优化和城市群治理等重点内容，分析现有研究的成就和不足，以期为进一步深化研究提供方向。

一、关于城市群概念及形成机理研究

（一）城市群的概念

虽然城市群思想萌芽可以追溯到 19 世纪末期，直到 1957 年，法国地理学家戈特曼（Jean Gottmann）发表了具有划时代意义的著名论文《大都市带：东北海岸的城市化（Megalopolis : the Urbanization of theNortheastern Seaboard）》，才开始城市群问题的系统研究，由此也开辟了城市地理学的一个崭新的研究领域。弗雷德曼（Friedman J Miller，1965）提出了"城市场（TheUrbanField）"概念，城市场是一种着眼于未来的、理想的城市空间形式，是一个空间广阔的、由完善的社会经济联系网深化而成的、有着相对低密度的、广阔的多节点（Multi-nodal）的区域结构，它包括城市居民巨大的生活空间或活动范围。在通常的情况下，大城市的场域可以延伸至离核心城市数十公里以外的范围，这个范围远远超出城市建成区，包括游憩区和城市远郊区，形成一个核心城市得以扩张的、整合的功能性或经济性空间，并囊括了实现城市机能良好运作所不可或缺的种种设施。彼得·霍尔（Peter Hall，2008）提出中国和欧洲的城市在 21 世纪将形成相同的特征，即出现巨型城市区域（Mega-city Region）。所谓巨型城市区域，主要是指以全球城市或世界城市为中心，由数量可多达 30—40 个城市以及周边的小城镇组成，形成结构复杂的庞大网络状城市复合体（Vastnetworkedurbancomplexes），被称为"多中心巨型城市区（Polycentricmega-cityregions）"。美国区域规划协会编制的《美国2050（American2050）》提出了"巨型区域（Megaregion）"的概念，设定了一套科学的量化指标，对美国的巨型区域进行了界定（Yoav Hagler，2009）。2009年世界发展报告指出，21世纪全球进入社会大转型时期，空间重构表现为密度、距离和分割三个变量的改变，高密度（生产要素高度集聚）、近距离（生产要素近距移动和专业化）、浅分割（区域一体化）的巨型功能地域体不断涌现和发育，并开始形成以大城市为核心，有着主次序列、分工协作的城镇群体（世界银行，2009）。

发展中国家关于城市群的研究，有加拿大城市地理学家麦吉用城乡过渡区（Desakota）的术语描述亚洲发展中国家和地区（如印尼爪哇、泰国、印度、中国大陆和台湾的核心地区等）出现的与西方大城市连绵区类似但发展背景又完全不同的新型城市化地区（史育龙、周一星，1997）。薛凤旋通过不同亚洲国家的案例提出了扩展型大都市区（ExtendedmetropolitanRegion）概念，扩展型大都市区主要受全球化的影响，所在国日趋对外开放的经济政策也使国内经济日渐和国际市场、资金和技术接轨，大城市地区以其全国最通达的对外和对内交通和通讯，最大行政及金融中心和优质人才集中地优势，成为外资进入该国市场、购买或利用其人力和天然资源的地区总部（薛凤旋、蔡建明，2003）。

我国的学者从不同角度出发，提出了许多类似的概念，如都市连绵区、都市连绵带、大都会区、城镇密集区、都市圈、大都市区等等。1983年于洪俊、宁越敏在《城市地理概论》中首次用"巨大都市带"的译名介绍了戈特曼的思想。认为巨大都市带是世界上最大的城市现象、具有政治经济上的中枢作用以及超级城市和国际港口的核心作用。姚士谋（1992）认为城市群(Urbanagglomeration)是指在特定的地域范围内具有相当数量的不同性质、类型和等级规模城市，依托一定的自然环境条件，以一个或两个超大或特大城市作为地区经济的核心，借助于现代化的交通工具和综合运输网的通达性，以及高度发达的信息网络，发生与发展着城市个体之间的内在联系，共同构成的一个相对完整的城市集合体。张京祥（2000）认为城镇群体是指一定空间范围内具有密切社会、经济、生态等联系，而呈现出群体亲和力及发展整体关联性的一组地域毗邻的城镇。谢守红、宁越敏（2005）认为大都市区是城市功能区的概念，它由具有一定人口规模的中心城市与周边与之有密切联系的县域组成，中心城市是核心区，周边县域是边缘区。薛凤旋（2003）认为都会经济区以国家的最大城市（也是最大港口和机场）为核心市，包括接收核心市扩散活动的邻近省、县级行政单元等外圈。肖金成、袁朱（2009）认为城市群是在特定的区域范围内云集相当数量的不同性质、类型和等级规模的城市，以一个或几个特大城市为中心，依托一定的自然环境条件和交通条件，城市之间的内在联系不断加强，共同构成一个相对完整的城市"集合体"。方创琳认为（2010）城市群是指在特定地域范围内，以 1 个特大城市为核心，由至少 3 个以上都市圈（区）或大城市为基本构成单元，依托发达的交通通信等基础设施网络，所形成的空间组织紧凑、经济联系紧密、并最终实现同城化和高度一体化的城市群体。

关于城市群的名称，史育龙和周一星（1997）认为应采用都市区（Metropolitanarea）和大都市带（Megalopolis）来统一国外已有的、与其类似的各种概念，而为了同西方的研究相区别，可称中国的大都市带为都市连绵区。

尽管学者们对城市群的概念有不同的定义，尤其是相关概念名称十分复杂和混乱，各种定义有所差别，有些缺乏明确的定义和认识指标，有些概念没有本质区别，基本上把城市群界定为具有一定规模的核心城市和其他不同规模等级的城市，经济联系比较紧密，交通发达等内涵。准确把握城市群概念的内涵，是研究城市群发展问题的基本起点。

（二）城市群的判定标准

国外关于城市群范围的界定一般包括定性指标和定量指标，各国在界定标准时都结合了本国的国情，特别是强调中心城市的作用和城市之间的联系指标，如中心城市人口规模和通勤率等，而我国这类指标的资料欠缺，对界定城市群范围带来了难度。

我国学者对如何准确界定城市群，提出了不同标准。

姚士谋（1992）认为城市群要满足四个条件：（1）总人口 1500 万—3000万；（2）特大城市多于两个；（3）城市人口 ≥ 35%；（4）城镇人口 ≥ 40%。周一星、史育龙（1997）认为都市连绵区形成要有 5 个必要条件：具有两个以上人口超过百万的特大城市作为发展极；有对外口岸；发展极和口岸之间有便利的交通干线作为发展走廊；交通走廊及其两侧人口稠密，有较多的中小城市；经济发达，城乡间有紧密的经济联系。代合治（1998）认为城市群要满足如下条件：地域面积在 1 万平方公里以上，总人口在 500 万人以上，中心城市人口在 150 万人以上，城市数量在 5 座以上，其中应有特大城市或大城市。顾朝林（1999）提出城市群界定要考虑，一是中心城市的数量与规模；二是城市密度与城镇用地比率，如美国东北沿海大都市圈内城镇用地已占到整个地区土地总面积的 20% 以上，许多城市沿交通线连成一片；三是区域社会经济特点以及城市之间的社会经济联系程度，以城市之间的社会经济联系常用人员和信息交流规模来衡量，带内交流规模一般应占总规模的 50% 以上；四是人口城市化水平，总体上要高于全国平均水平；五是人口密度，城市群中心地区人口密度以不低于 500 人/平方公里，外围地区人口密度不低于 250 人/平方公里。王建（1999）提出都市圈直径在 200—300 公里、面积在 4 万—6 万平方公里，人们可以在一天内乘汽车进行面对面交流，有明显中心城市，且中心城市制造业发达，GNP ≈ 1000 亿美元。

附表 1–1　国外关于城市群、都市圈标准的研究

时间	研究者（国）	研究对象	定性指标	定量指标
1957 年	法国	Megalopolis	（1）有密集城市；（2）有密切联系；（3）交通方便。	（1）不少于 2500 万人；（2）不少于 250 人/km²。
1950—1960 年代	日本	都市圈	有一个或几个大城市为中心城市。	（1）直线距离 200—300 公里；（2）人口 ≥ 3000 万；（3）中心城市 GDP 占圈内的 1/3 以上；（4）中心城市人口在 200 万左右；（5）通勤率 ≥ 15%；（6）都市圈之间物质运输量 ≤ 总运输量的 25%。
1970 年代	前苏联	城市集聚区	（1）中心城市至少有相邻两个城镇；（2）与中心城市同一行政区均包括。	（1）中心城市 10 万人以上；（2）城镇距中心城市 ≤ 2 小时交通。
1970 年代	帕佩约阿鲁、勒曼	大都市带	至少有两个基本单元和一个二级单元聚集体。	（1）不少于 193 人/km²；（2）二级聚集体人口 10—100 万；（3）三级聚集体人口 1—10 万。
1985 年	麦吉	DesaKota	（1）有两个或以上在一起的核心城市；（2）城市外围当天可通勤；（3）非农产业增长迅速；（4）人口流动性较强；（5）妇女对非农产业的参与增多；（6）传统产业的密集人口与周围地区交通方便。	

续表

时间	研究者（国）	研究对象	定性指标	定量指标
2009 年	美国	Megaregion		(1) 该区域必须属于美国的核心统计区域；(2) 人口密度大于 200 人 $/mile^2$，且 2000—2050 年，人口密度需增加 50 人 $/mile^2$；(3) 人口增长率 >15%，2020 年总人口增加 1000 人；(4) 就业率增加 15%，2025 年总就业岗位大于 2 万个。

资料来源：根据李廉水（2006）、Yoav Hagler（2009）资料整理。

邹军等（2001）参照日本都市圈界定标准，提出中国都市圈界定的标准为：中心城市人口规模在 100 万以上，且临近有 50 万人口以上城市；中心城市 GDP 中心度 >45%；中心城市具有跨省际城市功能；外围地区到中心城市通勤率不小于本身人口的 15%。张伟（2003）指出，城市群还应包括区域的人文地理特征（历史联系紧密、文化背景趋同），区域经济特征（人均 GDP 超过 2000 美元、工业化程度较高，一般处于工业化中后期），区域基础设施特征（高度发达的基础设施通道已基本形成）。肖金成、袁朱（2009）认为城市群的必要条件包括：面积 5 万平方公里左右，区域人口 2000 万以上，人口密度 400 人 / 平方公里左右，中等以上城市 10 个左右，城市密度 2 个 / 万平方公里左右。方创琳（2010）分别采用城市数量（≥ 3 个）、100 万人口以上特大城市个数（≥ 1 个）、人口规模（≥ 2000 万人）、城市化水平（≥ 50%）、人均 GDP（≥ 3000 美元）、非农产业产值比率（≥ 70%）、核心城市 GDP 中心度（≥ 45%）、经济密度（≥ 500 万元 $/km^2$）、经济外向度（≥ 30%）共 9 项具体指标综合判断我国正在发育的城市群），按照 2/3 以上指标达标的基本原则判定，确定在我国 23 个城市群中，达标的城市群有 15 个。宁越敏（2012）认为城市群要有以下几个条件，一是至少有 2 个人口 100 万人以上的大都市区，或至少拥有一个人口在 200 万人以上的大都市区，大城市群的总人口规模达 1000 万人以上。二是应高于全国平均的城市化水平。三是沿着一条或多条交通走廊，连同周边有着密切社会，经济联系的城市和区域，相互连接形成的巨型城市区域。四是大城市群的内部区域在历史上要有较紧密的联系，区域内要有共同的地域认同感。

学者们对如何判定城市群基于各自对城市群概念的不同认识提出了相应的标准，包括定性与定量标准，并同时对我国城市群的划分进行了判断，一般定量标准中包含总人口规模、城市数量、城市化水平、经济水平等基本要素。但是关于这些标准是如何界定的尚缺乏明确的说明，尤其是对于如何确定我国城市群的判断标准，仍需要从理论和实践中进行深入研究。

（三）城市群的形成机理

关于城市群形成机理的研究，根据学科的不同可以分为多种视角，一是城市地理学和区域经济学，从空间的相互作用分析城市群的形成机理。如美国地理学家乌尔曼（E.L.Ullman，1951）根据空间相互作用原理，认为互补性、移动性及中介机会等是城市群形成的空间理论依据。海格特（P.Haggett，1972）根据物理学中热传递的方式，把空间相互作用分为对流、传导和辐射。（于洪俊，1983）戈特曼认为促进大都市带形成的驱动力主要表现为中心城市扩散效应的推动、信息技术革命与"白领革命"的推动（史育龙，1996）。弗里德曼建立了城市群空间演化模型，认为城市群的形成发展大致可分为工业化以前的农业社会、工业化初期、工业化的成熟期、工业化后期等四个阶段（Friedmann，1964）。

二是产业经济学，从产业和企业的扩散解释城市群的形成机理。产业组织理论把城市群看作是产业组织垂直解体及网络化导致的城市功能转化（克拉克森·米勒，1989）。贝利（B.J.L.Berry）从市场扩展、产业结构升级换代、比较成本的角度对这种严格的等级模式进行了解释：首先，顺序性的市场搜寻过程。即企业家按从大中心到小中心的顺序寻找机会，形成地区产业化的集聚过程。其次，涓滴过程。为寻求廉价劳动力，大中心将老的和衰退的产业扩散到小中心，促进区域工业化、城市化过程。第三，模仿效应。即小城市的决策者模仿大中心应用的技术（姚士谋，2001）。

三是经济学，从专业化和分工的角度研究城市群的形成。李国平、杨洋（2009）分析了专业化与城市群形成之间的关系，提出当分工发展到专业化程度时，交易集中在同一地点要比在多个地点进行多个双边交易有效率。但是，随着经济要素越聚越多，传统理论描述的不可移动要素价格上升（如土地价格、拥挤成本），抵消了专业化和市场专业化分工带来的好处，经济要素开始向周边转移，逐步形成城市群。市场范围也从单一城市扩大到城市群及其周边区域，市场范围的扩大又要求更广阔的规模经济和范围经济，继续推动分工的深化。

四是新经济地理学，从报酬递增、规模经济、运输成本和路径依赖等角度研究城市群的形成机理。克鲁格曼（Krugman，1996）在"屠能环"、"中心地理论"和谢林的"分割模型"的基础上，利用报酬递增、规模经济和运输成本等变量，建立了"多中心城市结构的空间自组织模型"，并指出城市结构的形成是该城市中厂商之间的向心力和离心力相互作用的自组织结果。该研究将外部经济与区域产业聚集、贸易联系起来，分析了城市体系中各城市的职能及城市间经济联系形成的经济原因和动力。随着一个城市区域中人口的增加，城市体系开始升级演化，城市体系的形成演化是企业和个人在空间状态下追求自身效用最大化的自组织过程，如果一个城市区域的总人口较大，那么拥有的产业层次较多、城市结构区域复杂，并且将在其周围分化出新的城市形成两中心甚至多中心的城市体系。空间结构的自组织行为决定了城市间不同的空间距离对应着不同的城市体系的均衡结构状态。

这几种解释的侧重点有所差异：第一种解释以空间的相互作用为切入点，用互补性、可运输性和中介机会等作为解释变量，论证城市群形成的成因；第二种解释以产业和企业的集聚扩散作为解释变量，阐释城市群形成的微观基础；第三种解释从专业化和市场分工的角度，分析了城市群形成的经济基础；第四种解释最大的特点就是将贸易引入城市群的发展，使城市和城市群的发展更具开放性。前面的分析表明，这几种解释各有优势，研究我国城市群的形成机制，需要综合借鉴各种流派的分析方法。

（四）城市群的效应

关于城市群效应的研究文献除了集聚经济效应理论界研究相对比较多之外，城市群其他方面的效应研究还显不足。关于城市群的集聚效应，大多数研究都沿用了马歇尔（1890）提出的基于产品规模经济、劳动力"蓄水池效应"和知识溢出三原理所描述的集聚经济。克鲁格曼（Krugman，2005）和藤田昌久（Fujita，2005）在继承马歇尔学说的基础上，进一步指出规模收益递增、垄断竞争、交易成本和前后向联系效应也是集聚经济产生的原因。上述微观机制使得要素在中心城市集聚，只有当经济集聚产生的过度拥挤、污染、交通不便、地价昂贵等离心力抵消了集聚的正外部效应，集聚过程才会停止，中心城市才会向外扩散。国内学者从另外一些侧面提出集聚经济效应产生的原因，如范剑勇（2006）和张艳等（2007）研究集聚经济对生产率或经济增长的作用，发现工业集聚对经济增长有显著的促进作用。

国内也有学者（李映东，2009）根据美国地理学家乌尔曼空间相互作用原理，提出城市群相互作用的边缘效应。他认为当城市群的产业结构尤其是主导产业结构趋异时，两地存在资源要素的差异性，即产生互补性，其产品的高附加值性使其具有较高的移动性，在互补性和移动性同时存在的前提，城市群之间的边缘地区才有机会介入两城市群的关联，也就是说只有城市群之间存在大量的交流与合作，双方对资源要素和产品客户的需求不同时，边缘地区才有可能获取中介干扰机会，承担关联点的角色，获得更多的投资和较快的发展。而当城市群的主导产业具有较大的相似性时，那么无论是在人流、物流、资金流等生产要素方面还是在商品、金融服务等终端产品方面都处于竞争状态，前者是资源的竞争，而后者则是市场的竞争，两者之间的边缘地区变成了资源要素和市场销售双重性质竞争腹地，将导致边缘地区要素加速流出，投资规模和次数进一步下降，发展更加缓慢。

关于城市群发展对生态环境和资源利用的影响，多数研究认为生态环境问题与产业发展有关。王树功等（2003）认为城市群发展导致了水、土地等自然资源的短缺和环境污染日益严重，城市群生态受到威胁。城市群发展使得建筑优先，绿地面积比例严重偏小。空间布局不合理造成跨区域环境污染叠加，水质性缺水及水源地保护更加突出，对周边土壤资源及环境生态安全的影响。陈群元（2011）认为虽然城市群一般孕育在生态环境本底优良的区域，但城市群区域内集中了大量的、高度密集的人类活动，包括人口和工农业活动，以及土地的高强度开发等，这无可避免地会对原有的生态环境系统造成破坏，导致改观和重整。徐颂等（1998）则从产业集中度、产业规模发展、企业素质、产业组织等方面分析了珠三角产业结构调整对生态环境的影响机理。关于城市群发展对土地资源的影响的研究较多。方创琳等（2010）从自然资源、生态环境和社会经济 3 方面选取指标要素建立武汉城市群空间扩展的生态状况诊断模型。刘庆等（2010）运用较客观的熵理论和模糊数学方法评价长株潭城市群土地生态安全水平，研究表明近 10 年来随着土地资源压力的增大，区域土地生态系统逐渐恶化。傅丽华等（2011）等运用景观生态学方法对长株潭城市群核心区开展土地利用生态风险评价，认为加大重点区域土地利用结构调整力度、确定差异化的生态补偿区域、提高土地集约利用水平和科学实施城市群生态风险管理，是调控土地利用生态风险的重要策略。

以上关于城市群效应的研究都只强调某一方面的内容，而没有突出城市群发展的整体效应。此外，这些效应对城市群之间经济关系的阐释也不够。

二、关于城市群城市体系研究

（一）理论溯源

城市体系理论是以经济联系或经济模型为基础对城市规模分布、职能结构的解释，这种解释又可以分为中心地理论及其派生出来的模型和依据于规模经济、聚集经济和运输成本差异的模型（安虎森，2004）。根据中心地理论，城市地区一般在不同程度上都具有商品商贸和服务的功能，即所谓的中心地职能（克里斯塔勒，1998）。中心地理论指出了不同规模城市的存在，产生了城市的等级系统，高级、中级、低级三种不同的城市类型（安虎森，2004）。城市越大，所提供的产品和服务的类别越多，每个城市从等级较高的城市进口产品，向等级较低的城市出口产品（O'Sullivan，2002）。由于企业区位的点（块）状集聚在城市地区，大量生产和联合生产的种种利益会促使某些区位上建立起较大的生产集合体从而形成城市，并且会产生内部集约和外部节约的利益（勒施，1995）。为此，可以从规模经济、集聚经济和运输成本等角度解释城市规模（Henderson，1974）。不过，城市规模分布不是一件自然事件，它与产出和生产条件的区域组合直接联系在一起（Henderson，1988）。

区域开发空间模式理论是对城市群空间结构进行分析的基础。一是增长极模式。根据增长极理论（曾坤生，1994），形成增长极的一组产业可能在地理上集聚于同一个都市区域（王缉慈，1989），这样一个城市地区就成为一个区域发展的增长极。不过，区域增长极的大小、层级和水平的确定必须放到区域现有的城镇体系中统一考虑，在初期阶段，其大小、层级和水平受区域开发政策及该政策所能提供的开发资金规模的限制（John，1999）。二是点轴开发模式，即两个及两个以上增长极开发在空间上的轴向组合，城市沿轴向发展，可以看出是最简单的点轴开发形式（魏后凯，2011）。一般地，"轴"多为增长极之间相互连接的交通线，"轴"同样存在集聚和扩散效应（孙久文、叶裕民，2003）。三是网络开发模式，它是区域空间开发的高级形式，是区域城镇体系城市过程中的必经开发阶段，是区域城镇体系高度发展的产物，它能解决开发过分集中所引起的拥挤效应，能解决网络体系中城市之间互损型竞争问题（魏后凯，1988；魏后凯，2011）。区别于单中心、双中心型城市体系，多中心网络型城市体系将成为 21 世纪创新型城市群的主要形态（David，1995）。

保罗·克鲁格曼在 20 世纪 90 年初提出的"中心—外围"模型，对城市空间研究提供了新的视角。由于集聚成本的存在，单个城市内部的要素集聚存在集聚不经济。为此，除了研究单个城市要素的集聚效应之外，基于拥挤成本、专业化分工和城市产业梯度等角度对城市系统和城市群这一现代城市要素集聚的重要形态研究也尤为重要（李金滟、宋德勇，2008）。

城市经济学中的城市体系理论、区域经济学中的空间开发模式理论、新经济地理及经济学研究相关的集聚经济、外部性理论等为城市群城镇体系研究提供了较为充分的理论支撑和保障，在深化城市群城镇体系相关理论和实证研究过程中，都不能脱离上述相关学科理论的框架。

（二）城市体系不同规模城市分布法则

一是帕累托分布（ParetoDistribution）。对城市系统中的城市规模分布研究由来已久，并已证实可以用帕累托分布来描述（Auerbach，1913；Singer，1936）。如果从最大的城市（等级为 1）到最小的城市（等级为 N）对城市进行排序，人口数为 x 的城市规模等级为：$y = AX^{-a}$；其中，x 为特定人口规模，y 为人口规模超过 x 的城市的数量，A 和 a 为常数；这里，参考帕累托收入分布，系数 a 是分布模式的有效测度，可表示为大都市化指数（安虎森，2004）。

二是齐夫定律（Zipf's Law）和等级—规模法则 (Rank-sizeRule)。在帕累托分布研究的基础上，城市规模分布的一种特殊情况，即当 a=1 时，这种分布可以表示为：RiSi=A，其中，Ri 表示城市 i 的等级，Si 表示城市 i 的规模，A 为常数；这样，城市规模与其规模在所有城市区域中的排序的乘积为一常数，即城市人口规模对数对城市位序对数的回归系数等于 1，该规律被称为 Zipf 法则或"等级—规模法则"（rank-sizerule）（Zipf，1949）。基于随机增长模型，如果不同的城市以同样的期望增长率和方差速记增长，城市规模分布的极限将符合齐夫定律（Gabaix，1999)。通常，等级—规模法则（分布）又叫序位分布，是指在一个城市体系中，大中小城市均有，城市数目随城市规模大小而呈现有规律的数量变化。城市规模越大，城市数目越少；反之，城市规模越小，城市数目越多，整个城市体系构成一个由规模序位构成的金字塔形结构（魏后凯，2011），一般地，只要城镇体系符合城镇的数量随着城镇规模的增加而减少这一基本要求，就可以认为该城镇体系属于等级—规模法制（孙久文、叶裕民，2003）。

在对我国城市群实证检验该法则时（何剑等，2004；赵春艳，2007；汤放华等，2008），操作技术路线通常如下：将等级与规模之间的关系被假设为 $P=C/S^{\beta}$，其中 P 表示规模，S 表示等级，C 为常数。如果 β=1，则称符合 Zipf 法则，最大城市与最小城市人口数量之比恰好为整个城市体系的城市数目；如果 β>1，城市规模分布比较集中，高位城市很突出，中低位城市发展不够，尤其是在 β 趋于无穷大时，就表示只有一个城市；如果 β<1，高位城市不突出，中小城市发展较好，尤其是当 β 趋于 0 时，就表示所有城市一样大。

可见，由于基于帕累托分布和齐夫定律、等级—规模法则的城市等级规模描述，仅仅是对现实情况的统计描述，至今仍然缺乏充分的理论支撑来证明这种统计规律的必然性。不过，国内外大量的实证研究引用该技术路线，揭示特定区域（包括一个国家或区域）的城市体系的规模结构特征，在一定程度上能为城市群城市体系发展提供参考。

（三）城市体系的演变模式

城市体系规模分布的演变模式归纳为以下三种：（1）收敛增长（convergentgrowth），新城市不断涌现，规模相对较小的城市不断追赶上规模较大的城市，随着时间的推移，城市体系的规模分布更趋均衡；（2）发散增长（divergentgrowth），规模相对较大的城市膨胀速度明显快于规模相对较小的城市，城市体系内的规模分布更趋不平衡；（3）平行增长（parallelgrowth），城市体系中各种规模的城市增长率大体相似，城市规模分布保持相对稳定（Eaton，Eckstein，1997）。实质上，对国内外城市规模分布及其演变模式的大量经验分析表明，许多国家或地区（包括中国、印度等发展中国家）的城市呈现平行增长模式（Black，Henderson，1999；Dobkins，Ioannides，2000；Sharma，2003；江曼琦等，2006）。

通过文献检索和梳理发现，对城市群城市体系形成影响因素的研究相对较少。其中，有研究基于 57 个国家和地区的截面数据，从首位度分析的角度，通过计量检验，发现区域人口规模、经济发展阶段、对外经济联系、区域政治因素和基础设施条件对城市规模分布具有不同程度和方式的影响（盛科荣等，2013）。不过，仅仅依赖于计量检验，缺乏内在机理分析的类似研究，在一定程度上弱化了影响因子的解释性。

总体上看，目前基于时间序列的城市群城市体系的实证研究能较客观地解释城市群内部不同城市规模及职能等的变化特征和趋势，对我们认识城市群动态发展提供了基础，具有一定研究参考价值。但是，现阶段还无法辨识哪一种变化模式更好，或者说还不能从实证研究中总结出来，哪一种城市体系结构更适宜哪一种对应的类型地区；与此同时对城市群城市体系的影响因素的理论和实证分析有待加强。

（四）城市体系的判识方法

一是城市首位度、四城市指数和十一城市指数。杰弗逊（Jefferson，1939）最早提出城市首位度，通过分析 51 个国家的城市规模分布情况发现，各个国家的首位城市与其他城市相比普遍具有压倒优势的人口数量。首位城市与第二位城市的人口规模的比率一般在 2 左右，首位度高说明人口过分集中在中心城市，中小城市不发达；反之，中心城市弱，带动能力不强。随后学者们为了弥补首位度计算过于简单的缺陷，改进指标的计算方法，提出四城市指数和十一城市指数，四城市指数 =P1/(P2+P3+P4)，十一城市指数 =P1/(P2+P3+…+P11)，其中 P1 为首位城市的人口数，P2—P11 为第二位至第十一位城市的人口数（叶玉瑶、张虹鸥，2008）。

二是城市人口规模基尼系数。引用加拿大学者马歇尔（Marshall）提出的城市人口规模分布的基尼指数（Giniindex）来研究中国城市规模结构特征（王放，2002）。具体技术路线是：设一个城市体系由 n 个城市组成，各城市人口规模之间有如下关系：P1 ≥ P2 ≥ P3 ≥…≥ Pn。设 S 是这 n 个城市的人口总和或整个城市体系的总人口，T 是城市体系中每两个城市之间人口规模之差的绝对值总和的 2 倍，记作 $T=\sum_i\sum_j|P_i-P_j|$。则反映一个城市体系中人口集中程度的基尼指数为 $G = T/2S(n-1)$。基尼指数取值范围在 0—1 之间。当所有城市人口规模都一样大时，T=0，G=0，这时城市体系中城市人口的规模分布达到了最大的分散程度；当城市体系的总人口都集中于一个城市，而其他城市却无人居住时，T=2S(n-1) 取最大值，G=1。基尼指数可以反映城市体系的城市规模分布状况，如果城市体系中各城市间的人口规模差距较大，则基尼指数值大；反之，基尼指数值小。

从目前研究看，城市群城镇体系研究大多停留在基于计量或统计方法的现象描述层面，缺乏有效的理论解释。今后需加强以下方面研究：城市群城市体系的形成机理分析，以城市经济、区域经济学等学科的基础理论为支撑，全面梳理城市群城市体系变化的影响因素及其变化趋势；不同发展阶段、不同类型的城市群的城镇体系结构变化的特点；结合现阶段我国城市化的国情特点，思考未来我国城市群有效吸纳大规模新增城镇人口的路径。

三、关于城市群内外部经济联系研究

(一) 研究进展

何涛、钱智 (2010) 对我国城市之间经济联系的研究阶段进行了划分。从最初的定性研究到定量模型的大量运用，城市间的经济联系正被越来越多的学者关注和研究，我国学者对城市之间经济联系的研究可以划分为 3 个阶段：一是 1990 年以前，自 20 世纪 80 年代起，我国学者开始对城市之间的经济联系进行研究。这一时期的研究在对象上以单个城市为主，主要探讨一个城市与周边城市之间的横向经济联系。在研究方法上，多采用定性的文字描述，或利用统计数据进行简单分析，缺乏定量分析的方法和模型。这一时期可被视为城市间经济联系研究的起步阶段；二是 1991—2000 年，得益于我国城市化进程的加快和城市群的兴起，这一时期对城市间经济联系的研究开始增多，论文数量显著增长，研究的对象也逐步由对单个城市对外联系的描述拓展到研究区域内城市之间的相互联系。在研究方法上，不再是单纯的定性描述，一些学者开始引入数学模型和计量方法。这一时期可称为城市间经济联系研究的初步发展阶段；三是 2001 年至今，进入 21 世纪以来，随着城市网络化程度的进一步提高，对城市间经济联系的研究变得更为活跃。在研究对象上，多集中在城市群发育地区，如长江三角洲、珠江三角洲、山东半岛、京津冀、中原城市群等地区，对发育欠成熟的城市群的研究相对较少。研究方法上也出现了更多的数学模型和分析方法，这一时期可称为城市间经济联系研究的成熟阶段。

城市群发展到一定阶段后，在一个城市群内部形成了大、中、小不同规模层次的城市，构成了各自独立而又紧密联系的城市群，不同规模、层次、结构与功能的城市通过交通网络、商品网络、技术网络、资金网络、人才网络以及信息网络等密切联系在一起，将集中集聚和分散集聚的优点相互结合，充分体现空间集聚的优越性 (赵峥，2012 年)。通过对城市群内外部经济联系进行研究，特别是通过数学模型或者城市之间的各类要素流动进行定量研究，可以对城市群中不同城市联系强度进行量化，从而可以形象地识别城市的空间结构 (周一星、胡智勇，2002 年；朱英明，2002 年；冷炳荣等，2011 年)。

不同城市间的物质、信息、能量交流是维系城市群活力的基础，其内部城市间经济联系的紧密型是城市群一个最突出的特征 (潘中艺，2011)。在对城市间经济联系进行研究的时候，通过区位商的计算，可以明确不同城市的专业功能，同时有学者将不同城市的专业化分工应用到城市网络分析之中（侯赟慧等，2009；王燕军等，2011）。一般而言，专业化程度决定了城市间的双边贸易量，专业化程度越高，贸易量就越大。

通过对城市群内外部经济联系进行研究，可以明确城市之间的联系强度和主要的联系方向，如有历史数据的支撑，通过对一定时期城市间联系强度和联系方向变动进行系统研究，可以为探索城市群的发展方向奠定基础（张文尝、金凤君，1994；李少星等，2010年）。有学者认为"地域分工—区际贸易—空间集聚—地域分工"的闭合循环是城市空间格局演变的一般过程，并催生了全球城市体系、多中心城市区域、都市区等新的、复杂的城市空间形态（李少星等，2010年）。

随着我国区域经济的迅速发展，中西部地区的城市群也正在崛起，对这些城市群内部经济联系的研究也将成为研究的焦点。同时交通条件的改善使得距离对城市间经济联系的影响趋于弱化，而科技、创新等因子将会在经济联系模型中变得更为常见。随着全国统一市场一体化水平的提高，不同城市群间的联系也在加强，同时一些世界城市在参与全球经济分工中，与国际上其他世界城市的经济也日趋紧密，但这方面的研究还不够。

（二）经济联系的度量方法

基于引力模型的城市间经济联系。依据距离衰减原理，引力模型已经广泛应用于经济研究分析中，特别是在新经济地理学和区域经济学领域，成为研究空间相互作用的核心工具（陈彦光、刘继生，2002年）。许多学者利用引力模型，对城市之间的联系强度进行了实证研究，得出了有益结论（朱道才等，2011年）。地理学对牛顿力学引力模型的引用，最早源于赖利发表的关于零售关系研究方法的探索，赖利1929年提出的商圈描绘方法被称为零售引力的赖利法则（Reilly's law of retail gravitation），认为一个城市对周围地区的吸引力，与它的规模成正比，与它们之间的距离成反比（Reilly，1953）。随着地理学计量与理论革命及区域科学的迅速发展，引力模型被广泛应用于"距离衰减效益"和"空间相互作用"的经验研究当中。20世纪90年代以来，国内一些学者在区域经济联系的定量研究中，也广泛应用了空间相互作用的引力模型（王德忠、庄仁庆，1996；陈彦光、刘继生，2002；郑良海等，2011年）。其中陈彦光从城市地理系统的广义分形假设出发，推导出引力模型的幂函数形式，使其从一个经验模型上升为理论模型，继而借助人口演化数据，以北京—天津的空间相互作用为实力，对基于城市引力关系的空间作用进行了相关分析和波谱分析，从而提供了城市网络空间相互作用广义引力分析的典型范例。其中，引力模型的计算方法一般如下：

$$R_{ij}=(\sqrt{P_iG_i} \times \sqrt{P_jG_j})/D_{ij}^2$$

其中 R 代表城市间经济联系强度，P 代表城市的人口，G 代表城市的经济总量，D 代表城市间的空间距离。

基于城市流强度的城市间经济联系。城市流是指城市间人流、物流、信息流、资金流、技术流等空间流在城市群内所发生的频繁、双向或多向的流动现象，是城市间相互作用的一种基本形式。城市流强度是指在城市群区域城市间的联系中城市外向功能（集聚与辐射）所产生的影响量。城市流强度的计算公式为F=N·E。其中 F 为城市流强度，N 为城市功能效益，即各城市间单位外向功能量所产生的实际影响，E 为城市外向功能量（卢万合、刘继生，2010年）。城市流强度说明了城市与外界（城市或农村）联系的数量指标。城市流强度的计算要考虑到指标选取的容易性以及代表性，选择城市从业人员作为城市功能量的度量指标，则城市是否具有外向功能量 E，主要取决于其某一部门从业人员人员的区位商（Location quotient）。

基于要素实际流动量的城市间联系研究。基于要素实际流动的城市间联系日益成为研究城市群的主要手段。以人流、物流、信息流等流动要素为重点，通过对商务旅行和交流程度的测度，能够为清晰地反映日益网络化的城市区域内部的功能结构和关系，为深入揭示城市区域内的互动演进过程提供有力支撑。通过分析交通、通勤和远程通讯的流数据，以及对跨界金融和商务服务运行情况的分析，彼得·霍尔及其组织领导的欧洲研究网络利用已经确立的"全球化和世界城市"的技术，反映了欧洲 8 个巨型城市区域的功能结构特征（Hall P.，Pain K. T，2006）。我国也有学者通过计算长江三角洲 16 个城市间高速铁路和长途客车的客运交通流量，分析了长三角主要城市间功能联系强度和联系方向等特征，并对长三角功能多中心的结构进行了分析判断（罗震东等，2011年）。还有学者从不同的角度对城市间的要素联系进行了研究（金凤君、钱志鸿，1998年；朱英明，2003年）。

基于网络的城市间联系研究。在全球化与地方化交织的背景下，世界城市体系已走向网络化研究的新趋势（冷炳荣等，2011 年）。城市网络分析的核心在于从"关系"的角度出发研究城市与城市之间的联系。在城市网络研究领域，任何一个城市都是城市网络中的成员，关系是网络分析理论的基础，成员间的关系类型可以多种多样。网络分析方法为研究城市群网络结构提供了精致的工具，配合使用相应的软件，可以把改善城市群网络结构的过程变得更加直观可控，量化测评效果也更加明显。有关学者结合统计物理中复杂网络分析工具，采用 GIS、Matlab 和数据库等技术手段，构建了城市联系网络，一定程度上突破了传统的等级或位序城市关系研究，并结合中国的情况进行了实证研究，认为我国城市可划分为北方城市区、长江城市区、南部城市区 3 大城市区，形成了"三极多核"的空间格局（冷炳荣等，2011 年）。此外还有地缘经济联系分析、相关系数、相似系数等方法。

以上各方面都从一定程度上反映出城市间经济联系的水平，但每种方法都有各自的特点和不足。基于引力模型的城市间联系计算方法将万有引力模型引入到城市间联系定量研究之中，对于研究相对均质区域空间内的城市具有重要意义。在实际应用中，往往选用城市的 GDP 和城市人口这两个重要指标作为计算城市间联系强度的主要参数，其数据可获得性和计算可行性较强。但在现实世界中，城市分布的区域往往是异质的，山脉、河流、湖泊、海洋、沙漠、戈壁等自然景观会对城市联系产生十分重要的影响，铁路、公路、航空等交通运输线路也会对城市间联系产生重要影响，此外，在中国，受行政管理层级的影响，高行政管理层级的城市会对本辖区内的城市产生重要的影响，上述因素无法通过引力模型表达，也很难增加相关参数进行调整和修正。因此，基于引力模型的城市间联系计算对于交通线路相对均衡分布的平原地区的城市具有现实意义，而对于地形条件比较复杂而且交通路线分布十分不均衡地区的城市并不一定适用。

城市流强度计算方法目前得到较为广泛的应用，通过计算某一城市在某一产业领域的区位熵，然后计算某一城市的城市流强度，这种计算方法能够对一个城市外向功能进行量化表述，从而表征某一城市的对外联系程度高低，而且从计算中所需要的数据来看，基本都是传统统计数据，在数据上具有较强的可获得性，而且计算方法相对简便，具有较强的可操作性。但是城市流强度计算方法只能计算出某一城市外向功能的高低，而不能表述这一城市到底与哪个城市有多强的联系度，即城市流强度计算没有办法表述城市之间联系的方向性。

基于流动空间的城市间联系计算方法主要是通过城市与城市之间的客运

流量、货运流量、信息流量、资金流量等来量化表述城市与城市之间的联系强度，这种基于事实数据的表述最能表达城市与城市之间的实际联系强度和联系方向，在实际应用中，往往是通过城市与城市之间的旅客运输量，包括公路、铁路、航运、航空等，城市与城市之间的货运量，城市之间的长途电话通话时长等表述。但是这种表述方法需要大量的专业数据支撑，数据可获得性差。从已有的研究成果来看，往往都是选择一个较小的区域范围进行计算。

基于网络的城市间联系研究可以通过定量分析，甄别不同城市网络之间联系的密切程度，并可依据计算结果进行聚类分析，对于城市群研究具有较好的理论指导意义。但是，基于网络的城市间联系研究的基本前提仍然是针对相对均质的区域空间，不能考虑自然因素以及交通网络等对城市间联系的影响。

（三）我国城市群内部经济联系研究

国内关于城市群内部经济联系实证的研究十分广泛，重点针对沿海发达地区的京津冀（马燕坤，2011）、长三角（张旭亮、宁越敏，2011）、珠三角（张建营、毛艳华，2010）、山东半岛（郑国、赵群毅，2004）等城市群开展，中部武汉都市圈（刘承良等，2007年），中原城市群（余沛，2011）和西部的成渝城市群（陈子曦，2011）、广西北部湾（隋博文，2011）等城市群的研究也在深化。采取的分析方法各异，最新的社会网络分析方法也正在开展（王燕军等，2011）。除了传统的地理学分析方法外，孟克强，陆铭采用经济学方法对我国三大都市圈的辐射范围和差异进行了模型分析，发现对于长三角和珠三角都市圈，到大港口的距离和城市人均 GDP 之间的确呈现出"中心—外围"理论所预期的"∽型"，其中珠三角都市圈出现明显的次中心；而长三角都市圈却显示出更强的相对集聚力和略显更大的辐射范围（孟克强、陆铭，2011）。关于不同城市群间的对比研究也开始出现，但并不多。卢和生采用城市流强度分析方法，对我国十大城市群的经济联系进行了对比研究（卢万合、刘继生，2010）。叶磊和欧向军对我国 15 个主要城市群城市流强度与结构进行分析，从城市流视角探讨我国城市群对外服务功能空间分布特征及其增长情况（叶磊、欧向军，2012）。

目前针对不同城市群内部经济联系的实证研究总体开展，研究方法根据数据的可获得性进行了不同的尝试，并正在尝试利用国外比较先进的社会网络分析、信息流等方法，但限于数据的可获得性，还难以普遍开展。对于不同城市群联系强度的对比主要采用比较容易获得数据的城市群强度分析方法，对于分析不同城市群城市经济联系的强度提供了一定的参考。

（四）我国城市群间经济联系研究

此外，还有学者围绕我国主要的城市群，对城市群群际之间的经济联系进行了研究。邓春玉（2009）选取 2007 年城市市区固定资产投资、职工工资、实际利用外资总额和年末金融机构存款余额，二三产业从业人员和地区生产总值、信息化用户率、物流量等指标，运用修正后的城市引力模型和地缘经济关系测算指标体系，对珠三角与全国 20 个城市群之间的空间经济联系和地缘经济关系进行了匹配分析。张擎利用欧式距离计算方法，设计了地缘经济关系的测度体系，进而对天津和全国 30 个省市自治区的地缘经济关系进行了定量测度和类型判别（张擎、魏津瑜，2009）。张炜熙、胡玉莹（2010）利用产业经济学中的赫芬达尔指数来衡量城市群内物流产业核心城市的辐射作用，并对长三角与京津冀城市群之间的区域经济联系进行了分析。

相对于城市群内部各城市间经济联系的研究，城市群间经济联系的研究比较少。城市群与城市群之间的群际联系，主要体现在不同城市群核心城市之间的经济联系上，其分析方法与对城市群内部各城市之间经济联系的分析方法基本一样，只不过城市群群际之间的联系空间范围更大而已。城市群之间的经济联系研究，为探索城市群的未来发展方向提供了有益的参考。

四、关于城市群生产生活生态空间结构优化研究

（一）城市群土地利用结构变化研究

王涛等采用土地利用变化度量、集中化分析、多样化分析、土地数量结构组合类型和区位意义分析等定性与定量相结合的方法，对京津冀地区的土地利用结构变化进行了分析，研究结果表明耕地转化成林地和城镇村及工矿建设用地是京津冀地区土地利用变化的主要趋势（王涛、吕昌河，2010 年）。胡乔等（2011）利等利用土地利用转移矩阵和景观破碎化指数、景观多样化指数采用典型样带对京津冀地区 1990 年、2000 年土地利用数据进行了土地利用 / 覆被变化（LUCC）和景观格局变化（LPC）的定量及定性分析，定量地确定社会经济、农业生产条件和交通是京津冀地区 LUCC 和 LPC 的主要驱动因子。

王毅杰、俞慎（2013）以我国三大沿海城市群（环渤海湾、长江三角洲、

珠江三角洲）滨海湿地为研究对象，分别选取围海造地（直接因子）和流域污染物（营养盐、非点源无机污染物）输入（间接因子）表征1990—2000年间滨海湿地的陆源人类活动影响强度，研究表明，在过去30多年里，三大城市群是我国城市化进程最快的区域，但是，滨海自然湿地向农业用地（主要是养殖水面）的转化是主要的土地流转模式（>50%的土地利用变化面积），尤其以环渤海城市群区域最为明显。非建设用地（滨海自然湿地和农业用地）转化为建设用地的强度则以珠三角最大（43.9%），环渤海和长三角区域差异不大（31.2%和33.6%），珠三角城市群城市化进程对滨海湿地资源的影响强度最强烈。

曾毅（2008）对1996—2006年长株潭城市群土地利用变化的研究表明，长株潭城市群居民点、工矿用地、交通用地和林地等地类面积的增加主要是通过开发未利用地和占用耕地、园地、牧草地来进行平衡。各市、县各类用地的变化情况基本表现为居民点及工矿用地增加，耕地减少，二者为区域土地利用变化的主要地类。居民点及工矿用地和耕地、林地等变化幅度居前几位，而水利设施用地和牧草地变化幅度均靠后。游细斌（2004年）研究了长株潭城市群2000—2002年城市土地演变过程，研究结果表明，城市工业活动是长株潭城市群发展的主导因素，它在宏观上决定了城市建设用地的扩张速度，在微观上决定了城市建设用地的结构形态：在扩展距离上，工业用地向外伸展，并首先带动居住用地和仓储用地等基本空间用地，然后促进交通、道路广场等技术支撑用地向外扩张。虽然城市规划、城市管理对长株潭城市群的城市建设用地进行不断调整和完善，使之不断增加负墒，这主要表现在城市建设用地结构不断调整（基本空间用地比例不断减少，技术支撑空间比例不断增加，绿地比例也不断增加），但这种负墒的增加量不能与目前城市群因工业化而使得城市群发展无序度的增加量相抗衡。

通过研究城市群土地利用变化可以定量分析城市群生产生活生态空间结构，但是除了对京津冀、长株潭、长三角、珠三角等四个特定城市群的土地利用结构变化的研究外，对其他城市群土地利用结构变化的研究还比较少，这也使得总结我国处于不同发展阶段的城市群的土地利用结构变化的一般性规律比较困难。

（二）城市群空间冲突研究

伴随着快速的城市化过程，城市群的空间冲突作用强度总体呈现上升的趋势。彭佳捷等在利用遥感与GIS技术分析长株潭城市群近年来空间格局变化的基础上，量化影响区域生态安全的空间外部压力值、生态风险暴露值、生态风险效应值 3 个因子，构建基于生态安全的空间冲突测度模型，对长株潭城市群的空间冲突水平进行评估。研究结果表明，1993—2008 年长株潭城市群严重失控级别空间冲突的区域面积比例增幅最大。不同空间类型的空间冲突强度不同，林地、耕地的空间冲突水平相对较低，建设用地的空间冲突水平较高，城乡过渡地带是空间格局变化最为频繁、空间冲突最为激烈的区域，其次是城市内部，农村地区的空间冲突强度远远低于城市（彭佳捷等，2012 年）。谢正磊等的研究结果也表明，如果按照目前的建设用地和绿色空间的发展态势，北京市绿色空间在未来的 20 年内将大幅度下降，不利于北京市建设宜居城市的目的（谢正磊、许学工，2007 年）。

关于空间冲突的研究相比土地利用结构变化研究而言能够更为直观地体现生产生活生态空间变动的相互影响，其分析结果能够细化到具体的局部区域，比从宏观上分析土地利用结构更为微观具体，但由于需要大尺度的遥感和 GIS 技术使得这种空间分析受到了一定的限制。

（三）城市群生态空间布局研究

郭荣朝、苗长虹（2007）利用生态学原理深入分析了城市群生态空间结构与经济社会发展之间的互利共生和协同进化机制，对全球尺度、国家尺度、省级尺度和地区尺度等不同层次上的城市群进行实证分析，研究结果表明"廊道组团网络化模式"是城市群空间结构演化的必然趋势，"廊道组团网络化模式"下形成的城市群生态空间结构可以进一步提高区域生态环境容量。随后，郭荣朝等进一步分析了中原城市群建设过程中生态空间结构紊乱原因、空间结构演变趋势，提出中原城市群在生态空间结构优化上应因地制宜，构建完善高效的"斑块—廊道—基质"城市群生态网络系统（郭荣朝等，2010 年）。

绿色基础设施（GI）是将土地开发与生态保护结合起来、以网络结构高效解决生态保护问题的城市和城市群精明保护策略，并且通过评价生态保护优先级确保生态保护规划有计划、分阶段地实施。朱澍在对城镇发展概念规划和绿色基础设施的理论、方法、实践总结的基础上，对广佛地区城镇发展概念规划和绿色基础设施的规划建设案例进行分析，最后提出了以绿色基础设施主导的广佛地区城镇发展概念规划的研究思路及方法（朱澍，2011 年）。付喜娥、吴人韦（2009）等总结了马里兰州绿色基础设施评价体系，认为该体系强调绿色基础设施内网络中心与连接廊道的确定、评价等级、发展危险因子分析与保护恢复自然土地的指导作用。刘娟娟等（2012）在比较马里兰与西雅图绿色基础设施建设模式的基础上，认为马里兰模式针对尚未城市化的土地资源提供了先保护后开发的理念，对于中国城市新区建设意义重大。而西雅图模式为生态环境高度人工化的城市建成区提供了一套可操作的方法。这为已经基本建成的城市，朝着宜居和可持续方向发展提供了另一视角。

城市群生态空间的布局是关系城市群可持续发展的重要问题。从对绿色基础设施的研究上看，国外已经熟练运用绿色基础设施的相关理论和策略对大都市圈、都市延绵区和城市进行系统的生态空间规划，相比国外而言，广东省的绿道体系规划也体现了绿色基础设施建设的思想，但是从城市群层面提出新的理念规划绿色基础设施和生态空间建设的相关研究和实践还是很少的。

（四）城市群生态系统服务价值研究

方创琳（2010）等采用熵技术支持下的 AHP 模型和模糊隶属度函数模型建立了城市群空间扩展的生态状况诊断模型，利用 1997—2006 年武汉城市群 9 市土地利用数据、社会经济和环境变化数据，系统分析了武汉城市群空间扩展的生态环境质量变化状况。研究结果表明，1997—2006 年武汉城市群生态状况诊断的综合评价指数呈先下降后上升的变化趋势，说明伴随城镇用地扩张和土地利用转化，城市群生态环境质量先降后升；除仙桃市外，城市群内其余各市生态状况诊断的综合评价指数均缓慢下降。

马振玲等（2012）采用 Logistic 回归分析法，以长株潭城市群核心区域为研究区域，结合由遥感与 GIS 方法得到的地形与社会空间数据，在 7 个空间尺度上构建建设用地、耕地、林地变化的驱动力模型，探讨土地利用/覆盖变化的尺度效应，并在最佳模拟尺度上定性定量分析区域土地利用/覆盖变化的驱动机制。结果表明：不同尺度模型的拟合优度差异明显，呈现波动变化趋势；当模拟尺度为 180m×180m 时，建设用地、耕地和林地的拟合优度均达到最高。对建设用地变化有重要影响的解释变量是到主要道路的距离、到市区环线的距离、到各级政府的距离；对耕地变化有重要影响的解释变量是高程、到市区环线的距离；对林地变化有重要影响的解释变量是到主要道路的距离、到各级政府的距离、到市区环线的距离。

徐昔保等（2012）结合遥感定量反演与经济评价法，利用 1995 年 1km 的 AVHRR-NDVI、2000 年和 2007 年 250mMODIS-NDVI 等遥感数据，模拟与评估长三角 1995—2007 年生态资产时空变化。结果表明：长三角 1995—2007 年生态资产总量呈持续下降趋势，由 1995 年 891.39 亿元减少到 2007 年 845.54 亿元，减少 5.14%；各地市生态资产总量总体呈下降趋势，但区域变化差异极其显著；长三角 1995—2007 年生态资产空间分布呈南高北低格局，空间变化呈南部和北部以轻度增长为主、中部以中度和严重退化为主的变化特征；土地利用变化是导致长三角生态资产减少及空间差异的主导因素。

叶长盛、董玉祥（2010）以珠江三角洲 1990、2000 和 2006 年的遥感解译数据为基础，研究珠三角土地利用变化对生态系统服务价值的影响以及生态服务价值与土地利用结构的关系。研究结果表明，1990—2006 年珠三角耕地和林地大量减少，建设用地和水域快速增长，其他地类有所增加。耕地主要流向建设用地、水域和林地，建设用地的扩张主要来自耕地、林地和水域，由于水域生态价值系数相对较高，水域的增加抵消了由耕地、林地减少造成的生态服务总价值的下降，使得区域生态服务总价值略有减少。研究区内单位生态服务价值差异明显且逐渐扩大；单位生态服务价值与建设用地、林地、耕地所占比重明显相关，建设用地快速扩张，林地和耕地减少是导致生态服务价值减少的主要原因。

关于城市群生态系统服务价值的研究是对城市群土地利用结构变动研究的延续，生态系统服务价值和生态资产的变动实际上就是土地利用结构变动的经济价值的体现。伴随着城市群的发展，城市建成区面积的扩大，城市群生态系统服务价值必然呈降低趋势，因此这类的研究更加偏重计算的过程，参数的设定，但从指导具体城市群生产生活生态空间的优化调整上意义并不大。

五、关于城市群治理研究

（一）城市群治理的概念

在各种关于治理的定义中，全球治理委员会的定义具有很大的代表性和权威性。该委员会于 1995 年发表了一份题为《我们的全球伙伴关系》的研究报告，对治理做出了如下界定：治理是各种公共的或私人的个人和机构管理其共同事务的诸多方式的总和，它是使相互冲突的或不同的利益得以调和并且采取联合行动的持续过程。这既包括迫使人服从的正式制度和规则，也包括各种人们同意或以为符合其利益的非正式的制度安排。它有四个特征：治理不是一整套规则，也不是一种活动，而是一个过程；治理过程的基础不是控制，而是协调;治理既涉及公共部门,也包括私人部门;治理不是一种正式的制度,而是持续的互动(俞可平,2004)。

关于城市群治理,张京祥(2000)等认为城市与区域治理是一种地域空间治理的概念,它是将经济、社会、生态等可持续发展,资本、土地、劳动力、技术、信息、知识等生产要素综合包容在内的整体地域治理概念,既涉及中央元,又涉及地区元,也涉及非政府组织元等多组织元的权利协调。刘君德(2003)认为大都市区的治理是一个政府权利变化的政治过程,是一个集权与分权、公众参与管理、视窗化等政府体制和机制运作的变化过程,其目的是追求最佳的城市——区域管理和控制。黄王丽(2003)认为大都市区治理,就是发现和采用一种机制,建立一种整合的政府或专门的机构和委员会,运用和动员社会及非政府组织的力量,在充分尊重并鼓励公众参与下,进行的一种解决大都市宏观与微观区域问题的政治过程。陶希东(2007)认为区域治理是在当今全球化、信息化、市场化的背景下,利用"治理"思想有效解决跨行政边界冲突和相关城市区域问题的一种新思路和综合机制。孙兵(2007)等认为区域治理是内生于一个区域的正式或非正式的制度安排,通过这些制度安排,区域主体可实现区域内部的集体行动,包括设定区域的目标和规则,做出区域公共决策,组织并协调区域的集体活动等。踪家峰(2008)认为广义的区域治理包括诸如欧盟治理这样跨国家的治理问题,亦包括一国之内地方政府如省与省之间的责权利问题,也包括大都市区域的治理问题。

概念清晰是理论体系建立的基础,由于关于"治理"及"城市群"概念尚存在许多争议的地方,研究城市群治理必须在对其概念界定清楚的前提下,才能对其相关问题进行讨论,目前急需在对"治理"与"城市群"概念基本界定的基础上对城市群治理概念进行界定。

(二)城市群治理的有关理论

政府合并论(单中心体制)。都市区的治理结构主要通过市县合并或兼并等方式来完成(踪家峰,2008)。朱英明认为大都市政府是指大都市地区政府的结构或机构的安排,其主要特征包括:一是政治合法性,由其政治代表直接选举获得;二是从高级政府到地方当局的自治;三是范围广大的司法权;四是"恰当的"地域覆盖,基本上由功能城市地区组成(朱英明,2001)。反对政府合并论的学者认为:(1)大多数公共服务似乎都极少具有规模经济;(2)完全合并不同政府单位的努力并没有取得成功;(3)市民似乎更喜欢对当地事务多一些控制；（4）大都市区中不同社区的居民具有各自明显不同的利益；（5）单一政府不能满足大都市区不同社区和邻里的不同偏好（张紧跟，2005）。

　　公共选择理论（多中心体制）。公共选择观点认为大都市存在众多分割的政府是有效率的，多中心体制下许多不同的地方政府存在且管辖区彼此重叠，将可透过相互竞争以最有效率、最有效能、最有响应性地满足不同公民的需求。公共选择观点主张通过政府之间的联盟、公私伙伴关系、主体之间签订合约等方式来处理大都市治理问题。多中心体制的有效性需要有一定的条件，包括不同政府单位与不同公共物品的效应相一致，能够采取互利的共同行动等。多中心体制能够存在的可能性并不妨碍单中心政治体制存在的可能性（迈克尔·麦金尼斯，2000）。西方多年的实践证明，在都市经济圈内是实行单中心体制好还是多中心体制好，并未有明确的结论。但一般认为，在多中心体制下可以有不同规模的组织提供最好的公共商品生产和消费的组合以及各种公共服务，更能满足公众的需求（刘君德，1996；朱磊2006）。

　　新区域主义理论。"新区域主义"以提高竞争力为目标，重视区域性组织的制度建设，通过多元主体参与、自下而上的区域性组织的建立联合共同解决区域内各种社会经济问题，强调全面协调发展观。与合并观点不同，新区域主义主张采取区域治理的各种形式，包括正式的或非正式的形式，不仅仅限于政府之间的合并或如公共选择观点主张的分割化政府的观点。新区域主义将目标从区域发展的效率转到效率、公平、环境等关系的权衡上。参与区域治理的主体力量来源于大都市区不同层次政府间、地方政府间、地方公民团体间或各地方政府与公民团体间形成的社会网络，它们组建成区域治理的协作性或合作性组织，采取多种形式来解决公共问题。新区域主义是传统合并主义观点与公共选择观点相互对话下的产物，认为在解决都市区问题时竞争与合作两种体制应兼顾运用，才能有效达成治理都市区的效果（张紧跟，2005；踪家峰，2008）。

　　区域公共管理理论。包括对区域公共管理的主体、区域公共产品及其供给、政府间关系、区域治理模式等内容（陈瑞莲，2006；孙兵，2007）。陈瑞莲认为国内层面的区域管理公共主体包括中央政府、地方政府和非政府组织。孙兵分别对区域政府、区域治理的参与者（政府、企业、非营利组织、居民）、区域治理的权威性、区域治理的运行和区域治理的模式进行了比较全面的研究。在政府间关系问题上，"伙伴关系"一词越来越突现出重要而深刻的引导意义。府际治理机制就是"命令机制"、"利益机制"与"协商机制"三者的并存与整合（刘祖云，2007）。

目前对城市群治理的理论研究散见于不同学科领域,主要还是概念、理论的介绍和引进,并带有明显的西方话语权。城市群治理的理论涉及到政治学、经济学、地理学、城市学、管理学等众多领域,各种学科从不同的视角研究城市群治理中面临的问题,如何融合不同学科的优势,对城市群治理建立系统的理论框架,是城市群治理研究面临的重大任务。

(三) 国外城市群治理的模式

一是单一政府体制。指在都市圈内具有唯一的决策中心,美国在20世纪早期就开始强调地方政府合并,尤其是中心城市与县政府合并,建立高度集权的综合性大都市政府。但是,虽然历史上不时有合并方案提出,但实际上真正合并成功的只是少数。许多学者就大伦敦、华盛顿、墨尔本的管理体制进行了详细的论述(黄王丽,2003;罗振东,2007;刘君德,1996)。

二是双层政府体制。指在大都市区范围内有一个上层的政府管理体制,它与其下的自治市共同进行大都市区的管理,如加拿大大多伦多、大温哥华、美国迈阿密等是典型代表(黄王丽,2003;罗振东,2007)。

三是城市政府联合组织。一般指具有一定行政职能的城市联合组织。在西方国家"地方自治"传统以及"民主自由"的文化背景下,普遍建立统一的大都市区政府具有一定难度。在此背景下,广泛形成了大都市区内各城市在横向合作基础上自愿联合、获得联邦政府和州政府支持、具有特殊协调功能的半官方的城市市政联合组织——地方政府协会或城市共同体。如美国纽约规划委员会、南加州政府协会等等(陶希东,2007)。

四是城市增长联盟。指一定数量的城市在"合作共赢、互惠互利"的原则下,以产业链、技术、信息等无形载体或具体空间地域等有形载体作为合作依托,自由自愿结成以共同增长发展为目标的联盟组织,一般比较松散,职能单一且相互独立。如法国的城市共同体(刘君德,1996;易千枫,2007)。

五是特殊功能区。大都市区内的地方政府之间为了某种行政管理服务的需要,设立独立的管理机构,使之成为一个特别区。特别区以美国最为突出,直接受州政府的领导,在其辖区内行使某种单一职能,例如供排水、防洪灌溉、流域保护、消防、文化教育、医疗保健、交通运输、环境保护、公共住在管理、区域空港管理等,以实现对区域性公共设施和公共服务的专门管理(张京祥,2007;陶希东,2007)。

国外城市群治理模式的形成与发展经历了一个相当长的发展过程,目前也仍在继续探索和实施，它是在特定的国情与政体环境中逐步形成和发展的，每种模式的形成都有其特有的前提条件和发展背景，在借鉴和应用中要充分考虑我国城市群治理中的特点和问题，以及我国社会经济政治的特点，不能生搬硬套，简单地模仿。

（四）我国城市群的治理模式

一是成立区域协调管理委员会。许多学者提出在我国，中央政府必须设立一个负责区域管理的综合性权威机构。该机构应由国家发政委、经贸委、财政部、中国人民银行等有关部门领导和区域经济专家组成，具有区域经济协调、区域政策、规划编制、审查和监督等职能。同时，还要赋予这一权威性机构与其职能相匹配的权力和资源，进而理顺其与国家立法机构、国务院以及其他相关职能部门的关系（陈剩勇，2004；陈瑞莲，2006；陶希东，2007）。

二是建立实质性城市群管理机构。主要职能是组织协调实施跨行政区的重大基础设施建设、重大战略资源开发、生态环境保护以及跨区生产要素的流动等问题；统一规划符合本区域长远发展的经济发展规划和产业结构；制定统一的市场竞争规则和政策措施，并负责监督执行情况等（刘君德，1996；陈瑞莲，2006）。

三是建立城市政府联合组织。建立城市政府联合组织——"跨省都市圈地方政府协会"、城市联盟等政府联合组织，促进城市间实现资源的高效配置和形成规模经济，进而使每个城市实力都得到提升；相互分担开发成本，促进企业有效地利用周边城市的基础设施和公共产品（陶希东，2007；易千枫，2007；于立，2007）。

四是非政府的协调组织。各级政府应积极推进体制改革，打破阻碍民间组织发展的制度障碍，为民间组织发展创造良好的制度环境，鼓励建立各类跨地区的民间组织，以民间的力量自上而下地推进区域政府合作，如区域专家咨询委员会、行业协会、跨地区股份制区域性集团公司等等（陈瑞莲，2006；刘君德，1996）。

五是多层级管理模式。建立两级双层管理体制组合而成三级管理系统，第一层是进行大范围的区域性协调（多个大都市区联合的层面），第二层是提供地区范围的多种服务（大都市区层面，如目前的整个地级区域），第三层是地方政府提供的所有其他服务（市/县、镇层面）（张京祥，2008）。

我国的城市群正处在迅速发展的阶段，面临的区域公共问题十分复杂，每个城市群发展条件各异，正在探索实施各具特色的治理模式，如何结合我国目前城市群治理的特点及未来发展趋势，研究和探索不同类型城市群的治理模式，需要从理论和实践上进行深入研究。

参考文献：

安虎森主编：《区域经济学通论》，经济科学出版社 2004 年版。

陈彦光、刘继生：《基于引力模型的城市空间互相关和功率谱分析》，《地理研究》2002 年第 6 期。

陈群元、宋玉祥：《城市群生态环境的特征与协调管理模式》，《城市问题》2011 年第 2 期。

陈剩勇：《区域间政府合作——区域经济一体化的路径选择》，《政治学研究》2004 年第 1 期。

陈子曦、万代君：《"成渝经济区"区域经济联系实证研究——基于城市经济联系视角》，《经济问题》2011 年第 3 期。

邓春玉：《城市群际空间经济联系与地缘经济关系匹配分析——以珠三角建设全国重要经济中心为例》，《城市发展研究》2009 年第 8 期。

范剑勇：《产业积聚与地区间劳动生产率差异》，《经济研究》2006 年第 11 期。

方创琳、蔺雪芹：《武汉城市群空间扩展的生态状况诊断》，《长江流域资源与环境》2010 年第 10 期。

方创琳：《中国城市群形成发育的新问题与对策建议》，《规划创新：2010 中国城市规划年会论文集》2010 年。

傅丽华、谢炳庚、张晔等：《长株潭城市群核心区土地利用生态风险评价》，《自然灾害学报》2011 年第 2 期。

付喜娥、吴人韦：《绿色基础设施评价 (GIA) 方法介绍——以美国马里兰州为例》，《中国园林》2009 年 9 月。

顾朝林：《城市群研究进展与展望》，《地理研究》2011 年第 5 期。

顾朝林：《经济全球化与全国城市发展》，商务印书馆 1999 年版。

郭荣朝、苗长虹：《城市群生态空间结构研究》，《经济地理》2007 年第 1 期。

郭荣朝等：《城市群生态空间结构优化组合模式及对策——以中原城市群为例》，《地理科学进展》2010 年第 3 期。

何剑等：《长株潭城市群等级规模结构分形特征研究》，《西南农业大学学报（社会科学版）》2004 年第 2 期。

何涛、钱智：《我国城市间经济联系的研究进展》，《上海师范大学学报（自然科学版）》2010 年 12 月。

侯赟慧等:《长三角区域经济一体化进程的社会网络分析》,《中国软科学》2009 年第 12 期。

胡乔利等:《京津冀地区土地利用／覆被与景观格局变化及驱动力分析》,《中国生态农业学报》2011 年第 5 期。

黄王丽:《国外大都市区治理模式》,东南大学出版社 2003 年版。

江曼琦等:《中国城市规模分布演进的实证研究及对城市发展方针的反思》,《上海经济研究》2006 年第 6 期。

蒋志学:《城市群实施可持续发展战略应注意的若干问题》,《环境保护》1999 年第 11 期。

金凤君、钱志鸿:《内地——香港间客运联系研究》,《地理科学进展》1998 年第 2 期。

冷炳荣等:《中国城市经济网络结构空间特征及其复杂性分析》,《地理学报》2011 年第 2 期。

李国平、杨洋:《分工演进与城市群形成的机理研究》,《商业研究》2009 年第 3 期。

李金滟、宋德勇:《新经济地理视角中的城市集聚理论述评》,《经济学动态》2008 年第 11 期。

李少星等:《全球化背景下地域分工演进对城市化空间格局的影响机理》,《地理科学进展》2010 年第 8 期。

李映东:《城市群发展中的空间边缘效应》(华中师范大学硕士学位论文),2009 年。

刘承良等:《武汉都市圈经济联系的空间结构》,《地理研究》2007 年第 1 期。

刘娟娟等:《构建城市的生命支撑系统——西雅图城市绿色基础设施案例研究》,《中国园林》2012 年刊。

刘君德:《中国行政区划的理论和实践》,华东师范大学出版社 1996 年版。

刘君德:《国外大都市区治理模式》,东南大学出版社 2003 年版。

刘庆、陈利根、舒帮荣等:《长株潭城市群土地生态安全动态评价研究》,《长江流域资源与环境》2010 年第 10 期。

刘祖云:《政府间关系:合作博弈与府际治理》,《学海》2007 年第 1 期。

卢万合、刘继生:《中国十大城市群城市流强度的比较分析》,《统计与信息论坛》2010 年第 2 期。

罗震东等:《基于客运交通流的长江三角洲功能多中心结构研究》,《城市规划学刊》2011 年第 2 期。

罗震东:《中国都市区发展:从分权化到多中心治理》,中国建筑工业出版社 2007 年版。

马燕坤:《京津冀地区城市经济联系实证研究》,《发展研究》2011 年第 5 期。

马振玲等:《长株潭城市群核心区域土地利用／覆盖变化驱动机制定量研究》,《测绘通报》2012 年第 10 期。

宁越敏:《关于城市群研究的几个问题》,《城市规划学刊》2012 年第 1 期。

孟克强、陆铭:《中国的三大都市圈:辐射范围及差异》,《南方经济》2011 年第 2 期。

潘中艺:《基于分工的辽宁沿海经济带城市间经济联系研究》,《经济纵横》2011 年第 11 期。

彭佳捷等:《基于生态安全的快速城市化地区空间冲突测度——以长株潭城市群为例》,《自然资源学报》2012 年第 9 期。

盛科荣等:《城市规模分布的影响因素——基于跨国截面数据的经验研究》,《经济地理》2013 年第 1 期。

史育龙、周一星:《戈特曼关于大都市带的学术思想评介》,《经济地理》1996 年第 9 期。

史育龙、周一星:《国外城市规划关于大都市带"都市连绵区"研究的论争及近今进展述评》,《国外城市规划》1997 年第 2 期。

宋家泰、崔功豪、张同海:《城市总体规划》,商务印书馆 1995 年版。

隋博文:《广西北部湾经济区城市群物流经济联系发展模式研究》,《物流工程与管理》2011 年第 3 期。

孙兵:《区域协调组织与区域治理》,上海人民出版社 2007 年版。

孙久文、叶裕民:《区域经济学教程》,中国人民大学出版社 2003 年版。

汤放华等:《基于分形理论的长株潭城市群等级规模结构研究及对策》,《人文地理》2008 年第 5 期。

陶希东:《转型期中国跨省市都市圈区域治理——以"行政区经济"为视角》,上海社会科学院出版社 2007 年版。

王德忠、庄仁兴:《区域经济联系定量分析初探——以上海与苏锡常地区经济联系为例》,《地理科学》1996 年第 1 期。

王放:《中国城市规模结构的省际差异及未来的发展》,《人口研究》2002 年第 3 期。

王缉慈:《增长极概念、理论及战略研究》,《经济科学》1989 年第 3 期。

王建:《美日区域经济模式的启示与中国"都市圈"发展战略的构想》,《战略与管理》1997 年 2 月刊。

王树功、周永章、麦志勤、金辉:《城市群(圈)生态环境保护战略规划框架研究——以珠江三角洲大城市群为例》,《中国人口·资源与环境》2003 年第 4 期。

王涛、吕昌河:《京津冀地区土地利用变化的数量结构分析》,《山西大学学报(自然科学版)》2010 年第 3 期。

王欣、吴殿廷、王红强:《城市间经济联系的定量计算》,《城市发展研究》2006 年第 3 期。

王毅杰、俞慎:《三大沿海城市群滨海湿地的陆源人类活动影响模式》,《生态学报》2013 年第 3 期。

王燕军等:《关中—天水经济区协调发展进程的社会网络分析》,《地域研究与开发》

2011 年第 6 期。

魏后凯：《区域开发理论研究》，《地域研究与开发》1988 年第 1 期。

魏后凯：《现代区域经济学》，经济管理出版社 2011 年版。

肖金成、袁朱：《中国十大城市群》，经济科学出版社 2009 年版。

谢守红、宁越敏：《中国大城市发展和都市区的形成》，《城市问题》2005 年第 1 期。

谢正磊、许学工：《基于非线性理论的绿色空间和建设用地竞争关系研究——以北京市为例》，《水土保持研究》2007 年第 6 期。

许计平：《基于空间适宜性分析的滇西城市群空间发展模式研究》（兰州大学硕士学位论文），2011 年。

徐昔保等：《长三角地区 1995—2007 年生态资产时空变化》，《生态学报》2012 年第 24 期。

徐颂、胡新艳：《珠江三角洲产业结构调整与生态环境关系》，《环境保护》1998 年第 7 期。

薛凤旋、蔡建明：《中国三大都会经济区的演变及其发展战略》，《地理研究》2003 年第 5 期。

姚士谋、刘可文、沈莎莎、范宇：《新世纪大城市边缘地区发展的新理念——以长三角地区土地资源保护问题为例》，《人文地理》2011 年第 4 期。

姚士谋等：《中国城市群》，中国科学技术出版社 1992 年版。

叶长盛、董玉祥：《珠江三角洲土地利用变化对生态系统服务价值的影响》，《热带地理》2010 年第 6 期。

叶磊、欧向军：《我国主要城市群的城市流动态比较》，《城市发展研究》2012 年第 7 期。

叶玉瑶、叶长盛、董玉祥：《珠江三角洲土地利用变化对生态系统服务价值的影响》，《热带地理》2010 年第 6 期。

易千枫等：《全球城市区域及其发展策略》，《国际城市规划》2007 年第 5 期。

游细斌：《长株潭城市群城市建设用地规模与结构优化研究》（湖南师范大学硕士学位论文），2004 年。

于洪俊、宁越敏：《城市地理概论》，安徽科学技术出版社 1983 年版。

于立：《城市连绵区的协调与治理机制——城市联盟的现状与对策》，《国际城市规划》2007 年第 6 期。

俞可平主编：《治理与善治》，社会科学文献出版社 2004 年版。

余沛：《中原城市群空间联系研究》（西南交通大学博士论文），2011 年。

曾坤生：《佩鲁增长极理论及其发展研究》，《广西社会科学》1994 年第 2 期。

曾毅：《基于景观生态学的长株潭城市群区域土地利用结构变化特征研究》，《国土资源导刊》2008 年第 5 期。

张虹鸥:《城市规模分布模型的应用——以珠江三角洲城市群为例》,《人文地理》2008年第3期。

张建营、毛艳华:《珠三角城市群经济空间联系实证分析》,《城市问题》2012年第10期。

张紧跟:《当代美国大都市区治理:实践与启示》,《现代城市研究》2005年第9期。

张京祥等:《管治及城市与区域管治——一种新制度性规划理念》,《城市规划》2000年第6期。

张京祥等:《长江三角洲多中心城市区域与多层次治理》,《国际城市规划》2008年第1期。

张京祥:《城市群体空间组合》,东南大学出版社2000年版。

张擎、魏津瑜:《天津与各省地缘经济关系测度分析》,《天津理工大学学报》2009年第4期。

张伟:《都市圈的概念、特征及其规划探讨》,《城市规划》2003年第6期。

张炜熙、胡玉莹:《长三角与京津冀城市群物流产业发展比较及与区域经济关联分析》,《现代财经(天津财经大学学报)》2010年第6期。

张文尝、金凤君:《空间运输联系的分布与交流规律研究》,《地理学报》1994年第6期。

张旭亮、宁越敏:《长三角城市群城市经济联系及国际化空间发展战略》,《经济地理》2011年第3期。

张艳、刘亮:《经济集聚与经济增长——基于中国城市数据的实证分析》,《世界经济文汇》2007年第1期。

赵春艳:《关于城市群等级规模结构问题的研究》,《经济问题》2007年第6期。

赵勇:《区域一体化视角下的城市群形成机理研究》(西北大学博士学位论文),2009年。

赵峥:《对我国空间城市化发展模式的思考》,《城市》2012年第1期。

邹军、陈小卉:《城镇体系空间规划再认识——以江苏为例》,《城市规划》2001年第1期。

甄峰等:《城市治理、区划调整与空间整合——以常州市区为例》,《地理研究》2007年第1期。

郑国、赵群毅:《山东半岛城市群主要经济联系方向研究》,《地域研究与开发》2004年第5期。

郑良海等:《基于引力模型的关中城市间联系测度分析》,《人文地理》2011年第2期。

周国华、彭佳捷:《空间冲突的演变特征及影响效应——以长株潭城市群为例》,《地理科学进展》2012年第6期。

周一星、胡智勇:《从航空运输看中国城市体系的空间网络结构》,《地理研究》2002年第3期。

朱道才等：《基于引力模型的安徽城市空间格局研究》，《地理科学》2011年第5期。

朱磊：《都市经济圈管理体制初步探讨——兼论"市带县"体制的改革创新》，《浙江经济》2006年第14期。

朱英明：《国外大都市区管理的实践及其借鉴》，《世界地理研究》2001年第3期。

朱英明：《沪宁杭城市密集区城市流研究》，《城市规划汇刊》2002年第1期。

朱英明：《中国城市密集区航空运输联系研究》，《人文地理》2003年第5期。

朱澍：《基于绿色基础设施的广佛地区城镇发展概念规划初步研究》（华南理工大学硕士论文），2011年。

踪家峰：《城市与区域治理》，经济科学出版社2008年版。

彼得·霍尔、考蒂·佩因：《从大都市到多中心都市》，《国际城市规划》2008年第1期。

克拉克森·米勒：《产业组织理论、证据和公共政策》，三联书店1989年版。

克里斯塔勒：《德国南部中心地原理》，常正文、王兴中等译，商务印书馆1998年版。

勒施：《经济空间秩序：经济财货和地理间的关系》，王守礼译，北京商务印书馆1995年版。

迈克尔·麦金尼斯编：《多中心体制与地方公共经济》，上海三联书店2000年版。

藤田昌久、保罗·克鲁格曼、安东尼·J·维纳布尔斯：《空间经济学：城市、区域与国际贸易》，中国人民大学出版社2005年版。

李廉水、RogerR，Stough（美）等：《都市圈发展——理论演化·国际经验·中国特色》，科学出版社2006年版。

世界银行：《2009年世界发展报告：重塑世界经济地理》，清华大学出版社2009年版。

Arthur O'Sullivan, *Urban Economics*（*Forth Edition*）, McGraw-Hill Higher Education, 2002.

Auerbach, F., *Das Gesetz der Bevolkerungskoncentration*, Petermanns Geographische Mitteilungen, 1913, p.59.

Black D.B., Henderson J. V., *A theory of urban growth, Journal of Political Economy*, 1999, p.107.

David F. Batten, *Net work Cities: Creative Urban Agglomerations for the 21st Century, Urban Studies*, Vol.1, No.32, 1995.

Davis, K., *Word Urbanization:1950—1970, In Bourne L.S. and Simmons J.W.(eds) System of cities*, New York: Oxford University Press, 1978.

Dobkins L., Ioannides Y., *Dynamic evolution of the U.S. city size distribution, Economics of Cities*, Cambridge University Press, 2000.

Eaton J., Eckstein Z., *Cities and growth: Theory and evidence from France and Japan, Regional and Urban Economics*, No.27, 1997.

Friedman J Miller, *Regional Development Planning:a Reader*, Cambridge:MIT Press, 1964.

Gabaix, X., *Zipf 's Law for Cities: An Explanation*, *Quarterly Journal of Economics*, No.114, 1999.

Haggett P. *Locational Analysis in Human Geography*, London: Edward Arnold, 1965.

Hall P., Pain K. *The polycentric metropolis: learning from mega-city regions in Europe*, London: Earthscan, 2006.

Henderson, J. Vernon, *The sizes and type of cites*, American Economics Review, Vol.64, No.4, 1974.

Henderson, J. Vernon, *Urban development: Theory, Fact and Illusion*, Oxford University Press, New York, 1988.

Jefferson M., *The law of the primate city, Geographical Review* , Vol.29, No.4, 1939.

John B.P., *Growth-Pole Strategies in Regional Economic Planning: A Retrospective View, Part1. Origins and Advocacy*, Urban Studies, Vol.36, No.7, 1999.

Reilly W J. *The law of Retail Gravity (second edition)*, New York: Pillsbury Publishers, 1953.

Sharma S., *Persistence and stability in city growth*, Journal of Urban Economics, No.53, 2003.

Singer, H.W., *The 'courbe des population' : a parallel to Pareto' s law*, *Economic Journal*, No.46, 1936.

Yoav H. Defining U.S. Megaregions, *America 2050*. http:// www.america 2050.org/, 2009—11—03.

Zipf, G.K., *Human Behaviour and the principle of Least Effort*, Addison-Wesley Reading MA, 1949.

美国东北部巨型区域发展
对我国城市群发展的启示

2007 年美国区域规划协会发布了《东北部巨型区域 2050——共同的未来》[①]，报告中对美国东北部巨型区域（Megaregions）发展面临的问题与挑战，未来发展展望进行了论述。了解美国对巨型区域的研究，有助于为我国城市群发展研究提供参考。

一、美国东北部巨型区域概况

美国东北部区域是美国最具代表性的巨型区域，它由一系列联系紧密的大都市区构成，形成了一种相互依赖的自然景观，它是北美乃至全球人口和经济规模最大的城市密集区域。几个世纪以来，世界各地的人口不断向这个区域迁移，强大的经济和文化基础支撑了这一区域人口的持续增长，产生了巨大的全球影响力。东北部区域从大西洋沿岸的卡罗莱纳、弗吉尼亚到纽约、缅因州，绵延大约 700 多公里，由波士顿，纽约、费城、巴尔的摩、华盛顿五个大都市区 (Metro Areas) 组成。该区域以美国 2% 的国土面积（约 16 万平方公里），18% 的人口（约 5200 万人）产出了 20% 的 GDP（约 3 万亿美元）总量，区域单位面积产出的 GDP 是美国平均水平的 10 倍多，其中波士顿，纽约、费城、巴尔的摩、华盛顿五个大都市区的人口占据了东北部区域的 85%。东北部区域是美国北部对外交往的门户，城市十分密集，内部交通网络高度发达，高校与科研力量全球顶尖，是全球最具竞争力的城市群之一。

[①] 本报告根据美国区域规划协会（Regional Plan Association）2007年11月出版的《Northeast Megaregion 2050 A Common Future》翻译整理。

二、美国东北部区域发展面临的挑战

尽管东北部区域具有十分突出的优势条件，但这些优势并不能保证该区域的永久繁荣，其发展中同样面临各种问题，如果不加以重视，势必会影响到该区域的可持续发展，如经济增长缓慢，以知识为基础的部门地位下降，房价上升等等，具体分析如下。

（一）经济发展

——分工水平。美国东北部巨型区域在信息、金融、商务服务、教育与健康等领域具有突出的比较优势。然而近几年来，该区域在信息、金融等领域的相对优势地位下降，其它部门的处境也不算乐观。根据区位商分析，东北部区域信息、金融活动、商务服务业、教育和医疗服务及其它服务部门的区位商大于 1，这些领域在全美处于较有利地位。但与 1990 年和 1997 年相比，信息和金融活动这两个关键部门的地位均处于下降状态，教育与健康和商务业有类似情况，如附图 2-1 所示。

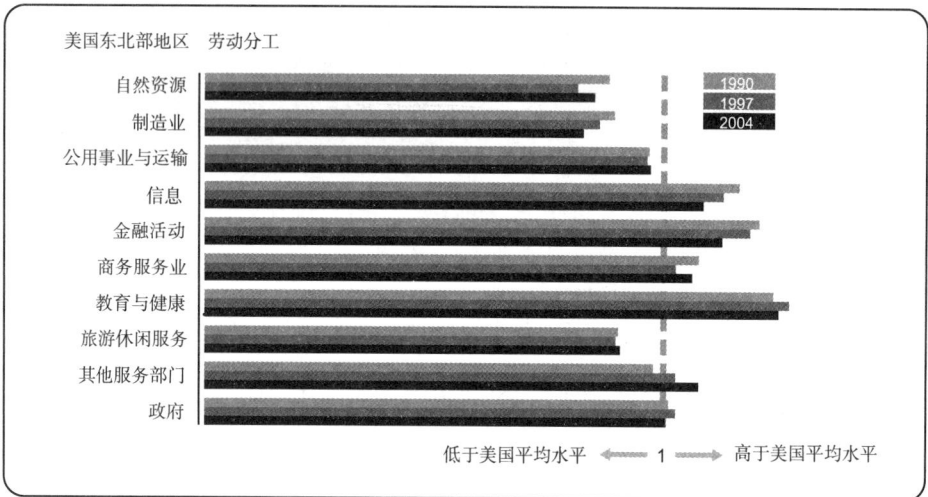

附图 2-1　1990—2004 年专业化部门变化

——贫困问题。美国东北部区域的贫困问题主要集中在城市地区（urban areas），尤其是中等规模的城市和大城市。该区域的总体贫困率虽然低于美国平均水平，但是五大都市区的贫困率均高于全国平均水平，如附图 2-2 所示。进入 21 世纪以来，该区域的居民收入差距越来越大，超过了美国的平均水平。主要原因是大量的移民和非裔美国人主要集中在制造业和一般服务业部门，这些行业的就业人员往往是低薪且缺乏福利，而近几十年来就业增长的主导行业已经发生变化，主要是医疗保健、信息技术等行业，这些行业对教育和专业技能的要求较高，新移民人口往往难以进入。

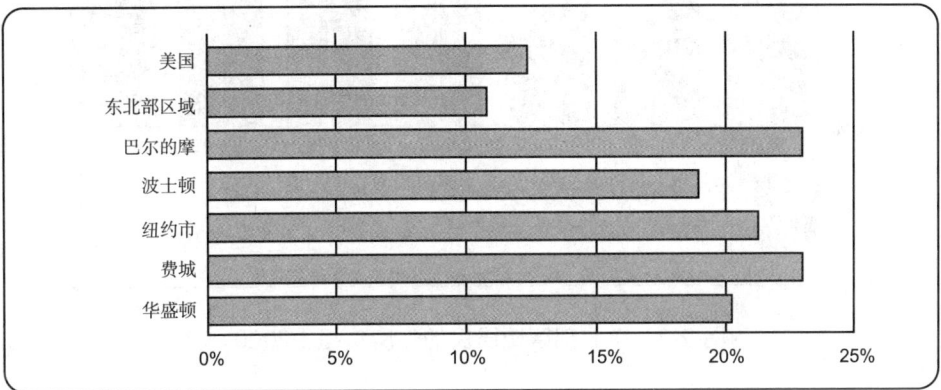

附图 2-2　东北部区域的贫困状况（2000 年）

——房价问题。美国东北部区域的 5 个主要城市已进入到后工业社会，信息、金融、商务服务、教育与卫生等领域的发展为受过良好教育的劳动力带来丰厚的报酬，带动了对当地住房的需求。但由于当地住房供不应求，造成房价上涨很快。高房价不仅限制了该区域的公司吸引高素质劳动者的能力，还可能引起在当地的年轻劳动力外流。其中，纽约的房价上涨给人们带来的负担最大，如附图 2-3 所示。由于房价上涨，许多中低收入家庭不得不从城市迁移到比较偏远的郊区，以减少生活开支。房价上涨带来收入分布的两极化，高收入和低收入家庭增加，中产阶级的数量下降。

——教育差距。美国东北部区域内高校密集，人才辈出，八所常春藤院校都分布在该区域，但区域内教育的两级分化现象十分严重，从附图 2-4 区域内 25 岁以上人口受教育程度的数据看，东北部区域高中以下学历比重低于全国，而研究生及以上学历高于全美，说明区域整体上的教育水平比全美国平均水平高。但从 5 个大都市区看，这 5 个都市区中高中以下学历的人口比重均高于全美水平，而华盛顿、纽约和波士顿 3 个都市区的研究生以上学历的人口比重则高于全美水平。

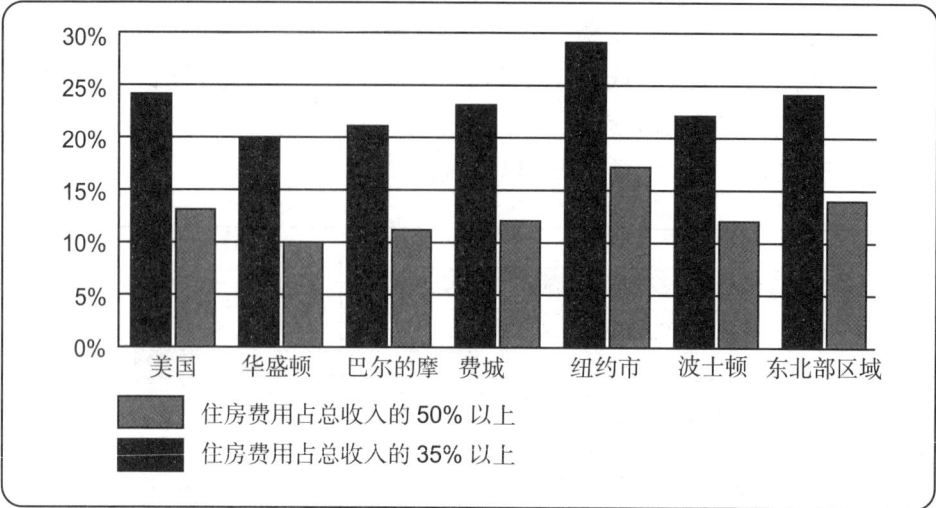

附图 2-3　东北部区域居民的住房负担（2000 年）

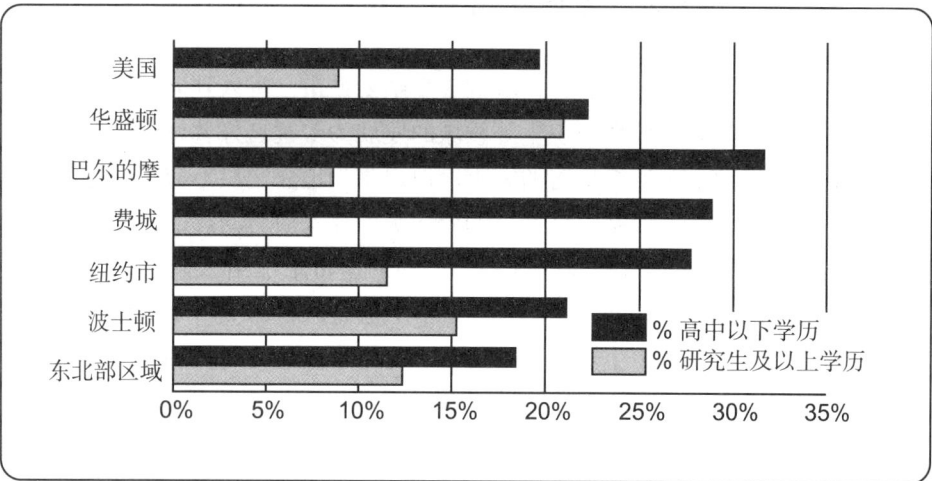

附图 2-4　东北部区域教育状况（2000 年）

（二）交通建设

完善的基础设施是支撑东北部区域经济发展的重要基础。在该区域内，公路系统几乎连接了城市的每一寸土地，在美国没有别的区域可与之相比。但是仅仅保持现有的交通容量已经不能满足该区域的发展需要，交通拥堵问题十分突出，五个大都市区的拥堵问题一年比一年严重。为了解决交通拥堵问题，还需要扩大现有容量，并对已有路网进行维修和更新。而与公路、铁路相比，该区域的航空运输则负担过重。由于乘机费用比较低廉，且城市之间的短距离班次很多，人们经常选择乘坐飞机。但是飞机容量较小，频繁的班次在某种程度上也加剧了交通拥堵。轨道交通在大批量运输上十分具有优势，但由于缺少资金和长远发展战略眼光，该区域的轨道交通发展相对于经济发展来说十分缓慢。

（三）环境与土地利用

区域森林、草地、海滩、河流、湖泊等都是非常重要的自然资源，它们是整个区域的自然净化器，为区域内提供清洁的水，清新的空气，改善人们的生活。但是，这种自然净化系统正随着城市的发展在慢慢瓦解。伴随城市化进程，城市不断蔓延，农业用地和森林被转换为道路、停车场和房屋，增加了大量不透水面积，高速公路的激增也对自然栖息地带来损害。在区域人口不断增加的同时，水、空气和土地的污染状况不断加剧。而温室效应则以飓风、热浪等更严酷的天气现象表现在人们面前。

（四）政府治理

与经济发展、交通建设相比，该区域的治理步伐较为迟缓。随着美国南部和西部的发展，该区域的政治影响力在联邦层面上有所下降。为了发展经济，各地政府不得不追求税收收入的最大化，因此政府同样倾向于把农业用地转为城市用地，进行城市的开发与发展。另外，该区域也缺少一个强有力的机构，来解决区域发展中面临的交通、温室效应等公共问题。但近年来，地方政府间的合作也在开展，如签订了区域温室气体倡议等合作协议。

三、美国东北部区域未来发展展望

美国东北部区域未来的发展要通过采取主动行动，加强区域内不同城市间的合作，来共同应对未来区域发展面临的挑战，在交通基础设施建设、土地利用、生态空间保护等方面加强协调，提高区域的整体竞争力和当地居民的生活质量。

（一）实现精明增长

东北部区域的几个州已经形成了一些形式的精明增长或增长管理方案，旨在促进更紧凑的土地利用和公共交通为导向的发展。这些州大多系统运用激励机制，促进改进地方和区域规划，鼓励以更紧凑的形式来促进资源利用，每个州长承诺加强已有方案的实施，保证激励和调整政策到位，以共同实现区域的管控目标。精明增长强调集约利用城市土地，用足城市存量空间，减少盲目扩张；加强对现有社区的重建，重新开发废弃、污染工业用地，节约基础设施和公共服务成本；促进城市建设相对集中，实施用地混合，鼓励乘坐公共交通工具或步行；保护开放空间和创造舒适的环境，实现经济、社会和环境的协调发展。

（二）创新型经济发展

东北部区域是世界级研究型大学、教学医院和创投最大的集中地。未来应充分利用该区域高校、企业和风险投资众多的优势，实现创新的网络化发展。各州应加强协作，建立区域范围内大学、企业家和风险投资共同组成的创新网络，吸引和留住来自世界各地的最佳人才，并推动将新技术转让给公司和企业家。地方领导者已经聪明地认识到"教育机构和医院"对他们地区经济发展的贡献，所以他们尽自己最大的努力来帮助这些机构发展，通过支持这些教育机构和医院的发展，帮助受到大学及其学生们影响的社区的发展。

（三）增强流动性

为了保障区域内人流和物流的便利运输，必须加强区域内交通基础设施的建设。该区域货物运输主要靠公路，预计到 2020 年，公路货物运输约占该区域货物运输总量的 70%，这会继续加剧交通堵塞的问题。为了提高效率，节约能源，应更多地加强公路、轨道交通和铁路建设，以分流航空负担的交通量。从长远来看，东北部各州应共同努力，建设区内高效畅通的高速铁路走廊，提升区域竞争力，并帮助实现温室气体减排目标。还要注重改善支线服务，帮助老工业城市及过境车站周边地区的发展。另外，也要重视区域内港口的建设。

（四）保护自然环境

绿色基础设施被定义为"战略规划和保护本地绿地的管理网络"，投资绿色基础设施可以产生巨大的效益。开放空间包括国家公园、城市绿道、供人们户外休闲的空地以及游玩、锻炼和不同于城市环境的空间，在这些空间里，人们在更加健康和有效率的同时也更愿意居住和工作在这样的空间里。同时，绿色基础设施行动中的自然系统对整个巨型区域具有令人难以置信的复杂的过滤器功能，比任何人造系统提供的水和空气更加清洁。要提高区域内居民的生活质量，必须加大力度保护自然环境，减少温室气体排放，降低碳足迹。

（五）加强政府合作

与处于加利福尼亚州这样一个行政区内的南加州巨型区域相比，东北部巨型区域城市间合作的难度比较大。东北部巨型区域含有 12 个独立的州，政治的碎片化使得协调不同地区间的任务非常重。另一方面，东北区域还有 24 名参议员，如果能够达成共识，将会成为重要的政治力量。在巨型区域内加强政府之间的合作十分必要，合作给该区域带来的好处将远远大于每个地区独立发展带来的好处。政府之间应建立更加紧密的联系和更加有效的机制，以协商解决区域之间面临的共同问题，促进区域发展。

四、美国东北部巨型区域发展对我国城市群发展的启示

虽然我国城市群发展的阶段与美国东北部巨型区域不同，但其发展趋势、存在问题及未来展望可以为我国城市群未来发展趋势提供参考，尤其在环境保护、资源利用、流动性等方面更要借鉴其经验教训，做出应有的努力。

（一）关注城市群发展的可持续性

城市群是一国经济实力的代表，也是人口和经济活动密集分布的区域，其能否健康持续发展不仅关系到一个区域，也关系到一国经济发展的状况，以及在世界经济活动中的竞争力。即使像美国东北部巨型区域这样世界上最发达的经济区域，也不能凭借其现有优势而保障其永久繁荣下去，其在发展过程中也面临着这样那样的问题。随着我国城镇化进程的不断推进，我国城市群区域集聚的人口和经济活动越来越多，也带来了相应的区域性问题，如核心城市的服务功能还不突出，对周边区域的辐射带动作用不强；城市间合理分工与合作，受政绩考核和财税体制制约难以形成；以知识为基础的增长部门对区域的贡献还较小；区域生态环境愈加恶劣，资源利用低效浪费；区域基础设施建设缺乏

统筹，人口迅速集聚对城市公共服务供给带来挑战；特大城市交通拥堵、房价高、污染严重、教育不公、公共安全等问题突出；城市间合作治理机制不健全，实质性合作难以开展等等，这些问题如不加以重视和解决，势必影响城市群的持续健康发展。

（二）关注增强区内外要素的流动性

城市群作为人口产业高度聚集的一种空间形态，区域内部要素的充分流动是取得城市群规模经济效应的必要条件。美国东北部区域完善的交通运输网络为区域经济发展提供了良好的条件。但随着人口的不断增加，区域交通拥堵问题也同样存在，同时不同交通运输方式之间的配合也需要进一步加强。从我国城市群发展状况看，交通条件对城市之间要素流动也同样发挥着重要的作用，如长三角、京津冀、珠三角等城市群高铁的开通极大地促进了城市间的人员交流，发达的高速网络体系为群内货物交流创造了条件。因此，继续围绕不同城市群发展的阶段特征，根据人口和产业空间布局的特点，合理规划区域交通网络，协调各种运输方式之间的关系，有助于促进城市群内部各类要素的充分流动，提升城市群的规模效应。同时我国城市群发展与美国不同，除了城市间硬件基础设施外，还要进一步完善市场机制，破除行政壁垒，促进人员、资金、技术、信息等各类要素在区域内自由流动。

（三）关注资源合理开发和环境保护

城市群是城镇化高度发达的地区，区域内部生产生活生态空间关系变动剧烈，冲突矛盾十分突出，对各类自然资源的开发利用时刻威胁着生态环境。美国东北部区域尽管已经进入后工业化时期，但水、空气和土地污染等环境问题以及温室效应造成的飓风、热浪等问题仍然存在。该区域已经建立了共同保护的合作协议，通过采取共同投资绿色基础设施，区域温室气体倡议等措施正在对区域环境保护作出努力。对我国城市群而言，资源合理利用和环境保护的任务十分严峻。一方面要继续加强每个城市自身在资源合理利用和环境保护方面的工作，有效执行国家相关规定，另一方面，城市群内部不同城市间要建立共同应对生态环境保护的有效机制，切实保障区域生态环境，为居民提供良好的生活和工作环境。

（四）关注城市间政府的合作与治理

与我国相比，美国市场经济发达，要素流动受行政体制束缚的程度少，但尽管如此，城市群中不同城市政府也有追求税收收入最大化的竞争，农业用地转为城市用地的需要也同样强烈。同时美国东北部区域政治碎片化现象十分严重，因此在对于协调整个区域面临的公共问题时，仍举步维艰，迫切需要能够建立起一个有效的机构或正式的制度来协调不同城市间的关系。我国城市群的发展，一方面要进一步完善政府职能，建设服务型政府，切实为城市居民提供良好的宜居环境；另一方面，针对区域性公共问题的存在，要进一步加强城市政府间的合作，探索不同类型的治理模式，健全城市间合作的机制。同时从中央政府层面，要进一步完善政绩考核制度，加快改革地方财税体制，理顺中央与地方政府间的利益关系。

附三

基于珠三角城市群一体化发展的调研报告
——以广佛肇经济圈为例

为了解我国城市群发展的最新进展情况，宏观经济研究院国土开发与地区经济研究所"我国城市群发展研究"课题组于 2012 年 9 月 21 日至 27 日赴广东省广州市、佛山市和肇庆市，分别与广东省、三市的发改、交通、工信、环保、人社、住建等有关政府部门和暨南大学区域发展研究中心有关专家进行了座谈和研讨，并实地考察了广州市番禺大学城、国际创新园、佛山中德工业园、金融高新技术服务区、肇庆新城和高新技术开发区等代表性园区和企业，重点了解了三市在推进广佛肇经济圈一体化发展过程中采取的措施、取得的成效、积累的经验和出现的问题，以期为我国城市群的培育和发展提出可行的对策和建议。

2008 年，广东省出台的《珠江三角洲地区改革发展规划纲要（2008—2020年）》中提出了"建设广佛肇经济圈，以广佛同城化带动广佛肇一体化发展"的战略构想。这是珠三角城市群选择采取广佛肇、深莞惠、珠中江三足鼎立的多核发展模式的重要举措。2011 年，广佛肇三市联合发布了指导广佛肇经济圈建设的纲领性文件《广佛肇经济圈发展规划（2010 年—2020 年）》，并联手编制了交通运输、产业协作、环境保护、旅游合作和教育培训等 5 个专项规划，开始了广佛肇三市经济社会一体化发展的实质性合作，经过近五年的发展，广佛肇经济圈在经济社会一体化发展中取得了明显成效，但仍存在一系列问题，要解决这些问题，对国家和广东省都提出了更高的要求。

一、广佛肇经济圈经济社会一体化发展取得的成效

调研中我们了解到，自 2009 年以来，广佛肇三市在区域行政协同机制构

建、基础设施互通共融、产业协同发展、污染联防联控、公共服务共建共享等方面开展了一系列的合作和尝试。

（一）区域行政协同机制创新尝试打破城市群一体化发展的制度障碍

为促进《珠江三角洲地区改革发展规划纲要（2008—2020年）》的顺利实施，广东省成立了如附表3-1所示的促进珠三角城市群发展的纵向组织保障体系。在这一体系的推动下，珠三角城市群探索出领导小组成员全体会议、专项工作协调会、经济圈建设交流会三种工作联动模式。广佛肇三市以此为基础，在工作联动机制、规划衔接机制等机制构建上开展了一系列探索和尝试。在工作联动机制建设方面，广佛肇三市建立健全了市长联席会议办公室碰头会、分管市领导工作协调会、市长联席会议三个层面的工作机制。截至2013年9月，广佛肇三市累计召开党政主要领导会议、市长联席会议、工作协调会议共23次。在这一机制推动下，2009年—2012年，广佛肇三市共签署了65项框架协议及专项协议，确定了122项重点项目（含结转项目），其中广佛肇三市共同参与的项目98项，佛肇两市共同参与的项目24项。在规划衔接机制建设方面，广佛两市印发实施了珠三角首个跨地区综合规划——《广佛同城化发展规划（2009—2020年）》，随后广佛肇三市印发实施了《广佛肇经济圈发展规划（2010—2020年）》及相配套的5个规划，并完成了广州南站、金沙洲、芳村—桂城、五沙、花都空港等全部5个广佛重点交界地区的规划整合工作，有力促进了交界地区先行同城化。

附表3-1　珠三角城市群组织保障体系建设现状

组织名称	组织形式	人员组成	运行方式	工作职责
省实施纲要领导小组		省长、常务副省长、副省长、各部门负责人、珠三角九市（代）市长	省领导小组成员全体会议每年至少召开一次	传达中央和省委指示精神；总结实施《纲要》工作情况，研究部署实施《纲要》工作任务。
省实施纲要领导小组办公室	设在省政府办公厅	办公室主任（由省政府秘书长兼任）、副主任等	常设机构	承担日常工作，督促、指导、协调实施纲要各项工作；就各市、各部门提出的事项向有关单位征求意见并报省领导小组组长同意后，确定提交会议协调的议题。

续表

组织名称	组织形式	人员组成	运行方式	工作职责
专项规划专责工作组	珠三角基础设施建设（环保、城乡规划、基本公共服务、产业布局）一体化规划专责工作组及其办公室	分管副省长、省直有关部门负责人、珠三角九市副市长	专项工作协调会，根据工作需要召开，其中协调推进珠三角一体化工作的协调会半年召开一次	负责组织、指导、推进相关规划的实施工作，协调解决规划实施过程中存在的重大问题。珠三角五个一体化规划的省牵头部门也可单独提出需协调解决的事项报省领导小组。
市实施纲要领导小组		市党政主要领导	市领导小组成员全体会议每年至少召开一次	负责本行政区域内实施规划纲要工作的组织领导，统筹协调，监督管理；每年1月底和7月底各市提出推进珠三角一体化需省领导小组协调解决的事项，由所在经济圈牵头市汇总后报省领导小组。
市实施纲要领导小组办公室	设在市政府办公室或市发改部门	办公室主任、副主任等	常设机构	承担领导小组日常工作，根据领导小组要求督促，指导，协调实施规划纲要各项工作。

资料来源：根据与广东省发改委座谈材料整理。

（二）基础设施互通共融为城市群一体化发展奠定外部基础

广佛肇三市在交通基础设施互通共融上主要体现在三个方面：一是完善高快速路及交界地区路网建设。三市共同推进东新高速、广肇高速二期工程、广佛高速公路扩建、海八路快速化改造工程、乐大线改造工程等一批高快速路建成通车，正在推进佛清从高速南段、广明高速、广三高速东延线、广佛肇高速、肇花高速等跨界公路建设，连通对接了环洲二路与白沙路、环洲三路与兴联北路、彩滨南路与沿江东路、沙凤西路与海北大道等多条广佛交界地区断头路。二是促进轨道交通的接驳和建设。依托广州作为国家铁路主枢纽的地位，三市全面推进城市轨道、城际轨道、国铁等多种方式的轨道交通的接驳和建设，2010年正式开通了国内第一条由两市投资共建的全地下城际轨道——广佛地铁。目前贵广（南广）铁路建设进展顺利，广佛环线（佛山西站至广州南站）轨道交通可研报告获铁道部批复，广佛肇城际轨道确定了进入肇庆火车站线路走向。三是充分发挥南沙港对佛山港、肇庆港辐射作用。广州港南沙港区加强了与佛山港、肇庆港的"穿梭巴士"集装箱驳船运输，目前，南沙港区至佛山港、肇庆港的"穿梭巴士"航线达 5 条，每条航线每周往返南沙港区 2 次，2012 年完成集装箱运量 4.7 万标箱。

（三）产业协调发展为城市群一体化发展提供内生动力

在产业协调发展上，三市在共建产业园区、推动产业梯度转移、优化金融业资源配置上开展了一系列探索。

一是三市启动了广佛肇经济合作区建设。在 2012 年召开的广佛肇经济圈第三次市长联席会议决定在肇庆市怀集县共建经济合作区，这也是珠三角地区第一个经济圈内三市共建的产业合作园区。据肇庆市发展和改革局总经济师黄庆麟介绍，2012 年 8 月，广佛肇三市联合成立了合作区筹备工作小组，三市分管副市长任筹备工作小组组长。目前肇庆市已成立了推进合作区建设工作领导小组，专门划拨 5000 万财政资金，用作合作区建设的启动资金。怀集县政府先后成立了广佛肇经济合作区管委会和广佛肇经济合作区投资开发有限公司。广佛两市定期或不定期组织本地企业到合作区考察、交流并进行产业链延伸的洽谈活动，引导本地企业向合作区拓展发展空间，协同合作区开展国内外招商活动，对涉及三方收益的具体事项由三市协商解决，做到合作共建各方权责利清晰，按比例分享合作区收益，形成利益共同体。同时，大力创新合作共建管理机制，按照土地资本、产业资本、金融资本"三资融合"的模式进行开发建设，拓展合作区建设资金来源。

二是推动产业梯度转移。广州市和佛山市积极引导广州造船业、汽车业和佛山的陶瓷、铝材等传统优势产业向肇庆市转移，据肇庆市发展和改革局钟子亮副局长介绍，2012 年肇庆市全市共承接产业转移项目 137 个，计划总投资 368.62 亿元，其中来自广佛地区的项目超过 80 个，计划总投资约占三成，目前在肇庆投资的广佛企业已占肇庆承接珠三角产业转移的七成以上。肇庆市新引进了广东东岳品牌服装研发生产中心（落户四会）、禾惠电子集团有限公司（落户高要）等一批较大项目，以广宁华南再生资源产业基地为基础，组织设立佛山三水（广宁）产业转移工业园。

三是金融一体化取得突破性进展。三市共同促进金融资源优化配置，形成金融前、中、后台协调发展格局。在推动金融机构互设分支机构方面，广州银行佛山分行成为第一家真正意义上的同城化商业银行，随后广州农商行、广州汇丰、东亚、恒生等6家银行在佛山、肇庆设立了异地支行。在商业银行通存通兑方面，目前已有汇丰等19家商业银行免收广佛之间的行内汇兑和存取款手续费，深发、广发等9家股份制银行实现广佛间的跨行通存通兑。在支付结算一体化方面，广州票据交换系统覆盖佛山银行网点，佛山部分银行机构参加了广州银行电子结算中心开办的商业银行票据二次清分服务，成功实现广佛肇企事业单位人民币结算账户异地年检。在推动中小企业信用担保体系合作方面。广州市银达担保等中小企业信用担保机构在佛山、肇庆开设分支机构。在金融服务创新合作方面。三市共同推进广佛肇凭证式国债服务一体化试点工作，初步实现三地凭证式国债购买、兑付及质押服务一体化。

（四）污染联防联控削减了城市群一体化发展产生的负外部性

广佛肇一体化的加速导致三地的环境污染特征发生重要转变，区域性、复合型的环境问题凸显使经济圈内经济社会的持续发展面临新的挑战。在污染联防联控方面，三市以水环境综合治理与大气污染联防联治为突破口，共同打造广佛肇优质生活圈。在水污染联防联控方面，三市共同整治交界河涌，完成市桥河、花地河、汾江河、葵蓬涌、秀水涌等多条广佛交界河涌的综合整治。同时，三市联合加强西江流域水资源保护，就进一步加强西江水质监测预警、跨境断面监测及数据共享达成了共识，目前已初步建立起水环境质量监控和数据共享网络。三市联合打击西江河道非法采砂行为，确保西江河道堤防、航运、渔业生产安全。在大气污染联防联控方面，三市环保部门制定了空气污染综合整治实施方案，以全面实施机动车环保标志为切入点，严格机动车污染管控，联手推进大气挥发性有机物的污染控制。在协同处置固体废弃物方面，广佛两市制定了《广佛同城化建设固体废物联合执法工作方案》，同时联合肇庆市对危险废物产生及处置企业开展执法行动，成功查处一批无证经营、非法转移危险废物的违法行为。

（五）公共服务共建共享突破城市群一体化发展的行政壁垒

在交通服务一体化方面，广佛接壤地区公路客运公交改造完成，37条广佛城巴、快巴连接两市主要客运枢纽，43条广佛公交线路覆盖两市各大出行组团，并计划依托广佛干线通道再新开15条广佛公交线路，进一步提升两市公共交通的衔接服务水平。广佛出租车在客流集中地实现异地上客，18个出租车回程点竖牌开通。广佛肇已实现车辆通行费年票互认，公交卡（含广佛通卡）通过升级"岭南通"实现区域内一卡通行。在社会保险一体化方面，广佛肇之间养老保险和流动就业人员失业保险关系实现无障碍转移，开展了指定医院参保人医疗费用直接结算，广州在佛山认定了9家医保定点医疗机构，在肇庆认定4家；佛山在广州认定30家，在肇庆认定8家；肇庆在广州认定1家，在佛山认定8家。在教育培训方面，从2010年起广佛肇启动重点中等职业学校互招工作，三市每年分别选定2—5家中职学校，拿出100个名额面向其他两市招生。三市教育城域网实现互联互通，教育云计算平台正在建设之中。

二、跨界统筹协调发展仍是城市群健康发展面临的最大难题

（一）行政区经济影响了城市群跨界地区基础设施的共建共享

行政区经济是指当代中国从传统计划经济向现代市场经济转轨过程中，因行政区划对区域经济的行政分割，而产生的一种与区域经济一体化相悖的区域经济分割现象，典型地表现为区域经济一体化与行政区划的冲突。由于发展地方经济过程中对原计划经济政府主导模式的路径依赖，对市场经济的认识有限，横向合作不足而呈现出各行政区对经济区进行分割的"不经济"现象，集中表现为各区域行政壁对要素自由流动的限制，导致要素流动与进入成本偏高，致使区域资源要素不能顺畅流向优势区位城市。在广佛肇经济圈调研过程中我们了解到，广佛交界地区曾因为行政区经济而出现了边界不经济的案例。

案例发生在广佛交界处的金沙洲，这是广佛边界区域之一。始建于十年前的佛山黄岐垃圾中转站，因经常散发恶臭，给居住其附近的广州市民带来生活烦恼。因此广州居民多次投诉要求黄岐垃圾中转站迁址，并建议可以就近利用金沙洲已有的投资近3亿的垃圾收集系统，处理之前由黄岐垃圾中转站中转的生活垃圾。然而，在未经任何听证和公示的情况下，佛山南海市政局表示黄岐垃圾中转站将提升改造并扩容。而同处一岛的号称全球最大规模的真空垃圾收集系统的广州金沙洲真空垃圾收集系统却面临"吃不饱"的困境。而对于此前金沙洲居民提出的共享广州垃圾真空回收系统的建议，广州市城管委有关负责人表示，暂时没有打算与佛山共享垃圾回收系统，因为广州金沙洲垃圾回收

系统主要服务广州金沙洲预计 1 万户的居住人口，而广佛两市没有就这个问题进行过讨论，因此暂时没有合作的打算。最终，佛山市南海区 2010 年投资4293.89 万元对黄岐垃圾中转站进行了改造。

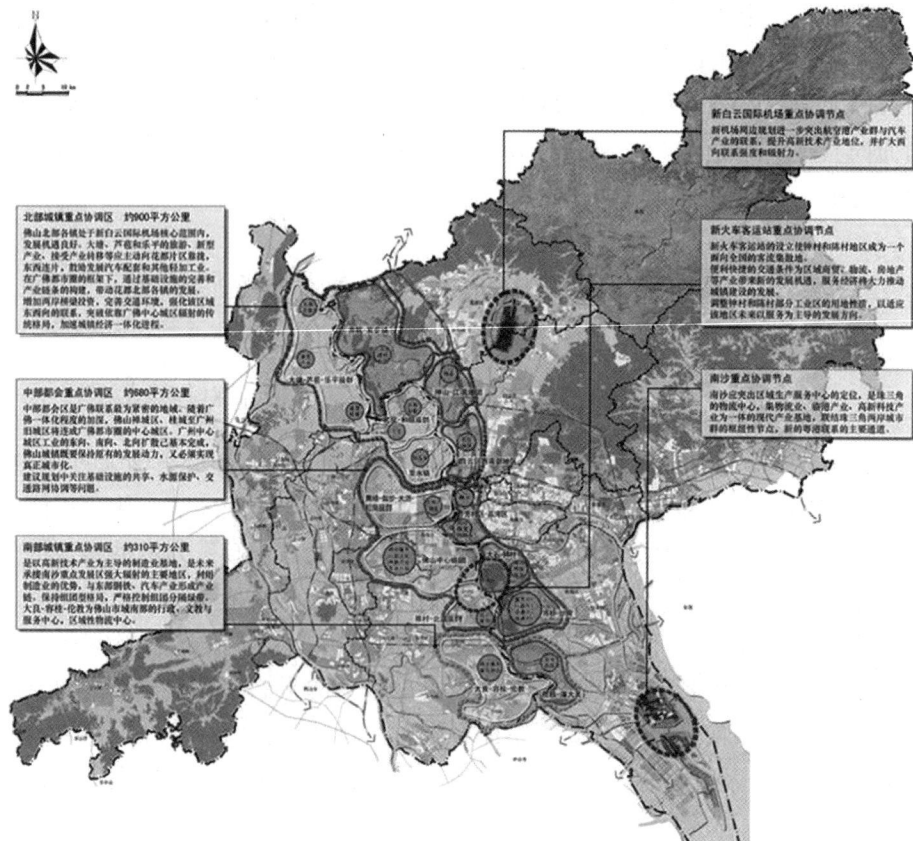

附图 3-1　广佛都市圈协调发展规划

资料来源:《广州 2020:城市总体发展战略》。

　　行政区对经济区进行分割的"不经济"还体现在行政交界地区的规划错位现象。早在 2002 年初，广州市长林树森就已提出广佛都市圈的战略构想，但直到 2006 年以前，广佛两市仍在各自构筑交通道路和轨道交通系统。两市之间仅有广和大桥、广佛公路、海八路、佛平路四条主要联系通道，并设有收费站，限制了城市之间各种要素自由、便捷地流动。即便如此，由于佛山市南海东部地区积极承接广州功能的扩散，出现了大沥镇"广佛黄金商业走廊"等专业市场集聚区，广佛建成区也很快连绵成为一个整体。经济要素的跨界流动已经使得广佛同城得到广泛共识，一体化进程势在必行。但是行政边界如同一堵看不见的墙，地方一级政府很难跳出"边界"的模式化思维。这在 2007 年《广州 2020：城市总体发展战略》中提出的广佛都市圈协调发展规划中可见一斑。该规划提出重点协调广佛间的三个片区及节点，包括新白云机场重点协调节点、新火车客运站重点协调节点及南沙重点协调节点，如附图 3-1 所示。这是一种典型的"边境规划"，反映出地方政府对于同城化还是一种"事务主义"的心态。节点式的规划并不能全面实现广佛同城化的目标，自下而上的推动难以解决区域一体化的困境。[①]

（二）城市间的利益冲突阻碍城市群的正常发育

在广佛肇经济社会一体化的过程中，打破原有行政区域市场、整合市场资源与产业结构、调整公共服务的范围以及向区域协调治理模式的转变，这一系列的政策目标意味着三个行政主体各自管理上的转型。从长远来看，这种转型将突破原有的行政地域界限和资源的发展局限，最终会扩大区域利益。但是在转型过程中，必然要变革传统体制及在该体制下的利益格局，在新的制度体制尚未形成的情况下，城市主体之间、新旧制度之间、新旧利益主体之间必然会产生内在的利益冲突，阻碍一体化的进程。

在广佛肇经济圈调研过程中我们了解到，广佛两市在走向同城化过程中也产生了利益冲突的现象：2009 年 3 月广州市荔湾区公布将在花地河南、北出口及广佛河口、葵蓬河口各建一座水闸以治污，其中广佛闸由于佛山方面担心水闸的建设会影响到排污和泄洪能力而"暂不考虑"。2010 年 5 月广州实施的花地河南北水闸工程，导致佛山市南海区大沥镇的两条排涝河道之一的广佛河被掐断，大沥镇黄岐、盐步、河东、东秀等村都出现严重的内涝现象。面对 2009 年已明确的花地河水闸工程暂时搁置，为何突然又开始建设的质疑，广州荔湾区回应建水闸是为改善水景观迎亚运，而花地河四个水闸属《广州市污水治理和河涌综合整治工作方案》调水补水工程，将在 2010 年 10 月底前完成。从上述现象中可以看到广佛两市政府间因利益诉求的不同而存在冲突。广州政府利益诉求是其河涌治理的目标是否能够实现，且因亚运会的到来而使得这一目标

---

① 徐辰等：《分权化与都市区整合——以广佛都市区为例》，《多元与包容——2012中国城市规划年会论文集(01.城市化与区域规划研究)》，2012年10月。

的实现显得尤为迫切；而佛山方面则认为水闸修建位置将会影响其排污和泄洪能力而要求重新规划。虽然两市对花地河水闸修建进行了论证，但最终广州单方面决定仍在原址修建水闸，导致南海区大沥镇严重内涝，表明当两市政府在一体化过程中产生利益冲突时，一旦有一方有屏蔽抗性时，简单的协同往往显得力不从心。

（三）经济实力悬殊较大导致跨市统筹规划难以同步推进

在广佛肇经济圈里，作为珠三角城市的肇庆，2012 年人均 GDP 仅有 37158 元，城市化率只有 42.62%，不仅远低于广州和佛山的水平，甚至还低于全国平均水平，提速城市化成为与发展工业同等重要的任务。经济发展的巨大差距和经济实力的较大悬殊使得肇庆在与广州和佛山共同推进广佛肇经济圈建设方面往往力不从心，许多措施因为财力不足而难以同步推进。据肇庆市环保局陈局长介绍，广东省要求珠三角 9 市凡是沿江沿河的乡镇都要自筹资金建设污水处理厂，这种"一刀切"的政策对肇庆的欠发达地区非常不利，以 1.2 米直径的排污管计算，一公里的管网就要耗费 500 万至 600 万元，生活污水处理厂的建设为属地原则，对于财政并不宽裕的肇庆市大部分县来说是不小的压力。

经济实力的巨大悬殊也使得广佛肇经济圈的三个城市在一体化这一事件上存在不同的利益诉求和预期目标，广州需要发展高端产业，需要"腾笼换鸟、退二进三"，在经济增速放缓的同时深化结构调整，同时，在调研中我们了解，广州市认为周边 5 市工业污染排放总量是广州市的 2 倍以上，其中东莞市、佛山市顺德区及中山市三角镇是珠三角重要工业集中区，且珠三角的主要火电厂群体位于广州市南部周边地区，其排放的大气污染物会随着高空环流输入到广州市辖区内，对广州市（包括中心城区、南部地区）的高空污染物浓度影响较大，因此迫切希望周边城市能够在落后产能淘汰、污控标准制定上与广州市实现同步，毕竟广佛肇地区是珠三角雾霾污染最严重的地带。佛山则希望在保持目前经济增速的同时做大总量，并深化与广州的错位发展，但是其南海区千灯湖区金融业态近几年来雄心勃勃地由"后台"向"前台"的延伸推进已形成了对广州金融业的竞争。而肇庆市的部分官员则抱怨肇庆环境容量还很大，但是排污总量是要在 2000 年确定的基数的基础上削减，那时肇庆的基数太小，导致现在要发展但却受排污总量指标的限制，为了保护西江，下游的肇庆拒绝了 300 多个亿的高污染行业企业投资，而上游的梧州却厂房林立，但保护的结果却没有任何的补偿，这些言论在体现其强烈的发展意愿的同时，同样体现了希望获得更多污染排放空间的渴求，这就背离了广州市希望周边城市削减污染的愿景。上述问题表明，经济实力悬殊较大很大程度上影响了广佛肇三市在广佛肇经济圈乃至珠三角一体化中的预期目标、愿景和合作的节奏。

（四）区域行政协同机制不完善影响城市群内部合作成效

从目前广佛肇乃至珠三角出台的一系列区域合作方面的文件上看，珠三角目前已形成区域协定规划机制（包括组织保障机制、利益协定机制、规划衔接机制、责任明晰机制）、区域协同运行机制（包括信息共享机制、工作联动机制、应急协同机制、行政解决机制、检查评估机制、法制协同机制）、区域协和关系机制（协同纠偏信息公开机制、特定符号事件宣传机制）等三大区域行政协同机制。而其中某一机制的不完善都会影响到城市群内部合作的效率。以广佛肇经济圈的区域协定规划机制为例。目前广佛肇三市签订的《广佛肇经济圈建设合作框架协议》、《广佛肇经济圈发展规划（2010—2020 年）》实质是各市政府基于合作的需要，在自愿互利，合法共赢的前提下形成的行政协议，它是现阶段珠三角区域合作最为直接，最为广泛的区域协调机制。

但这种行政协议在运行中存在动力不足的情况，主要表现为：一是协议的缔结程序。缔结各种行政协议最主要的平台是各种联席会议，在联席会议上一般要完成缔约主要程序与步骤，这就造成协议各方很难有充分的时间进行必要的磋商沟通和利益平衡，也很难有充分的时间对协议条款进行深入考究和细化；二是协议的效力。我国尚无法律对行政协议的效力问题，尤其是行政协议与地方性法规、地方政府规章以及其他规范性文件的效力冲突问题作明确规定，很多行政协议条文本身甚至没有涉及协议的效力问题。行政协议效力的不确定性在很大程度上影响了协议作用的进一步发挥；三是协议的内容。不论是《广佛肇经济圈建设合作框架协议》、《广佛肇经济圈建设 2009—2010 年度重点工作计划》、还是《广佛肇经济圈发展规划》，都很少对项目合作中各方落实政策如何监督和评价提出约束条款，更不用说出台一套完整的法律法规和建立一个事务管理和监督机构，这些配套机制的缺乏都会导致项目实施过程中的随意性，以至难以达成预期目标，这一点在国内很多城市群和都市圈合作过程中都得到了印证。这也表明，仅仅依靠政府主导下的区域行政协同机制是难以全方位推动城市群的形成的，当政府主导机制失灵时，市场自发主导的产业融合和要素流动对于城市群的形成和发展至关重要。

三、广佛肇经济圈经济社会一体化发展
对我国城市群发展的启示

（一）交通基础设施互通对接是促进城市群内部要素自由流动和功能优化的基本保障

从构建广佛肇经济圈中的重要举措——广佛同城化发展经验上看，交通基础设施的互通对接是打破行政区经济，促进城市群内部要素自由流动和功能优化重构的关键因素。佛山市发改局总经济师李斌告诉我们，由于佛山新一届的两位领导都来自广州，迫切希望推动改变广佛"行政区经济"造成的分割，这直接促成了2006年广佛两市共同编制的《广佛两市道路系统衔接规划》出台。而2007年南海"小三通"使得同城问题更趋白热化，最终在省政府的介入下启动了广佛同城化。2009年初，国务院出台了《珠江三角洲地区改革发展规划纲要》，正式把广佛同城化提升到国家战略层面。《纲要》提出强化广州佛山同城效应，携领珠江三角洲地区打造布局合理、功能完善、联系紧密的城市群。以广州佛山同城化为示范，以交通基础设施一体化为切入点，积极稳妥地构建城市规划统筹协调、基础设施共建共享、产业发展合作共赢、公共事务协作管理的一体化发展格局，提升整体竞争力。

在这样的背景下，2009年广州和佛山两市迅速制定了《广佛同城化建设合作框架协议》及《广佛同城化发展规划》。规划中提出"一核强化，两脊两带携领、多极带动"的空间布局发展模式。随着广佛之间南沙海港、广州新客运站、新白云机场海陆空三大区域性基础设施的建成投入使用，基础设施共享成为广佛合作的战略选择，广佛之间的联系点增加为"三个点，一个面"，并且围绕三大基础设施构筑的高快速路网、地铁轨道交通线网推动广佛两市交通基础设施的全面一体化。基础设施一体化进一步促进广佛两市各种资源要素的自由流动，都市区内部地区之间已出现重新分工，走向更加专业化的道路，进而在整个都市区内部实现体系化。广佛都市区将在"网络化"交通设施的基础上，形成中部广佛发展主轴构成的都会区和外围珠二环构成的产业分布廊的空间结构，形成典型的"核心—边缘"空间一体化发展模式[①]，如附图3-2所示。实践证明，

[①] 徐辰等：《分权化与都市区整合——以广佛都市区为例》，《多元与包容——2012中国城市规划年会论文集(01.城市化与区域规划研究)》2012年10月。

广佛交通基础设施网络的建设为加快广佛同城和城市功能结构优化发挥了重要作用。

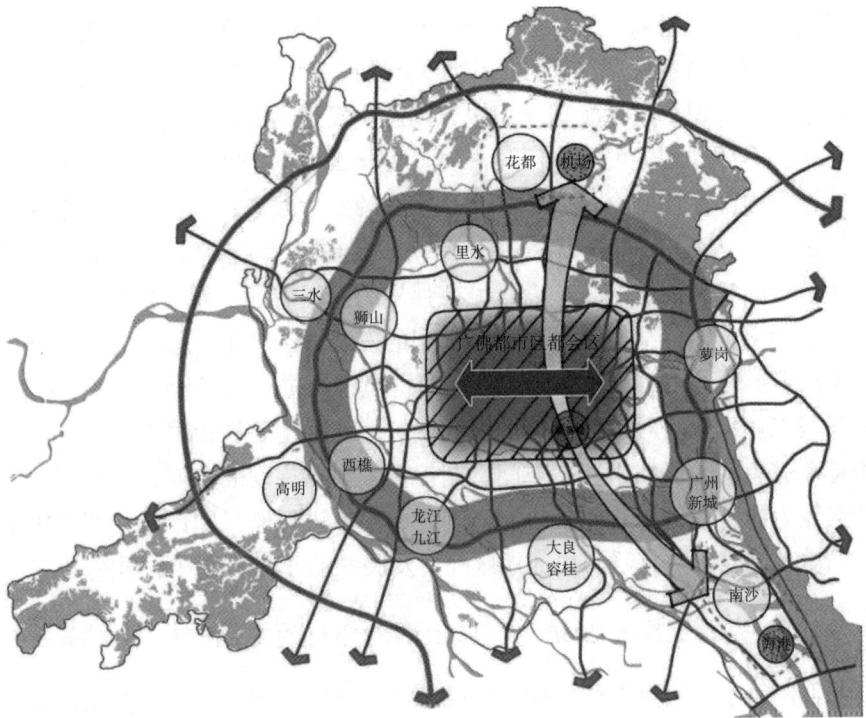

附图 3-2　广佛都市区空间结构图

资料来源：《广佛同城化发展规划（2009—2020 年）》。

（二）生态空间管制是确保城市群协调、持续发展的重要手段

在城市群形成过程中，单个城市的人口和经济活动的向心集聚逐步达到顶点，城市发展超越建成区的地域界线并向周边郊区扩散形成大都市区，大都市区在城市郊区化的过程中范围空间扩大并沿着发展轴紧密相连并形成城市群，在这一过程中城市与城市之间在空间上必然发生冲突，包括生产空间的冲突、生活空间的冲突等，以及生产和生活空间与生态空间的冲突。在城市群层面划定生态控制线是确保城市增长边界得到控制，避免城市无序蔓延发展以致上述空间冲突现象出现的重要措施。生态控制线一经划定，应实行长久性保护，严格限制一般性的开发进入。

在 2011 年 12 月出台的《广佛肇经济圈生态环境保护和建设规划（2010—2020 年）》中，广佛肇三市提出将维护生态安全格局，构建以生态屏障、生态绿核、生态廊道、生态斑块构成的生态安全格局。这对于广佛肇区域形成科学合理的生态空间格局，引导城乡空间紧凑、集中、高效发展，促进城乡可持续发展具有重要的意义。在我国城市群发展的实践中，跨界的生态空间管制已经逐步形成了共识，这从《珠三角绿道网总体规划纲要》和《长株潭城市群生态绿心地区总体规划》的出台可见一斑。为什么生态空间管制如此重要？因为一个城市群内部往往既有像广州、北京这样的发达城市，同时也有像肇庆、廊坊这样的欠发达城市甚至落后地区，经济发展的巨大差距以及 2020 年同步实现小康社会的目标都会引发欠发达城市强烈的发展需求，而当行政区经济、城市间利益冲突长期存在时，后发城市强烈的发展冲动就很有可能对整个城市群的生态环境形成冲击，这就体现出在城市群范围内进行生态管制的重要性，30 年来我国工业化道路对生态环境的高强度破坏和冲击是城市群发展过程中所需要警觉和避免的。但如果生态空间管制仅仅停留在规划的层面，而没有如上所述的强有力的管理机制和监督机制对规划的实施进行监督和评价，那么城市群的共同生态空间仍然有受到局部地区经济发展冲动导致的破坏的风险。

（三）完善组织机制是实现城市群内部行政协同的根本保障

在调研中我们深刻体会到，对区域协定规划机制中的组织保障机制进行完善是弥补现有区域行政协同机制存在的漏洞的关键所在。如在广东省省级政府层面成立珠三角区域协调委员会或者广佛肇经济管理局等机构，其主要职能包括：提出区域经济发展与协调的建议并报请立法机构审批；立足于珠三角或广佛肇整体利益，综合运用经济、行政、法律杠杆进行宏观调控；具体执行经立法程序通过的政策和规划，与地方政府合作协调不同地区利益主体间关系并约束地方政府行为；统一管理专门的区域基金（需要设立）或约束有关部门的区域资源的使用方向；组织实施跨区域重大项目，组织研究重大区域问题；审查和监督区域政府间自主达成的区域合作规则的执行情况等等。

该委员会或管理局应拥有适度的决策权、资源配置权和政策制定权。对内能够有效协调各行政区的政策和资源，实现区域之间的优势互补和联合发展；对外则要提高区域的整体竞争力，其权力来源于省政府与地方政府的让渡，这一机构职能较目前存在的省实施纲要领导小组和办公室的职能而言更为完善，也更具有执行力。同时，广佛肇三市还应组建区域性的非政府组织如行业协会，以及其他区域性社会中介组织，使之成为区域经济、社会一体化整合的工具，这是区域经济一体化的制度和组织创新的一个重要突破口。通过广佛肇地区间行业协会的相互联合，加快信息、资金、人才等在整个经济圈内的自由流动，促进整个地区行业内产权的合理流动和重组，最终推动产业的纵向一体化和横向一体化的发展。

　　综上所述，不论是城市群的经济社会合作发展问题、还是城市群的生态空间管制问题，归根结底都是一个体制机制的设计问题，而这也是"市"的边界如何化"城"的边界，从而通过"市融"以使城"成群"的核心问题，当市场的力量无法促进基础设施和公共服务的对接、当市场的力量产生了环境的负外部性、当市场的力量无法冲破政绩考核和要素流动的壁垒时，政府就应该扮演和回归其本职的角色，"该管的坚决管住，不该管的坚决不管"。由此可见，城市群的形成和培育问题依然是一个老生常谈的如何处理政府与市场的关系问题，依然是一个深化改革的问题。当珠三角城市群的行政体制改革开始提速、政府职能开始转变、服务意识不断加强，而市场配置资源的基础性作用逐步发挥时，我们看到，广佛肇经济圈开始焕发出勃勃生机，大踏步地走向融合。而当它以城镇化的主体形态展现在我们面前时，我们就会意识到，它的形成和培育更强调的是结果，而不是过程，更需要的是时间，而不是速度，更希望获得的是自由，而不是束缚。学者笔下的标准并不能限定它的生长，政府制定的规划也不能穷尽它的轮廓，它是我国行政体制改革和经济发展方式转变的试金石，它是优化我国城镇空间布局的参照系，它是在长三角、珠三角大地上走向成熟的青年，是在山东半岛、辽中南、海峡西岸大地上兴奋奔跑的少年，是躁动于关中、成渝、长株潭大地腹中快要成熟了的一个婴儿。

秦皇岛市与京津产业联系研究

——基于秦皇岛市产业发展的调研 ①

2013 年 8 月 8 日至 15 日，国地所《我国城市群发展研究》调研组赴秦皇岛市开展京津冀城市群产业联系情况的调研，期间调研组与秦皇岛市市级、区县级有关政府部门进行了座谈，并对秦皇岛市的三区四县进行了实地调研，走访了经开区、高新区、信息产业园、山桥产业园、中信戴卡产业园、数谷翔园等各类产业园区，以及华夏长城酒业、德龙铸业、康姿百德，香格里拉葡萄酒、宏都食品，郦华淀粉、耀华玻璃、正大食品、康泰医学系统有限公司等众多企业，重点了解秦皇岛市产业发展过程中与京津之间的产业联系与合作状况、存在问题，以期为我国城市群城际产业合作提出思考和建议。

秦皇岛地处河北省东北部，南濒渤海，北依燕山，西近京津，东临辽宁，处于环渤海经济区的中部地带，西距北京 280 公里，距天津 220 公里，是京津冀城市群的重要地级城市，2012 年秦皇岛全市实现生产总值 1139.17 亿元，年末常住人口 302.16 万人。在京津冀城市群中，秦皇岛市凭借较好的区位交通港口条件、特色农业、优质的滨海旅游资源和较好的加工制造业基础，在农业种植、加工制造、旅游、港口物流等方面都与京津地区有着广泛的联系，但也存在着一些问题，例如由于秦皇岛产业结构单一、基础配套不完善等因素共同制约了产业合作的规模及效率，需要进一步理顺并建立有利于促进城际产业协作的体制机制，积极搭建产业合作平台，促进城市群城际间产业协同联动发展。

---

① 致谢：调研得到了秦皇岛市发改委及有关部门的大力支持，包括组织专题座谈会、实地考察，并提供了大量的基础性材料等。

一、秦皇岛与京津之间产业联系的基本状况

秦皇岛市与京津地区的产业联系涉及多领域、多行业、多层次，随着产业合作的深化推进，城际之间的产业协作效率也不断得到提高。其中，秦皇岛与北京市的合作主要在制造业配套、农产品对接和产学研合作等领域，与天津的合作主要在旅游市场开发、农产品供应等领域。

（一）深化食品安全、产销衔接、农技交流等合作

秦皇岛市围绕服务首都，积极调整农业产业结构。早在 2011 年，秦皇岛市就在北京新发地蔬菜批发市场举办"北京（秦皇岛）优质农产品展销会"，秦皇岛市政府与北京市农业工作委员会在会上签署了《京秦农业合作框架协议》。双方分别明确专门机构，负责京秦农业合作工作的组织协调，共同建立政府间的农业合作沟通机制，加强在农业领域的产业政策、生产技术、食品安全、产销衔接等方面的交流与合作；双方积极推进政府部门及企业间的项目合作，对具有战略性的合作项目，双方积极给予一定的政策和资金支持；共同支持开展优质农产品产销对接活动。

随后，秦皇岛市围绕自身产业结构调整和京津的需要，重点开展了蔬菜产业结构的调整，目前全市蔬菜播种面积 102 万亩，其中设施蔬菜种植面积达到 51 万亩，规模化生产基地面积达到 60 万亩，拥有各类蔬菜品牌 30 个。昌黎嘉诚、抚宁绿源、日昌升等合作社每年向北京京客隆、家乐福等大型超市配送无公害蔬菜 3 万吨以上。与此同时，北京市新发地蔬菜批发市场客商多次到秦皇岛市卢龙、昌黎两县蔬菜生产基地进行考察，并签订日光温室黄瓜种植收购协议，协议种植面积为 70 亩，由北京市蔬菜收购商"天下禾民"蔬菜货栈提供种苗，每棵种苗 0.65 元，产品全部回收。随着蛋鸡、奶牛、肉牛、肉羊等特色产业逐步发展壮大，大量畜牧业农产品进入北京消费市场，如我们调研的宏都食品有限公司每年生产的冷鲜肉有 50% 供应北京，10% 供应天津，目前秦皇岛市已经成为京津市场重要的畜产品供应基地。除此之外，通过双方搭建合作平台，北京平谷大桃除了满足本地市场需求外也积极进入秦皇岛消费市场。

（二）积极承接京津加工配套外迁及产能转移

由于秦皇岛市金、铁、煤、水泥灰岩、花岗岩、建筑沙石等资源都较为

丰富，同时水资源、土地及劳动力成本相比京津地区较低，因此有条件承接京津转移出来的相关资源加工型产业。在"企业进园区、园区集群化"发展思路的深化推进下，目前秦皇岛市已经发展起来 15 家产业聚集区（含开发区或园区），其中不少园区如秦西工业区、秦皇岛杜庄工业聚集区、河北青龙经济开发区、河北卢龙经济开发区、青龙物流产业聚集区等，都发展成为京津重要的钢铁产能转移地、京津高新技术产业和先进制造业研发转化及加工配套基地。随着京津两市产业结构和转型升级步伐的加快，一些一般性产业正在大幅向周边区域转移，其中有部分产业正积极转移到秦皇岛，同时一些制造业的配套环节，如销售、物流等产业也随之转移。具体地，通过对企业的走访调研发现有不少企业的总部或控股公司设在北京，但一些生产和服务环节已开始向外转移，秦皇岛承接了冶金、机械、建材、酿酒、工程技术服务等行业（见附专栏4-1）。

附专栏4-1

总部在北京、加工制造环节在秦皇岛的部分企业

1. 秦皇岛首钢长白机械有限责任公司。归属首钢，以精密加工、表面再制造、冶金设备制造服务技术为主体，集机加、锻造、焊接、热处理、表面处理等工艺门类齐全的机械设计制造企业。旗下还成立了子公司秦皇岛首钢长白结晶器有限责任公司，其经营范围涉及连铸机结晶器及冶金设备、备件制造、普通机械加工等。

2. 秦皇岛首钢板材有限公司。是首钢、秦皇岛市联合与香港宝利达、富利投资公司共同建设经营的合资企业。发挥首钢和港资合作的优势，突出高科技和现代化管理，生产20余种材质、规格的中厚钢板。旗下，秦皇岛首钢渤通物流有限责任公司是秦皇岛首钢板材有限公司控股的销售公司，负责厚钢板的国内销售业务。

3. 山海关船舶重工有限责任公司。是中国船舶重工集团公司所属的国有大型一类企业。主要经营船舶修理、制造、改装、拆解，海洋工程建造、维修，港口机械及钢结构制造，船舶备件供应，热浸镀锌，工程项目建筑施工，码头装卸及仓储等，年造船能力140万载重吨，年承修大中型船舶200余艘。

4. 中信戴卡轮毂制造股份有限公司。是中国中信集团公司投资组建的大陆第一家铝合金车轮制造企业，现已成为世界最大的铝车轮供应商。每年约200款新产品投放市场，近百项新技术新工艺进入生产阶段，数十款具有自主知识产权的装备研发成功。

5. 中粮华夏长城葡萄酒有限公司。隶属于中粮集团有限公司，是中国首家生产干红葡萄酒的专业型企业，严格按照"国际葡萄酿酒法规"生产，主要产品有长城牌干红葡萄酒、干白葡萄酒、桃红葡萄酒，销售收入在同行业中名列前茅。

6. 中冶京诚（秦皇岛）工程技术有限公司。是中冶集团秦皇岛冶金设计研究总院通过整体分立式改制设立的有限责任公司。公司服务范围包括工程咨询、工程设计、工程总承包、工程项目管理、工程监理、工程造价咨询、招标代理、环境评价、技术转让、技术服务、计算机软件开发、系统集成等业务。

（三）加快推进与京津地区的产学研合作

为借力京津地区创新资源优势，近年来秦皇岛市主动联系、上门对接，已与京津多家科研机构、产业园区、高技术孵化基地搭建产学研合作平台，推进与京津地区的联系单位开展项目联合研发、共建科研机构、建设技术转化基地、加强人才交流培养等多种方式的产学研合作，促进优质创新资源向秦皇岛汇集。例如，自2011年起，北京大学与秦皇岛开发区开始合作建设北京大学（秦皇岛）科技产业园，将北京大学先进的科研成果与秦皇岛市区位、产业、环境优势相衔接，联手打造集研发、孵化、培训及交流为一体的高新技术人才和企业聚集的科技产业园区，目前产业园依托北京大学先进技术及在国内的影响力，以科技为主导，教育和医疗服务相辅助，正在积极谋划引进一批高新技术企业及教育机构。再如，2012年9月，秦皇岛市与中国科学院签署了《中国科学院与秦皇岛市政府全面科技合作协议书》，采取共建机构、人员交流、合作研发、技术转让、技术咨询、技术服务等多种方式，推动秦皇岛科技创新和高新技术产业化发展。

（四）强化旅游线路对接及市场共建

秦皇岛是我国知名的滨海度假旅游城市，多年来秦皇岛市一直注重培养京津冀城市群客源市场。2012年秦皇岛市共接待国内旅游者2313.03万人次，从国内旅游客源地构成上看，京津市场客源占到近30%，河北省市场占27%。与此同时，秦皇岛还积极开展与京津地区旅游线路的对接，加强旅行社之间的合作，推进旅游市场的共建共享，加强旅游推介，近年来先后成功举办"北京·秦皇岛周"、"天津·秦皇岛周"主题活动。例如，为促进津秦两地旅游对接和融合，秦皇岛与天津签署了旅游战略合作框架协议，旨在依靠两地各自旅游优势，逐步消除旅游壁垒，推进无障碍旅游合作，加强旅游信息一体化，共建津秦大旅游区，打造"津秦大旅游圈"。两地互相创造条件、提供支持和帮助，联合开发跨区域精品旅游线路，共同开拓国内外客源市场，共同打造发挥本地资源优势的旅游品牌；在生态旅游、滨海旅游、乡村旅游、红色旅游、农业及工业旅游等专项旅游方面密切合作；同时，秦皇岛市还借助天津的经济、文化、信息优势，积极推动本地旅游的资源开发，实现优势互补、客源共济。

二、秦皇岛与京津产业合作中存在的主要问题

尽管秦皇岛与京津产业合作取得一些成绩，但也存在一些问题，这些问题既有秦皇岛市本身产业发展阶段、条件、战略导向等问题，也有现有体制机制不利于促进城市间开展产业合作的问题。

（一）产业合作层次总体依然较低

由于秦皇岛与京津所处产业发展阶段不同，在产业合作上主要表现为垂直分工模式。从投资方式上看，主要是京津地区企业到秦皇岛投资建厂从事加工制造业生产，投资企业注入资金和技术，秦皇岛提供土地、劳动力以及资源原材料。这种产业分工方式在工业化初期阶段有利于秦皇岛市经济发展，但是随着秦皇岛市资源和环境约束的不断增强，仅仅依靠土地、劳动力和资源吸引外部技术和资金的模式不可持续。例如，近10年来北京不少钢铁及相关加工制造产能转移到秦皇岛，一段时期内对秦皇岛的经济增长起到重要的驱动作用。但同时也造成工业结构不优、经济发展方式粗放，特别是重工业、高耗能行业增长过快。2012年，秦皇岛市重工业增加值占规模以上工业的比重高达84.8%，比河北省平均水平高5.3个百分点；石油、化工、建材、钢铁、电力五大高耗能行业增加值占规模以上工业的比重达到48.0%，其中钢铁行业增加值所占比重为33.5%。而高新技术产业增加值占全市生产总值的比重仅为25%，这与沿海发达城市一般占50%的比重相差甚远。2013年1—5月份，全

市重工业增加值占规模以上工业的 86.0%，重工业中高耗能行业增加值占到 40.5%，生铁和粗钢产量占钢铁产品的 72.3%。

尽管秦皇岛市以钢铁、建材等主导的重型工业结构并不是直接由京津地区产业转移造成的，但这也一定程度上反映京津地区一些产业层次比较高的制造业配套企业尚没有在秦皇岛形成气候，加工制造产业链关键环节的企业和产品少，制造业总体上处于产业链低端，缺少高附加值产品、名优特产品和市场占有率高的产品。而资源依赖型的产业因为门槛低、技术要求低、环保监管不到位等原因，使得各区县盲目扩张、分散布局。可见，要提升三市的产业合作层次，一方面京津要考虑将本身制造业的一些环节进一步向外部转移，更多地去提升自身的服务业水平，另一方面，秦皇岛市也要加快产业结构转型步伐，下大力气转变以钢铁、建材等为主的传统工业结构，积极引进高新技术、节能环保、生产性服务业等重点领域的战略投资。

（二）存在优势要素城际争夺现象

在与秦皇岛市直有关部门座谈中，有同志直言："秦皇岛与天津、北京在某些产业布局发展上存在同质化，优势要素市场竞争明显，大大降低了三地间产业发展的协调性"。这充分反映，目前京津冀城市群中首位城市的要素集聚效应要远大于其要素扩散效应，一些高端优势要素更倾向于向京津地区流动。出现这种现象主要有以卜原因：一是客观上受到城市群发展阶段的限制，京津地区产业尚未完全实现转型升级。二是秦皇岛市总体发展战略和功能定位一段时间内摇摆不定，是"旅游城市"还是"工业城市"一度进入大讨论，这样在与京津地区的产业协作中，未能充分发挥比较优势，导致秦皇岛市在京津冀城市群中的替代性强，互补性弱，导致优势资源更快地流向较高回报率的京津地区。三是动车通勤的通道效应对吸引优势要素产生一定制约。秦皇岛市目前的旅游休闲度假功能强于工业生产功能，快速通勤便于旅游业发展，但两个多小时的车程尚未对京津优质资源流向秦皇岛市产生更大的吸引力。调研中不少当地企业家反映，现在与京津实现了当日快速往返，如果有条件更愿意将总部迁入京津地区享受更高端的综合服务。由于秦皇岛自身尚未形成与京津紧密的产业细化分工关系，在市场作用力下，资金、人才、信息更愿意向发展环境更优越、行政效能更高的经济高地聚集。目前，秦津高铁即将通车，秦皇岛与京津的时间距离将缩短为一小时，其对秦皇岛市与京津产业的合作发展将会带来新的机遇与挑战。

（三）单一产业结构带来路径依赖

秦皇岛市第二、三产业内部结构过于单一不利于城际产业高级化和多领域的合作。在工业领域，由于传统资源依赖型为主的重工业占据工业较大比重，基础相对较好，在承接京津地区产业转移过程中存在"路径依赖"现象，大多资源型耗能型投资迁入，但高新技术及战略新兴产业转移不多。再看旅游业，根据调研发现，以滨海休闲度假为单一结构的秦皇岛旅游淡旺季反差明显，最适于户外旅游活动尤其是海上活动的时间是6月至8月，放宽一些可包括5月和9月，而10月至来年4月虽然也可开展户外活动，但下海活动几乎不可能进行（见附图4-1）。在调研中发现，来自京津地区的旅游资本更倾向于投资回报率较高、回报周期较快的滨海旅游业，而对于境内其他旅游资源开发则表现谨慎。实际上，秦皇岛市内陆旅游资源丰富，通过开发，完全有可能解决长期以来秦皇岛市旅游发展中面临的季节过短的问题，而且随着休闲社会的到来，各类不同层次的旅游产品都可以对京津大都市的人们产生吸引。

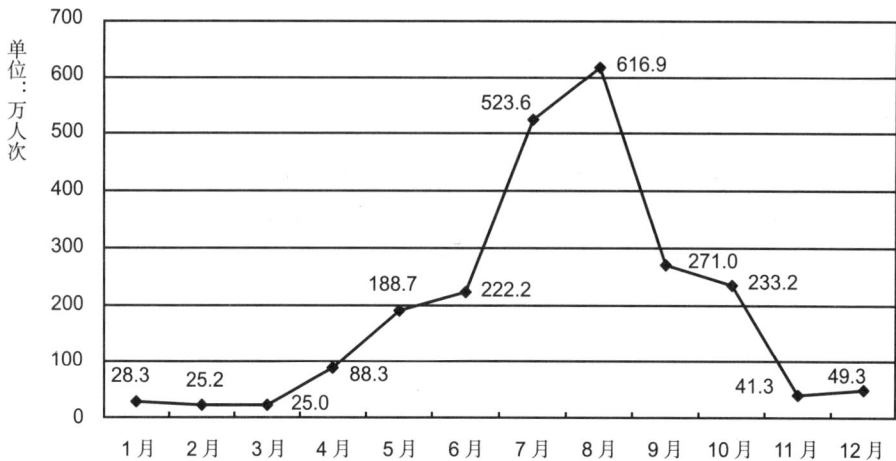

附图 4-1　2012 年秦皇岛市各月国内旅游接待情况

资料来源：秦皇岛市旅游局《2012年秦皇岛市旅游业年度报告》。

（四）配套不完善的短板效应明显

秦皇岛市城市基础配套不完善一定程度上严重影响到与京津地区的产业对接合作。调研中有如下发现：一是秦皇岛火车站站场配套建设不完善，秦皇岛火车站多承担了由京津通往东北的任务，自身没有始发车，因此也没有供列车停靠及工作人员和休闲的场所，在有重大接待活动中，旅客要从秦皇岛返回京津地区时常面临"回不去"的困境。二是旅游配套设施不完善，城市道路、停车场、旅游专线、住宿、餐饮、安全检测等配套滞后，调研期间正值北戴河旅游高峰时期，发现沿海景点线路拥堵特别严重，还发生多起"海蜇伤人"事件。三是产业园区基础设施配套不完善，影响招商引资和产业高端协作。山区和后开发建设的园区普遍存在路网建设不完善，污水处理厂配备不到位、公共服务设施配套不齐全等问题。开发建设较早、高新技术产业较为集中的园区一般位于中心城区，但从产业发展需求看，则又存在信息化水平不高、科技商务服务不到位等问题。

（五）产业合作缺乏有效协调机制

目前在政府层面已经搭建了一些产业合作平台，但是协调合作机制建设尚处于初级阶段。一是缺乏高层协商和规划协调机制。目前秦皇岛市与京津地区的产业协作，大多停留在专业部门之间的对接上，不同部门、不同城市围绕自身的工作开展城际对接，不可避免造成城市群总体产业发展上的低效率。二是行政区划意识过强，同时受到"分灶吃饭"财税体制的局限，考虑产业合作时各级政府首先考虑本行政区利益的最大化，经济协调成本很高；同时，省级政府与地级市政府之间尚不能建立平等协商机制，京津冀城市群内部没能形成统一的产品市场、要素市场和服务市场，适应市场经济的合作机制还未形成。三是跨省市产业合作带来的资源开发利用和生态环境治理缺乏有效协调，合作结果是把资源消耗、环境污染和生态破坏留给了秦皇岛，而把资金、优质产品引入了京津地区。

三、对我国城市群开展产业合作的思考

近年来，秦皇岛市通过积极搭建合作平台，推进企业积极开展市场化运作，突出产学研合作，强化产业链合作，加快了与京津地区产业合作的步伐，取得了一定的成效，促进了秦皇岛市产业结构调整升级，对京津地区而言，则有效延伸了消费市场和生产链条，但由于秦皇岛市自身产业内部结构单一、基础配套不完善以及京津冀城市群发展阶段性等问题和因素仍制约着城市间产业

研机构到秦皇岛建立分支机构或研发中心。在此基础上促进科技成果转化应用，通过运用市场化招商手段，进一步向京津地区招商，带动一批新兴高新技术产业项目的开工建设。这种做法，从短期看，投入大、经济效益不明显；但是从城市长期发展看，有利于吸引高端要素、促进创新，提高城市核心竞争力。从某种程度上看，产学研合作就如"粘合剂"，能够发挥不同城市的比较优势，驱动城际产业之间的合作和交流，使得城市群城市之间产业发展真正做到协同、协作和共赢。从承接产业分工与合作模式上看，通过加强产学研合作有利于促进秦皇岛与京津地区从过去垂直分工合作到水平分工与合作转变，从过去单一招商引资吸引外地企业到秦皇岛独营投资为主导，逐渐向城际间企业联合研发投资及同步成长转变。

（三）完善基础配套条件，支撑开展产业合作

城市群之间的产业分工协作除了软环境例如平台支撑和政策引导之外，更重要的是硬环境建设，加快节点城市的基础设施建设，完善城市配套服务功能将有利于支撑城市群产业协同发展。调研发现，目前秦皇岛市内外运输多数线路能力已基本饱和，需要加快优化内外交通网络，构筑陆路畅通大通道，全面打通"产业路"。在铁路建设上，加快推进实施承秦铁路、迁青铁路及其连接线工程。在市内干线建设上，为确保园区内外交通畅通，加快实施京秦二通道、北戴河至北戴河机场快速通道、京哈高速祖山连接线等重点公路项目，实现干线公路"通园区"。在高速公路建设上，继续加强区县之间、与周边城市之间的高速连接。同时还要加快提升港口集疏运能力，推进港口铁路与京哈、沈山、津山、大秦等国铁干线的衔接，打开连接承德、张家口、辽宁西部、西北地区乃至蒙古、俄罗斯的临港物流通道。在体制上，要积极解决多头管理问题。目前秦皇岛市的山海关、北戴河和秦皇岛三个火车站，分别由沈阳铁路局、河北铁路局、北京铁路局管辖，对发挥秦皇岛港的作用带来较大制约。除了交通基础设施外，还要积极推进产业园区和旅游景区景点的基础设施建设。

（四）健全产业协作机制，保障合作顺利实施

在行政区经济影响下，通过建立城市间合作机制，可以有效化解一些产业竞争矛盾，通过合作促进区域共赢。通过建立高层协商和规划协调机制，鼓励和引导跨地区省级和市级政府之间建立起平等协商机制，推进决策层、协调层、执行层等全方位、多层次的产业合作协调机制和对口部门联席协商机制。

如 2013 年 7 月，秦皇岛市与海淀区政府签订了智慧城市合作协议，积极主动接受海淀区的资金、技术、人才、教育的辐射外溢，架起双方在旅游、文化、生态环境、经贸、科技创新及成果转化等领域合作的桥梁（见附专栏 4-2）。

附专栏4-2

秦皇岛市与北京海淀区智慧城市合作主要内容

根据框架协议，秦皇岛市与海淀区双方将重点加强以下方面的合作：

1. 科技领域合作。鼓励支持双方产、学、研、用主体采取联合攻关、委托研究、专利技术转让等形式开展合作，以秦皇岛经济技术开发区和北戴河新区为重要平台，发挥海淀区科技创新、创业孵化、成果转化服务等方面的优势，促进中关村核心区企业的新技术、新产品、新服务在秦皇岛的市政建设、政府信息化建设、智慧城市建设等重点领域中的示范应用。

2. 企业转移与承接。引导海淀区有空间发展需求的企业与秦皇岛形成有序的产业转移；加快双方企业和科研实体的联合投资，推动跨区域并购、合作和重大项目落地。

3. 教育领域合作。双方将建立教育教学交流机制，互派教师开展短期交流，在两地选择部分学校"结对子"、"手拉手"，在教育领域开展教学、科研合作。

4. 旅游领域对接合作。双方将积极推广特色旅游线路和品牌，打造美丽港城游、海淀皇家园林及中关村科教旅游等特色精品；相互加大旅游宣传推销力度，实现两地旅游咨询站点的资源共享；合力推动旅游资源和旅游产品的合作与开发。

5. 生态环境建设交流合作。双方将围绕滨海湿地生态系统、滨海生态绿道、城市湿地公园、"三山五园"绿道系统等重点生态建设项目上加强基层研究，开展保护措施、生态修复工程等方面的交流，加强在城市绿化的规划、建设、监督、保护、管理等方面的合作。

通过产业协作机制，可以促进区域资源的合理利用和生态环境的保护，充分体现城际产业合作过程中生态价值平等的观念，京津地区不能只把低端产业转移到秦皇岛，否则出现的大气严重污染问题同样会威胁京津自身。与此同时，还要积极加强市场中介组织的作用，组建区域性的行业协会，充分了解城市群各类产业发展的信息，引导企业开展产业细分与合作。

（五）推进体制机制改革，突出城市功能特色

一般地，在城市群内部，首位城市发挥以知识经济和服务经济为主导的高端服务功能；次级中心城市通常以高新技术为支撑发挥现代制造业等经济功能；一般性节点城市则立足于发展基础和条件做好产业配套及服务功能。由于秦皇岛市与京津处于不同的发展阶段，京津地区产业发展相对高端化，总部经济、科技研发、高端制造业为代表的产业具有比较优势，秦皇岛则在文化休闲旅游、金属冶炼及加工制造、农业种养殖等产业领域具有比较优势。显然，秦皇岛农产品、旅游、水、矿产、劳动力、土地等低端生产要素资源与京津地区人才、资金、信息、技术等高端要素客观上可以实现优势互补。但是在现行的财税制度和政绩考核机制下，城市之间产业合作首先考虑各行政区的利益最大化，缺乏城市群发展的全局观，不可避免导致产业协作的低效率，为此必须加快相关配套体制和机制的建设。一是逐步推进政绩考核和财税制度改革，彻底改变以 GDP 和发展速度为核心的考核机制，突出政府公共服务职能方面的考核；在财税制度设计上从侧重效率目标向更加注重公平目标转变，为城市群健康发展提供制度保障。二是在资源开发利用和生态环境治理上，加快促进联建联发联控，通过财政资金引导完善生态补偿政策，充分体现城际产业合作过程中生态价值平等的观念。三是在市场建设上，进一步消除行政壁垒，通过财税、金融政策引导，支持重点行业跨所有制、跨区域联合重组，推动生产要素和产业链优化配置。

后 记

　　本书是国家发展改革委员会宏观经济研究院 2013 年度重点课题《我国城市群发展研究》的研究成果。该课题由宏观经济研究院国土开发与地区经济研究所区域发展研究室主任、研究员汪阳红任组长，区域发展研究室副主任、副研究员贾若祥任副组长，国土开发与地区经济研究所和中国人民大学等相关学者参加。各章作者分别为：总报告：汪阳红；专题一：黄征学；专题二：张燕；专题三：贾若祥、李海萍、汪阳红；专题四：卢伟；专题五：汪阳红；专题六：袁朱；附一：黄征学、张燕、贾若祥、卢伟、汪阳红（按各节顺序）；附二：汪阳红；附三：卢伟、汪阳红；附四：张燕、汪阳红。南开大学区域经济研究所硕士研究生皮妮协助收集了有关数据及绘制图表。

　　在该课题开题立项、中期验收、总报告撰写过程中，国家发展改革委宏观经济研究院学术委员会多位专家对课题研究思路和重点提出了十分宝贵的意见，每一次听取意见的过程都对课题组把握研究方向发挥了重要的指导作用。在研究过程中得到了国家发展改革委规划司、地区经济司、广东省发展改革委、秦皇岛市发展改革局的大力支持。国土开发与地区经济研究所原所长肖金成同志作为课题顾问，积极支持参与调研、课题讨论，为课题研究框架设计和观点论证提出了建设性的指导意见；原副所长高国力同志为本课题的研究给予了热情指导和大力帮助。宏观经济研究院科研部和国土开发与地区经济研究所办公室相关领导和同志给予了大力支持，特此一并致谢。

《我国城市群发展研究》课题组

策　　划：张文勇

责任编辑：张文勇　何　奎　孙　逸　罗　浩

封面设计：李　雁

图书在版编目（CIP）数据

城市群：走协同共赢之路 / 汪阳红，贾若祥主编．—北京：人民出版社，
　2017.12

ISBN　978 - 7 - 01 - 018771 - 6

Ⅰ．①城…　Ⅱ．①汪…　②贾…　Ⅲ．①城市群—发展—研究—中国

　Ⅳ．① F299.21

中国版本图书馆 CIP 数据核字 (2017) 第 331731 号

城市群：走协同共赢之路
CHENGSHIQUN: ZOU XIETONG GONGYING ZHILU

汪阳红　贾若祥　主编

人民出版社出版发行

（100706　北京市东城区隆福寺街 99 号）

北京市文林印务有限公司印刷　　新华书店经销

2017 年 12 月第 1 版　2017 年 12 月北京第 1 次印刷

开本：710 毫米 × 1000 毫米 1/16　印张：20

字数：350 千字

ISBN　978 - 7 - 01 - 018771 - 6　定价：49.80 元

邮购地址 100706　北京市东城区隆福寺街 99 号

人民东方图书销售中心　电话（010）65250042　65289539